博士论文
出版项目

论事实

从形而上学、知识论、价值论之三棱镜看

On Facts

From the Prism of Metaphysics, Epistemology and Axiology

阮 凯 著

中国社会科学出版社

图书在版编目(CIP)数据

论事实：从形而上学、知识论、价值论之三棱镜看／阮凯著．—北京：中国社会科学出版社，2023.4

ISBN 978－7－5227－1686－2

Ⅰ.①论…　Ⅱ.①阮…　Ⅲ.①分析哲学—研究　Ⅳ.①B089

中国国家版本馆 CIP 数据核字(2023)第 052890 号

出 版 人　赵剑英
责任编辑　郝玉明
责任校对　张爱华
责任印制　王　超

出　　版　中国社会科学出版社
社　　址　北京鼓楼西大街甲 158 号
邮　　编　100720
网　　址　http://www.csspw.cn
发 行 部　010－84083685
门 市 部　010－84029450
经　　销　新华书店及其他书店

印　　刷　北京君升印刷有限公司
装　　订　廊坊市广阳区广增装订厂
版　　次　2023 年 4 月第 1 版
印　　次　2023 年 4 月第 1 次印刷

开　　本　710×1000　1/16
印　　张　27
字　　数　378 千字
定　　价　148.00 元

凡购买中国社会科学出版社图书，如有质量问题请与本社营销中心联系调换
电话：010－84083683

出 版 说 明

为进一步加大对哲学社会科学领域青年人才扶持力度，促进优秀青年学者更快更好成长，国家社科基金2019年起设立博士论文出版项目，重点资助学术基础扎实、具有创新意识和发展潜力的青年学者。每年评选一次。2021年经组织申报、专家评审、社会公示，评选出第三批博士论文项目。按照“统一标识、统一封面、统一版式、统一标准”的总体要求，现予出版，以飨读者。

全国哲学社会科学工作办公室

2022年

序

徐英瑾（复旦大学哲学学院教授）

欣闻阮凯君的《论事实》一书出版，作为他在读博时候的导师，本人非常乐意为他的这部著作作序。这部著作也是阮凯君的博士学位论文的修订版，算是他的学术处女作。

阮凯君是我的博士生导师生涯中培养的第一位博士。与一般博士生不同，他在读博之前曾在《探索与争鸣》杂志长期从事专职编辑工作，因此学术文笔要比很多同龄人老练得多，眼界也宽广很多。尽管如此，我也希望他能在博士阶段专攻一位哲学家的著作，然后作到由点带面。我给他选定的题目是澳大利亚哲学家阿姆斯特朗的形而上学。我的本意是：目下中国分析哲学的研究的主要关注点乃语言哲学、知识论与心灵哲学，却相对缺乏对分析形而上学的研究，尽管海外的此类研究早已十分蓬勃。其中，我国对澳大利亚唯物论思想的研究尤其薄弱（很多人提到英语哲学，都很少意识到澳洲哲学的存在）。在这个问题上，阿姆斯特朗的形而上学算是一个很合适的研究切入点。一方面，他的确算是战后澳大利亚唯物论思想的代表人物；另一方面，他对于“事实”问题的讨论又接续罗素、维特根斯坦对同类问题的讨论，从他入手，我们也可以借此了解 20 世纪分析哲学发展的一条主线。

事实上阮凯君关于“事实”问题的研究成绩已明显超出了我的预期。呈现在读者面前的，早已不是对于阿姆斯特朗一位哲学家的“事实观”的研究，而是一场以阿姆斯特朗为核心的哲学群舞。在这个群星璀璨的思想舞会上，罗素、维特根斯坦、塞尔、金岳霖等中西思想家长袖善舞的姿态亦历历在目。而阮凯君则是这台大戏的总导演——他用他的思辨力，将不同的哲学家关于“事实”问题的研究成果有机地串联了起来。在读惯了那些只会亦步亦趋地跟着原著鹦鹉学舌的哲学学位论文后，诸位目前打开的这部阮凯君的著作，的确能够带给大家一股清醒的哲风。本书的亮点见于如下几处。

第一，本书的问题意识明确，便是要将“事实”的哲学含义说清楚。请问，何为“事实”？秦始皇统一了中国是“事实”，但秦始皇没有官方记载的皇后算不算“事实”？带有否定词的表述能不能指涉“事实”？月亮是地球的卫星是“事实”，但张三目前在想如何唱“月亮代表我的心”算不算“事实”？天文学常识与心理学事件是不是都算“事实”？很显然，虽然平时我们都爱说“要实事求是”，但是关于何为“事实”，日常语言所使用的标准，往往是非常混乱的。金岳霖先生曾认为哲学研究的要点是“通”——套用到“事实观”上去，这就是说，我们得用哲学的观点，将藏在日常语言中的各种关于“事实”的混乱标准加以整编与处理，最后作出一套能够自洽的关于“事实”的哲学理论来。很明显，阮凯君就是按照这个要求来从事他的研究的。在具体的行文中，我能明确地感受到他不仅仅是在研究相关的分析哲学家在想什么，而是在试图思考他们所思考的问题，由此再去臧否相关思想家关于“事实”的思考成果。对于“事态”“事实”与“事件”等概念之间的微妙差异与联系，作者也有很好的把握。全书第三章关于“否定事实是否存在”的思考尤其让人印象深刻，既在细节处理上细致入微，同时又充满了对于罗素等著名思想家的“否定事实观”的批判意识。

第二，全书的撰写充分体现了“元语言”与“对象语言”之间的差距，即能在一个高于被研究的思想家（在这里特别是指阿姆斯特朗）的语言（即“对象语言”）的层面上，用自己的语言（即“元语言”）进行对被研究对象的重构与批判。而要做到这一点，说说容易，其实很难。根据我本人带研究生的经历，很多同学在表述别的思想家的思想时，都会将研究对象的语言与自己的语言混为一谈——结果呢，研究黑格尔的人，自己写文章的腔调也变得像黑格尔；研究海德格尔的人，自己写文章的腔调也变得像海德格尔。但阮凯同学却成功地避免了“掉进研究对象的思想窠臼”的写作陷阱。他的策略是成功激活维特根斯坦的哲学思想资源，用维特根斯坦的早期哲学与晚期哲学分别评价阿姆斯特朗的“事实观”，由此让作者所研究的对象与作者自己的观点之间的界限变得清清楚楚。由此，读者既能迅速地了解到相关的思想家自己的论证是什么，也能知晓作者本人的观点是什么。很多人或许会感到奇怪：用维特根斯坦哲学的观点去评价另一位思想家的观点，这算不算作者的原创？我的答案是：当然是。你若平铺直叙地去介绍维特根斯坦的思想，这就不算创造，但引用维特根斯坦的观点去评价阿姆斯特朗的观点，这就算是创造了，因为维特根斯坦的文本里不可能有对阿姆斯特朗理论的现成评论——在这种情况下，研究者若要活用维特根斯坦的思想资源去进行新的哲学评价活动，就需要完成对于该思想资源与被评价对象之间的概念空隙的“填充工作”——这就好比说，黑泽明如果要将《李尔王》的故事搬到日本拍摄出一部新的电影《乱》的话，他也必须花费大量精力去填充莎翁原著与日本风土之间的概念空隙。

第三，也正因为全书预设了维特根斯坦的哲学立场，所以全书最终对“事实”的处理采用的是一种融合形而上学、知识论与价值论的视角。换言之，何为“事实”，既不是事实对人类的单方面呈报，也不是人类自说自话的主观构建，而是得益于世界与人类的某种“共谋”——而也因为这种共谋脱离不了人类的知识关涉与价值体系，所以，一种脱离知识论与价值论的事实理论必将是苍白无力的。这一立场是对阿姆斯特朗原有事实理论的一种巨大超越，而且也与历史唯物主义的基本观点构成了呼应。

第四，该书的一个令人惊喜的地方，乃在于用不少的篇幅讨论了金岳霖的“事实观”。众所周知，金岳霖的《论道》与《知识论》

是20世纪上半叶中国原创性分析哲学研究的代表作——但毋庸讳言，目下细读过这两本书的人并不多。而金岳霖的“事实观”之所以在本书中得到处理，也是基于如下考虑：(1) 既然阿姆斯特朗的“事实观”与罗素、维特根斯坦的理论颇为相关，金岳霖本人对此二人的理论也有深入研究，金岳霖显然就有了与阿姆斯特朗进行对话的可能；(2) 金岳霖基于建构主义的“事实观”可以在相当程度上成为一种抛弃人类视角的“事实观”的解毒剂；(3) 对于金岳霖思想的认真复习，也能向读者展现用汉语做分析哲学的可能性，增强汉语哲学界（特别是分析哲学界）的语言自信。

当然，由于阮凯君处理的问题在事实上的确非常繁难，在某些问题上他的研究确实还有深化之必要。比如，对于引入后期维特根斯坦的哲学资源的铺垫，作者其实还能多做一些；另外，在提及金岳霖的思想的时候，作者其实还能就金氏形而上学的三个基本范畴——能、式、道——之间的关系多做一些文章，并进而讨论这三个范畴与阿姆斯特朗哲学的关系。不过，瑕不掩瑜，这依然是一部非常优秀的分析哲学著作。无论是对于需要了解阿姆斯特朗哲学的读者还是对于需要了解分析哲学的“事实观”的读者来说，这都是一部必须被认真阅读的汉语著作。

2022年9月19日黎明

于沪上寓所

摘　要

什么是事实？这一问题对于哲学和科学甚至整个人类文明来说都至关重要。在哲学层面，事实是本体论、认识论和伦理学中的核心概念；在科学层面，事实与真理、存在、必然性、理论、经验、证据等科学的基础性概念和普遍性问题密切相关。虽然现代文明依赖事实就像人依赖空气一样，但至今我们对于事实的哲学解释仍然不甚满意，对于什么是事实仍然似懂非懂。研究事实并非易事，因为事实问题纷繁复杂，涉及诸多重要的哲学问题，不同的哲学家在各自的哲学体系中给出的答案也不尽相同。随着事实问题作为核心哲学议题在20世纪分析哲学中被重新发现，研究事实问题有了新的视角。本书从考察和批判20世纪兴起的重要的哲学观——事实本体论出发，目的是：全面和深入批判不同版本的事实本体论及其基础之上生成的事实形而上学，在批判事实本体论的基础之上，提出一种建构主义的事实观——事实的语言认知建构论，并推动这种事实建构论去克服事实形而上学的缺陷，在形而上学、知识论和价值论三个层面重新审视与事实相关的重要哲学问题。基于该目标，本书主要从以下三个方面展开。

1. 全面考察和批判事实本体论

事实本体论是20世纪分析哲学中最具特色和代表性的本体论理论之一，为人类的本体论思考提供了崭新的方案。它虽对西方哲学特别是分析哲学的发展有深层影响，但并没有在当代中国学术界得到全面深入的研究。因此第一、二章详细考察和比较了由早期维特根斯坦到阿姆斯特朗的事实本体论，探索当代分析形而上学家对于早期分析哲学的承袭和发展，在此基础之上深入批判事实本体论的不足。通过对整个事实本体论传统的批判性考察，揭示出以罗素、早期维特根斯坦、阿姆斯特朗为代表的三种事实本体论均存在不同程度的问题。通过对事实本体论的梳理、比较和批判，本书主张哲学家们对事实本体论的理论探索虽有一定积极意义，但它既不是一个合理有效的本体论方案，也不能解释以事实为中心的哲学问题，因此我们应放弃事实本体论，也不应该再去建构其他事实本体论。

2. 提出一种建构主义的事实观——事实的语言认知建构论，并为之辩护

对事实本体论和事实形而上学的思想批判已迫切要求我们去寻求一种新的事实观，一方面以替代旧有的事实本体论，另一方面以最终完成对事实本体论及建立其上的事实形而上学的全面批判和超越。后期维特根斯坦、金岳霖、杜威、普特南、麦金太尔、罗蒂、布兰顿等哲学家的思想更倾向一种建构主义的事实观。在综合后期维特根斯坦和金岳霖思想的基础上，本书提出一种建构主义的事实观——事实的语言认知建构论，一方面，从维特根斯坦日常语言哲学和马克思历史唯物主义视角看，事实概念、事实观念背后没有共同的本质，而具有鲜明的语用多样性，事实概念的用法在人类的生活世界、社会历史和语言交往中不断生成和建构。另一方面，事实虽无本质用法，但有其典范性用法。哲学家们在认识层面对事实有三种典范用法，即作为认识对象的事实，作为认识结果的事实，事实陈述反向规定、挑选甚至重构的实在。这三种用法可以完成认识论的逻辑闭环。其中后两类事实鲜明地体现了人在社会实践中参与建构事实的真实情况。

3. 在事实本体论和事实建构主义的双重视野下，审视与事实相关的重大哲学问题

事实问题绝非一个单独的哲学问题，它之所以在哲学史上特别是分析哲学中如此重要，是因为它与很多重要的哲学问题都有紧密

联系。本书试图在事实本体论和事实建构主义的双重视域下，审视与事实相关的重大哲学问题。在事实的价值维度方面，我们在事实本体论视域下，看到了事实与价值二元对立、严格二分的根源；又在事实建构主义的视域下，看到了在根本上解构事实与价值二分法的可能性。在事实与知识和真理的关系方面，我们在事实本体论视域下，揭示了传统真理符合论和最新发展的使真者理论为何争议不断、困难重重；又在事实建构主义的视域下，探索了一种用事实的语言认知建构论改造真理符合论和使真者理论的可能性。在事实与模态关系方面，我们在事实本体论视域下，梳理和批判了一种形而上学模态观——可能性的组合主义理论，提出事实形而上学视域下的组合主义不足以解释现实世界中的诸多可能性问题；又在事实建构主义的视域下，提出一种后期维特根斯坦式的理解可能性的语境化方案。

通过以上三点的论述，凸显了本书对事实本体论和事实形而上学的批判立场，以及对于一种建构主义事实观——事实的语言认知建构论的倡导。事实问题联结着很多重要的哲学问题，因此更应在当代哲学中被重点研究。本书认为，我们可以在形而上学层面研究事实，从逻辑原子主义到当代分析哲学中的事实本体论都有其合理性，但如果主张这种事实形而上学是解释所有事实问题的基础，就将陷入形而上学的困境。而事实的语言认知建构论则更凸显事实陈述在形成、建构过程中人的实践因素。物的世界可以与人类世界独立，但事实问题是关乎人类实践的问题，事实世界是人类涉身其中的世界。

关键词：事实；事实本体论；事实建构论；事实的语言认知建构论；形而上学、认识论、价值论、事实与价值二分法；真理符合论；使真者理论；组合主义

Abstract

What is fact? This question is crucial to philosophy, science and human civilization. But answering this question is not easy, because the issues of facts are complicated, and many other important issues are involved, different philosophers had given different answers in their respective philosophical systems. With the rediscovery of issues of facts as the core philosophical questions of analytic philosophy in the 20th century, we can study the issues of facts from a new perspective. This study concerns the ontology of facts which is an important philosophical thought emerged in the 20th century. The purpose of this study is to comprehensively criticize this kind of ontology of facts and the factual metaphysics based on it, put forward a constructivist view of facts——the linguistic cognitive constructivism of facts——to solve important philosophical problems left by factual metaphysics from a triple prism of metaphysics, epistemology and axiology. This study mainly discusses the following three aspects based on this goal.

1. Comprehensively review and criticize the ontology of facts

As one of the most distinctive and representative ontological theories in analytical philosophy, ontology of facts spans the analytic philosophy in the 20th century, but it has not been well studied. Therefore, Chapters 1 and 2 examine and compare the ontology of facts of Russell, early Wittgenstein and D. M. Armstrong in detail, and explore the inheritance and development of contemporary analytical metaphysicians to early analytical philosophy in the area of ontology of facts, then thoroughly criticize the flaws of ontology of facts. Through a critical review of the entire tradition of ontology of facts, three different versions of ontology of facts represented by Russell, early Wittgenstein, and Armstrong have shown their problems. By studying, comparing and criticizing ontology of facts, this book argues that we should abandon ontology of facts, and we should not construct any other ontology of facts either.

2. Put forward and defend the linguistic cognitive constructivism of facts

We must seek a new view of facts after the critique of ontology of facts and factual metaphysics. On the one hand, we must finally complete a comprehensive critique and transcendence of ontology of facts and the factual metaphysics established on it. On the other hand, we should also find a new theory to replace the old ontology of facts. Later Wittgenstein, Jin Yuelin, Dewey, Putnam, McIntyre, Rorty, Brandom and other philosophers were more inclined to a constructivism view of fact. Based on the synthesis of the ideas of Later Wittgenstein and Jin Yuelin, this book proposes a constructivist view of facts——the linguistic cognitive constructivism of facts。The author holds that on the one hand, the concept of fact has no common essence, but have distinct pragmatic diversity. The meanings and usages of facts constantly generated and constructed in the language activities. On the other hand, the concept of fact has exemplary usages. Philosophers have three exemplary usages of facts at the epistemic level, namely, facts as objects of epistemic activities; facts as results of epistemic activities; and the reality which factual statements reversely specify, select, and even reconstruct. The last two types of facts clearly reflect the real situations that people participate in the construction of facts in social practice.

3. Study the important philosophical questions of facts from the dual perspectives of ontology of facts and constructivism of facts

The questions of facts are by no means separate philosophical questions. The reason why it is so important in the history of philosophy, especially in analytical philosophy, is that it is closely related to many important philosophical questions. This study attempts to examine the major philosophical questions related to facts from dual perspectives of ontology of facts and constructivism of facts. Firstly, in terms of the value dimension of fact, we have seen the root of the dual opposition and strict dichotomy between facts and values in the perspective of ontology of facts; and seen the fundamental deconstruction of facts and values in the perspective of constructivism of facts. Secondly, in terms of the relationship between fact, knowledge and truth, we have discovered the fatal theoretical flaws of traditional correspondence theory truth and truthmaker theory in the perspective of ontology of facts; and explored the possibility of transforming traditional correspondence the theory and truthmaker theory in the perspective of the linguistic cognitive constructivism of facts. Thirdly, in terms of the relationship between fact and modality, we have critiqued a metaphysical modal view——a combinatorial theory of possibility in the perspective of ontology of facts; and proposed a contextualization scheme of Wittgenstein-style understanding of the possibility in the perspective of constructivism of facts.

Through the discussions of the above, the author suggests the linguistic cognitive constructivism of facts is a better explanatory framework than the ontology of facts and factual metaphysics. The author holds that we can study facts in a metaphysical point of view and logical atomism or ontology of facts has its rationality in contemporary analytical philosophy, but if we claim that this kind of factual metaphysics can explain all questions of facts, we are caught in a metaphysical disease. The constructivism of facts highlights the human practical factors in the formation and construction of the factual assertions and factual statements. The facts spoken in language cannot be separated from the social practice of the human community represented by language activities and cognitive activities. The world of things can be independent of the human world, but the questions of fact are the questions of human practice, and the world of fact is the world in which human beings are involved.

Key words: Fact; Ontology of Facts; Constructivism of Facts; The Linguistic Cognitive Constructivism of Facts; Metaphysics; Epistemology; Axiology; Fact and Value Dichotomy; Correspondence theory of Truth; Truthmaker Theory; Combinatorialism

目　　录

Contents

导　言

第一节　选题研究的缘起、目的与意义

整体来说，本书写作有如下写作目的、理论背景和问题意识。

（一）研究当代哲学的核心问题——与事实相关的重大哲学问题，展现分析哲学关注人类问题和世界性问题，关切整体性与普遍性议题的面向

分析哲学经过20世纪的发展，在整体上仍然趋向于专业化的讨论。无论是分析形而上学、心灵哲学、知识论，所研究的问题越来越细微、越来越深入。正如哲学家约翰·海尔（John Heil）所言："今天的哲学常常被描述为一种专业，哲学家有精专的研究兴趣，并在专业学术期刊上忙于陈述它们，但对于任何没有这一学科博士学位的人来说，我们所做的哲学工作引不起他们的丝毫兴趣。"① 科学的状况是如此，前沿科学的研究也同样向着专业、精深的方向发展，普通人也不了解科学家、物理学家在作什么样的研究；人文学科、社会科学也是如此，而且专业与专业之间也壁垒森严。针对哲学越来越成为某种专业，王浩曾转述了罗蒂的看法，"传统的哲学家形象乃是学者兼先贤，而在20世纪50年代早期该形象却被让位给了科学家的形象。"王

① John Heil, *From an Ontological Point of View*, Oxford: Oxford University Press, 2003, p. vii.

浩进而补充道："关于哲学，只留下这样一个通用标准，即哲学能力之高低首先取决于论证技巧之高低。这样的话，一个新的哲学家形象就出现了：律师加智者。"① 过于专业化和强调论证的倾向使得哲学像空转的轮子一样原地打转，诸多期刊论文中的学术论证对于人类的心智思想之提升和生活福祉之增加并没有太多有益的帮助。

在笔者看来，专业深入的研究方式有其价值与合理性，细微、精深的分析哲学研究本身也无可指摘，但问题是，当我们进行细微哲学研究的时候，一不留心，往往会在细微处流连忘返，遗忘那些整体性、世界性的问题，遗忘那些关切人类生存与实践的重大问题。这一点在从事分析形而上学研究的时候尤为明显，比如当我们还在辩论倾向性（dispositions）是不是事物的真实属性时，当我们还在思索可能世界是否真实存在时，当我们还在争论有关共相的唯名论、概念论、实在论孰是孰非时，我们常常会遗忘我们探索这些问题的出发点。当代哲学家王浩也曾概括当代知识分子对于当代分析哲学的异议："如果我们比照一下过往哲人在探询那些关涉到世界和人类在其中之位置的最深刻问题之时所作出的艰苦理智斗争，我们就很容易为当代职业哲学家的活动而感到奇怪。今日哲学家所搞的那些名堂，在很多时候看来就是一小撮哗众取宠的智者在面对一堆枯燥乏味的鸡毛蒜皮时所捣鼓出来的一些毫无成果的论证游戏。"② 普罗大众和知识分子对于哲学特别是分析哲学的不良印象可见一斑。当代很多重要分析哲学家对此问题也有理论自觉，如普特南认为，他受到赞誉是因为他"一直喜欢就'大问题'而不是仅仅就一些技术问题进行思考和写作……一个'分析哲学家'并不意味着拒斥那些大问题"③。今日要重振哲学在当代世界中的影响和尊严，我们必须关注关乎人类命运

---

① ［美］王浩：《超越分析哲学——尽显我们所知领域的本相》，徐英瑾译，浙江大学出版社2010年版，第157页。

② 王浩：《超越分析哲学——尽显我们所知领域的本相》，徐英瑾译，浙江大学出版社2010年版，第41页。

③ 陈亚军等：《普特南学术思想笔谈》，《哲学分析》2016年第5期。

和时代精神的重大而严肃之问题，不窃喜于哲学论证的机巧，不为建构而建构、为批判而批判，不关注细枝末节、枯燥无味的伪问题。

在论证精细、逻辑缜密、概念分析、思考规范、思想试验、与自然科学紧密联系等标签外，分析哲学的精神内核仍然是关切人类的重大的、普遍性问题，只不过该特质一定程度上被遮蔽了。事实是分析哲学的核心概念，分析哲学在不同的发展阶段都以不同的方式研究和讨论事实问题，本书以分析哲学中的事实思想为论题，也旨在将分析哲学的关切人类和世界、关切普遍重大问题的面向和特质重新揭示出来。

事实问题与人类的生存实践、对世界的探索与认知一样古老，同存在问题一样，事实问题也是一个关于"是"的问题，我们的祖先一开始在世界中生存实践，也需要思考世界是什么，身边的这个未知的东西是什么，弄清了"是什么"也就一定程度上掌握了事实。人类在实践中知道"是什么"，又从"是什么"中进一步推进实践，这一循环是人类文明的一个缩影。从哲学视角看，无论当代哲学发展到何种形态，哲学最根本的问题依然没有改变。即存在论问题：存在什么；认识论问题：我能认识什么；伦理学问题：我们应当如何生活。而事实作为一个分析哲学的核心概念之一，恰好与这三个根本性问题都密切相关。就存在论问题而言，除了诸种形态的事物本体论之外，分析哲学的先驱罗素、维特根斯坦等人在一百年前提出了逻辑原子主义和事实本体论（ontology of facts）①，认为事实是组

① 事实本体论（ontology of facts）并非罗素与维特根斯坦使用的概念，而是后人对其本体论思想的概括，即把事实作为组成世界的基本实体（本体）、世界是事实的总和。如芒福德就认为，"像阿姆斯特朗一样，罗素也持有一种事实本体论（ontology of facts）而非物的本体论"（参见 Stephen Mumford, *David Armstrong*, Stocksfield: Acumen Publishing Limited, 2007, p. 175）。有学者习惯用"fact ontology"，将事实本体论定义为，那种将事实视作为最基本的实体和最基础的范畴的形而上学主张，他们认为罗素和早期维特根斯坦是最具代表性的事实本体论者［相关观点，可参见 Philip L. Peterson, "Reviewed Work(s): An Essay on Facts by Kenneth Russell Olson", *Philosophy and Phenomenological Research*, 1990, Vol. 50, No. 3, p. 611］。也有学者用事实实在论（factual realism）指这种事实本体论（相关观点，可参见 Xinli Wang, "Where Are Facts? —— A Case for Internal Factual Realism", *Diálogos*, 2003, Vol. 38, No. 82, p. 7）。

成世界的基本成分，世界由一个个原子事实组成。就认识论问题而言，事实也被视作人认识世界的基本产品，如关注人如何认识世界的哲学家金岳霖将事实视作认识论的核心概念，人通过把握事实认识世界。就伦理学问题而言，无论是杜威、普特南等实用主义者努力破除事实与价值的严格二分，还是分析伦理学家对“规范性原则是否需要事实根据”的辨析（如 G. A. 柯恩主张有些规范性原则有事实根据，而最高的规范性原则无需事实根据[①]），当哲学家讨论价值规范问题时，事实问题总是在场且与之密切相关。以赛亚·柏林有一句名言正恰当总结了事实问题在人类思想中的重要性：“在整个西方思想的核心传统里，人们一直假定所有的普遍问题都是同一逻辑类型的：它们是关于事实的问题。”[②]

本书以分析哲学史中的事实问题为核心议题，出发点之一是：一方面，事实问题是人类社会历史中的大问题，事实与人类的文化、文明和社会生活、科技发展都密切相关，哲学史和思想史中对事实问题的讨论汗牛充栋；另一方面，事实问题不仅是人类社会历史中的大问题，它同样也是分析哲学中的专业学术问题，对于事实问题的讨论从早期分析哲学一直延续到当代分析哲学，比如本书所主要批判的对象——事实本体论——从早期分析哲学中生成，一直发展、延续到当代分析哲学。即便事实问题不是分析哲学中的“新发现”，即便在欧陆的解释学传统中也会有学者谈论被建构的事实，但重要的哲学问题从来不是某个具体的哲学传统、流派所单独享有的，分析哲学也在以自己的方式推进对事实问题的研究。[③]

---

① 参见 G. A. Cohen，*Rescuing Justice and Equality*，Cambridge：Harvard University Press，2008，p. 229。

② ［英］以赛亚·柏林：《现实感：观念及其历史研究》，潘荣荣等译，译林出版社 2011 年版，第 191 页。

③ 对于本书所批判的事实本体论和事实形而上学而言，即便它们以一种误入歧途的方式展开了对事实的研究，对它们问题的揭示也会反过来推进我们对于事实的理解和研究。

从本书涉及的论题来看，事实本体论对于事实与命题、事实与规范、事实与价值等绝大多数严格的二元区分的确正在将哲学引入歧路，而对于这种事实本体论的批判需要一种维特根斯坦式的哲学诊断与治疗，这种诊断与治疗并非微不足道，它对事实本体论视野下的本体论问题、真理问题、意义问题、解释问题、规范与价值问题的批判，引出了一种事实的语言认知建构论立场，去重新安顿这些大的问题。一定程度上可以说，对事实本体论的批判是一个专业的分析形而上学问题，事实本体论与事实建构主义只是有关事实的不同哲学立场而已，但事实问题绝非一般的概念，它所引发的一系列相关问题则覆盖了整个分析哲学，与几千年的西方哲学的重要问题也有密切的勾连。因此，本书希望以一种管中窥豹式的哲学写作，去考察、反思这些大问题与整体性问题，即便在一些具体观点上可能存在争议，但这种考察问题的进路仍然是值得尝试的，它力图使分析哲学在讨论细微问题的时候，不会遗忘大问题与整体性问题。这种以问题为中心的写作方式也让笔者放弃了对于某一个具体哲学家的全景式研究（比如笔者偏爱的哲学家维特根斯坦），而以问题为中心，以中道、批判的眼光去考察一流哲学家对相关问题的见解，并最终得出自己的主张；让本书关注真正的“哲学问题”，而非将其降格为梳理、分析哲学家的概念、文本、思想的“哲学的问题”。①

20 世纪科学技术已成为影响人文社会科学研究范式的重要力量，比如，逻辑实证主义者一方面是哲学研究者，另一方面在科学领域有深厚造诣，他们追求可证实与可证伪，拒斥“无意义”的形而上学。在技术愈发成为驱动社会进步，主导社会的话语体系的今天，分析哲学越来越像科学一样作一些细致深入的研究，面对这种状况，哲学家哈贝马斯对哲学的未来作了深刻的断言。“哲学应该继续尝试回答康德的问题：我能知道什么？我应该知道什么？我可以期待什么？人类是什么？然而，我不确定我们理解的哲学还有没有

---

① 感谢段伟文教授在“哲学问题”和“哲学的问题”这一区分上对笔者的启发。

未来。如今，哲学也如同所有学科一样，专业化趋势日益增强。这其实是一条死胡同，哲学应该试图去解释整体，为我们认识我们自己以及认识整个世界的理性解释方法作出贡献。"[①] 一定程度上，本书有关事实、事实本体论与事实建构论等问题也是希望像哈贝马斯所说的那样，试图通过对于事实/事态的讨论，将分析哲学一些重要问题联系起来，去解释整体性问题，"为我们认识我们自己以及认识整个世界的理性解释方法作出贡献"[②]。

（二）关注形而上学的当代命运——通过事实形而上学加强分析形而上学的批判性研究

正如江怡教授在回顾改革开放"40 年来的中国分析哲学研究"时所言，"对分析的形而上学的讨论，是国内分析哲学研究中的薄弱环节"[③]。虽然韩林合教授、徐英瑾教授以及一批中青年学者对中国的分析形而上学研究做了很多开拓性工作[④]，但整体而言，分析形而上学仍是我国哲学研究中的薄弱环节。而本书的主题——事实形而上学[⑤]——是分析形而上学的重要领域，所涉及的部分论题（事实、事态、殊相、共相、模态、倾向性、符合论、使真者理论、可能性与可能世界问题、自然主义与规范进路、实在论与反实在论）等都是分析形而上学讨论的重要内容，所涉及的哲学家（早期维特根斯

---

① ［德］哈贝马斯：《我仍对世界上正发生的一些事情感到愤怒》，缪济译，《文汇报》2018 年 7 月 6 日。

② ［德］哈贝马斯：《我仍对世界上正发生的一些事情感到愤怒》，缪济译，《文汇报》2018 年 7 月 6 日。

③ 江怡：《40 年来的中国分析哲学研究：问题与挑战》，《北京师范大学学报》（社会科学版）2018 年第 5 期。

④ 韩林合的《分析的形而上学》、徐英瑾的《唯物论者何以言规范——一项从分析形而上学到信息技术哲学的多视角考察》等著作都是国内学者对分析形而上学探索的有益尝试。

⑤ 考虑到早期维特根斯坦用事态指事实的存在与不存在，而阿姆斯特朗虽然更多地讲事态，其实阿氏的事态是事实之意（组成世界的基本实体、本体论意义上的事实），为了在行文中统一，也为了便于读者理解，避免概念混用带来的混乱，下文中基本上用事实形而上学表述以事实本体论为中心的形而上学体系。

坦、罗素、阿姆斯特朗、蒯因、刘易斯、金在权等）都是讨论分析形而上学问题的重要哲学家，如果从反形而上学角度看分析形而上学，则有更多的哲学家与本书密切关联。

在中国哲学界，分析形而上学作为分析哲学和西方形而上学的最新发展并没有引起相应反响[①]；在英美哲学界，毕竟分析形而上学在这里生根、繁茂，它的命运稍微好一些，分析形而上学仍在哲学课堂、学术刊物、学术研讨会上占据重要地位。但遗憾的是，分析形而上学在英美分析哲学界也仅仅是哲学家内部所探讨的小众问题，它不像马克思主义哲学和政治哲学那样，具有强烈的现实关照；不像亚里士多德德性伦理学、康德实践哲学、功利主义那样，深刻影响了人类对于伦理、规范和价值的思考；不像语言哲学那样，对整个哲学乃至人文社会科学研究范式产生重要影响；甚至也不像逻辑实证主义那样，对于经济学、社会学等实证的社会科学的研究方法产生重要影响。在笔者看来，分析形而上学一方面强调了分析研究、严密论证的方法；另一方面也接续了很多传统形而上学的问题意识和理论追求，关注于以一种普遍、抽象的理论形态解释世界问题，形而上学体系建构问题，比较不同本体论框架和形而上学主张的优劣问题。由于它关切的本体论等问题与人们日常关切的问题过于疏离，普罗大众反过来也对分析形而上学漠不关心。平心而论，形而上学作为哲学中最为基础、核心的学问，当然不应当用影响力来衡量，否则柏拉图的理念论、亚里士多德的实体学说、笛卡尔的实体学说、莱布尼茨的单子论都要黯然失色。但为何分析形而上学在中国哲学界之研究进展缓慢？为何它的影响仍然没有超出英美分析哲学圈？笔者以为，造成分析形而上学当前困境的主要原因是：虽然形而上学在当代分析哲学中有新的发展，但它本质上仍然是西方形

---

① 分析形而上学的一个重要分支——心灵哲学——因其涉及问题的特殊性、议题的跨学科性，以及人们对身心问题、心智本质的关切，心灵哲学因此获得了广泛的研究与关注。但分析形而上学的其他领域和论题就没有心灵哲学这般门庭若市，在中国哲学界，情况更是如此。

而上学的有机组成部分。如果分析形而上学研究者不重视古今问题，在话语体系、问题导向等方面完全切断与西方传统形而上学的联系，那么，他们将不断重复形而上学的老路，而不是在当代返本开新，承袭和发展传统形而上学。譬如，澳洲哲学家阿姆斯特朗（D. M. Armstrong）所主张的共相的实在论就是一种亚里士多德主义的当代复兴，他用另一个关键术语——事态——统合共相与殊相，主张事态是实在中的最基本的存在单位，使得共相与殊相永不可分，进而以事态为核心概念，建立自己的形而上学体系，这正体现了当代形而上学家借鉴传统思想资源，解决新问题的尝试。因此，将分析形而上学纳入西方哲学整体框架内考察，有助于更好地理解分析形而上学的发展脉络，也有利于中国哲学界进一步理解、接受、发展和批判分析形而上学。这应当成为当代分析形而上学的任务。

正如翻译《逻辑哲学论》的大卫·皮尔斯（D. F. Pears）所说，逻辑原子主义是“一种有关实在之基本结构的理论，因此，它属于西方形而上学的主流传统”①。同皮尔斯的观点一致，本书希望对罗素、早期维特根斯坦和阿姆斯特朗的事实形而上学进行研究，来讨论和反思分析形而上学的重要问题，力图将分析形而上学与传统形而上学的话语体系和问题域接续起来。同时，通过吸收、借鉴后期维特根斯坦、实用主义、科学哲学等方面的思想资源，去反思和批判这种以事实本体论为理论内核的形而上学；接续我国著名哲学家金岳霖先生的事实的认知建构论主张，进一步发展和推进一种事实的语言认知建构论；进而对命题图像论、事实与价值的严格二分、符合论的真理观以及形而上学的模态理论作深入的反思与批判。虽然诸多哲学家已经对上述话题有过具体批判，如中后期维特根斯坦对于命题图像论的批判、蒯因对于真理符合论的批判、罗蒂对于镜式心灵的批判，但这些批判在一定程度上仍然没有被充分理解与消化吸收，绝大多数人仍然

---

① 引自皮尔斯为罗素《逻辑原子主义哲学》1985 年版所撰写的导言。（参见 Bertrand Russell, *The Philosophy of Logical Atomism*, London: Routledge, 2010, p. vii）。

会认为事实是与人的语言、理解、认知无关的客观实在；面向大众的通俗哲学仍然对于真理符合论抱有极大热情；真理符合论的当代变形——使真者理论（truthmaker theory）——仍然在当代分析形而上学中流行；一种镜式心灵观也在记忆理论和心灵哲学中颇为流行。所以，今天我们仍然有必要深入研究事实本体论，再反思与批判由事实本体论衍生出来的一系列形而上学问题。

一方面，本书以考察事实形而上学，特别是当代哲学家阿姆斯特朗的事实形而上学为任务，反思以事实本体论为内核的形而上学的一系列根本性问题：它为何在当代分析哲学中兴起了？为何又衰落了？它建构的哲学体系提出了哪些重要观点？又如何影响了当代分析哲学的发展？另一方面，本书以事实的语言认知建构论①来反思事实本体论，批判事实形而上学的种种理论问题，进而试图解构事实形而上学中的命题图像论、真理符合论、使真者理论和以事态为中心的模态理论，消解自休谟以来的事实与规范、事实与价值的严格二分。正如张庆熊教授所言："哲学始终处于建构和解构、确信与怀疑、批判与辩护、分析与综合的过程中。在此意义上，体系哲学与反体系哲学、形而上学和反形而上学又是一个问题的两个方面。哲学所能提供的不是什么现存的知识，而是问题意识和求解途径。"②

很大程度上，事实概念和以事实为中心的哲学问题，也同样处于建构和解构、确信与怀疑、批判与辩护、分析与综合的过程中。事实本体论者试图建构以事实、事态为中心的体系哲学和形而上学，最终像阿姆斯特朗那样，企图包罗和解释大部分哲学问题（特别是形而上学问题）③；而事实建构主义者则对体系哲学和事实形而上学

① 详见第四章第三节。

② 张庆熊：《现代西方哲学》，商务印书馆2017年版，第1页。

③ 如Armstrong在集中建构其事实形而上学体系的《事态的世界》（*A World of States of Affairs*）一书中，就力图以事实/事态为形而上学的根基，将当代分析形而上学所涉及的诸多重要领域如属性、关系、数、类、可能性与必然性、倾向性、原因和自然律、使真者理论、身心关系、世界的统一性等囊括到他的事实形而上学体系中来。

抱有怀疑态度，后期维特根斯坦对于其早期哲学的批判一定程度上摧毁了事实本体论的根基，事实的结构并非对象的结合或共相与殊相的组合，命题与事实的逻辑同构性也并非像命题图像论说的那般简单。以一种后期维特根斯坦的视角观之，事实形而上学体系也是一种建构的体系，为了让该体系显得融贯、完满，事实本体论者在很多问题上不得不作出妥协和扭曲，而事实建构论则要指出这事实形而上学的建构性特征，对一些扭曲和牵强的哲学观点作出批判，由此消解它带来的诸种形而上学混乱——如强调事实与规范、事实与价值的严格二分（第五章）；强调命题与事实同构的真理符合论、使真者理论（第六章）；可能性的组合主义理论（第七章）。要言之，本书提出事实的语言认知建构论并非仅仅为了批判和取代事实本体论，其重要意义在于，将对事实问题的形而上学玄思拉回到实践哲学和生活世界的地面上来，为当代人理解事实、当代哲学讨论与事实相关的哲学问题提供一个更为适切的视角。

（三）通过研究抛弃语言哲学后的灾难性后果，恢复语言哲学在哲学中的应有地位和作用

众所周知，后期维特根斯坦开启的分析哲学第二阶段——日常语言哲学，它的主旨是注重分析日常语言的用法，而拒斥对于语言的形而上学使用，因此本体论在日常语言哲学中也失去了往日的显赫地位。日常语言哲学的风行和它拒斥形而上学的态度导致了形而上学研究的确在一段时间内萎靡。纵观哲学史，哲学流派和哲学思想很容易走向极端，由一个极端反叛到另外一个极端，随着形而上学在分析哲学中逐渐复兴，分析形而上学又表现出了对于日常语言哲学的敌意和轻视。正如维特根斯坦研究专家哈克所言："发端于维特根斯坦，并在牛津学派繁荣的那种语言哲学被（当代一些哲学家们）认为缺少任何牢固的理论地基，是一种非体系、非科学的'日常语言哲学'，进而被漠视。"① 国内学者也察觉到这一趋势，江怡

① P. M. S. Hacker, *Wittgenstein's Place in Twentieth-Century Analytic Philosophy*, Oxford: Blackwell Publishers, 1996, p. 266.

在《论分析哲学运动中的三大转变》中对这一趋势作了整体性描述与反思①，黄敏更是直言："如果从描述的角度看，分析哲学确实与语言哲学渐行渐远。"② 日常语言哲学的热度冷却之后，取而代之的是刘易斯的可能世界语义学，蒙塔古的内涵语义学，戴维森的有关自然语言一般的、系统的语义理论。在笔者看来，日常语言哲学在当代分析哲学中不仅备受冷落，而且也常遭受不恰当的指责，例如，重视本体论研究的海尔认为，试图以语言为起点展开哲学研究的尝试，对于"当代分析哲学贫瘠的本性负有重要责任"③，好像是语言哲学特别是日常语言哲学将分析哲学引入死胡同，只有摆脱语言哲学的束缚，重振本体论和形而上学研究，哲学才能枝繁叶茂。海尔的观点反映了那些支持复兴形而上学研究的西方学者的普遍见解，这种观点在英美分析形而上学，特别是澳洲唯物论传统中颇为流行。

阿姆斯特朗深受澳洲唯物论传统影响，他建构的事实形而上学就是这种重本体论却又轻语言哲学的典型代表，他较为重视维特根斯坦前期《逻辑哲学论》的工作，而忽视了中后期维特根斯坦在语言哲学中的诸多深刻洞见和重要见解。这种不重视语言哲学的后果，导致了他的事实形而上学陷入了一种独断论，世界就应当是事实构成的世界，同时世界就应当是一个时空系统，事实的结构也应当是如此这般。事实形而上学的实质是一种建构出来的哲学体系，但因为阿姆斯特朗没有很好地吸收语言哲学的营养，导致其粗糙地处理了语言与世界的关系，独断地认为外部实在就该是如此这般，事实是世界的基本构成单位，而与人的实践活动、生活世界和语言活动无关。

抛弃语言哲学，去建构种种形而上学体系的研究方式使得当代分析哲学愈发成为象牙塔中的学问，越来越小众，成为哲学从业者

---

① 参见江怡《论分析哲学运动中的三大转变》，《中国社会科学》2016 年第 12 期。

② 黄敏：《语言学转向为什么是必然的》，《社会科学》2019 年第 5 期。

③ John Heil, *From an Ontological Point of View*, Oxford: Oxford University Press, 2003, p. viii.

们独自欣赏的理论建构、推理论证的游戏，可以说，抛弃语言哲学的当代分析形而上学对于哲学在世界范围内的收缩和小众化负有不可推卸的责任。普特南认为，无论什么样的哲学理论，只要哲学理论需要对我们实际言说和生活的方式负责，那么日常语言哲学就是重要的。“对于日常语言的蔑视，就是对于整体人文学科的蔑视。”[①] 达米特在《分析哲学的起源》中对语言哲学意义的强调影响深远：“（1）对思想的哲学解释可以通过对语言所做出的哲学解释获得；（2）只能用这种方式得到全面的解释。”[②] 如果全盘抛弃语言哲学，否定概念分析的研究方法，思想的哲学解释如何可能？在笔者看来，语言哲学不是全部哲学，但在全部哲学之中，语言哲学必有一席之地。

当我们引入以后期维特根斯坦等人为代表的语言哲学之后，再来反观分析形而上学，特别是以阿姆斯特朗为代表的事实形而上学，则又呈现出另外一番景象。我们会发现，“事实是实在世界中的基本实体”这一事实本体论观点是一种幻象，一种与命题图像论、真理符合论、使真者理论、可能性的组合理论、记忆的图像论一脉相承的形而上学幻象。而当我们回归日常语言哲学，让哲学从一种抽象的形而上学玄思回归为生活世界中的实践活动，则会更深刻地理解为何事实不是一种世界之基本实体，外部世界也不会自动分割为一个个事实，事实是人们通过语言活动、认识活动等实践活动建构出来的，以此，我们更加明白：（1）作为理论的哲学与作为实践的哲学之不可分割，哲学的任务不是以某种统一的方式（特别是一种事实形而上学的方式）去解释世界；（2）当事实被理解为一种认识的产物和结果时，事实与规范、价值、认知、语言等不可分割；（3）日常语言哲学一直没有过时，它仍然提醒着我们不要轻易陷入

---

① Hilary Putnam, “12 Philosophers: And Their Influence on Me”, *Proceedings and Addresses of the American Philosophical Association*, 2008, Vol. 82, No. 2, pp. 101 – 115.

② ［英］达米特：《分析哲学的起源》，王路译，上海译文出版社 2005 年版，第 4 页。

种种形而上学的幻象中。很多相互竞争的观点和理论，如实在论与非实在论、真理符合论与真理融贯论之间的争论和对立，很多时候“不过是在所偏爱的说话方式上的冲突”①。当我们通过语言分析的方式澄清了说话方式上的差异，哲学观点上的差异与对立也将得到不同程度的和解。

要言之，哲学史的发展启示我们，要准确恰当地看到日常语言哲学的作用，既不能过度贬低，以致陷入形而上学的独断论，也不能将所有问题都归为语言哲学问题，将哲学问题全部消解掉。

（四）通过事实本体论与事实建构论的比较研究，切入当代分析哲学中实在论与非实在论的研究，揭示两者二元对立的深层原因

哲学自古至今就是一项批判的事业。因此，一方面笔者希望能够讨论从罗素、早期维特根斯坦到阿姆斯特朗一脉相承的事实本体论之兴起及其内在机理，阐述哲学家对事实本体论的推进和发展。另一方面，笔者也并不满足于此，因为前一项工作在中国哲学界还较少有人进行专门研究，但这项工作毕竟更多的是梳理、分析、反思，如果我们要对事实本体论和事实形而上学有深入和彻底的批判，则必须引入一种比较视野，提出不同于事实本体论的观点——这个观点在笔者看来应是一种建构主义的事实观，事实是在语言活动、认知活动等实践活动中被建构出来的。结合分析哲学史上相关哲学家的重要思想，将事实建构论与事实本体论进行比较研究，更能够对事实本体论的问题作出批判性考察和反思。因此，本书的一个根本目的是，通过一种批判性研究：（1）指出不同版本的事实本体论的理论内容、特征、贡献及其问题；（2）尝试用事实的语言认知建构论去解释、解决这些问题；（3）找出事实建构论所遇到的问题，并试图予以回应；（4）用事实建构论去解释事实与价值的关系、事

① ［美］欧内斯特·内格尔：《科学的结构》，徐向东译，上海译文出版社2005年版，第171页。

实与真理的关系以及事实与模态的关系等问题。试图证明事实的语言认知建构论能够解决事实形而上学的疑难，相较于事实本体论，它是一个更为合理的事实观。

对事实本体论与事实建构论的比较研究，也切入了当代分析哲学中的实在论与非实在论之争。正如陈波教授在总结分析哲学内部的八次论战中所概括的，实在论与反实在论之间的争论是分析哲学内部的一个重要分歧，这一分歧“主要发生在形而上学领域，也发生在认识论、语义学、逻辑学、数学、伦理学等领域。……所争论的主要问题是：（1）存在问题：这个世界上究竟存在哪些对象及其属性和关系？（2）独立问题：这个世界上的对象及其属性是否独立于人的意识和心灵（信念、语言实践、概念框架等）而存在？（3）表征问题：假如这个世界真的独立于人的意识和心灵而存在的话，人的意识和心灵如何表征不依赖于它们而存在的事物及其状况？或者说，我们如何获得关于这个独立存在的世界的知识？”[①] 本书试图从事实本体论与事实建构论的比较研究出发去反思实在论与反实在论的论战，一方面，这一研究视角较少有学者论述过，较有学术价值；另一方面，鉴于事实/事态本体论在20世纪分析哲学中重要和特殊的地位，以此管窥实在论与反实在论的论战，将具有学理上的启发意义。

早期维特根斯坦、罗素、阿姆斯特朗主张一种事实本体论，在存在问题上，认为事实/事态是世界最为基本的存在单位，对象（维特根斯坦）、殊相和共相（罗素、阿姆斯特朗）是事实/事态的构成单位，他们不能离开事实/事态而存在。在独立问题上，认为事实是外部世界的一部分，因而独立于人的意识和心灵（生活形式、语言实践、概念框架、认知和理解活动）。在表征问题上，大致上持一种图像论的语言观、符合论的真理观、组合主义的模态观、图像式的记忆理论并严格地区分事实（属于实在领域和外部世界）与规范/价

---

① 陈波：《分析哲学内部的八次大论战》，《北京大学学报》（哲学社会科学版）2018年第2期。

值（属于人的行动领域）。

而后期维特根斯坦、蒯因、罗蒂、普特南与麦金太尔以及金岳霖等哲学家则倾向于一种事实的建构论，总的来说，在存在问题上，他们主张事实/事态并非完全是一种外部实在，“天地不言”，自然界和外部世界本身是不说话的，自然界是一个连续、有机的整体和系统，它不会自动分割为一个个事实/事态。与其说事实是不以人的意志为转移的外部实在，毋宁说它们是人在生活世界中，通过语言、认知与理解等活动去认识和理解外部世界，进而建构出来的。因此，事实建构论的观点是：在独立问题上，事实不能独立于人的意识和心灵（生活形式、语言实践、概念框架、认知和理解活动），我们不能在认知实践和语言框架之外完成关于事实的谈论。在表征问题上，则对图像论的语言观、符合论的真理观、组合主义的模态观、图像式的记忆理论以及事实与规范的严格区分进行了深度的批评和反思。很大程度上，虽然后期维特根斯坦、罗蒂、普特南、马尔康姆等哲学家在表征层面对上述图像论的语言观等理论进行了深入的分析与批判，但笔者认为，我们更需要驳斥上述问题的形而上学根源——事实本体论和事实形而上学，提出一种融合语言实践、人类规范、认知和理解活动的事实建构论。

分析哲学常常被诟病为一种只强调逻辑分析而不关心人的问题的冷冰冰的学问，由事实的语言认知建构论反观分析哲学乃至分析形而上学，我们会看到，分析哲学不仅关乎命题的逻辑分析、世界之逻辑构造、语义分析、推理论证等，它同时也应当关切人的问题，关切人的生存、语言、认知、理解、行动、规范和价值等问题，这样的分析哲学、分析形而上学才能真正接续西方哲学和形而上学传统。

（五）通过事实本体论与事实建构论的比较研究，消解当代分析哲学中自然主义与规范进路、事实与价值等诸多的二元对立

事实本体论者的一个非常重要的共性是，他们很少论及像伦理、道德、美学、信仰这样的与人密切相关的领域，其原因是事实本体论预设了事实与价值、事实与规范、事实与解释之间严格的二元区

分。既然世界是由事实组成的世界，命题描述世界中的事实，那么，命题便不能描述事实之外的规范、价值等，这直接导致了事实本体论者很难处理价值与规范问题。比如早期维特根斯坦认为伦理学与美学都应是不可说的，它们超出了描述事实的命题所言说的范围，因此维特根斯坦得出如下著名论断："世界的意义必然位于世界之外。……在其内不存在任何价值——如果存在着什么价值的话，那么它没有任何价值。"（TLP 6.41）在世界中发生的事实都是偶然的，今天可以下雨，也可以不下雨，而价值与规范作为一种非偶然事项是绝不能在世界之内的，而只能在世界之外。最终，维特根斯坦得出了有关伦理学的最终结论："因此，也不可能存在任何伦理学命题。命题不能表达任何高超的事项。"（TLP 6.42）"显然，伦理学是不可言说的。伦理学是先验的。"（TLP 6.421）

如果维特根斯坦在《逻辑哲学论》中的论断是正确的，那么中西哲学几千年有关伦理学和美学的千万篇著述都是无聊的废话、没有任何意义和价值，《尼各马可伦理学》《实践理性批判》《正义论》等伦理学巨著都不是真正的伦理学著作，因为真正的伦理学和美学是不可言说的。此时，当我们用事实的语言认知建构论批判事实本体论，用后期维特根斯坦和金岳霖的思想资源去反思早期逻辑原子主义时，意义已经远远超出建构论与实在论孰是孰非的问题，因为它关乎已被言说的伦理学、美学之合法性问题。

阿姆斯特朗受他老师安德森的影响，毕生工作都集中于心灵的自然主义阐释、形而上学、真理与知识，而很大程度上回避了伦理学与美学领域。一个很明显的原因，就是其自然主义的事实形而上学无法容纳与解释伦理学与美学问题，"伦理学与美学的价值似乎在一个时空的客观世界找不到容身之所"①。即便罗素哲学视野较为宽广，不回避道德、美学、宗教等领域，甚至作为理想主义和人道主

---

① Stephen Mumford, *David Armstrong*, Stocksfield: Acumen Publishing Limited, 2007, p. 5.

义的倡导者而获得诺贝尔文学奖，但他整个哲学体系的问题在于，他的人道主义、伦理思想，并不与他主张的逻辑原子主义、事实本体论有任何直接的关联。

可以说，以早期维特根斯坦、阿姆斯特朗为代表的事实本体论者，要么将伦理等规范价值视为世界之外的东西，要么视其为无意义的形而上学陈述，甚至直接回避它们，他们没有像亚里士多德、康德、黑格尔、罗尔斯那样直面伦理学。事实本体论者的选择不是偶然，也是一种必然，因为事实本体论和事实形而上学的确很难安顿伦理学、价值哲学等规范性理论。此时，本书在批评事实本体论的基础之上，提出并发展事实的语言认识建构论，并由此对阿姆斯特朗的事实形而上学进行批判性研究，相信会有重要的理论意义和价值。事实建构论消弭了事实与价值、事实与规范的二分，为我们正面谈论价值与伦理规范提供了可能。

第二节　本书结构

20 世纪分析哲学特别是分析形而上学与以往哲学相比，一个新变化和新发展是事实本体论与事实形而上学的兴起。虽然这一新变化对于分析哲学的意义不言而喻，但学术界对之的系统性考察仍然非常缺乏。因此本书主要围绕事实本体论以及在该本体论地基上生发的事实形而上学的考察与批判展开，所研究的核心问题是：事实本体论为何兴起？它必然走向衰败的内在逻辑是什么？如何对事实本体论及事实形而上学展开更深入的批判？在事实本体论之后，我们应该采纳一种什么样的事实观？以这些核心问题为中心，本书分为七个章节。

第一章的中心主题是事实形而上学的兴起，本章首先将事实本体论与传统的物（对象）的本体论相对照，总结事实本体论出现的理论原因和时代背景，紧接着再分别论述两位分析哲学大家罗素和早期维特根斯坦的事实本体论，梳理其主要观点、鲜明特色，同时也重点探究和反思了两种事实本体论的理论贡献和缺陷，力图全面梳理和探索20世纪事实本体论的兴起。

第二章的中心主题是事实形而上学的当代发展，向读者介绍了当代分析形而上学家阿姆斯特朗的事实本体论。核心线索是阿姆斯特朗的事实本体论的内涵是什么？特别之处在哪里？作出了什么样的理论创见？遗留了什么样的理论问题？目的是全面阐明阿姆斯特朗对事实本体论的承袭、发展和改造。

第三章主要对三种事实本体论进行比较研究和整体性批判。对于三人的事实本体论进行比较研究，一方面可以以一种新颖的方式审视早期分析哲学中的事实本体论思想，另一方面可以从一种思想史发展的角度，全面地考察阿姆斯特朗的事实本体论和事实形而上学，探索他在哪些方面真正对事实本体论有所贡献和发展。在考察和比较三种事实本体论的基础之上，第三章紧接着从整体上批判了事实本体论的不足，通过指明事实本体论无法回答事实在组成成分上的疑难，以及无法解决命题图像论和否定事实等问题，主张我们应放弃事实本体论，也不应该再去建构其他事实本体论。

第四章开始在反思事实本体论之不足和缺陷的基础之上，提出一种建构主义的事实观——事实的语言认知建构论，并为之辩护。主要论述了后期维特根斯坦哲学视域下“事实的语言建构论”和金岳霖哲学视域下“事实的认知建构论”，在此基础之上，本书提出一种建构主义的事实观——事实的语言认知建构论，核心观点有三个方面。（1）事实的语言建构论与认知建构论虽然理论向度、理论诉求不同，但可以互相兼容。（2）事实的建构首先是一种概念用法上的建构，事实概念具有用法上的多样性，事实概念虽没有永恒本质但有其典范用法。（3）认识论意义上的事实是事实概念的典范用法之一，它不是某种实体，而是社会共同体在以语言活动、认知活动为代表的实践活动中建构出来的东西。这种建构主义的事实观是一种强调社会实践、语言使用、认识活动的实践性事实观。在提出这种建构主义事实观之后，本章紧接着论述了这种事实建构论的主要特点、面临的理论疑难和进一步的辩护方案，为我们进一步理解和接受新的事实建构论铺平道路。

前面四章主要讨论了事实本体论的兴起、主要观点、问题和缺陷，提出事实的语言认知建构论以克服事实本体论困难，并为事实建构论可能遇到的诘难和攻击辩护。从第五章到第七章，主要在事实本体论和事实建构主义的双重视野下，审视、考察与事实相关的重大哲学问题，一方面批判了由事实本体论生发出来的事实形而上学思想；另一方面从事实的语言认知建构论出发，重新审视、改造甚至重构事实形而上学的相关理论和观点。

因此，从第五章开始，本书在事实本体论和事实建构主义的双重视域下，审视与事实相关的重大哲学问题。第五章主要讨论了事实的价值维度，在双重视域下反思了事实与价值的关系问题。本章首先批判了将事实与价值严格二分后，以情感为价值奠基的价值之情感论，使得事实本体论者无力再解释价值、伦理、道德，只能采取一种对价值的回避策略。紧接着在事实本体论视域下，试图探明事实与价值二元对立、严格二分的本体论根源。最后，又综合了普特南和塞尔的观点，在事实建构主义的视域下，试图指明在根本上解构事实与价值二分法的可能性，阐明事实与价值为何会交织、缠结在一起。

第六章在双重事实观的视域下考察了事实、知识和真理三者之间的关系，主要论述了以事实本体论为内核的真理符合论和使真者理论的主要观点和理论问题。我们首先在事实本体论视域下，通过对两种相似真理观的反思和批判，发现了传统的真理符合论和最新发展的使真者理论的诸多问题和缺陷，揭示了它们为何争议不断、困难重重；紧接着又在事实建构主义的视域下，探索了一种用事实的语言认知建构论改造真理符合论和使真者理论的可能性。

第七章在事实本体论和事实建构主义的双重视域下，论述和考察了事实形而上学的一个重要内容——事实与模态之间的关系问题。

我们在事实本体论视域下，梳理和批判了一种重要的形而上学模态观——可能性的组合主义理论，提出事实本体论视域下可能性的组合理论的主要特点、理论贡献以及问题与缺陷，指明组合主义不足以解释现实世界中的诸多可能性问题；又在事实建构主义的视域下，提出一种后期维特根斯坦式的理解可能性的语境化方案。

总的来说，从第五章到第七章对于事实形而上学的批判性考察，反过来让我们认识到，在事实本体论这棵哲学果树的“树根”上，开出的“花朵”、结出的“果实”都是虚假的形而上学构造。这种批判性考察一方面阐明了事实与价值的严格二分、传统的符合论和新发展的使真者理论、可能性的组合理论等一系列事实形而上学理论的问题和缺陷；另一方面它们的问题和缺陷让我们对于生发出这种形而上学理论的事实本体论更加抱有怀疑态度，一定程度上完成了对于事实本体论的第二次批判。这种二次批判使得本书从事实本体论批判开始，途经事实形而上学的其他问题之批判，最终又复归到对事实本体论的批判上来。以此，本书对事实本体论及其生成的事实形而上学问题的批判才能得以画上圆满的句号，这种批判使得事实的语言认知建构论成为一种更为合理的选择。

第三节　常引著作名称简写

罗素（Bertrand Russell）

PLA　　*The Philosophy of Logical Atomism*

（如 PLA：124，冒号后为页码）

维特根斯坦（Wittgenstein）

TLP　　Tractatus Logico-Philosophicus

（注：维特根斯坦研究在中文世界已有深入研究和一些高质量且接受度广的翻译，同时为方便读者查阅，如无特别说明，正文中引

文统一出自［奥］维特根斯坦：《逻辑哲学论》，韩林合译，商务印书馆2013年版。由于引用较多，出于简洁性和学术惯例考虑，采用文中注并只标明《逻辑哲学论》命题序号，如“TLP 6.42”）

PI *Philosophical Investigations*

（注：如无特别说明，正文中引文统一出自［奥］维特根斯坦：《哲学研究》，陈嘉映译，商务印书馆2013年版。按照学界惯例标注序号，如“PI §22”）

阿姆斯特朗（David Malet Armstrong）

PPW *Perception and the Physical World*（1961）

BTK *Belief, Truth and Knowledge*（1973）

N&R *Nominalism and Realism*（1978）

WLN *What is a Law of Nature*（1983）

CTP *A Combinatorial Theory of Possibility*（1989）

NoM *The Nature of Mind and Other Essays*（1981）

DaD *Dispositions: A Debate*（1996）

WSA *A World of States of Affairs*（1997）

T&T *Truth and Truthmakers*（2004）

SSM *Sketch for a Systematic Metaphysics*（2010）

（阿姆斯特朗的著作引用格式与国外阿姆斯特朗研究保持一致，统一采用文中注，缩写表示书名，冒号后数字表示引文页码，如WSA：1）

第一章

事实形而上学的兴起

第一节　从事物本体论到事实本体论

众所周知，本体论是有关何物存在（what there is）的理论，它是哲学的最基本问题。从本体论的角度去审视西方哲学，一个较为显著的特征是，自古希腊哲学家泰勒斯主张水是万物本原开始，近两千五百年的西方哲学基本上都是以事物为中心的本体论。当哲学家们开始追问什么才是世界的基本实体、什么才是世界的最基本范畴时，大部分哲学家的回答都是从一些具体物、具体对象上升到一般的抽象物、抽象对象。在绝大部分的人眼中，世界在整体上就是桌子、椅子、行星、恒星、电子、质子等现实对象的集合。虽然在思考外部世界时，事实本体论从未完全缺席，但一种事实主义的本体论立场直到20世纪分析哲学，特别是在早期维特根斯坦、罗素的哲学中才初显峥嵘。

什么是事实本体论呢？在展开本书的讨论之前有必要作一些概念上的界定。（1）本体论（ontology）。虽然“ontology”这个英文词是在17世纪初才被创造出来，但本体论的概念和思想要追溯到古希腊哲学中，亚里士多德将本体论定义为研究作为存在的存在的科学（science of “being qua being”），也即研究存在自身而非各领域具体存在事物的学问。虽然随着时代的发展，本体论在不同的共同体中有不同的用法，但在哲学的典范用法上，本体论仍然是指研究存在本身，关注“实在的本质与结构”的学问。[①]（2）事实本体论（ontology of facts）。事实本体论把事实作为本体论研究的核心，认为（原子）事实是外部世界的基本实体，事实的结构以及事实与事实之间的关系构成了实在的结构。例如，阿姆斯特朗的事实本体论认为，事实是组成世界之基本实体，世界是由事实而非物组成的。虽然他常常用事态（states of affairs）这一概念取代事实概念，但两者基本上是同一的。正如阿氏所言：“我的假设是世界是一个事态的世界。有些人主张世界是一个事实而非物的世界，我认为我所说的与他们所说的是同样的东西。”[②]（3）事实形而上学（metaphysics of facts）。从哲学史和哲学家对形而上学的用法来看，并没有对形而上学有一个清楚的、普遍接受的定义，后人大都以一种亚里士多德的视角理解作为第一哲学的形而上学，沿用亚里士多德对形而上学的任务、范围、划分等方面的理解。[③] 虽然因为本体论在形而上学中的核心地位，很多哲学家常把本体论与形而上学相等同。但笔者认为，形而上学是一个较本体论更广的概念，因此本书所用的事实形而上学指的是，在事实本体论基础上生发出来的所有核心哲学主张，例如以事实本体论为内核的真理符合论。

为何事实本体论在西方哲学中直到20世纪初才出现？笔者认为原因主要有三点。

第一，语言和逻辑的原因。语言和逻辑，两者很难作出严格的切割，它们一起深刻地影响着人们的思维方式和哲学思想。

① 参见 Steffen Staab，Rudi Studer，ed.，*Handbook on Ontologies*，Berlin，Heidelberg：Springer，2009，p. 1。

② D. M. Armstrong，“A World of States of Affairs”，*Philosophical Perspectives*，1993，Vol. 7，p. 429.

③ 参见 Jaegwon Kim et al，ed.，*A Companion to Metaphysics*，Oxford：Blackwell Publishing，2009，pp. 413 –415。

首先，从语言的角度看，以考察语言的方式来反思本体论有一定的价值和启发。正如罗素所说："我相信，语言对于哲学的影响是深远的和尚被充分认识的。"（PLA：135）在他看来，印欧语系的语言对于西方的词项逻辑及实体—属性的形而上学产生了重要影响。与此对照，一些非印欧语系的语言，比如说汉语就没有培育出一种西式的词项逻辑及实体—属性的形而上学。从整体上看，20 世纪语言哲学的兴起让我们讨论哲学问题有了全新视角，我们可以从语言哲学反过来探讨本体论问题。西方哲学以物、对象、存在者等为中心的本体论所依赖的语义分析方法是主谓分析法，主词对应的是实体，而谓词对应的则是关系、物之属性。印欧语系中长期占据主导地位的主谓结构，不可避免地带来和强化了主谓分离的思维方式，导致哲学家在建构本体论时，常常认为事物、对象、存在者是最基本的实体，关系、共相则是实体的属性，某些对象之间有某种关系这样的简单事实被认为是依附于实体、对象。而当 20 世纪的逻辑学家、语言哲学家们对于词项逻辑进行扩展，认为两个实体、对象之间有某种关系，比如 A 在 B 的前面，小王比小李大一岁，这些都超越了传统的词项逻辑与仅有一个主词和一个谓词的命题模式。

语言对于哲学思维另一个重要的影响是，名词与实体被越来越紧密地绑定在一起，很多在哲学中被经常使用的名词往往会被哲学家们认为是代表了一个真正的实体，随着"事实"一词在分析哲学中越来越重要，一些哲学家抵御不住将事实作为一种构成世界之基本实体的冲动，这一定程度上导致了罗素和维特根斯坦的逻辑原子主义将事实作为世界之基本实体。在拉丁语中，ipso facto 是根据事实本身的意思，这个词中文翻译都会引发如下的联想和疑问——事实是不是某种跟事物类似的存在物或者实体性的东西？既然是根据事实本身，事实应当是实在界的某种东西。此外，弗雷格很早就明确区分了语言层面的东西和语言所表达的东西①，如果命题是语言层

---

① 参见［德］弗雷格《弗雷格哲学论著选辑》，王路译，商务印书馆 2006 年版，再版译者序，第 4 页。

面的东西，那么命题所表达的东西是什么呢？一些哲学家自然会主张命题所表达的东西是一种实体性的事实，事实本体论似乎又获得了一种理论支撑。

从中西哲学比较的视角来看，中国语言中的主谓分离不是特别明显，因此在形而上学中会出现气、道、无极、太极这样与事物本体论不同的本体论主张。当然，以上说法并不是说，因为西方语言结构、句法上的特征，是影响西方哲学以实体为中心的本体论的决定性因素；而是说，本体论问题与语言实践密切联系着。一种以实体为中心的本体论和思维习惯，将影响人们的思维方式和语言表达；反过来，人们的语言表达与句法习惯，又会进一步巩固、影响以实体为中心的本体论和思维习惯。所以有很多哲学家通过词项在命题、句子中的地位来定义实体，比如莱布尼茨主张，实体（substance）只能以主词的身份，而不能以谓词或关系的身份进入命题中。①

一定程度上，语言的结构也影响了逻辑的结构。正如罗素指出："从逻辑的观点考虑实体时，极难避免语言结构的过度影响。……逻辑通常被认为承袭了这种语言结构，而且倾向于赋予其形而上学的重要性。"② 逻辑为什么会承袭语言的结构呢？因为逻辑学家们"必须先考察人们的语言行为和推理行为，必须考察人们的认知实践"③后，才创造出逻辑。从逻辑的发展史来看，自亚里士多德开始，词项逻辑一直在逻辑学中占据重要的地位，语言、逻辑上的主词与谓词对应着第一哲学中的实体与属性。本体论、语言和逻辑这三者相互影响，一方面，词项逻辑的生成一定程度上也受到了亚里士多德第一哲学的影响，实体正好对应主词，而属性再好对应谓词；另一方面，这种实体/属性二分的本体论不可避免地受到语言和逻辑上的主谓二分的影响，人们对于词项逻辑的接受又进一步加深了实体/属

---

① 参见 Bertrand Russell, *The Analysis of Matter*, London: Routledge, 1992, p. 238。

② Bertrand Russell, *The Analysis of Matter*, London: Routledge, 1992, p. 239.

③ 陈波：《"逻辑的可修正性"再思考》，《哲学研究》2008 年第 8 期。

性二分的本体论。

其次，从逻辑的角度看，逻辑不仅受到语言的影响，同时其自身也对哲学有着重要且独立的影响。在20世纪，哲学与逻辑的关系进入一个崭新的层面，哲学家们认识到逻辑对于人们思维方式有着重要的影响，进而直接影响到形而上学的建构。分析哲学作为一种新哲学的兴起与事实本体论作为一种新本体论的出现，都与逻辑学的新发展密切相关。在《数学原理》（1910）中，罗素和怀特海揭示出算术可以被分析还原为纯粹的逻辑观念。逻辑在数学领域的成功使得罗素主张逻辑在哲学当中也应处于基础地位，他认为，每一个命题有一个主词和谓词的逻辑教条影响着莱布尼茨、斯宾诺莎、黑格尔、布拉德雷，进而影响着他们的形而上学观点（PLA：126—127）。当我们以命题逻辑取代词项逻辑来审视本体论时，很容易得出以原子事实为中心的事实本体论。

从哲学史上看，数理逻辑与关系实在论的观点在早期分析哲学中同时兴起了，这显示了数理逻辑仍然与本体论观点有密切联系。阿姆斯特朗认为，在逻辑中，“接受关系范畴或子范畴是相对晚近的现象”（WSA：4），这种“晚近的现象”指的是，1889年罗素和摩尔由批判内在关系学说，转向外在关系学说，主张关系独立于其所连接的关系项。正如罗素所言：“传统逻辑既然认为所有命题都具有主谓形式，因此关系的实在性不被承认。传统逻辑主张，一切关系都必须还原为明显相关项的属性。但有很多方法可以驳斥这种观点；最容易的方法来自于对所谓‘不对称’关系的考察。”① 由一种内在关系说转向一种外在关系说，以及对于关系范畴或子范畴的接受，使得罗素、怀特海、阿姆斯特朗等哲学家认为，两个关系项之间有某种关系也应当是一种基本实体。

要言之，当命题逻辑在20世纪初由弗雷格、罗素等人建立起来

① Bertrand Russell：*Our Knowledge of the External World as a Field for Scientific Method in Philosophy*，London：George Allen & Unwin，1926，p. 56.

后，也进一步影响了人们在本体论中讨论最基本的存在者和范畴，比如逻辑原子主义将事实、事态作为世界之基本存在和范畴，将命题、句子作为意义的基本单位。既然句子是意义的基本单位，既然命题与其所断言的事实有相同的逻辑结构，那么，在一种新本体论中，事实作为基本实体也应是顺理成章的。可以说，20 世纪命题逻辑的生发和语言哲学的发展为事实本体论奠定了坚实的理论基础。

第二，日常生活的原因。从人类日常生活的角度来看，在人类文明刚刚发端、古代哲学家们开始思考万物本原时，本体论往往与日常生产生活密切联系着。在人们的日常生活和生产活动中，最常见、最为熟悉的物质是：生长出农作物、承载万物的土地，具有灌溉和饮用功能、滋润万物的水，人和动物生存所依赖的空气以及孕育着变化并为生活带来光明和热量的火。因此古希腊哲学家泰勒斯将水视为万物的本原，恩培多克勒将水、火、土、气这四种物质视为构成世界的基本元素。随着水、火、土、气等基本元素的大致确立，“我们惯常用来描述各种自然物的特点并对其加以辨别的一些属性，也都在水、火、气、土这四大基本元素中得到了最纯粹的体现。人们对于地表附近区域物体的总体归类法，无非是把它们分成冷的/热的、干的/湿的、轻的/重的。这些都是四大基本元素最显著的属性，而各种事物所具有的其他多种易于察觉的属性和影响力，似乎都建筑在这些根本属性的基础之上”①。基本元素和根本属性被确立以后，一种主谓思维便自然逐渐在人类的文化、思想中生了根，比如火是热的，火是实体和主语，而热则是属性和宾语。最终，通过对日常经验的概括，人们认为火的特性是热与干，水的特性是湿与冷，土的特性是冷与干，气的特性是热与湿。②

在人类日常生活的感觉经验和知觉层面上，即便洛克把颜色、

---

① ［英］亚当·斯密：《亚当·斯密哲学文集》，石小竹、孙明丽译，商务印书馆 2012 年版，第 108 页。

② 参见［英］亚当·斯密《亚当·斯密哲学文集》，石小竹、孙明丽译，商务印书馆 2012 年版，第 109 页。

声音等视为外部环境作用于人的感官而产生的事物的第二性质，但触觉相比于其他感官在哲学史上历来具有更高的地位，当我们触摸到外在事物时，我们常常感觉到阻力，感觉到它们是完全外在的，因此会得出这样的结论，所触之物是独立于我们的存在物，进而物体的广延也被认为是物体的本性，物体都应该占据一定的空间，有一定的体积或大小。因此，罗素才断定，“常识在大多数方面是朴素实在论：常识相信（作为一个规则）我们的知觉向我们展现了对象的本来面目”①。我们的经验、知觉等更容易让我们相信，世界是一个一个实实在在、通过感官知觉到的事物组成的世界。

肯尼斯·奥尔森（Kenneth Olson）指出，这种日常经验中以物为中心的本体论使得古代和中世纪哲学家们试图将对象之间的关系转换为对象的关系属性②，将关系内置于物中，由此，对象与对象之间的关系问题仍然可以在一种实体/属性、主语/谓语的区分中得到安顿。父亲与孩子之间的父子关系，也被包含在父亲的父性（being a father）和孩子的子性（being a child）之中。因此，哲学家们长期用属性去解释、容纳关系。

虽然这种以物为中心的本体论更契合人们在生活世界的日常经验，但仍有一些哲学家发展出另一种本体论。如赫拉克利特所言：“万物流转，无有止境（Alles fliesst und nichts hat Bestand）”，西田几多郎将赫拉克利特这一思想概括为：“实在是流转着的、一时一刻也不停留的发生的事件的连续。”③ 因此，我们也要看到，在古希腊哲学中也潜藏着将连续发生的事、事件作为基本实体的本体论思想，在以物、对象为中心的本体论之外，我们仍然可以从古希腊哲学中发掘事实本体论的源头。从日常经验的角度看，事物本体论容易导向一种静态的世界观，而事实本体论更兼容一种动态变化的世界观。

---

① Bertrand Russell, *The Analysis of Matter*, London: Routledge, 1992, p. 149.

② 参见 Kenneth Russell Olson, *An Essay on Facts*, Stanford: CSLI, 1987, ch. 2。

③ ［日］西田几多郎：《善的研究》，何倩译，商务印书馆 2009 年版，第 56 页。

千年以后，罗素、早期维特根斯坦和阿姆斯特朗通过各自的哲学探索，创立和发展的事实本体论。可以说，将事、事实、事件作为一种本体，虽然没有以物为中心的本体论那么直观，但也是人类在思考世界、实在之基本实体时的另外一种重要进路。

第三，科学特别是现代物理学发展的原因。20 世纪常被视作物理学的世纪，物理学革命深刻改变了人类对于宏观宇宙和微观世界的认识。哲学与科学的关系很多时候是一种相互促进的关系，古代哲学家常常也是自然哲学家，而物理学革命无疑也对哲学上有关何物存在、什么东西是终极实体这样的本体论讨论产生重要影响。从哲学与科学尚为一家的古希腊开始，哲学就陆续将各种物质、物体作为世界的本原和实体。直到近代伽利略—牛顿时期，牛顿经典力学所预设的仍然是以物体、对象、质点为中心的本体论。牛顿第一定律主张，孤立质点保持静止或做匀速直线运动，说明了力是改变物体运动状态的原因；牛顿第二定律也即加速定律指出力使物体获得加速度；牛顿第三定律揭示出力的本质是物体间的相互作用。而 20 世纪初期的物理学革命又带来了诸多对于世界的崭新认识。相较于牛顿力学和旧式的原子论，无论是有关原子结构的物理学革命，还是爱因斯坦的相对论，都更为兼容事实、事件本体论。

在原子结构的物理学革命方面，物理学的发展逐渐剥夺了微观物体的实体性，质量可以转化为能量，成为一种辐射或者波。如罗素所言："为了寻找可被看成具有实体性的东西，物理学家们把普通物质分析为分子，分子分析为原子，原子分析为电子和质子。在一些年份中，分析停滞不前。但是现在电子和质子被海森堡分解为辐射系统，被薛定谔分解为波系统——这两个理论在数学上讲着几乎同样的事。这些并不是形而上学的妄想；它们是清醒的数学计算，被绝大多数专家接受。"① 要言之，20 世纪初的物理学提出有关原子结构的新理论，实体性的、恒久的物质不再被视为终极的实体，而

---

① ［英］罗素：《哲学大纲》，黄翔译，商务印书馆 2017 年版，第 289 页。

且随着物理学家发现电子与质子可以相互湮灭，一种非恒久的、短暂的事实/事件本体论，成为哲学家们在解释世界时一种可能的选择。阿姆斯特朗也指出，现代物理学理论中的基本粒子已不像普通物体一样具有一种笛卡尔式的第一性质，比如形状、大小、位置、持久性、可动性、可分性和数量，而只有质量和电荷，而质量和电荷又被解释为，一个粒子与另一个粒子有某种关系，或者倾向于有某种关系。（PPW：118）这些观点都表明，随着当代物理学的发展，关系、事实、事件的物理学和哲学地位大大提升了，这也从侧面说明，哲学虽然有其自身发展的逻辑，但作为时代精神的精华，它也积极地吸收物理学等其他学科的最新思想和研究成果，为自身提供精神养料，为哲学理论建构与创造提供反思的对象。

在相对论的发展对哲学的影响方面，风靡20世纪，在当代物理学中起着奠基性作用的相对论也倾向于支持一种事实/事件本体论。相对论"用空间—时间替代空间和时间概念，使得关于实体的范畴比从前更加难以应用……这个结果把物理世界变成四维的连续事件，而不是持续物质所组成的一系列三维世界"①。像笛卡尔、洛克和斯宾诺莎等近代哲学家认为，物质的本性是广延，需要占据一定的空间，而相对论所带来的时间—空间四维空间，为我们用事件组去替换三维世界的物质提供了可能。罗素对相对论的本体论意义作了自己的概括："我们现在所拥有的，不再是一块永恒的物质，而是关于一条'世界线'（world-line）的概念，这种世界线是以某种方式相互联系起来的一系列事件。"② 罗素对于相对论的哲学解释也的确受到了爱因斯坦本人的肯定，因此他从现代物理学出发，提出事实本体论并为之辩护，客观地说，的确很好地用当时最新的科学发展为其本体论背书。

总的来说，事实本体论虽然不像以物为中心的本体论那般不言

---

① ［英］罗素：《哲学大纲》，黄翔译，商务印书馆2017年版，第289页。

② Bertrand Russell, *The Analysis of Matter*, London: Routledge, 1992, p. 244.

自明、广被接受，但其早在古希腊哲学中就埋下了思想的种子。事实本体论在20世纪兴起，并非毫无征兆，无论是逻辑学—语言学的最新发展以及物理学的革命，已经为事实本体论提供了较为充分的理论支撑。在这一点上，早期维特根斯坦提出事实本体论更多的是缘于逻辑学—语言哲学层面的考量，而罗素除此考量之外，由于他更关心以物理学为代表的20世纪的科学革命，因此，他的事实本体论还带有吸收物理学最新思想，与物理学发展兼容的动机。

第二节　事实与事件：罗素的逻辑原子主义

一　罗素的逻辑原子主义的主要观点和鲜明特色

罗素的逻辑原子主义在很多地方受益于维特根斯坦，但也具有自己的一些独特观点。

首先，在术语上，罗素在论及世界的基本实体时，陆续用了事实、事件等概念。1910年罗素在完成纯粹数学的工作之后，他开始对物理界产生了兴趣，在怀特海的启发下，他开始主张“物理世界的要素可以由占据有限时空的事件构成”①。在对物理界产生兴趣的同时，1917年他开始对语言与事实的关系产生兴趣。在1918年写作的《逻辑原子主义哲学》中，他主张世界由事实构成，有两种简单事实，一种是一个特定物拥有一个性质，比如“这是白色的”；另一种是在两个殊相之间有一种关系，比如这个东西在那个东西的左边。（PLA：26）在1927年写作的《哲学大纲》中，他就一直用事件（events）取代事实，认为事件是世界的基本实体，他写道：“世界上的万物都由‘事件’组成；起码这是我所坚持的论点。在我看来，一个‘事件’具有有限小的延续（duration），并在空间中具有有限小的广

① Bertrand Russell, *My Philosophical Development*, London: George Allen & Unwin Ltd, 1959, p. 10.

延（extension）；或者，从相对论的观点看，它占有一个有限小量的空间—时间。”① 因此，一定程度上，我们可以将罗素哲学中的事实与事件大致等同起来。在1948年出版的《人类的知识——其范围与限度》中，罗素又将事实与信念、真理、知识等问题合在一起讨论。由此可见，罗素一生中对于事实的看法与其哲学兴趣、立场一样，都是有着较大的变化的。因此，本书对于罗素事实本体论的讨论更多集中于其逻辑原子主义时期，而辅以其他时期事实观进行比较研究。

其次，在事实的组成成分和组成结构上，逻辑原子主义时期的罗素认为简单事实是殊相与共相的结合，殊相与共相是两种不同的存在物（entities），殊相是作为谓词和关系词项的主词进入复合物之中的，它存在于经验世界之中，存在于时间之中，并在同一时间内只能占据同一空间。而共相则作为谓词和关系进入复合物中，它并不存在于时间之中，并且可以在不同的地方出现。② 罗素解释了基本事实的组成成分，但他没有解释的是，这些组成成分是如何结合在一起的，一个处于时间之中并在同一时间占据一个特定空间的殊相是如何与不在时间之中、在不同地方的反复出现的共相结合的？罗素并没有给出一个令人满意的回答，好像殊相与共相的结合是一种自然而然、无须解释的问题。

值得注意的是，早期维特根斯坦与罗素的本体论观点虽然都被称为逻辑原子主义，但基本事实或简单事实的结构却有所不同，这种细微差别常常为研究者所忽略。在维特根斯坦那里，对象并非光秃秃的殊相，而是有其性质、属性的，正因为性质、属性不同，简单对象才有其特质，一个简单对象才不同于另一个简单对象，简单对象才有如链子的诸环节一样套在一起构成了事实③，因此，简单事

---

① ［英］罗素：《哲学大纲》，黄翔译，商务印书馆2017年版，第272页。

② 参见 Bertrand Russell, “On the Relations of Universals and Particulars”, *Proceedings of the Aristotelian Society*, 1911－1912, 12（1）, pp. 1－24。

③ 徐英瑾教授用建筑学中榫卯结构作类比，来帮助我们理解对象是如何像链子的诸环节一样套在一起，有一定的启发意义。

实至少是由两个简单对象构成的。而在罗素那里，某个殊相有某一属性也被视作一种简单事实。论述基本事实的结构时，维特根斯坦认为简单事实是简单对象之间的结合；而罗素则认为一个事物、殊相有一个属性，或几个事物、殊相之间有某种关系都可被视为简单或原子事实，罗素写道："现存的世界包含了具有诸多性质和关系的许多事物……当我提及一个'事实'时，我不是指世界上的一个简单的事物，而是指某物有某种性质，或某些事物有某种关系。因此，我不应把拿破仑叫作事实，而应该把他有野心或他娶约瑟芬叫作事实。在这个意义上，一个事实绝不是简单的（never simple），而总是有两个或更多的成分。"①

这里笔者无意讨论罗素与早期维氏的两种基本事实在结构上的优劣，因为基本事实虽然被事实本体论者视为实在中的基本单位，但在笔者看来，他们所谓的事实是一种形而上学建构。两人虽然都认为世界由事实构成，但对于基本事实的结构之不同论述，也显示了事实作为一种本体论概念的建构性特征。关于事实的建构性，本书将在第三、四章作更深入的讨论。

最后，事件具有两个性质和特点。② 第一，事件可以与其他事件在空间—时间中共存、交叉，比如在一个音乐会上，小提琴拉的长音与钢琴弹出的短音就在空间—时间中共存、交叉。物则不同，因为物的第一性质是广延，是不可进入的，两个物体在空间上很难交叉。第二，一个事件不可能无限复杂，任何复杂的事件都可以分为有限的事件，拥有数量有限的部分。

罗素对于事实、事件的态度和观点与其整体的哲学框架紧密相连，因此对其事实本体论的考察不仅要求我们了解上文所探讨的具体观点，也要求我们深入了解他所坚持的哲学立场。具体言之，罗

---

① Bertrand Russell：*Our Knowledge of the External World as a Field for Scientific Method in Philosophy*，London：George Allen & Unwin，1926，p. 60.

② 参见［英］罗素《哲学大纲》，黄翔译，商务印书馆 2017 年版，第 272—273 页。

素逻辑原子主义有如下鲜明哲学立场。

第一，朴素实在论的立场下的逻辑原子主义。罗素提出自己逻辑原子主义的背景是拒斥和反叛影响当时英国哲学圈甚大的新黑格尔主义，他和摩尔在反叛新黑格尔主义者布拉雷德绝对唯心主义的同时，也确立了一种朴素实在论的立场，即主张实在不依赖于人的精神、心灵和认识活动。罗素曾在《关于意义和真理的探究》（*An Inquiry into Meaning and Truth*）中比较了朴素实在论与物理主义，在他看来，朴素实在论（naive realism）是这样一种学说：一方面，事物独立于人的精神、心灵和认识活动；另一方面，事物是他们看起来的样子，“我们认为草是绿色的，石头是硬的，雪是冷的；但物理学使我们确信草之绿色、石头之硬度和雪之寒冷并不是在我们的经验中所知道的绿色、硬度和寒冷，而是非常不同的东西”①。在罗素看来，这种朴素实在论与物理主义立场是不相容的，因为科学的目标是追求客观性，但科学追求客观性的过程又要求观察者观察具体的事物，观察事物的过程又带入了观察者经验的主观性，因此，它又不得不违背自己追求客观性的意志而陷入主观性之中。

第二，确立中立一元论立场，用事件去解构心灵实体与物质实体。罗素为了将其中立一元论贯彻到底，不仅认为物质实体可以被事件本体论消解，而且主张心灵实体也可以被事件替代，物质与心灵都是一种方便的简称，而“在完美的科学中，‘心灵’一词和‘物质’一词都会消失，并被有关‘事件’的因果定律替代”②。由此，罗素试图建构一种统一物质与心灵、超越唯物主义与心灵主义的中立一元论（neutral monism），虽然罗素在一生当中观点多变，但其中立一元论的立场几乎没有改变。在中立一元论看来，心灵与物质都不是基本实体，它们由既非心灵又非物质的结构所组成，这种

---

① Bertrand Russell, *An Inquiry into Meaning and Truth*, London: George Allen and Unwin LTD, 1940, p. 15.

② ［英］罗素：《哲学大纲》，黄翔译，商务印书馆 2017 年版，第 277 页。

结构就是事实/事件。从哲学史的角度来看，中立一元论并非罗素的独创思想，马赫在《感觉的分析》以及实用主义哲学家威廉·詹姆斯在《彻底经验主义论文集》中所提出的中立一元论，应是更为原创性的思想。而罗素一定程度上借鉴了他们的思想，并将其与维特根斯坦在《逻辑哲学论》中提出的事实形而上学作了有机的融合。

当确立中立一元论或事件一元论的立场之后，有两个问题是罗素绕不开的。一个是心灵的结构是否由物质单位组成，二是物质的结构是否由心灵单位组成，这仍然涉及世界的本质是物质还是心灵的老问题。在罗素看来，心灵无法被还原为物质，因为心灵事件不是物质事件，在心灵中知觉到的不是外部世界的材料，而是大脑的一部分的材料，比如我们看到树叶是绿色的，不是因为绿色是树叶的材料，而是因为我们大脑中感知到绿色，绿色是外部光波刺激我们的视网膜并在大脑中形成相应颜色的结果。由此，罗素总结了心灵与物质为何不能相互还原的原因，知觉对象虽然被视为一组事件，它不同于其他物质事件的根本之点是“它所发生的区域的特殊性——或者，更正确的说法也许是，不同的效果就是这个区域的特殊性”①。最终，罗素确立了本体论最基本的单位是事件，因为发生区域的不同，才有了物质事件与心灵事件。② 在确立事件为本体论之基本单位之后，罗素的哲学宏伟计划也被揭示出来，即以中立一元的基本事件为中心，用逻辑建构的方式、方法建构和解释整个世界。当然，罗素并没有圆满地完成这一目标，逻辑实证主义者卡尔纳普在其名著《世界的逻辑构造》中试图完成罗素的宏愿，但他也没有给出一个非常完善和令人满意的方案。究其根本，试图用一种逻辑的方式构造整个世界，这种尝试本身就是值得商榷和充满疑义的。

---

① ［英］罗素：《哲学大纲》，黄翔译，商务印书馆 2017 年版，第 277 页。

② 在笔者看来，这种论证方式并不是十分令人信服，发生在大脑中的就是心灵事件，发生在外部世界的是物质事件，这已经提前预设了大脑与外部物质世界有本质的不同，以此，发生在不同区域的事件才能成为性质不同的事件。

二 罗素的逻辑原子主义的理论贡献与缺陷

对于罗素的事实本体论和逻辑原子主义的主要特点和内容介绍在诸多研究论著中都有，因此笔者不必过多赘述。笔者希望重点分析和思考的是罗素逻辑原子主义的理论贡献和缺陷。首先，罗素逻辑原子主义的理论贡献可以概括为两个方面。

第一，吸收当时最新的物理科学研究成果，建构事件本体论。罗素不同于维特根斯坦的地方是，维特根斯坦在《逻辑哲学论》中只从一个哲学家和逻辑学家的角度去思考逻辑原子主义，思考语言与世界的关系问题，不涉及当时的科学问题，而当他重回哲学认真反思逻辑原子主义所预设的对象是否在世界中存在时，他发现即便将对象视为瞬间点（point-instant）也会遇到颜色不相容的难题，因此瞬间点也不满足对象的要求，进而对整个事实本体论展开反思。罗素则不然，他对于当时的科学发展特别是物理学发展颇有兴趣，并将哲学上的本体论思考与当时最新的科学发展紧密结合在一起。在维特根斯坦的传记中，也显示了两人在思考事实本体论时期的学术志趣有明显不同："于是到1913年初，我们看到罗素和维特根斯坦正在按非常不同的计划工作——罗素在创立他的'新科学'，维特根斯坦在做逻辑分析。现在罗素完全愿意承认后者是维特根斯坦的领地，不是他自己的。"①

当时的物理学有两大热点领域涉及物质的本质，一是对原子结构的研究；二是说明引力的广义相对论。罗素写道："关于原子结构的观点有两种形式：一个来自于海森堡；一个来自于德布罗意和薛定谔。……海森堡把物质看做向外传播辐射的中心；辐射被当做真实的存在，而在中心的物质则被还原为一个数学虚构。比如，辐射可以构成光线；它们被称做事件的系统，而不是条件中的变化，或

---

① ［英］瑞·蒙克：《维特根斯坦传：天才之为责任》，王宇光译，浙江大学出版社2011年版，第72页。

‘实体’的关系。在德布罗意和薛定谔的系统中，物质是波动。这个理论没有必要假定波动除了其数学特性之外还有其他性质；然而，由于它们为了说明物质，所以如果它们也是由物质组成，就明显不能达到这个目的。因此，在这个系统中，我们也要从事件系统中建构物质，而且这些事件刚刚发生，而不是发生在物质或任何其他东西之‘上’。”①

当时最新的科学理论让罗素深受启发，无论是在微观世界电子与质子相互碰撞后湮灭，还是科学家们将物质视作辐射或者波动，通过它们来解释、建构物质，物质的地位在当代物理学中下降了，而一些新的解释物质的方式兴起了，因为波、辐射、电子运动轨迹的非实体性，罗素用一个统一的术语“事件”来概括和统称它们，进而，只有事件逐渐取代了物质在本体论上的基础性地位，才更与物理学的最新研究成果相容。最终，罗素得出如下结论：“不可侵入性（impenetrability）曾被看作是物质的一种高贵性质，类似于一种独立宣言；现在，它只不过是定义物质方法的同义反复式的结果。事件才是世界的真实材料，而事件并非不可侵入，因为它可以在空间—时间中重叠。简言之，‘物质’变成了言说事件的某些因果定律的方便简称。”②

可以说，吸收当时科学研究的成果，去为事实/事件本体论立场辩护，一定程度上反映了罗素对于哲学与科学的态度。他指出：“不存在只对哲学而不对科学开放的、特殊的智慧源泉，哲学研究所获得的结果与科学研究的结果没有根本的不同。哲学与科学的区别只在于它更具批判性和更具普遍性。”③“科学在任何时候都不会是十分正确的，但也很少是十分错误的，并且作为一个规则，它常常比非科学的理论有更多的机会是正确的，因此，假设性地接受它，是

---

① ［英］罗素：《哲学大纲》，黄翔译，商务印书馆 2017 年版，第 274 页。
② ［英］罗素：《哲学大纲》，黄翔译，商务印书馆 2017 年版，第 275—276 页。
③ ［英］罗素：《哲学大纲》，黄翔译，商务印书馆 2017 年版，第 293 页。

合理的。”① 这种强烈的科学精神和试图缩小科学研究与哲学研究之鸿沟的努力，已使其与维特根斯坦的事实本体论在理论旨趣和主要内容上均显现出重要差异，即使维特根斯坦主张世界的基本组成单位是事实，但他并没有否认对象的存在，反而认为对象是事实/事态的重要组成部分，在一个基本事实/事态中，对象像链子的诸环节一样结合在一起。罗素注重吸收当时科学特别是20世纪初物理学革命的营养，他深受爱因斯坦相对论的影响，主张用四维时空去代替传统科学的时间和三维空间，这样，四维空间的基本实体——事件和事实——就应当优于三维空间中的事物。

第二，从逻辑的立场出发，用逻辑构造世界。罗素作为一个数学家和逻辑学家，对于原子逻辑主义的思考和建构本身也是源于逻辑上的考量。在其成名作《数学原理》中，罗素和怀特海写道：“给出所有真的原子命题和它们对应的所有事实，每一个真命题都可以通过逻辑的方法在理论上被推断出来。”② 罗素对其在《数学原理》中提出的新逻辑信心满满，认为其他命题都可以通过其逻辑方法从原子命题中推断、演绎出来。他在1918年有关逻辑原子主义哲学的演讲中说道：“我称自己的主张为逻辑原子主义的原因是，我所希望通过分析抵达的原子是，作为分析的最后剩余的逻辑原子（logical atoms），而不是物理原子（physical atoms）。”（PLA：3）因此，逻辑原子是逻辑分析的产物，而不是物理分析的产物，当我们在逻辑中无法进行进一步的分析之后，所遇到的无法分析的东西就是逻辑原子。对于罗素来说，这些逻辑原子可以是所谓的殊相，比如说是颜色斑块、声音、瞬间的事物；也可以是谓词或关系，等等。（PLA：3）只要这些东西是逻辑上不可再分析之物，它们就可以被

---

① Bertrand Russell, *My Philosophical Development*, London: George Allen & Unwin Ltd, 1959, p. 13.

② Bertrand Russell, Alfred North Whitehead, *Principia Mathematica*, vol. 1, 2nd edn, Cambridge: Cambridge University Press, 1968, p. xv.

称为逻辑原子。

众所周知，罗素的一个基本哲学立场是经验论，他一直服膺于英国经验主义的道统。当罗素用他新发展出来的逻辑学去应用于形而上学和知识论时，他的主要目的是为经验主义重建一个坚实的地基。这种为经验主义夯实地基的努力特别地体现在，1914 年他提出通过逻辑构造的方式去组织感觉材料，最终将外部世界构造出来的计划。虽然罗素毕生都没有完成这一计划，但这种构想影响了卡尔纳普，在其《世界的逻辑构造》中，他继续着罗素在《我们关于外部世界的知识》中提出的哲学抱负和研究规划。从前的经验论，从休谟到密尔（J. S. Mill）曾依赖于一种间于哲学和心理学的心灵哲学，而罗素的逻辑原子主义关注思想的表达式而非它们的心理结构。当我们将罗素的思想与休谟的思想进行一种对照，我们更能看到，两种不同的经验主义之间的区别。以上都是罗素的逻辑原子主义的理论贡献。

罗素版本的逻辑原子主义的理论缺陷可以概括为三个方面。

（一）一种注重亲知的经验论无法完全解释语词意义和原子事实

如果我们从逻辑的观点去审视罗素的逻辑原子主义，其中一个重要的问题，罗素自始至终都没有给予正面的回答，即，一个逻辑上的专名与它所指称的简单殊相之间究竟是什么样的联系，换句话说，指称关系究竟是一种什么关系。罗素试图用亲知原则（theory of acquaintance）去解释指称关系，在他看来，亲知是一种知识，是一种主体和客体之间的外在关系，我们亲自看到某个感觉材料，自然将语言与实在、专名与感觉材料联系在一起。正如他自己所言：“在一个词的较窄的逻辑意义上而言，一个名称的意义是一个殊相，这个殊相须是说话者所亲知的殊相，因为他不能在没有亲知某物的情况下命名它。”（PLA：29）要言之，罗素的整体思路是，专名与亲知的殊相相对应，包含专名的命题与包含亲知殊相的事实相对应，由此，罗素完成了以经验主义为背景的事实本体论建构。但罗素的亲知原则带来了如下严重的问题。

第一，亲知原则使得经验性质成为事物的本质属性。罗素在认识论上对于经验主义和亲知（acquaintance）的推崇使他在处理事物、语词本质问题上陷入困境。他作为一个经验主义者，认为我们所有的知识都可以分为亲知知识（knowledge by acquaintance）和描述知识（knowledge by description），描述知识在根源上仍然需要依赖于亲知知识。这种知识论使得他在语言观上主张，语词意义的学习是通过与其指称对象的实际接触而来的，一个孩子通过实际接触“书”“电脑”而知道这些词的意义是什么。罗素的这一经验主义立场其实与休谟并没有特别大的区分。休谟主张观念（idea）源自经验中的印象（impression）。这种经验主义观点直接导致经验主义者将事物的本质等同于我们通过感官所接受和识别的事物的属性，比如我们知道太阳是发热、发光的，一个疾病等同于可观察的症状，但随着近代以来的科学发展，我们更认识到，发热、发光不能完全算作太阳的本质，可观察的症状也不同于疾病本身，现代医学更倾向于认为疾病是由病毒、细菌导致的结果。哲学家普特南就主张疾病的本质不是可识别的临床症状，而是病毒性和细菌性原因。中后期维特根斯坦比普特南的判断更具历史向度，他认为，一种疾病的症状和标准本身也是随着生活形式、语言游戏而变动的。

第二，亲知原则忽略了主体的挑选、识别和解释活动。如果亲知不包括一种挑选、识别和解释的话，那么，专名永远只能与感觉材料对应，而不能上升到与特定种类的物对应。以一个智能机器人为例，一颗苹果被放在某个智能机器人视野的中央，机器人通过感官元件看到了视野中的圆形的红色斑块，如果没有将红色斑块从其背景感觉材料中挑选、识别出来的过程，没有将这个感觉材料解释为苹果的过程，这个专名永远不可能与作为物的苹果相联系。一定程度上，我们可以说，罗素并没有正确理解和使用亲知这个概念。被罗素忽视的是，亲知红色的过程本身也是一种挑选、识别的过程，忽略其他感觉材料、识别红色的过程。亲知不是原初的被给予，也不是解释语词意义的唯一来源，好像“如果不看到红色的事物，红这个词就不能被理解”（PLA：21），而是一种包含识别、区分、挑选、解释等主动的认识能力。正如大卫·皮尔斯（D. F. Pears）在《逻辑原子主义哲学》1985 年版导言中指出：“罗素安排逻辑与经验主义联姻，带给《逻辑原子主义哲学》一个特别的特质。罗素论述的重心集中于为逻辑原子主义提供经验性论证。”（PLA：xxxvii）当我们发现一个词无法再被进一步分析时，我们就找到了逻辑原子（logical atoms）。

第三，亲知原则在解释语词意义上遇到了困难。罗素通过亲知去确立语词的意义，在这里陷入了困境。在笔者看来，经验可以帮助丰富人们对于语词的理解，我们通过实际观察一只大象、一个稀有动物，的确可以丰富我们对于某一物的理解，但它绝非可以等同语词的意义本身。但从一种后期维特根斯坦的视角来看，包括专名在内的所有语词，其意义并非我们说出或想到这个语词时，心灵中的观念和意象。在维特根斯坦看来：“人们说出的语词，或伴随语词的想法，也都是无关紧要的，重要的是人们在生活中的各个事情上所造就的不同……实践赋予语词以意义。”[①] 在生活实践当中，人们对于一个专名所对应的物体，不会有着完全一致的感觉经验，如果像罗素那里用亲知的感觉经验来解释专名，会使得专名本身陷入混乱。比如一个人一生中只见过一只刚出生的小象，另外一个人则见过很多只成年大象，那么在他们的亲知中，就会对大象这个专名有不同的经验，但大象专名的意义并不随着人们的亲知和经验的不同而不同。在后期维特根斯坦看来，一个语词的意义在于该语词在特定语言游戏中的使用，这种规范性的使用本身与伴随语词的想法、经验、意象都不相同，而这种规范性使用，对于语词来说才是真正重要的，正是在维特根斯坦这里，语词才与实践真正联系在一起。

---

① ［奥］维特根斯坦：《最后的哲学笔记》，载《维特根斯坦文集》第 8 卷，韩林合主编，商务印书馆 2019 年版，第 98 页。

罗素一定程度上代表了自洛克、休谟以来的英国经验论立场，这种哲学传统认为，将语词的意义与说话者心灵中的经验性的印象、观念联系在一起是很自然的事情，当我们再说出这句话时，听话者又能在心灵中唤醒与说话者相同的观念。但随着罗素思想的发展，他也发现了作为逻辑原子主义主要原则之一的亲知原则的困难，他不再主张感觉能够直接给予我们知识。维特根斯坦在其后期的著作中，也击碎了这种希望通过亲知来建立专名与感觉材料密切联系的迷梦，进而为他批判私人语言奠定了坚实的基础。

第四，亲知原则在解释原子命题的真假问题上陷入困境。按照亲知原则，如果所有命题的真假最终都必须通过亲知才能被揭示，那么，原子命题的真假是如何通过亲知得到揭示却成了一个要紧的问题。比如说，为了证明一个原子命题是假的，按照罗素的逻辑原子主义，我们要么与每一个相关甚至不相关的原子事实进行比照，以证明该命题不符合每一个事实，因此是假的，但这种无限比照的方式根本不是人在认知实践中的做法。同样，为了确定一个否定命题是真的，我们也需要将该命题与相应的否定事实相比较，但问题是，我们是否能直接亲知否定事实也是一个充满争议的问题，我们可以说我们看到或者没看到一个物体，但很难说我们亲知了一个作为实体的肯定事实和否定事实。要言之，罗素希望将亲知原则和经验主义的语言观、符合论的真理观融合在一起，这使得他的逻辑原子主义存在着难以克服的困难。

（二）以专名为代表的理想语言的失败

如司各特·索姆斯所言，罗素所构造的逻辑原子主义和事实本体论的根本目的之一是，发展出一种逻辑上完美的语言，去帮助哲学家们描述实在，同时，这个理想的语言工具也可以帮助哲学家们解决和消解哲学问题。[①] 这个理想语言的前提之一就是罗素的专名理

---

① 参见 Scott Soames, *Philosophical Analysis in the Twentieth Century* (*Volume* 1), Princeton: Princeton University Press, 2003, pp. 192 - 193。

论，因此可以说，罗素的事实本体论建立在对于专名的分析基础之上。在本体论上，事实的结构是一个殊相加上一个共相，那么在语言中对应的就是，一个专名有一个谓词，专名正对应着事实中的殊相，他甚至将专名直接定义为“对应殊相的词”（Proper names = words for particulars. Df.）（PLA：28）。专名使得我们在语言中谈论某个特定的殊相得以可能。此外，罗素将摹状词与专名区分开来，以表明摹状词和专名两种表达式的不同功能，摹状词是有描述功能的表达式，一个外国人可能不了解有关北京的任何信息，但对他来说，“中国的首都”这个摹状词就可以为“北京”这个专名增加更多的信息，让听者知道北京是中国的首都。但专名本身不包含任何描述性的信息，我们不能从专名这个词语中得到任何描述性的信息和新的知识，而只能通过亲知，知道有关某个专名的信息和知识。比如，当我去过北京，在课本上看到有关北京的消息，别人告诉我一些有关北京的知识，等等，这些方式都会给予我关于北京新的知识。

但严格来说，在罗素眼中，像中国、北京、上海、长城、邯郸路等这样的日常语言中的专名还不是真正的专名，因为它们可以进一步分析为限定摹状词，因为这些专名所对应的事物是复杂的、可分析的实体。比如，北京是中国的首都，是中国的政治和文化中心；上海地处长江入海口，是中国的经济中心。而严格意义上的专名不同于日常语言中的专名，它不可被分析为其他限定摹状词，而是直接指称特定的感觉材料，只有直接指称感觉材料的专名才是真正的专名，比如，“‘n’可以是我当下视野中央一小块蓝色斑点的名字”（PLA：xxi）。

但罗素这里所犯的错误有两个。第一，即便是专名“n”，我们仍然可以用限定摹状词对之进行进一步的分析，比如“我当下视野中央一小块蓝色斑点”本身就是“n”的限定摹状词（PLA：xxi），罗素提出的严格意义上的专名跟日常语言中的专名看似不同，其实并没有本质上的区别，如果专名要在语言中被言说和使用，那么它必然可以分析为相应的限定摹状词，不然人们既无法知道这个专名到底指的是什么，也不知道如何使用这个专名。第二，与罗素重视亲知的经验主义精神相契合，严格意义的专名直接指称的是私人的感觉材料，但问题是，我们可能独立于外部世界和他人的反应，而私人地命名感觉材料，并且描述它们吗？此时，我们会发现后期维特根斯坦批判私人语言不是凭空捏造一个批判对象，而是有其渊源，罗素提出的直接指称感觉材料的专名已经是一种私人语言了。从后期维特根斯坦的视角来看，用专名命名自己感觉材料的私人语言是绝对不可能的，即便一种关于感觉材料的私人语言被构建起来，人们用它去与他人交流也是不可能的。甲不可能直接感受到乙的感觉材料，也无法了解乙发明用来指称这一感觉材料的某个专名到底是什么意思。因此，罗素希望通过对感觉材料的逻辑构造，建构整个世界，但他宏伟设计的第一步，直接指称感觉材料的专名就已陷入私人语言的泥沼之中，他以经验主义的方式构造世界的尝试只能以失败告终。

罗素之后的克里普克，继续沿着罗素的哲学道路，同样试图以感觉材料为起点，建构整个世界。“n”仍然被视为感觉材料的严格指示词，“n”在它存在的所有的可能世界中都指称同一个感觉材料。[①] 克里普克专名理论不同于罗素的地方在于，他不再区分严格的专名和日常语言中的专名，在他看来，日常语言中的专名仍然是严格的指示词，这样，他的确避免了罗素所遇到的一个问题，即无论是严格的专名还是日常语言中的专名都是严格的指示词。但在笔者看来，只要试图通过感觉材料为专名奠基，都有滑入私人语言的倾向。要言之，罗素的事实本体论主张某殊相有一个属性或几个殊相之间有某种关系是一种原子事实，而专名正是这些殊相的名称，如果罗素的专名理论出了问题，他所谓的事实之结构也就没有办法在

---

① 参见 Saul Kripke, *Naming and Necessity*, Cambridge: Harvard University Press, 1972, pp. 47 – 49。

语言中得到表达，他所建立的专名—谓词与殊相—共相的语言和实在的二元结构也就很值得怀疑。

（三）在破除旧形而上学的同时又建立了新的形而上学

英国哲学家以赛亚·柏林认为，罗素“推翻了传统形而上学气象恢宏的大厦的大部”①。但他自己的逻辑原子主义和事实本体论又悄然成了新的形而上学。他试图以一种中立一元论（neutral monism）去消解唯物论和唯心论的对立，将事实、事件这样既非物理又非心理的东西作为组成世界的基本实体，而心理的东西和物理的东西都是这种无须进一步描述的中立一元实体的两个层面，以此去解释和建构整个世界。在笔者看来，他的逻辑原子主义就是一种新的形而上学的典型代表，他一方面主张构成世界的基本成分是原子事实，另一方面也将所有事实本质主义化，所有事实在本质上没有根本性区分，只有复杂程度上的不同，有的事实是简单事实，有的事实是复合而来的复杂事实。罗素虽然将自己的研究精力放在了数学哲学、逻辑学和知识论问题上，但当他想要圆满解决知识论的问题，如一个命题如何为真时，他又从形而上学中找寻答案，比如希望在世界中确立基本的原子事实，以此为他的知识论体系奠基。

总的来说，罗素的逻辑原子主义和事实本体论有着鲜明优点的同时，也有着显著的缺点，这也折射出罗素本人在研究哲学时的整体研究旨趣。正如金岳霖如是评价罗素：“他富于科学精神也许他底求真要求比求通要求来得更切。”② 罗素的中立一元论是为了破除形而上学上的争论而提出的，事实与事件便是这个中立的、既非观念也非物质的东西，但发展到最后，罗素的事实本体论也成了一种新的形而上学。罗素在事实本体论上有其理论洞见和思想启迪，但他

---

①［英］以赛亚·柏林：《现实感：观念及其历史研究》，潘荣荣等译，译林出版社2011年版，第64页。

② 金岳霖：《知识论》，中国人民大学出版社2010年版，第72页。此后引用本书只在文中注明书名与页码。

的问题更多，前后不连贯的地方也很多①，这是我们当代的研究者必须警惕的。

第三节 事态本体论的系统化：维特根斯坦的逻辑原子主义

罗素和维特根斯坦几乎同时提出了有一定差异，也有重要共性的逻辑原子主义。但相较于罗素对于逻辑原子主义的“粗糙勾勒”，维特根斯坦的逻辑原子主义被认为“呈现了二十世纪最统一、最有雄心、最迷人的哲学体系”②。受制于篇幅等原因，本节并不打算展开关于维特根斯坦在《逻辑哲学论》中逻辑原子主义的全部思想内容，相关研究文献也汗牛充栋。而是希望以事实/事态③本体论为主线，讨论其逻辑原子主义中最核心和最引人争议的部分。所以本节对于维特根斯坦事实/事态本体论的论述主要从如下两方面展开：一是维特根斯坦事实本体论的主要观点和鲜明特色，二是维特根斯坦事实本体论的理论贡献与缺陷。

一 维特根斯坦的事实本体论的主要观点和鲜明特色

在哲学史上，维特根斯坦较早地提出了独树一帜且缜密严谨的事实本体论学说，《逻辑哲学论》的开篇——世界是所有实际情况（1），世界是事实而非物的总和（1.1）——就对世界的基本组成部

① 比如他在逻辑原子主义时期主张事实不包括事物，而在其后期哲学中又主张具体的物如苹果、拿破仑都是事实。

② Scott Soames, *Philosophical Analysis in the Twentieth Century* (*Volume* 1), Princeton: Princeton University Press, 2003, p. 193.

③ 在论述维特根斯坦的事态时，对应的是 states of affairs，早期维氏也常常用 Sachverhalt 一词，韩林合教授在其译本中将该词译为“基本事态”，而奥格登译为 atomic fact（原子事实）。

分作了整体性和抽象性的刻画。这种本体论已非常不同于以往哲学中以物为中心的本体论。可以说，维特根斯坦的事实形而上学主要是在《逻辑哲学论》中所建构的整个理论体系，在这一理论体系中，本体论起着奠基性作用，该本体论的主要观点可以用《逻辑哲学论》的核心论断来概括。

在世界的终极构成上：1.1 世界是事实而非物的总和；1.2 世界分化诸事实。

在事实的组成部分上：2.01 基本事态是诸对象（物件、物）的结合；2.0124 给出了所有对象，由此也就给出了所有可能的基本事态；2.0121 我们不能在与其他的对象结合的可能性之外设想任何对象。

在语言与世界的关联上：3 事实的逻辑图像是思想；3.01 真的思想的总和是世界的一幅图像。

让我们从两个主要方面再去简单勾勒维氏的事实形而上学思想。

（一）事态和事实的基本结构

既然构成世界的是诸事态（Sachverhalten）的存在（肯定事实）和不存在（否定事实），那么事态又是什么？它有着什么样的基本结构？维特根斯坦在事态的基本结构上，一个不同于罗素的重要之处在于，他认为事态是对象之间的组合，且并未像罗素和阿姆斯特朗一样，道明事态由殊相和共相组成。那么对象又是什么？维特根斯坦并未在《逻辑哲学论》中对于对象作更多的描述和刻画，对象之存在源于一种逻辑推演，因此它无须向读者举例说明对象实际上是什么，而是在一种逻辑推演和高度概括的层面上谈论对象。关于《逻辑哲学论》之事实本体论思想的学术共识是："维特根斯坦没有告诉我们，对象究竟会是类似牛顿式质点的某种物质原子，还是经验的直接对象，也就是感觉材料（sense data）。维特根斯坦也没有告诉我们，'对象'这个术语究竟只涵盖殊相，还是也包括共相或者说属性和关系，抑或'对象'这种东西无法刻画为无论特殊还是普遍的东西。我们最多了解到对象必须满足的某些形式上的要求：对象是简单的，对象是每个可想象的世界所共有的，对象互相之间结合以构成事态。”①

这种对对象作一种逻辑和抽象化的理解、作了一种“极少主义”的诠释，导致简单对象在现实中到底是不是殊相加共相，还仅仅是殊相或者别的东西，有一定的讨论空间，甚至具有充分的“弹力”“可塑性”和理论生发性。这里试举出两种阐释加以例证：例如，阿姆斯特朗主张，维特根斯坦的“对象”概念包含了殊相与共相，这是对于其对象的一种阐释，以此，世界中所有的可能性在根源来说都是共相与殊相之组合，他用组合主义来解释所有的可能性问题。又如，也有的阐释主张，对于简单对象的设定要依赖于特定的语言游戏，这是一种后期维特根斯坦式的解读方式，对象棋来说，我们可以设定每一个棋子是简单对象，也可以在另一种语言游戏中设定象棋的每一个格子为简单对象。笔者认为，虽然不能用后期维氏思想去解释其早期思想，因为早期维氏还是希望能够找到一种绝对的、不依赖于语境的简单对象，倡导某种形而上学式的原子论，比如倾向于认为视野中的瞬间点是一个简单对象，主张对象是组成世界的基本要素。但是早期维特根斯坦对于对象的逻辑化、抽象化和纲领化的态度和论述方式使得对于对象的解释开放性很强，甚至能在一种后期维氏的思想框架中去阐发对象。

（二）强调逻辑同构性和命题图像论

在维特根斯坦看来，在本体论层面，由于事实是对象之组合，因此也具有某种结构性特征。在语言层面，一个基本命题是由诸名称组成的（TLP 4.22），命题中的名称对应着事实中的对象，名称之间的关联和连接对应着对象之间的结合，命题是对事实之描画，是事实的逻辑图像，与事实有着相同的逻辑结构，进而语言与世界也存在着同构性。维氏这一思想被后世主张事实本体论的哲学家继承，

① ［英］罗杰·M. 怀特：《导读维特根斯坦〈逻辑哲学论〉》，张晓川译，重庆出版社 2018 年版，第 34—35 页。

他们都认为"独立于心灵的实在有着命题性的结构"（WSA：3）。

可以说，命题图像论或者说命题表征实在的特征恰恰使得事实本体论在语言层面上得以解释，只有命题是实在的图像，实在中的事实才能成为基本事实，否则为什么物和对象不能作为基本事实?

在《逻辑哲学论》中，维特根斯坦清楚地阐明了这种图像表征理论：

> 2.12 图像是实在的一种模型。
>
> 2.13 在图像中，图像的要素与对象相对应。
>
> 2.131 在图像中，图像的要素代表对象。
>
> 2.14 图像的要素以一定的方式相互关联从而成为图像。
>
> 2.141 图像是一种事实。
>
> 2.15 图像的要素以一定的方式相互关联，这表明事物也是以同样的方式相互关联的。
>
> 3.14 命题记号的构成，在于其中的要素（语词）是以一种方式相互关联的。
>
> 3.21 简单记号在命题记号中的配置，对应于对象在情况中的配置。
>
> 3.22 名称在命题中代表对象。
>
> 4.01 命题是实在的图像。
>
> 5.4711 给出了命题的本质就意味着给出了所有描述的本质，因此也就意味着给出了世界的本质。

总的来说，维特根斯坦的命题图像论使得命题正好承担了表征实在的功能。正因为这种表征功能是命题的本质，所以维氏才说："理解一个命题，就是知道如果它为真，则实际情况如何。"（TLP 4.024）作为语言的基本成分的命题像描画了实在中的事实，因此，整个语言系统就像一面镜子一样反映了世界的结构，像一幅图画一样描画了世界和实在。关于维特根斯坦《逻辑哲学论》的事实本体论以及命题图像论中外学界已多有论述，本书对之作简单刻画的目的有三个。第一，与事实本体论的当代发展（澳洲唯物论者阿姆斯特朗的事实本体论和事实形而上学）作参照和比较。第二，为批判事实本体论及建立其上的事实形而上学做好前提工作，比如在事实与真理关系问题上，事实本体论者会支持真理符合论或阿姆斯特朗那样的使真者理论；在事实与价值的关系问题上，会支持事实与价值的严格二分；在事实与模态问题上，会支持一种可能性的组合理论。如能摧毁它们的本体论地基，将会更为彻底地对这些事实形而上学进行批判。第三，为事实建构论的提出和理论论证作比较和参照，比如，如果事实建构论能够解决和避免绝大部分事实本体论所面临的疑难并且本身只有较少的且可以克服的不足，那么事实建构论的理论优势就凸显出来。

二 维特根斯坦的事实本体论的理论贡献与缺陷

（一）基本事态和基本命题的独立性及其理论疑难

早期维特根斯坦对于事实本体论的一大贡献在于，他完成了一个宏大的事实本体论的体系性建构，这一点是罗素没能完全做到的。维氏不仅说明了事实的组成部分，而且说明了语言、思想与事实、实在的体系性联系，呈现给我们一个体系性的本体论。

在本体论上，维特根斯坦初入哲学时，受罗素、摩尔、弗雷格等人影响颇深，因此在本体论上，他也接受了一种形而上学实在论。比如《逻辑哲学论》中的简单对象就在一定程度上继承了弗雷格、罗素和摩尔的实在论立场。在语言观或者语言与实在的关系上，与接受一种实在论立场紧密相连，维特根斯坦在《逻辑哲学论》中同样接受了他后来称之为“奥古斯丁语言图像”的思想。根据这种语言图像观，一个语词的基本作用就是命名一个对象、事物，一个专名的意义就是其指称的对象，句子的基本作用则是描画事实。正如哈克所言：“这种语言图像论无疑是弗雷格和罗素的哲学框架的一部分，维特根斯坦受到他的前辈的影响，同样也在这一框架中展开了自己的工作。”[1] 在这种语言图像论中，相同的思想、命题与事态内在地联系在一起，后者使得思想、命题为真，事实[2] p 使得关于 p 的思想、信念为真。

值得重视的是，《逻辑哲学论》的形而上学是一种多元主义和原子论的。它在两方面是原子论的。第一，基本（原子）事态在本质上是独立的，一个给定的基本事态发生或者不发生并不影响其他基本事态，这是由对基本命题的逻辑独立性反思而来的。正因为基本事态的相互独立，那么作为描述基本事态的基本命题同样也是相互独立的。（TLP 4. 211、5. 134、5. 131）第二，基本事态的组成部分也是形而上学上简单的、不可分解的，这是通过对于专名的逻辑简单性和不可分析性反思而来的。维特根斯坦在《逻辑哲学论》中并不视自己是一位科学家，而是一位逻辑学家和哲学家，因此，他并不直接考察实在中的简单事态、简单对象是否存在，如果存在，它们是不是简单、不可分解且永恒的。他关于实在中事态的简单性和对象之简单性之断定，都一定程度上源于他作为逻辑学家的逻辑推演，源于命名对象的专名的逻辑简单性和不可分析性。

（二）划定了可说与不可说之界限——事实本体论的必然后果

在《逻辑哲学论》中，维特根斯坦认为哲学的核心问题是思想和世界的关系问题，进一步说来，也即思想和语言的界限问题。一定程度上，维特根斯坦在《逻辑哲学论》中所发展的事实本体论和命题图像论导致的一个终极结果就是，划定了思想和语言的界限。

既然世界是事实之总和而非事物之总和（TLP 1. 1），命题描述

---

① P. M. S. Hacker, *Wittgenstein's Place in Twentieth-Century Analytic Philosophy*, Oxford: Blackwell Publishers, 1996, p. 23.

② 维特根斯坦和罗素的事实概念值得重点比较，因为维特根斯坦引入了对象、事态等概念，对象的所有可能的结合、联结都是事态，而事态的存在则是事实。

事实，与事实有着相同的逻辑结构，那么，命题就不能描述事实之外的东西，而作为命题总和的语言（TLP 4.001）也不能描述事实之外的东西。进而在事实之外的一切东西，如价值、伦理、美学、元语言、元理论等都是不可说的东西。在1919年8月，维氏写信告诉罗素，《逻辑哲学论》的要点就在于在可说的事项和只可显示的事项之间画出一条界线来，这在他看来是哲学的首要问题。

在笔者看来，维氏划分了可说的东西和不可说的东西，划定了思想和语言的界限，主张对于不可说之事物我们只能沉默待之。这一哲学主张在哲学史上影响深远，也确有其理论贡献。这些贡献体现在两个方面。第一，早期维特根斯坦以及其思想的继承者们（如维也纳学派），都秉持这一教条，去反对一切他们视为“胡说、无意义”的形而上学。对“不可说”思想的坚持，一定程度上抑制和批判了一些历史上和现实中那些的确是胡说和无意义的形而上学。第二，因为可说的命题和语言是描画事实和实际情况的，而逻辑命题并非对于事实的描画，因此逻辑命题在本质上就是重言式或曰同语反复。《逻辑哲学论》6.1的论断——逻辑真理是重言式——深刻地影响着后世一些逻辑学家和分析哲学家们。逻辑实证主义把这种重言式的逻辑真理观发挥到极致，在当代逻辑学中，逻辑真理是重言式仍然是有关逻辑本质的几个主流观点之一。

但是维氏这一判断本身也有着重要缺陷。第一，作为不可说的东西，逻辑同构性是一种空转的理论。维氏在《逻辑哲学论》中认为命题描画了事实，但作为命题之所以能够描画事实的一个理论预设——命题与事实的逻辑同构性，它们拥有相同的逻辑结构——对维氏而言是一种不可说的神秘事项。这种命题与事实的严格二分以及命题和事实的逻辑同构是《逻辑哲学论》用语言和思想表征实在的宏伟计划的地基。在笔者看来，这种逻辑同构性本应是为命题图像论辩护的前提，如果前提都是一种不可说的神秘事项，那么，命题图像论、命题与事实的关系，甚至事实本身是不是实在的一部分都缺乏理论根基。在维氏1929年重回哲学后，他对于命题和事实的逻辑同构性、逻辑结构、逻辑形式等有深入反思，这一反思也直接促成了其思想转型和对于这种神秘事项的批判。从整体上看，维特根斯坦逐渐拒斥用命题、语言表征事实、实在的宏伟计划的原因是，《逻辑哲学论》的建构性、系统性、纲领性太强，却忽视了生活世界事实和语言的多样性。事实本体论之系统性和纲领性太强直接导致了，它好像并没有涉及和解释在生活世界中，命题与事实、思想与实在是如何真实地发生联系的。《逻辑哲学论》提出了一个逻辑上完备、纲领性强的事实本体论，但这个事实本体论的为数不多的缺点是，它好像更是在处理逻辑问题而非现实问题，无须解释现实世界中有关事实的问题；它好像是一个空转的理论和逻辑系统，无须跟现实世界有太多的联系。

第二，《逻辑哲学论》说出了那些本应该显示的东西，提出了一个悖谬性的结论，完成了对自身的否定。《逻辑哲学论》指出，语言、命题以及命题之逻辑结构“连接成一个无限精细的网络，一面巨大的镜子”（TLP 5. 511），以描画和表征外部世界，也映照着世界的结构。如果命题的本质被给出，那么“世界之本质”也将被给出（TLP 5. 4711）。整个《逻辑哲学论》就是一部通过语言和命题揭示命题本质，进而揭示世界本质的著作。因此，很明显，早期维氏在《逻辑哲学论》中完成了一种自我否定式的论断。一方面，维特根斯坦用语言和命题说出了语言和世界的本质；另一方面，他又认为对于世界之本质是一种神秘事项，不能被言说。最终，维氏在《逻辑哲学论》中提出了这样一个结论：“我的命题以如下方式起着说明的作用：理解我的人，当他借助于这些命题——踩着它们——爬过它们之后，最终认识到它们是没有任何意义的。（可以说，在登上梯子之后，他必须将梯子弃置一边。）他必须放弃这些命题，然后他便正确地看待世界了。”（TLP 6. 54）这个著名结论正是在宣称，任何理解《逻辑哲学论》和通过它的言说认识到语言和世界本质的人，最终会认识到该书中所言说的都是胡话。这种悖论并不好轻易解决，我们借助梯子登上高楼，固然可以将梯子弃置一边；可如果一本书先告诉了我们有关语言和世界本质等方面的真理，当我们知道并理解这些真理后，却发现这本书的一个必然结论是这些真理是不可被言说的。我们若是理解了书中所言的都是胡话，那么又是如何相信可说和不可说之区分又不是胡话呢？

在笔者看来，早期维氏并没有非常完美地解决这一问题，根本的症结就在于事实本体论和命题图像论，事实本体论揭示了世界之本质，命题图像论揭示了命题之本质，它们对于命题和世界本质之理解必然导致了《逻辑哲学论》可说与不可说之区分，有意义的话和无意义的胡话之区分，进而反过来又指认了事实本体论和命题图像论是无意义的胡说，以此形成了一种死结，跳出这种死结的出路是拒斥事实本体论和命题图像论。对于事实本体论来说，全篇论文都集中于对于事实本体论的批判；对于命题图像论，后期维特根斯坦已对之作了充分的批判，本书第三章第二节也会详细对之进行论述。只有事实本体论和命题图像论的立场得到根本性的扭转，我们才能避免《逻辑哲学论》这种自我否定式的悖论。

第三，将伦理学和美学等价值理论视为不可言说之物，使得人类的理论和思想世界愈发贫乏。在《逻辑哲学论》中，不仅逻辑同构性、逻辑形式是不可言说的神秘事项，而且像伦理学和美学等也是不可言说的，虽然维氏也强调不可被言说的东西反而比可被言说的东西更为重要，但如果道德、美学、价值等是不可言说的，那么人们对它们将不能应用任何概念和理论。究其根本，可说与不可说的区分是事实本体论和命题图像论的必然结果，命题图像论将语言的范围大大缩小，语言由命题组成，而命题只能描述事实，而伦理、美学、价值等作为事实之外的东西便不可言说。“命题不可能去表达更为高渺玄远的东西（也就是伦理和美学的领域。其实二者是一回事）。”（TLP 6.42）可以说，虽然维氏无意在此发展肇始于休谟的是与应当、事实与价值的二分，但实际上，事实与价值的二分在《逻辑哲学论》中得到了另一种形式的极端发展。事实成为世界中唯一的基本组成部分，命题言说、表达事实；价值成为世界之外的神秘事项，命题、语言无法言说它们，它们只能显示自身，《逻辑哲学论》正是想通过这些不可言说的事项来抵达神秘之物。

从第三章开始，笔者试图通过对于事实本体论的批判，在整体上批判和纠偏由事实本体论者带偏的哲学道路。事实与价值、事实与规范的绝对二分，将伦理、美学视为神秘事项等都是事实本体论带来的理论后遗症。而后期维特根斯坦通过对其早期哲学的批判，特别是对事实本体论、逻辑原子主义的批判，很大程度上消解了这种事实与价值、可说与不可说的严格二分。伦理、价值问题不再成为维氏避而不谈的领域；相反，他在后期哲学中对这些伦理、美学等领域都发表了深入的见解。不仅维特根斯坦如此，当代直接或间接受其影响的诸多敏锐的哲学家们也是如此。他们都对事实与价值、规范严格区分表达不满，开始论及事实与规范的张力（哈贝马斯）、事实与价值二分法的崩溃（普特南），等等。

事实本体论者的一个饶有趣味且非常重要的共性是，他们很少涉及像伦理、道德、美学、信仰这样的与人密切相关的领域，其原因是事实本体论预设了事实与价值、事实与规范、事实与解释之间严格的二元区分。既然世界是由事实组成的世界，命题描述世界中的事实，但他不能描述事实之外的规范、价值等，这直接导致了事实本体论者面对价值与规范的无能为力。比如早期维特根斯坦认为伦理学与美学都应是不可说的，它们超出了描述事实的命题所言说的范围，因此维特根斯坦写下了如下著名的论断："世界的意义必然位于世界之外。在世界之内，一切都是其事实上所是的那样，一切都如其所发生的那样发生着；在其内不存在任何价值——如果存在着什么价值的话，那么它没有任何价值。"（TLP 6.41）在世界中发生的事实都是偶然的，今天可以下雨，也可以不下雨，而价值与规范作为一种非偶然事项是绝不能在世界之内的，而只能在世界之外。最终，维特根斯坦得出了有关伦理学的最终结论："因此，也不可能存在任何伦理学命题。命题不能表达任何高超的事项。"（TLP 6.42）"显然，伦理学是不可言

说的。伦理学是先验的。”（TLP 6.421）

如果维特根斯坦在《逻辑哲学论》中的论断是正确的，那么中西哲学几千年有关伦理学和美学的千万著述都是无聊的废话，没有任何意义和价值。此时，当我们在第四章提出一种建构主义的事实观——事实的语言认知建构论，用事实建构论批判事实本体论，用后期维特根斯坦思想资源去反思早期逻辑原子主义时，意义已经远远超出建构论与实在论孰是孰非的问题，因为它关乎已被言说的伦理学、美学之合法性问题。

除了早期维特根斯坦，事实本体论者都没有很好地处理价值哲学、伦理学、美学领域的问题。阿姆斯特朗受他老师安德森的影响，毕生的工作都集中于心灵的自然主义阐释、形而上学、真理与知识，而很大程度上回避了伦理学与美学领域。一个很明显的原因，就是其自然主义的事实形而上学无法容纳与解释伦理学与美学问题，“伦理学与美学的价值似乎在一个时空的客观世界找不到容身之所”①。罗素尽管哲学视野较为宽广，不回避道德、美学、宗教等领域，甚至作为理想主义和人道主义的倡导者而获得诺贝尔文学奖，但问题在于，他的人道主义、他的伦理思想，并不与他主张的逻辑原子主义、事实本体论有任何直接的关联。

可以说，维特根斯坦、逻辑实证主义者、阿姆斯特朗要么将伦理等规范价值视为世界之外的东西，要么视其为无意义的形而上学陈述，要么直接回避它们，他们没有像亚里士多德、康德、黑格尔、麦金太尔那样直面伦理学，事实本体论者的选择不是偶然，也是一种必然，因为事实是一种基本实体的世界是很难安顿伦理学、价值哲学等规范性理论的。此时，本书第四章提出并发展一种建构主义的事实观，将其与事实本体论进行比较研究，无疑有着重要的意义和价值。事实建构论消弭了事实与价值、事实与规范的二分，为我

---

① Stephen Mumford, *David Armstrong*, Stocksfield: Acumen Publishing Limited, 2007, p. 5.

们正面谈论价值与伦理规范提供了可能。

第四节　本章小结

本章分析了事实本体论在20世纪分析哲学中兴起的主要原因，并详细考察了分析哲学中两位哲学巨匠的事实本体论思想，由罗素、早期维特根斯坦开创的事实本体论为何兴起的内在机理和学理脉络逐渐清晰。一方面，两人的思想既有紧密联系，也有鲜明的不同；另一方面，事实本体论的兴起也有着外在的理论背景（如现代数理逻辑的发展、物理学革命后科学对哲学的影响日益深入、本体论上解释真理的要求，等等）。

罗素事实本体论的主要特点是，一方面，吸收当时最新的物理科学研究成果，建构事件本体论；另一方面，从逻辑的立场出发，用逻辑构造世界。但他的问题是：（甲）用一种注重亲知的经验论无法完全解释语词意义和原子事实；（乙）无法在可分析专名和不可分析专名之间作出清晰的区分；（丙）在破除旧形而上学的同时又建立了新的形而上学。

早期维特根斯坦对于事实本体论的一大贡献在于，他完成了一个宏大的事实本体论的体系性建构，这一点是罗素没能完全做到的。维氏不仅说明了事实的组成部分，是如何构造的，而且说明了语言、思想与事实、实在的体系性联系，为我们呈现了一个系统、缜密的本体论。但它的缺陷在于：第一，这种事实本体论在基本事态和基本命题的独立性上遇到了理论疑难；第二，它划定了可说与不可说之界限，使得逻辑同构性是一种空转的理论；第三，《逻辑哲学论》说出了那些本应该显示的东西，提出了悖谬性的结论，完成了对自身的否定。

第二章

事实形而上学的当代发展

自维特根斯坦在《逻辑哲学论》中提出了事实本体论之后，在分析哲学中，很长一段时间鲜有哲学家再去系统地建构一整套以事实、事态为中心的形而上学体系。20 世纪分析哲学中盛极一时的逻辑实证主义、日常语言哲学都试图给予形而上学以致命一击，因此在罗素和早期维特根斯坦之后确实很少有哲学家旗帜鲜明地主张一种事实本体论或逻辑原子主义。但 20 世纪的澳洲哲学却是形而上学的重镇和乐土，澳大利亚哲学界长久的形而上学和唯物论传统，以及澳洲哲学与英美分析哲学长期广泛的交流，孕育了阿姆斯特朗的事实本体论和事实（事态）形而上学。在 20 世纪下半叶的分析哲学中，阿姆斯特朗的一个最主要的贡献是，他通过探讨共相、自然律、模态和事实等主题，建构了一个以事实/事态为中心的形而上学体系，同时这一形而上学体系受到了当代流行的自然主义的影响，因此，阿姆斯特朗试图将他的事实形而上学与一种科学的世界观相融合，代表了当代分析哲学家对事实形而上学的最新探索与发展。因此，对阿姆斯特朗的事实形而上学的研究，一方面，有助于研究事实形而上学的最新发展；另一方面，也有助于以事实形而上学为切入口，对当代分析形而上学进行深入剖析与反思。

第一节　阿姆斯特朗第一哲学的基本立场

阿姆斯特朗于1926年7月8日出生于澳大利亚的墨尔本，是20世纪下半叶澳大利亚和分析哲学中的重要哲学家。在大学读书时就广泛阅读罗素的著作，颇受其影响，他前期的工作集中于知觉、意识、心灵等领域，并在当代心灵哲学中贡献卓著，其后专注于在唯物论框架下给予知觉、心灵、信念、知识、共相等问题以系统性解释，晚期转向了本体论问题，通过建构事实形而上学体系将其所有工作包罗进来。他曾明确说："当我思考自然主义时，我发现我最感兴趣的仍是本体论议题。"① 作为一个形而上学家，他希望从本体论出发，给予世界一个系统、融贯的解释。通常来说，一个哲学家如果要对世界作一个系统的形而上学解释，他都会通过一些有关世界的基本承诺去联结起世界中不同的部分。在阿姆斯特朗的哲学中，有三个核心承诺在他的哲学中起着地基的作用。他是一个自然主义者、物理主义者，并认为世界是事态的世界。用他自己的话来概括这三种承诺便是：

> 1. 事态本体论：世界是一个事态之世界。世界仅仅包含着拥有属性并且相互联系在一起的诸殊相。
>
> 2. 自然主义：世界仅仅是一个时空系统（spatiotemporal system）。
>
> 3. 物理主义：世界可以（完全地）用物理学术语来彻底地描述。（N&R：126）时空系统包含的唯一种类的殊相是物理实体，这些物理实体受制于物理规律。（WSA：6）

---

① D. M. Armstrong，"A Naturalist Program：Epistemology and Ontology"，*Proceedings and Addresses of the American Philosophical Association*，1999，Vol. 73，No. 2，p. 77.

很明显，第一个承诺是有关世界的本体论承诺，世界是由事实作为基本元素构成的世界，而事实又是殊相与共相的结合。正如亚里士多德将实体作为其第一哲学的核心范畴一样，事态（日常语言中的事实）则是阿姆斯特朗第一哲学的核心范畴。第二个承诺是自然主义（naturalism）立场：世界和实体的总和是一个时空系统，在这个时空系统之外没有任何其他东西。他的自然主义是其他学者所谓的本体论自然主义（ontological naturalism）：除了自然科学研究的实在外，没有其他实在；而另一种自然主义是认识论的自然主义（epistemological naturalism）：除了自然科学提供的知识之外不存在其他知识。[①] 第三个承诺是物理主义（physicalism）或曰还原的唯物论（reductive materialism）立场：既然世界是一个时空系统，那么，物理学等自然科学对于解释这个时空系统应当有最高权威，正是以物理学为代表的自然科学给予了我们有关外部世界的全部知识，世界本身可以通过物理学来彻底地描述，由物理学所确认的物理实体——分子、原子和其他基本粒子——都应当被承认，“所有存在的东西全部都由这样的物理实体的连接（connections）和排列（arrangements）而构成的”（NoM：157）。因为承诺三是承诺二的衍生，所以阿姆斯特朗视物理主义和唯物论为自然主义的一个子类。（NoM：149）我国物理主义研究的代表人物叶峰教授也明确地把物理主义视为自然主义的一种具体形式，并由此出发进行数学哲学研究。[②]

值得注意的是，阿氏本人还区分了强物理主义和弱物理主义，弱物理主义不涉及时空世界之外的东西，它仅仅是说在时空世界之内的全部实体都是物理实体且遵循物理规律，时空世界之外的世界可以有神灵存在，也不必遵循物理规律；而强物理主义一方面主张世界仅仅是一个时空系统，除了这个时空系统之外没有其他世界，

---

① 参见 Hans-Johann Glock, *Quine and Davidson on Language, Thought and Reality*, Cambridge: Cambridge University Press, 2003, p. 7。

② 参见叶峰《一种物理主义的数学哲学》，《科学文化评论》2008 年第 4 期。

另一方面主张这个时空系统中的万事万物都必须遵循物理规律。以上我们可以看出，“弱物理主义加上自然主义就产生了强物理主义”（WSA：6）。

在笔者看来，阿姆斯特朗哲学中的自然主义是一种本体论层面的自然主义，而物理主义更多的是一种认识论层面的自然主义。像阿姆斯特朗这样的当代哲学家，坚持本体论层面的自然主义并非毫无理由，一定程度上反映了当代形而上学家受到了认识论层面的自然主义的影响。从16世纪以来，自然科学迅猛发展，在认识世界的深度和广度上已经远超其他学问，代表了人类理解外部实在特别是理解微观世界中何物存在的最高水平，所以当代很多哲学家特别是分析哲学家、科学哲学家在探讨本体论问题时，都自觉或不自觉地持一种自然主义立场，这与当代自然科学在解释客观世界的绝对统治力有密切关系。比如罗素在《物的分析》中讨论存在问题时，大量涉及相对论、量子力学等自然科学的内容，这本身也无可非议，哲学作为时代精神的升华，没有理由不吸收科学上的精神养料。

虽然自然主义和物理主义也是阿姆斯特朗哲学最核心的主张和理论背景，但世界是一个事态的世界是他的第一哲学核心主张，用亚里士多德的话来说，这关涉本体论和所有范畴中最为一般的范畴。自然主义和物理主义则并不关注何种存在物是最一般的存在物、何种范畴是最一般的范畴，它们可以与其他本体论相兼容，比如以物为中心的本体论；同样，一个事实主义者也不必是自然主义者和物理主义者，例如他们认为神的存在是一个事实。因此，阿姆斯特朗在第一哲学上最具特色的地方，仍然是他从维特根斯坦、罗素那里所继承发展的事实本体论；同时，因为20世纪下半叶自然主义和物理主义在分析哲学中的盛行，他试图在一种自然主义和物理主义框架中去安顿事实本体论，即世界作为一个巨大的时空系统等同于全部事态的总和（WSA：6），这是他略微不同于早期维特根斯坦、罗素的逻辑原子主义的地方。

因此，不同于早期维特根斯坦、罗素的事实本体论，阿姆斯特朗不得不花费大量的精力去为自然主义作辩护，比如坚持自然主义就意味着他必然反对一种主张上帝和灵魂存在于时空世界之外的学说。无论是上帝、灵魂，还是超验世界中的数、类、理念和可能世界，都被阿氏视为一种反自然主义学说，他认为这些反自然主义学的一个根本问题是，它们所预设的超验实体对于宇宙的时空系统没有任何因果效力。简言之，他主要基于如下论证以证明反自然主义是错的。（NoM：154）（1）自然科学告诉我们，时空系统肯定存在。（2）在时空系统之外，如果有其他东西存在，那么它就必须对该系统有影响、有因果效力。（3）时空系统之外的柏拉图式的超验实体不会对时空系统产生影响。（4）那么，时空系统之外没有东西存在，且奥卡姆剃刀原则要求我们不要去设定这些超验实体。

第二节　阿姆斯特朗的事实本体论的主要观点和鲜明特色

一　事态的含义

阿姆斯特朗直接继承了罗素和维特根斯坦关于逻辑原子主义和事实主义的本体论（factualist ontology）的基本观点，他认为（1）世界是一个事态的世界（the world is a world of states of affairs）（WSA：19），“世界，所有存在的东西，是一个事态的世界”（WSA：162）；（2）世界是所有原子事态的一个巨大的合取（WSA：155），这与罗素、维特根斯坦的“世界是事实而非物的总和”，“复杂的事实由原子事实复合而来”等逻辑原子主义的基本思想没有太大区别。因此，事实本体论主张，整个实在可以被看作所有事态或者事实的集合，基本事态和基本事实是存在的最小单位，虽然它们有内部的组成部分，如维特根斯坦主张的对象，阿姆斯特朗主张的殊相与共相，但这些组成部分是不能脱离事实和事态而独立存在的。世界中最小的存在物是简单事态和简单事实。

同时，阿姆斯特朗明确表示，他对于世界的本体论断定与维特根斯坦实质上是相同的，只是有着不同的表达而已。“事态（states of affairs）”这个词组与维特根斯坦在《逻辑哲学论》中所使用的“事实（fact）”这个术语的用法是一致的。（WSA：19）而对于维特根斯坦来说，事实则是事态存在或不存在——“我们也称诸基本事态的存在为一肯定事实，其不存在为一否定事实”（TLP 2.06）。因此，事态在两个哲学家的表达中意义是不同的，阿姆斯特朗这里的事态对应于维特根斯坦《逻辑哲学论》中的“事实”。

为什么阿姆斯特朗不直接用“事实”这个术语呢，因为他认为在日常语言中，“事实”这个概念与真的陈述和真的命题的概念过于接近。我们很容易认为“事实”与真的陈述和真的命题是同义反复的，例如在日常语言中，“这是一个真的命题”可以与“这是一个事实”相互替换，“某某是一个事实”（It is a fact that……）与“某某是真的”（It is true that……）也可以相互替换，它们在日常语言中很多时候有着相同的意义和用法。所以为了避免这种含混与模糊，为了避免将实体性的事实等同于非实体性的命题或真，为了凸显作为实体的事实，阿姆斯特朗用“事态”这个术语取代了“事实”。要言之，一方面，阿姆斯特朗有意用事态取代事实，目的在于将事态作为一种本体论中的最基本实体，而不是与真命题相等同的认识论概念，强调了事实、事态的本体论上的实体性地位；另一方面，即使用事态取代事实，不过是将事实换了一种说法而已，阿姆斯特朗的本体论仍然可以称为一种事实形而上学或事实本体论。

阿姆斯特朗比罗素、维特根斯坦的逻辑原子主义更激进和更体系化的地方在于，他的事实形而上学试图将有关数、类、可能性、必然性、倾向性、因果律、真理、心灵等方面形而上学问题都囊括在内，既然事实是最基本的形而上学实体，那么，它就有理由，也应该合理地解释其他所有形而上学问题。要以事实为形而上学地基，去安顿几乎所有的形而上学概念和问题，这一方面是阿姆斯特朗事实形而上学的理论负担，另一方面又是其事实形而上学的鲜明特色。

二 事实与事态的结构

在《逻辑哲学论》中，维特根斯坦用较为简单的方式构造了基本事实与事态的结构，事实和事态的唯一成分就是对象，他认为对象有如一条链子的诸环节一样彼此套在一起，由此构成了基本事实和事态。阿姆斯特朗则构造了一个在结构上与维特根斯坦《逻辑哲学论》显著不同的事实与事态，他认为："一个事态存在当且仅当一个薄殊相（thin particular）有一个属性，或者，两个或两个以上的薄殊相之间存在着一个关系，当然，这些属性和关系都是共相。"（WSA：20）[①] 由此，殊相、共相（属性和关系）构成了事实的组成部分，而简单事实则构成了世界上最小的存在单位。当代分析哲学家芒福德在介绍阿姆斯特朗事实形而上学时也写道："世界中存在的最简单、最小的东西就是一个简单事态，一个简单事态就是一个简单殊相实例化（instantiating）一个简单属性。"[②] 比如一个瞬间点是橙色就是一个简单事实。为了进一步理解阿姆斯特朗在本体论上对于事实的构造，我们需要了解三个前置概念。

1. 薄殊相（thin particular）。要理解阿姆斯特朗有关事态的定义就有必要弄清薄殊相的概念，在他那里，薄殊相（thin particular）是与厚殊相（thick particular）相对应的概念。（WSA：123—126）薄殊相指的是通过一种心理行为（mental act）抽象出其诸属性的殊相，但还保留其关系属性。虽然将诸属性从殊相中抽离出来的薄殊相在现实中是不存在的，比如不存在没有颜色的苹果，不存在没有形状的桌子，但是阿姆斯特朗认为我们的理智和心灵可以抽象出这

---

① 为了保持概念的统一，笔者在直接引用阿姆斯特朗的著作时，会保留他包含事态（States of Affairs）这个词的相关论述；而当将其事实形而上学思想与维特根斯坦哲学作对比时，尽量用事实替换事态一词，因为在阿姆斯特朗哲学体系中，事态与事实基本同义。

② Stephen Mumford, *David Armstrong*, Stocksfield: Acumen Publishing Limited, 2007, p. 2.

种薄殊相来。在了解了薄殊相后，与薄殊相对应的厚殊相就比较好理解，厚殊相指的是我们在日常语言或一般哲学话语中所使用的殊相、对象、物的概念，当我们指称一个厚殊相时，“我们并没有意图去排除它的属性，或者它部分的属性”（WSA：124）。在阿姆斯特朗那里，属性有着关系属性与非关系属性之区分，厚殊相指的就是把非关系属性包括在内的殊相，打个比方来说，厚殊相就好像是把殊相、对象、物中拔掉的属性又重新安置上去。

薄殊相是西方哲学形而上学和本体论话语体系中“殊相”的一种特殊形式，它意指不包含任何属性、关系等共相的光秃秃的、纯粹的殊相，这样特殊的殊相是否存在，本身是存疑的。罗素在逻辑原子论时期曾主张这样的殊相是存在的，但他后期却又否认这种薄殊相存在的可能性。阿姆斯特朗对薄殊相是否存在的回应是，殊相与共相都是人对于基本事实的抽象，基本事实/事态已经是本体论上最基本的结构了，再往下分只能是人通过人脑的抽象建构出来的。阿姆斯特朗对于基本事实的构成的看法在这里已显著不同于维特根斯坦，在维特根斯坦那里，虽然事实的总和构成了世界，虽然对象离不开基本事态而存在，但终究对象也是实体性的存在，而不是什么人脑所抽象的殊相。在阿姆斯特朗的事实本体论中，基本事实、事态才是最基本的本体，而殊相与共相则是对基本事实的抽象。阿姆斯特朗清楚地认识到自己主张的事实之结构不同于《逻辑哲学论》中的事实之结构，“维特根斯坦的‘对象’包含了殊相与共相”（WSA：3），因此对象与对象之间组合成特定的事实，而他所谓的事实则是殊相与共相之间的组合。

阿姆斯特朗的薄殊相概念虽然在词汇上较新，但它绝非一个独创性的观念，反而显示出西方形而上学传统特别是英国古典经验论对阿氏的影响。不难发现，将一个物体抽象掉其所有属性而获得的薄殊相概念，一定程度上可以追溯到亚里士多德在《范畴篇》中对于实体（substance）和偶性（accidents）的二分，特别是洛克所谓的基体（substratum）和属性（property）之二分。阿姆斯特朗将物被抽象所有属性后的东西视作薄殊相，这种薄殊相和属性的二分法仍然延续着自亚里士多德到洛克的西方形而上学传统，甚至与洛克所谓的基体与属性的二分法并没有本质上的区别。阿氏本人就曾对洛克的基体（substratum）作了如下解释，他认为基体是殊相的殊性，该殊性与殊相的属性和关系有着密切联系。（N&R：140）简言之，一个殊相由其殊性（薄殊相）与其属性组成。

哲学史上处理基体和薄殊相有两条不同的进路，第一条进路以贝克莱为代表，他不承认存在薄殊相和基体，因此全部实在只能是属性和关系，他认为物是诸属性之束，将物还原为其所有属性的集合，属性又可以被感官感知到，这直接导致了贝克莱所谓的“存在（esse）就是被感知（percepi）”①。第二条进路以洛克为代表，他接受薄殊相的实在性，但却又视其为理论的创造物，是无法知晓的、支撑属性的基质，我们的经验只能感受到属性和关系。阿姆斯特朗在一定程度上追随了洛克的传统，我们的确可以在理智上抽象出一种没有属性的殊相，但在现实当中，不存在没有属性和关系的空殊相（bare particular）。

提出薄殊相或基体理论带来了两个严重的问题。第一是它们无法被人类认识，一个没有任何外在属性的殊相只能是一个心灵的抽象，它既不太可能存在于这个世界上，同时也不可能为人类所认识。因此休谟认为，“基体和属性承担者的概念是空的”②，进而也否认了这种抽象的薄殊相之存在。第二是日常语言的问题，在日常语言中，当我们去谈论一个殊相（我们甚至不用殊相这个概念，而用某物、某个对象）时，我们并没有将其属性排除在殊相、物之外。甚至连阿姆斯特朗自己都不得不反思这一问题：这种抽象掉全部属性的殊相“似乎是本体论者们独自沉思的结果”（WSA：124），仅仅

---

① ［英］贝克莱：《人类知识原理》，关文运译，商务印书馆2010年版，第23页。

② John Heil, *From an Ontological Point of View*, Oxford: Oxford University Press, 2003, p. 170.

是一种形而上学层面的抽象思考，在日常语言和人们的日常生活中，它好像并没有什么特别的用处。但对于事实本体论来说，薄殊相为数不多的用处是为事实本体论铺平道路，在阿氏的事实本体论理论框架中，虽然简单事实是实在中最基本的实体，但它可以被理解为薄殊相与共相的结合。

2. 共相（Universal）。一般而言，一个形而上学理论的各个部分都相互关联、相互协调，以此形成作为整体的形而上学大厦。共相问题作为阿姆斯特朗事实形而上学的重要组成部分，在其整个体系中占据了重要的地位。共相在阿氏形而上学中的重要地位部分缘于它是组成基本事态的基本成分，他主张，属性和关系都被看成共相，事态就是薄殊相加共相（属性、关系），所以讨论事态就必须讨论共相。在共相问题上，阿姆斯特朗是一个共相实在论者，他早期甚至将实在论直接定义为："主张存在共相的学说"（N&R：139）。关于阿姆斯特朗的共相思想，笔者认为主要有四方面问题和观点值得重视。

第一，阿姆斯特朗为接受共相提供了理论上的论证。因为共相为①世界中的实在的相似性，②语言中对于相同与相似的谈论，③将一个谓词应用到无限多的、无法预见的多样的个体中，等等，提供了一个最佳解释推理（Inference to the best explanation）。他深知，要证明共相是这些现象的最佳解释推理将涉及对于各种形式的唯名论的批评。阿姆斯特朗指责蒯因式的唯名论像一个鸵鸟一样，对于"a is F"这样的事态，只给予名称以本体论的承诺，对待谓语和句子都没有像对待名称那样严肃。但唯名论对此也有回应，其中一个就是认为，名称指称事物，而谓词描述它们并且也扮演重要的作用，因此并没有特别的理由认为为了真实地描述某物，谓词必须指称或者承担一个本体论的承诺。[①]

① 参见 Helen Beebee，Julian Dodd，ed.，*Truthmaker*：*The Contemporary Debate*，Oxford University Press，2005，p. 68。

第二，两个或两个以上共相的合取仍然是共相，但共相之析取和否定则不能被称为共相。举例来说，一个物体可以既是圆形的同时也是蓝色的，此时，既是圆形的又是蓝色的同样也是一种共相，我们可以将其命名为共相 a，不同的殊相都可以同时具有共相 a。而共相之析取和否定都不能生成新的共相，如是圆形的或者是蓝色的、不是圆形的，等等，这些都不能称为共相。一种形式化的表达是，如果 P 与 Q 都是真正的共相，那么，P∨Q、~P、~Q 都不是共相，只有 P∧Q 才可以被认为是共相。阿氏斩钉截铁地强调："不存在析取或否定共相。"（N&R：133）

第三，不存在未实例化的共相，也不存在柏拉图式的共相。是否在我们的世界当中，存在没有实例化的共相呢？柏拉图式的实在论主张共相可以以理念的方式存在，且先于事实而独立存在，共相可以脱离物理世界和殊相。不同于柏拉图，阿氏认为，共相一定都是在现实世界中已经实例化（instantiated）的共相，不存在未例示（instantiate）的共相，只存在于理念世界却未例示的共相是不可能的。既然事实是殊相与共相的组合，那么，找到共相的界限，反思自然界是否存在未例示的共相，便成了事实本体论的一个关键问题。阿姆斯特朗认为，并不存在未例示的共相，既然事实是实在中的基本实体，那么组成事实的共相则必定存在于现实世界中。阿氏这一主张明显偏向亚里士多德式的实在论（Aristotelian Realism）而非柏拉图式的实在论（Platonic Realism）；他主张共相存在，但却不接受柏拉图式的超验实在论（Transcendent Realism），这种柏拉图式实在论主张，共相可以独立于殊相而存在，可以在殊相之外的领域（如理念世界）中存在。阿姆斯特朗写道："我所捍卫的理论至少在一个层面上是反柏拉图的，即（我认为）殊相与共相不可分离。"（N&R：113）

此外，阿氏也从一种因果效力的角度表明他为何不承认柏拉图式的超验实在论，因为在他看到，某个东西如果是实在的，它就必须与其他东西有一定联系，产生一定的因果效力（causal power），而由超验实在论所设定的那些超验实体“并没有在自然世界中有任何因果效力”（NoM：153）。

第四，经验主义贯穿在阿氏的哲学体系之中。在他的哲学思想中，无论是不存在未实例化的共相（未被经验观察到的共相），还是其自然主义和物理主义立场，经验主义都渗透其中。经验主义常常被视为倾向支持一种唯名论立场，但阿氏的经验主义却走了另一条道路，即将经验主义与共相实在论结合起来。在《共相与科学实在论》（*Universals and Scientific Realism*，1978）一书中，阿氏提出的一个核心主张是，经验主义无须背负唯名论的负担，经验论者不必是唯名论者，他所做的工作就是试图将经验主义与共相实在论结合起来，并认为发现实际存在哪些共相是由经验科学来完成的。用经验科学来确认共相的观点被他称为共相的“后验实在论”（posteriori realism）①。他写道：“哲学家们普遍承认，何种殊相存在是后验确定的，是经验研究的结果。他们并不普遍承认何种性质和关系存在也需要凭经验确定。但同样重要的是，我们应该做出这种让步。”②言外之意是，我们需要诉诸经验研究才能知晓什么样的殊相和共相（属性和关系）在外部世界中存在。

在笔者看来，阿姆斯特朗的共相思想，特别是主张不存在未例示的共相，共相与殊相不可分割，将经验主义与共相实在论结合等的观点具有理论创新和启发意义，但仍然深陷如下问题和矛盾当中。一方面，他主张共相实在论，认为共相就是属性和关系，共相跟属性和关系一样实实在在地存在着；另一方面，他又主张事实本体论，认为简单事态才是最基本的存在单位，无论是薄殊相还是共相都不

---

① D. M. Armstrong, *D. M. Armstrong*, Edited by Radu J. Bogdan, Boston: D. Reidel Publishing Company, 1984, p. 42.

② D. M. Armstrong, “A World of States of Affairs”, *Philosophical Perspectives*, 1993, Vol. 7, pp. 429 – 430.

过是人从事态中抽象出来的抽象物或心灵的抽象[①]而已。因此，共相到底是一种实在，还是人脑的一种抽象，阿氏在两种观点之间反复摇摆，这种举棋不定缘于他同时坚持共相实在论和事实本体论这两个立场，又无法舍弃其中之一。如果不主张共相是一种人脑、心灵的抽象，原子（基本）事实就不应当是最基本、最简单的实体，因为事态的组成部分——共相——可以是最基本和简单的实体；如果不主张共相是一种实在的东西，这又跟他的实在论特别是主张共相存在的实在论立场不相容。要言之，共相既是一种心灵抽象，同时也是一种客观实在，这种对共相既要是 A 也要是 B 的要求，使其共相观陷入互相矛盾的境地，这也为阿姆斯特朗的事实本体论乃至整个事实形而上学的崩溃埋下了伏笔。

3. 厚殊相（thick particular）。既然有薄殊相，相应地也就有厚殊相；既然薄殊相是“抽象掉其诸属性”（WSA：123）的殊相，相应地，厚殊相是包含其所有非关系属性的殊相。因此厚殊相可以大致等同于我们在日常语言或一般哲学话语中所使用的“物（thing）”概念、“殊相（particular）”概念或维特根斯坦在《逻辑哲学论》中的“对象（object）”概念（对象不是抽象掉性质的殊相，而是有诸种性质的殊相），当我们指称一个厚殊相时，“我们并没有意图去排除它的属性，或者它部分的属性”（WSA：124）。通过对于阿氏厚殊相相关论述和观点的梳理，我们可以提炼、概括其有关厚殊相的几个重要观点。

第一，普通的对象（物）是一种厚殊相。因为厚殊相是薄殊相

---

① 阿姆斯特朗主张共相是一种心灵抽象，共相与殊相不可分割等观点可以上溯到亚里士多德，并与当代一些欧陆哲学家的观点有着相似之处。张世英先生曾指出：“晚期胡塞尔的著名的‘本质直观’说，尽管烦琐晦涩，但有一点是很明显的，也是有积极意义的，这就是，本质、共相或类的同一性就在‘直观’之中，共相就在殊相之中，普遍就在特殊之中，同一就在差异之中。”［张世英：《相同·相似·相通——关于“共相”的本体论地位问题新论》，《北京大学学报》（哲学社会科学版）2004 年第 3 期］

例示一些属性，那么物本身就是厚殊相，一张桌子、一张椅子都是厚殊相。如果说薄殊相可能是人心灵、精神、语言的一种抽象，但厚殊相则是实实在在的存在物，一个实实在在、现实世界中有属性有性质的殊相。

第二，厚殊相本质上是一种事态/事实。既然厚殊相是薄殊相加上其他诸属性，根据诸共相的合取仍然是共相的原则，这些其他诸属性可以被理解为一个大的共相 N，进而，厚殊相本身就是一个事态/事实。正如阿氏所言："厚殊相 a 可以被视为等同于 a 是 N 这样的事态。"（WSA：125）因此，一方面，任何日常生活中的物都可以被视为一种厚殊相，它们都可以被视为薄殊相加上一个共相（该共相是薄殊相例示的所有属性之合取）；另一方面，令人惊奇的结论出现了，正因为普通、现实的物（物体）是厚殊相，厚殊相又是一种事态/事实，因此，在阿姆斯特朗的理论框架中，普通、现实的物（物体）就是一种事态/事实！因为物在他的话语体系中本身就具有事实的基本结构（薄殊相加共相），完全可以被视作一种事态/事实。

第三，厚殊相概念使得阿姆斯特朗的事实形而上学反倒包含和兼容了以物为中心的形而上学，物作为一种厚殊相也是一种事态/事实，但事态/事实不一定是物。他写道："所以我们既可以说世界是诸厚殊相的世界，也可以说世界是诸事态的世界。"（N&R：114）这样一来，阿氏的事态/事实本体论已在很大程度上不同于罗素与维特根斯坦的逻辑原子主义。逻辑原子主义鲜明地反对一种以物为中心的本体论，认为世界是事实的总和而非物的总和，但阿氏的事态/事实本体论却兼容了以物为中心的本体论，因为厚殊相既被视作物，也被视作事态。

第四，事态/事实本质上也是一种殊相。既然事态/事实的组成部分是殊相（薄殊相）与共相（属性与关系），现实中的物也是由薄殊相和诸属性组成的，物也是一种事态，那么事态/事实本身是共相还是殊相呢？阿氏给出的答案是："事态是一种殊相，因为它缺乏像作为共相特殊身份的可重复性（repeatability）。"（WSA：126）一个共相可以不断地被例示，而每一个事实都是唯一的，因此，事态/事实只能是殊相。

第三节 阿姆斯特朗的事实本体论的理论贡献与缺陷

一 建立了一种以薄殊相和共相为内核的事实本体论

虽然罗素、早期维特根斯坦和阿姆斯特朗都主张世界是由事实组成的，持一种事实本体论立场，但通过对事态组成部分的论述，我们清晰地看到，作为事实本体论的当代继承者和发展者，阿氏在简单事实的构成成分上已非常不同于维特根斯坦，不同于维氏的将对象视作简单事实的组成部分，阿氏主张简单事实应由薄殊相与共相组成，"一个事态被定义为一个殊相拥有一个属性或两个或更多的殊相相互关联"（N&R：114），薄殊相和共相（属性和关系）成为其事实本体论的内核。这也是为什么，阿氏在建构其事实形而上学体系中，花了很大一部分精力去驳斥唯名论，如谓词唯名论（Predicate Nominalism）、概念唯名论（Predicate Nominalism）、类唯名论（Class Nominalism）和相似唯名论（Resemblance Nominalism）①，为主张共相存在的实在论辩护。在对殊相的探讨中，他区分了薄殊相与厚殊相，由此，事态的两大组成部分——薄殊相与共相——都得到了辩护。可以说，阿姆斯特朗对形而上学的理论贡献之一是，为主张共相存在的实在论作了详尽、细致的辩护，并开创了以薄殊相和共相为内核的事实本体论，这种事实本体论已与《逻辑哲学论》中的事实本体论有着重要的不同。阿氏的事实本体论开创和奠定了一种以共相实在论为核心特征的事实本体论范式，成为未来的形而

---

① 对这四种唯名论的批判详见 D. M. Armstrong, *Nominalism and Realism*, Cambridge: Cambridge University Press, 1978, pp. 11 –57。

上学研究者们讨论事实形而上学时绕不开的理论。

这种以薄殊相和共相为内核的事实本体论在当代形而上学中复兴了亚里士多德主义。从亚里士多德开始，有关实体（substance）与属性（property）、殊相与共相的问题就一直作为形而上学的基本问题而存在。从亚里士多德到黑格尔的一个基本哲学倾向是认为，属性、共相虽然存在，但共相之存在离不开殊相，而不像柏拉图那样，认为数、属性等共相能够脱离殊相，作为一个抽象实体存在于超验世界之中。阿姆斯特朗的做法是，事实/事态本身就已经是一种殊相与共相之结合，既然事实/事态是世界之最基本实体［这种实体仍然是一种殊相，阿氏称之为“特殊性之胜利”（the victory of particularity）（N&R：115）］，那么实体与属性、殊相与共相之不可分离也顺理成章，没有在事实中实例化的共相是不存在的，没有共相的薄殊相也不能单独存在。这种将事实/事态视为基本实体，强调殊相、共相在基本实体中不可分割的观点可以看作亚里士多德形而上学的当代复兴。阿氏本人也承认，他的实在论是一种“反柏拉图式实在论，在宽泛意义上，是一种亚里士多德式实在论（Aristotelian Realism）”（N&R：124）。

形而上学理论常常具有两面性，其最大的理论优点也常常会暗含其最大的理论缺陷。阿姆斯特朗在形而上学的哲学功绩之一是建立了以薄殊相和共相为内核的事实本体论，但这也是他的事实形而上学的重要缺陷和不足的根源之一。这种缺陷和不足主要有三个方面。

第一，无法最终确定共相是一种心灵抽象还是不依赖于心灵的实在。正如在介绍阿姆斯特朗共相思想的段落中所论述的，他在共相到底是一种实在，还是人脑的一种抽象两种观点之间反复摇摆，这种举棋不定缘于他同时坚持共相实在论和事实本体论两个立场，又无法放弃两者中的任何一个。一方面，事实本体论要求共相只能是一种人脑、心灵的抽象，而不能是实体，如不然，事态的组成部分——共相——才是最基本和简单的实体。只有将薄殊相、共相、属性、关系等通通视为从基本事态/事实中抽象出来的东西，事态/事实才能被称为真正的基本实体。另一方面，主张共相存在的实在论立场又要求，共相必须是一种实在的东西，而非一种抽象物。要言之，对阿氏希望建构的以实在论为核心特征的事实本体论来说，共相既要是一种心灵之抽象，同时也是一种实实在在存在的东西，这种对共相既要是 A 也要是 B 的要求，使阿氏的共相观陷入互相矛盾的境地，这也为阿姆斯特朗的事实本体论乃至整个事实形而上学的崩溃埋下了伏笔。

抛开阿氏对共相的矛盾要求，无论其认为共相是心灵的抽象，还是独立于心灵，在实在中的东西，也都会遇到不小的诘难。如果共相是心灵的抽象，那么作为心灵所抽象的共相与薄殊相，无论如何结合在一起，两种心灵的抽象物不可能产生一种作为基本实体的事实。相反，只有人们通过心灵活动将基本事实抽象为薄殊相与共相，事实是最基本的实体才说得通。如果共相是独立于心灵的实在，不仅共相与薄殊相的结合是一个很难被解释的问题，而且这种共相实在论会招致反共相实在论的诸多诘难和致命的理论攻击。蒯因就会鲜明地反对阿姆斯特朗对共相的承诺，蒯因认为，说白马存在是对马存在的承诺，而非对白性（whiteness）存在的承诺。如果在某人的本体论中承认共相的存在，相当于说白色衣服、白色玫瑰、白色墙壁有某种共同的东西：白的属性。蒯因主张，我们对物理对象的本体论承诺的信心源自三个理由。

（甲）在我们的语言学习中，相较于像颜色这样的共相、北极这样的抽象殊相所对应的抽象术语（abstract terms）来说，关于物理对象（physical objects）的术语是最先习得的，在一个儿童的语言学习过程中，爸爸、妈妈、苹果、梨子这些具体物理对象的词汇学习要比褐色、正方形等抽象术语来得更早。（乙）当人们进行未经准备的交流时（如两个陌生人在集贸市场交谈），主体间性的、可观察的物理事物之术语是人们进行这类交流的焦点和中心，这时以某种具体的物理对象的术语为中心进行交流，要比以某种抽象的共相、殊相进行交流方便、有效得多。比如在一个语言游戏中，我说“拿”“粉笔”，另一个人就会很快明白我的意思，但如果我说“拿”“白色”或者说“拿”“圆柱”，他就会有些不知所措。（丙）我们经常通过直接调节指称对象的刺激效果，来习得关于物理对象的术语。这些物理对象的经验证据即便不是直接的，也绝非牵强附会。[①] 即便蒯因的论述有其理论立场，但这些论述的确有力地反驳了阿姆斯特朗的共相实在论，相较于共相实在论，我们为何不主张物理事物实在论呢？

第二，无法解释作为实在的共相与作为心灵抽象物的薄殊相如何结合。厚殊相是一种实实在在的物，而薄殊相是抽象掉其所有属性的抽象物。用阿氏的话来说，我们讨论事态/事实的组成成分时所涉及的薄殊相是“抽象掉其所有属性的殊相概念”（N&R：114），这种薄殊相肯定也必然是一个心灵的抽象物，自然中很难有没有属性的殊相，抽象掉属性的思维活动本身也应当是一种心灵的抽象能力。这样问题更加严峻，如果事态是由薄殊相和共相结合而成的，按照阿氏毕生坚持的实在论观点，共相是一种实在，一种实在的东西如何能够与一种心灵的抽象物结合在一起？除非我们同样将共相也视作一种心灵和语言中的抽象，否则，我们就绝不能设想薄殊相和共相结合起来，进而产生事态/事实。此外，即使阿氏克服了薄殊相和共相不能结合的困难，他又如何解释薄殊相 a 和共相 F 是怎样结合在一起以形成一个事态的？这种殊相与共相如何结合的问题在一些研究者看来正是“一个老问题的新版本”[②] 而已。要言之，阿姆斯特朗在建构一种以薄殊相、共相为内核的事实本体论时，不可避免地产生了根本性矛盾，建基于这个充满矛盾的本体论基础之上的形而上学体系，也只能是一个失败和东拼西凑的形而上学体系。

---

① 参见 W. V. O. Quine, *Word and Object*, Cambridge, Massachusetts: The MIT Press 2013, pp. 215 – 216。笔者在蒯因论述的基础上，作了一定扩展以帮助读者理解。

② Julian Dodd, *An Identity Theory of Truth*, London: Macmillan Press LTD, 2000, p. 13.

在笔者看来，阿姆斯特朗的事实本体论工作整体上看是犯了一个有“价值”的错误，这种价值体现在，经过我们后世研究者对其的批判性研究，揭示其事实本体论的重要矛盾和缺陷，使得我们不再重复走上一种以共相实在论为核心的事实形而上学的老路。

第三，无法解释殊相的“特殊性”。需要特别指出的是，在阿姆斯特朗的本体论中，关系属性并不与非关系属性有同等重要的形而上学地位，当一个殊相与另外一个殊相建立某些关系时，关系属性才随附（supervene upon）这些事态之上。（WSA：124）而厚殊相作为事态/事实，其非关系属性并非随附于厚殊相，因为它们本身就是这个厚殊相的一部分。在笔者看来，厚殊相与莱布尼茨的殊相观念可以作比较研究，莱布尼茨认为，如果一个殊相带上了其所有的非关系属性，那么，它将在所有的可能世界中拥有这些属性。在这种意义上，这个殊相将必然地拥有这些属性，而且是这个殊相与其所有属性一起构成了该殊相的本质和“特殊性”。而阿姆斯特朗则不同，他认为薄殊相与哪些属性一起组成厚殊相都是偶然的，薄殊相可以有这样的属性，也可以有那样的属性，拥有这些属性都是非本质的事情，而厚殊相的“特殊性”则体现在那个抽象的、无属性的“薄殊相”上。这个由心灵抽象而来的“薄殊相”如何具有“特殊性”是一个很成问题的结论。阿氏认为个体、厚殊相并不能通过分解还原为共相、属性，虽然个体、厚殊相没有独一无二的本质，在抽掉它们的全部属性和关系后，个体之间仍然在数值上是不同的（numerically different）（CTP：60），也就是说，“薄殊相”仅仅是在数值上是不同的，这种数值上的不同构成了厚殊相的“特殊性”。

公允地说，既然薄殊相是由心灵抽象出来的没有任何属性和关系的殊相，那么，两个不同的薄殊相仅仅是在数值上有所不同，并不足以凸显薄殊相的特殊性。阿姆斯特朗的形而上学假设所带来的上述问题在根本上是没有办法解决的，一个受过正常哲学训练的人也会对阿氏这一论证感到奇怪；同时，这种思路和结论也非常违背常人的直觉。将一个对象、物体的特殊性归结为人在心灵中抽象出来的“薄殊相”之“特殊性”，进而归结为“薄殊相”与“薄殊相”之间数值上的差异。这种抽象掉殊相的所有属性，进而让薄殊相承担个体的“特殊性”，完全是一种形而上学和思辨哲学的做法，这种思辨哲学只能将殊相为何具有“特殊性”这个哲学问题，引向薄殊相与薄殊相之间有着数值上的不同这样荒谬的结论上来。按照常识的思维，一个物体之所以具有特殊性，是与它的属性密不可分的，这些属性本身也构成了该物体之特殊性。根据物理学的观点，属性与基体、属性与薄殊相之严格二分本身也是存在问题的，某个对象、个体之所以是特殊的，是因为这个对象之整体使其具有“特殊性”，而非基体、薄殊相、属性使之具有“特殊性”。一些哲学家和形而上学家过于极端，要么将物体、殊相视为属性之束（贝克莱），要么将物体、殊相视为基体加属性（洛克）或者薄殊相加属性（阿姆斯特朗），这些做法都无助于解释个体为何具有特殊性，反而更加将问题复杂化、形而上学化。

要言之，阿氏用心灵抽象出来的薄殊相试图为厚殊相和事实之“特殊性”提供本体论基础，并不十分成功，反而既有违常识和直觉，同时也遇到很多理论困难，比如用心理活动或心灵抽象出来的东西来说明某个现实物体为什么是特殊的，这本身就陷入由主观心灵确定物体之特殊性的泥淖中。归根结底，阿氏试图用薄殊相来解释物体、厚殊相之特殊性的尝试是其整个本体论理论架构的必然结果，要反对这种殊相为何具有“特殊性”的解释，就必须反对其整个本体论体系，可谓真正地牵一发而动全身。如果没有办法合理地解释薄殊相的特殊性，一种非特殊的薄殊相与非特殊的共相结合，就不会产生具有特殊性的事实，每个基本事实也不具有独一无二的特殊性，基本事实之间不仅不是相互独立的，而且可能是相互重叠的，整个事实本体论的建构将面临崩塌的境地。由此看来，阿氏的事实本体论建构有着深层次的问题，其整体框架和基本预设已注定会带来这样的结局。

以上是笔者以薄殊相、厚殊相和共相为切入口来探讨和概括其事实形而上学的理论贡献和缺陷。从整体上看，阿氏事实本体论最具特色的地方，也是其缺陷和不足最值得关注的地方，他为了合理地解释事实本体论，作了过多且容易互相矛盾的本体论承诺——承诺薄殊相、厚殊相、共相在不同程度上存在，这也体现了阿氏并没有摆脱自柏拉图以来的传统形而上学的本质主义思维模式。对于这种本体论构想，笔者认为蒯因有一个观点可以作为较贴切的评价："从悖论中引出的教训并非一定是唯名论，但这种教训肯定是，我们必须再往里扣几个眼以箍紧我们的本体论皮带。"① 除上述特色之外，阿氏本体论的另外一个鲜明特点是将自然主义与事实本体论紧密结合，因此，讨论其建立的自然主义版本的事实形而上学之理论贡献和不足，也是对其事实本体论的整体评价需要做的工作。

二　建立了自然主义和唯物主义版本的事实形而上学

阿姆斯特朗在当代分析哲学特别是分析形而上学中的一个重要成就和贡献是将科学自然主义（naturalism）与形而上学的实在论进行了有机的结合②，建立了自然主义和唯物主义（materialism）版本的事实形而上学。这种结合是阿氏事实形而上学的必然结果和样态，因为贯穿其哲学的一个主要哲学倾向就是将哲学研究和自然科学研究紧密结合起来，他曾说："在科学结果（和推测）与概念分析之间可能会有富有成效的互动。"③ 这句话正体现其将科学研究引入哲学特别是形而上学研究的倾向。

这种结合使他的形而上学与早期维特根斯坦和罗素的逻辑原子主义有着显著不同。早期维特根斯坦提出事实本体论更多的是基于

---

① ［美］蒯因：《蒯因著作集》第2卷，涂纪亮、陈波主编，中国人民大学出版社2007年版，第360页。

② 参见 Stephen Mumford，*David Armstrong*，Stocksfield：Acumen Publishing Limited，2007，p.14。

③ D. M. Armstrong，"Epistemological Foundations for a Materialist Theory of the Mind"，*Philosophy of Science*，1973，Vol.40，No.2，pp.178 – 193.

一种逻辑上的推演，并不实际考虑简单对象、简单事实是否实际存在，以及简单事实能否在现实中真正复合为复杂事实；罗素虽然用自然科学试图为事实本体论背书，证明事实本体论之合理性，但自然科学并不构成他的本体论学说的有机部分。阿姆斯特朗所坚持的自然主义主张世界、全部的实体都是一个时空系统①，事态/事实作为世界之基本实体同样处于时空系统之中，以物理学为代表的自然科学对于解释这一时空系统以及时空系统中的具体事态/事实具有最高权威性。要言之，阿氏的事实本体论不同于罗素和早期维特根斯坦的是，他试图完成事态本体论、自然主义和物理主义三者的有机统一，建立自然主义版本的事实形而上学。②

但对于理念论者和抽象实体的拥护者来说，他们认为世界不仅仅包含时空系统，还包含种种理念实体和抽象实体。比如柏拉图主义主张理念是外在于时空系统的。此外，有些人也会出于宗教的目的去抵制自然主义，他们会认为，精神、上帝、天堂不是时空系统之内的东西。柏拉图的理念论便是与阿姆斯特朗式的自然主义相抵触的形而上学观点，理念论主张像善、正义、方形等不同层级的理念都是位于超验的理念世界中，而并不在现实的时空系统中，这些理念的不完美的摹本才会在现实的时空中存在，理念论为像善、数、

① 值得注意的是，阿氏的这种自然主义是一种形而上学色彩和背景浓厚的自然主义，他强调自然主义在本体论、形而上学层面的观点，比如从自然主义视角来看，所有的存在的确应当在一个时空系统之内。自然主义是一个观点庞杂的主张和流派，有一些自然主义并没有像阿姆斯特朗一样特别强调自然、所有的存在都处于一个时空系统中，比如杜威和欧内斯特·内格尔（Ernest Nagel）等人主张的自然主义，则强调自然是整个现实，自然事物具有存在优先性和因果优先性，事物以及它们的性质和功能的多样性是宇宙的一个不可还原的特点。（参见［美］欧内斯特·内格尔《科学的结构》，徐向东译，上海译文出版社2005年版，第6页）

② 阿氏的自然主义和对现代自然科学的推崇体现在他哲学的方方面面，他不仅在本体论上主张，自然科学研究在回答何物存在这一本体论问题上有更高的权威；而且认为其他哲学问题（比如“心灵的本质是什么”），也需要“现代科学的发现和假设来揭示”（D. M. Armstrong, *The Nature of Mind and Other Essays*, Brighton: Harvester Press, 1981, p. 1.）。

命题、共相这样的抽象实体的存在提供较为完善的说明。这也引申出对自然主义的第一个诘难，自然主义如何安顿抽象实体呢？除了抽象实体是否在时空系统中存在以外，自然主义所面临的另外一个难题是，自然主义本身是一种底层的形而上学设定和假设，我们很难去为一种底层的形而上学假设作辩护，至多是可以证明在自然主义框架内同样可以安顿数、共相等抽象实体。

面对以上两方面的诘难，阿姆斯特朗首先回应第一点，即提供一种对于共相、数、命题的自然主义解释，让自己的整个自然主义立场融贯起来并极具解释力。一定程度上，阿姆斯特朗的确做到了这一点，在他那本集其事实形而上学思想之大成的著作——《事态的世界》（*A World of States of Affairs*）——中，他一直致力于为抽象实体提供自然主义解释的工作，他在自然主义与事实本体论的框架内，安顿了数、命题、共相等抽象实体。他认为，“像命题、金山、圆形的正方形都随附于实际的心理态度、心灵状态等，如果唯物主义是正确的，那么这些抽象实体最终随附于大脑的物理状态”①。如此，阿氏以一种唯物主义的方式安顿了这些抽象实体，一定程度上完成了对柏拉图主义的翻转：现实时空世界并非对理念世界的模仿；而是反过来，一些抽象实体随附于人的心灵状态，并最终随附于现实世界和时空系统中的大脑状态。针对阿氏对抽象实体的态度，芒福德作了如下评论：“阿姆斯特朗的自然主义是一个内在的论点，所有的存在都是在我们周围且是可接近的，并不存在隐藏的、超自然的、分离的或者超验的领域。”②

那么阿氏是不是对于自然主义的第二方面疑难束手无策了？的确，自然主义在当代分析哲学中为很多哲学家所接受，同样是因为它能为绝大多数哲学问题提供一个有效、融贯、富有成效的解释，

---

① D. M. Armstrong, “Metaphysics and Supervenience”, *Crítica: Revista Hispanoamericana de Filosofía*, 1982, Vol. 14, No. 42, p. 15.

② Stephen Mumford, *David Armstrong*, Stocksfield: Acumen Publishing Limited, 2007, p. 7.

但这种形而上学假设本身的有用性和解释力并不能完全确证该假设本身的合理性和正当性。作为一个实在论者，阿姆斯特朗也不满足于这种纯粹实用主义的考量，他认为自然主义主张“世界是一个时空系统”是“非常安全”和“毫无争议”的（WSA：7），像莱布尼茨、黑格尔、布拉德雷等观念论者之所以否认实在存在于时空系统中，是因为他们主张“世界在整体上或部分上是心灵的创造物”[①]。但这些观念论者所提供的论证方式仍然是一种先验的论证方式，并不能令人接受。在阿氏看来，只有一种经验的方式才能真正为形而上学假设作出辩护，因此，无论是自然主义还是事实本体论，都是通过经验而非先验得到彻底辩护，从经验的角度来看，世界是一个时空系统是不言自明的真理。

除了从经验主义立场为自然主义辩护以外，阿姆斯特朗也从一种本体论上的思维经济原则去为自然主义辩护。他认为，自然主义是一种非常节俭、朴素的本体论，这种一方面能解释抽象实体，另一方面只承认时空系统中实体的本体论体现的是奥卡姆剃刀——“如无必要，勿增实体”——的精神。正如阿氏所言：“有些哲学家认为，那些多样的、令人困惑的额外实体是必要的。超验的共相、数的领域、价值的超验标准、无时间的命题、像金山这样的非存在对象、可能事项与可能世界、比它们的成员有更多内容的抽象的类（包括单位类与空类）。”（N&R：128）对于这些额外实体，阿姆斯特朗抱有这样的疑问：它们是否能够对时空系统起作用？当然，那些宣称上帝存在的人，或者主张心灵实体的笛卡尔，都认为时空之外的抽象实体能够对时空内的实体起作用，但他们的这种解释会遇到不小的困难。比如笛卡尔主张心灵与肉体相互作用，会受到因果效力的批评，不在时空当中的实体是如何对时空中的实体产生因果效力的？[②] 阿姆斯特朗进而

① Stephen Mumford, *David Armstrong*, Stocksfield: Acumen Publishing Limited, 2007, p. 8.

② 参见 Stephen Mumford, *David Armstrong*, Stocksfield: Acumen Publishing Limited, 2007, p. 9。

断定，如果抽象实体不能对自然发挥作用，或者在自然之内不能发挥作用，那么我们就没有必要去设定这些抽象实体的存在。为了进一步排除抽象实体的非实在性，他还借用了柏拉图对话录《智者篇》（247d-e）的爱利亚学派的陌生人原则（Eleatic Stranger's principle），这一原则强调："如果一个事物缺乏任何潜能，如果它没有可能的效果，那么，虽然该事物可能存在，我们绝不会有任何好的理由去相信它存在。"（NoM：156）在阿姆斯特朗看来，现有的科学知识表明，只有在时空内的实体才会有潜能，在时空外的抽象实体是没有任何潜能可言的，因此自然主义是对的，我们有充分的理由去接受自然主义。

笔者认为，阿姆斯特朗在形而上学上的哲学功绩是建立了一种自然主义版本的事实形而上学，并竭尽全力为其辩护，但这也是他的事实形而上学的重要缺陷和不足的根源之一。这种缺陷和不足主要有三方面。

第一，对自然主义进行经验主义式的窄化处理。阿姆斯特朗试图在自然主义和唯物主义[①]框架中去安顿事实本体论，结合时代流行的思潮和思维方式去建构本体论本无可厚非，但很可惜的是，他对于自然主义进行了一种窄化的处理，在他看来，自然科学基本上都是一种经验性的研究，无论是牛顿力学、爱因斯坦的相对论以及沃森和克里克发现了 DNA 双螺旋的结构，都应当是有关自然界事实的经验性研究，这种观点完全不符合科学史的实际情况。他将自然主义与经验主义对接，既然世界是一个时空系统，因此最好交由科学去揭示其本质，科学本身在他看来又是"对于自然界的经验研究"[②]，因此只有

---

① 在阿氏哲学中，唯物主义（materialism）与物理主义（physicalism）可视为同义词，两者都是自然主义的子集和具体化。（参见 D. M. Armstrong，*The Nature of Mind and Other Essays*，Brighton：Harvester Press，1981，p. 149）既然世界是一个时空系统，这个时空系统自然需要物理学等自然科学来解释。

② Stephen Mumford，*David Armstrong*，Stocksfield：Acumen Publishing Limited，2007，p. 6.

经验研究才能揭示存在什么样的事实，科学家就如同蜜蜂在花园中采集蜂蜜一样，通过经验在自然界、实在界中挑选、收集事实。这种将事实简化为经验事实的做法，一方面使得有关事实的问题简单化、粗糙化，另一方面也大为贬低了科学家的工作，好像不需要概念建构、理论探索、创立范式，只需要一些经验性的观察，发现外部世界事实的科学事业就可完成。

主张事实可以通过经验来获取的观点也体现在阿氏早期对于知觉的论述中，贯穿其早期著作《知觉与物理世界》（*Perception and the Physical World*，1961）的一个观点是，视觉、听觉、触觉、味觉、嗅觉等知觉的本质是，它们可以为我们提供关于物理世界的特定事实的知识。（PPW：107）且不论这里阿氏没有对感觉、知觉等作出清晰的区分，他的主要思路是，世界是一个由事实组成的世界，有关诸多简单事实的知识又可以通过知觉获取，因此，通过知觉，我们与外部世界的事实达成了紧密的联系。

可以说，很多事实本体论者有着经验主义背景，罗素和阿姆斯特朗正是其中的代表人物，正如普特南在《事实与价值二分法的崩溃》中作出了这样的判断，将事实与价值严格区分开的事实本体论都有着经验主义背景。阿姆斯特朗作为一个事实本体论者，他从自然主义到经验主义的过渡并不令人信服，反而疑点重重。由自然主义滑落到经验主义的问题是很多哲学家的通病，而经验主义并不能为事实本体论提供一个坚实的理论地基。

第二，自然主义形而上学立场使得哲学丧失批判性和规范性维度，愈发依附于科学。阿氏的自然主义主张世界是一个巨大的时空系统，但这个时空系统的本质是什么？阿氏认为该问题应该交由科学去解决。比如，他在形而上学上主张，世界这个巨大时空系统的本质是“因果地自我封闭的系统”（Causally self-enclosed system）（NoM：153），该系统的每一个事件、进程都是由其他事实、进程引起的。要言之，自然主义这一形而上学立场之所以是值得坚持的，全凭自然科学在近几个世纪所展现出来的强大解释力以及对人类生产生活的深刻影响。这种将形而上学自然主义化和物理主义化的主张之不足在于，它使得哲学逐渐丧失了独立思考和判断的能力。普特南对于唯物主义形而上学的批评虽然没有将矛头直指阿姆斯特朗，却的确指出了像阿氏这样的唯物论的形而上学家的问题所在："那些唯物论的形而上学家常常不加反思地使用诸如因果效力（causal power）、自然（nature）这样的形而上学观念……'物理主义者'并不试图去澄清这些形而上学观念，仅仅是表明科学正在逐步地验证这些真形而上学。"① 要言之，将事实形而上学自然主义化不是不可以，但阿姆斯特朗这样做的风险是将绝大多数科学概念不加反思和批判地引入形而上学研究中来，会更加重形而上学本身的混乱。此外，在笔者看来，自然科学仍然有自己的本体论承诺，如果完全采纳自然主义立场，就也要接受自然主义的本体论承诺——原子、分子、电子等，无须额外再提出一套本体论；而阿姆斯特朗坚持要在自然主义框架内提出以事实为基本实体的事实形而上学，更多的是打着自然主义的旗帜来建构自己的事实形而上学体系。

第三，英美哲学中规范主义的兴起也一定程度上对一种纯粹自然主义的形而上学提出了质疑。有学者指出："一般来说，规范主义主张，人类的思想和行为不同于无生命的自然和动物行为的地方是，他们受制于用于规定和评价的规范和规则、标准。"② 这种规范主义已越来越对一种彻底的自然主义提出疑问和不满，例如，根据一种认识论上的自然主义或物理主义，在自然科学外并没有真正的知识；而规范主义主张，在自然科学外，仍然有知识，比如关于语言和意义的知识、有关规范的知识，等等。由规范主义对自然主义的批判可以看出，在一种彻底的自然主义框架内安置事实本体论思想，并

① Hilary Putnam, "Why Reason Can't Be Naturalized", *Synthese*, 1982, Vol. 52, No. 1, pp. 3 – 23.

② Hans-Johann Glock, "Meaning, Rules, and Conventions", *Wittgenstein's Enduring Arguments*, Edoardo Zamuner and D. K. Levy, ed., London & New York: Routledge, 2009, p. 156.

非一种不容置疑的主张。

第四节　本章小结

理论贡献与理论缺陷并存。阿姆斯特朗构建的哲学体系代表了事实形而上学的当代发展，有力推进了罗素和维特根斯坦的事实本体论构想。作为一个自然主义者和物理主义者，他将事实本体论与当代唯物论有力地结合起来，为当代哲学贡献了自然主义版本的事实形而上学。本章已从“以薄殊相、共相为内核的事实本体论”和“自然主义版本的事实本体论”两个方面总结了阿姆斯特朗事实本体论的理论贡献与缺陷。在笔者看来，阿氏的事实本体论有其理论价值和理论洞见，也首次在事实本体论的基础上建构了事实形而上学的哲学体系、尝试系统性地解决各个方面的哲学问题。但抛开事实之组成结构和向自然主义倒戈等问题，无论阿氏建立了什么版本的事实本体论，以这种事实本体论为地基建立起来的事实形而上学也不可避免地遭到多方批评。为什么这样说？因为，一旦哲学家建立了一种事实本体论，就势必要从这个本体论地基出发，去建构整个哲学体系或形而上学体系。因为思想转型等原因，罗素和维特根斯坦只做了部分的延伸性工作，如罗素依据事实本体论提出真理符合论，早期维氏依据事实本体论主张伦理与价值在世界之外。阿氏对于前面两位哲学家的思想吸收颇多，对事实本体论的延伸更为系统，他从事实本体论出发建构了系统的形而上学思想。（1）在心灵哲学中，主张心脑同一的中心状态唯物论（central state materialism），认为大脑的物理状态也是一种事态/事实。（2）在元伦理学中，主张事实与价值的严格二分，并认为价值和伦理问题对于形而上学来说不重要，自己作为一个形而上学家对讨论价值问题毫无兴趣。（3）在真理问题和元知识论上，发展了以事实为中心的使真者理论，认为作为基本实体的事实使得对应的命题为真。（4）在模态论中，主张可能性源自诸共相与薄殊相之组合，事实作为共相与殊相的组合本身自带模态。可以说，阿氏在这些领域所作出的形而上学探索虽然有积极意义和理论价值，并的确成了某些领域的代表性理论（如本书第六章讨论和批判的使真者理论和第七章讨论和批判的可能性的组合主义），但一方面，这种事实形而上学的事实本体论地基就没有打牢固；另一方面，阿氏试图用作为外部世界之基本实体的事实来解释近乎所有主要哲学问题，所遇到的困难可想而知。

如果说，非要以事实本体论去安顿真理问题、模态问题、价值问题、心灵哲学问题等，阿氏的工作和形而上学探索已经做得较为出色了。但一个非常有必要的哲学反思是，事实本体论是我们一定要走的路吗？用事实本体论去解释与事实相关的重要哲学问题，是否这条路本身就是虚假的或行不通的？可以说，本书对阿姆斯特朗事实形而上学的批判，就是对在事实本体论地基上建构的整个形而上学系统的批判。从第五章至第七章，本书将分别涉及和批判事实与价值的严格二分、以符合论和使真者理论为代表的真理观、以组合主义为中心的模态观，这些都可以视为对阿姆特朗事实本体论地基上建立的形而上学之批判。

阿姆斯特朗建立了一种以薄殊相和共相为内核的事实本体论，并在此基础之上提出了自然主义版本的事实形而上学，但他无法最终确定共相是一种心灵抽象还是不依赖于心灵的实在，无法解释共相与薄殊相如何结合，也无法解释殊相的“特殊性”。在自然主义问题上，他对自然主义进行经验主义式的窄化处理，他的自然主义形而上学立场使得哲学丧失批判性，愈发依附于科学。

事实本体论在 20 世纪早期兴起，并在中后期得到进一步发展，贯穿 20 世纪分析哲学始终，随之而来的相关理论问题也被置于我们的研究中心，第一、二章已经陆续揭示了不同版本的事实本体论的诸多问题，我们当然不能对这些严肃且重要的问题视而不见，因此，对三种不同版本的事实本体论全面比较和深入批判也被提上了日程，这也是本书第三章的主要内容。

第三章

实在与建构：事实本体论的疑难与批判

从休谟到事实本体论者，我们看到一种通过强调事实、拒斥形而上学，到建构事实形而上学体系的转变。在英国经验论传统中，休谟一开始以一种经验的视角去对待事实，认为事实是实在事实和经验事实，是外部世界的一部分，他如此论述事实，在宏观哲学层面的目的是拒斥形而上学，当时的神学或经院哲学在他看来就包含着很多形而上学的玄思。他在《人类理解研究》中写了一段著名的话："我们手里拿起一本书，例如神学书或经院哲学书，我们就可以问，其中包含着数和量方面的任何抽象推论吗？没有。其中包含着关于事实的事项（matter of fact）和存在（existence）的任何经验的推论吗？没有。那么我们就可以把它付之一炬，因为它所包含的没有别的，只有诡辩和幻想。"① 由此可见，经验事实、事实的事项等概念是作为反对形而上学玄思的武器被提出来的。

但随着英国经验论的向前发展，事实和经验事实愈发成为神圣和不可撼动的概念，直至罗素、早期维特根斯坦的逻辑原子主义将事实作为一种世界和实在之本体或基本实体，并对基本事实、基本

---

① ［英］休谟：《人类理解研究》，关文运译，商务印书馆 1957 年版，第 145 页。翻译根据 Stephen Buckle 编辑的英文本略微有些改动。

事态、事实的结构展开了具体的论述。这种将事实本质化、本体论化的倾向在阿姆斯特朗那里达到了顶峰，他试图以事实本体论为基础，去解释哲学的基本问题。

在笔者看来，从休谟到阿姆斯特朗的哲学发展有一定的必然性成分，休谟用经验事实去反对形而上学之诡辩与玄思，但对于旧形而上学之诡辩与玄思的激烈批判又使得经验事实和经验主义成为新形而上学的中心。在往后的哲学发展中，事实一方面并没有得到清楚深入的反思，另一方面也愈发被视为自然中的本体和实体，成为解释一切哲学问题的关键，一种事实形而上学经过罗素、早期维特根斯坦，最终在阿姆斯特朗那里得到了完成。事实概念一开始带着反对和破除以经院哲学、神学为代表的形而上学的任务被休谟论述和强调，随着事实地位的不断凸显，它终于在当代分析形而上学中发展为事实形而上学，这种转变不可谓不吊诡，但却有着哲学史和概念史发展的必然性。因此，在前两章阐述完事实本体论以及奠基于事实本体论的事实形而上学之后，在本章中对事实本体论作深入批判则成为一项重要的哲学工作。

事实本体论到底有哪些理论上的疑难呢？与其苦思冥想地搜罗事实本体论的问题，不如首先反思和考察在分析哲学史上，事实本体论所遇到的理论问题。一方面，后期维特根斯坦亲自揭示了《逻辑哲学论》中命题图像论的问题，也为我们批评事实本体论指引了方向；另一方面，罗素则在其事实本体论中迟迟无法解决否定事实问题，使得否定事实成为事实本体论无法去除的“毒瘤”，这也启示我们，通过对于否定事实的考察去批判事实本体论，甚至提出新的理论框架——事实建构论——去更好地容纳否定事实。因此，本章的主要逻辑线索可以概括为三个方面。

（1）对三种事实本体论及其各自所遇到的疑难进行比较。本章第一节集中于对三位哲学家的本体论思想的进一步梳理和比较，以此凸显本书的主题：本书要做的批判工作不仅仅是揭示这些本体论的缺陷；也是要指出事实本体论只是我们理解世界的一种重要方式，但绝非唯一方式；我们更不能将事实本体论作为一种唯一、永恒的真理，而忽略它的理论建构特征。

（2）命题图像论的崩溃。在《逻辑哲学论》中，事实本体论与命题图像论相辅相成、互为表里，相互捆绑在一起，事实本体论为命题图像论提供了本体论地基，而命题图像论向人们解释了为何我们可以通过语言描画作为实在之基本实体的事实。早期维特根斯坦并未意识到命题图像论的问题，所以事实本体论作为一种形而上学预设和逻辑推演并未呈现太多弊端，而随着后期维氏对命题图像论的深入批判，事实本体论也不可避免地被质疑和批判，而新的事实观正在悄然形成。相关讨论构成了本章第二节的主要内容。

（3）否定事实问题对于事实本体论的颠覆。事实本体论主张事实而非物是实在和世界的基本实体，这一本体论立场虽然新颖，但这不可避免地会涉及一个问题，否定事实是不是世界的基本实体。罗素、维特根斯坦、阿姆斯特朗等事实本体论者对否定事实给出了不同的理论方案，罗素认为否定事实与肯定事实没有区别，都是世界的基本实体，它们分别使得否定命题和肯定命题为真。早期维氏认为否定事实是事态的不存在，肯定事实是事实之存在。因为事态本身是有限的，所以肯定事实的总和也就决定了否定事实之总和。阿姆斯特朗由于否定事实的种种理论困难，干脆主张否定事实不存在，只有肯定事实存在。三位哲学家虽然都是事实本体论者，但他们对待否定事实的不同态度反过来让我们反思事实本体论自身的理论弱点，怀疑其是否立得住脚。在笔者看来，否定事实成了事实本体论最大的漏洞之一，对于否定事实的反思将给予事实本体论有力的批判，因此，在讨论否定事实基础之上对事实本体进行批评构成了本章第三节的主要内容。

通过本章三节对事实本体论所面临的疑难的进一步揭示，对其展开深入批判，使得事实本体论的合理性、合法性受到了质疑，与事实本体论相对，我们可以提出一种非本体论的事实，主张事实是一种在实践活动中的建构，事实建构论可以很大程度上避免本章事实本体论所面临的诸多疑难和问题，由此，为第四章全面论述事实的语言认知建构论铺平道路。

第一节　三种事实本体论的异同及其各自疑难

在前两章详细考察罗素、维特根斯坦、阿姆斯特朗等人的事实本体论之后，理论比较的工作成为事实本体论研究的当务之急，这项比较研究的必要性体现在两个方面。

第一，分析哲学发展史特别是事实本体论发展史研究的需要。事实本体论横跨了早期分析哲学与当代分析哲学，三位哲学家在思想上特别是在事实本体论上密切关联，有着承袭与发展的关系，这为我们研究分析哲学特别是分析哲学中的本体论问题提供了一个一以贯之的研究线索。就罗素与早期维特根斯坦而言，他们各自都深刻地影响了对方，罗素作为维氏的哲学引路人，对其哲学发展影响甚大；而维特根斯坦又以自己天才般的思想刺激着罗素的思想，比如“正是在维特根斯坦的压力之下，罗素才最终认可逻辑真理是重言式”①。罗素在由演讲结集成书的《逻辑原子主义哲学》中清楚表明，他的逻辑原子主义受益于维特根斯坦。因此将《逻辑哲学论》与《逻辑原子主义哲学》进行对照阅读有助于全面地理解事实本体论及其内在问题。就阿姆斯特朗与前面两人的关系而言，阿氏的事实/事态本体论直接承袭和发展的是罗素和维氏的逻辑原子主义，他本人也清楚、自觉地表明自己本体论思想承袭维特根斯坦—罗素，因此三种事实本体论的比较研究是分析哲学发展史特别是事实本体论发展史研究的需要。

---

① ［英］罗杰·M. 怀特：《导读维特根斯坦〈逻辑哲学论〉》，张晓川译，重庆出版社 2018 年版，第 164 页。

第二，对于事实本体论全面研究和批判的需要。虽然三人都主张事实本体论，主张世界是事实而非物的总和，但这个统一的名称并不能掩盖三人事实本体论的重大差别和不同样态。对三人的事实本体论的差异进行深入考察和比较，会让我们对事实本体论有更全面的认识，了解基于什么样的原因导致了这种差异。此外，如前两章所论，三种事实本体论都有各自的缺陷和问题，三位哲学家在建构自己的事实本体论时，建构过程本身就遇到了不同程度上的困难，因此对它们的缺陷和问题进行比较研究，会更全面地把握事实本体论时所遇到的困难，发掘特殊问题和共性问题，最终为事实本体论的判断提供有力的理论支撑。

一　三种事实本体论的异同比较

（一）组成成分的异同

三种事实本体论在事实之组成结构上就存在着分歧。罗素主张简单事实的基本结构是一个殊相与一个共相的结合；维特根斯坦主张简单事态/事实都是由对象组成的；而阿姆斯特朗则直接继承了罗素的主张，认为事实是由薄殊相与共相结合而来的。这里有两点值得注意。第一，《逻辑哲学论》主张事态是对象的组成，而对象虽然是简单的，但绝非像阿氏理解的那样，可以还原为薄殊相和诸多属性，可以还原为厚殊相。对象就是对象，它虽然是简单的、每个可想象的世界所共有的，但它绝不是其他东西。如果它是薄殊相加上诸多属性，那么《逻辑哲学论》论述事实本体论也就无异于罗素、阿姆斯特朗等人的事实本体论了。第二，阿姆斯特朗在发展自己的事实本体论时有两种路径可以参考，他最后选择了罗素而非维特根斯坦的方案的根本原因之一是他的共相实在论立场，即这个世界不仅仅是一个殊相的世界，同样也包含着诸多的共相。

（二）组成结构的异同

正因为三人的事实本体论在组成成分上有异同，也带来了组成成分如何结合成为事态/事实的异同。阿姆斯特朗更偏向罗素，既然基本事实由薄殊相与共相结合而来，那么基本事实的基本结构就是一个薄殊相有一个属性，或两个薄殊相之间有某种关系。罗素虽然没有用“薄殊相”这个词，但基本上也同样主张基本事实是，某殊相有某属性或某两个殊相之间有某种关系，这与阿氏的主张在基本内容上是一致的。当然，罗素的主张有其理论动机，一个殊相加一个属性本就延续了洛克有关基体与属性结合的观点；而罗素主张另一种基本事实是两个殊相之间有某种关系，这一观点同样具有鲜明的时代印记，他一开始深受新黑格尔主义者布拉德雷的影响，主张内在关系说，后来他和摩尔一起反叛了新黑格尔主义，主张一种外在关系说，外在关系说为罗素的逻辑原子主义作了充分的铺垫，正因为特定的关系外在于殊相，所以基本事实可以是某两个殊相间有某种关系才成为可能。比较罗素和阿姆斯特朗，在基本事实的组成结构方面，他们更多的是同而非异，阿氏所采纳和继承的也正是罗素的观点。

早期维特根斯坦的进路则有着鲜明的不同，基本事实的组成结构也很简单，就是对象与对象之间的结合、组合、连接，“在基本事态中诸对象像链子的诸环节一样彼此套在一起”（TLP 2.03）。维氏方案的好处是，它避免了罗素—阿姆斯特朗方案所遇到的疑难，没有任何属性、任何特点的，由心灵抽象而来的诸薄殊相之间是如何具有某种关系是一种匪夷所思的事情，最后只能诉诸形而上学的规定和预设，好像在他们的事实形而上学中直接规定了基本事实可以是两个薄殊相之间有某种关系，这种规定容不得再质疑和反思。如果简单对象与简单对象之间联结起来形成原子事实，就不会出现这种情况，因为对象不是光秃秃、没有任何特点的薄殊相，简单对象具有性质特别是内在性质[①]，因此设想不同的简单对象之间联结在一起并不是一件很困难的事情，比如可以设想对象像一种卯榫结构一

① 《逻辑哲学论》2.01231：“为了知道一个对象，我虽然不必知道其外在性质——但是我必须知道其所有内在性质。”

般联结在一起。

（三）总体事实、一般事实和高阶事实层面的异同

毫无疑问，三种事实全部承认特殊事实，阿姆斯特朗甚至将薄殊相与共相的结合所组成的特殊事实也称为殊相，因此，最终世界是由一个个特殊事实组成的世界，世界之基本实体都是特殊的，无论是简单事实，还是由简单事实复合而成的复杂事实都是特殊的，阿氏称之为殊相的胜利。但在特殊事实之外，在是否有高阶事实和总体事实上，三人产生了重要分歧。《逻辑哲学论》关于事实的基本预设是，所有存在的事实都是一阶事实和特殊事实，即便复杂事实也是简单事实的复合，而非关于简单事实之事实（即有关一阶事实的高阶事实）。《逻辑哲学论》1.11 清楚地道明这一点："世界是由事实决定的，而且是由它们是全部事实这点决定的。"维特根斯坦这一观点在布莱恩·斯克姆斯（Brian Skyrms）那里得到进一步的强调："所有的事实都是一阶事实（first-order facts），没有高阶事实（higher-order facts）。"①

在是否存在有关特殊事实的高阶事实上，维特根斯坦已经明显不同于罗素和阿姆斯特朗。罗素和阿姆斯特朗都主张有高阶事实：在罗素看来，事实之总体或总体事实便是一种关于事实之事实，是一种高阶事实（PLA：93—94），"要对世界做出完整的具体说明，就要详细列出所有特殊事实（用维特根斯坦的术语说，所有事态的存在与不存在），连同这样一个一般事实，即这些特殊事实就是全部的事实"②。在阿姆斯特朗看来，除了总体事实外，自然律本身也是有关事实之事实，自然律不是某个单个的事实，而是某一类一阶事实之抽象。

---

① Brian Skyrms, "Tractarian Nominalism", *Philosophical Studies*, Vol. 40, 1981, p. 202.

② ［英］罗杰·M. 怀特：《导读维特根斯坦〈逻辑哲学论〉》，张晓川译，重庆出版社 2018 年版，第 39 页。

知其然，如何知其所以然呢？在笔者看来，维特根斯坦方案与罗素—阿姆斯特朗方案的不同源于其理论前提与理论诉求的不同。《逻辑哲学论》中，基本事态与事实都是由对象的联结而来的，因为对象之间的组合是有限的，只要给出了特定的对象，对象之间所能组成的事态都可以被确定，“给出了所有对象，由此也就给出了所有可能的基本事态”（TLP 2.0124），“对象包含了所有事态的可能性”（TLP 2.014），而所有的事实都是所有事态的存在，最终，只要确定了所有对象就能确定所有可能的世界。因此，既然对象已经确定了所有可能的基本事实和所有可能的世界，那么总体事实对于维特根斯坦来说就是一个多余的预设。

但对罗素和阿姆斯特朗而言，因为简单事实是世界的基本实体，简单事实可以通过心灵抽象为殊相与共相，事实相较于殊相与共相更居于本体论上的优先地位。问题是，如果没有维特根斯坦预设的构成世界实体的对象，如何确定现实世界有多少个简单事实呢，因此他们不得不预设存在有关事实的事实（高阶事实）和设定某些特殊是全部事实的总体事实。值得注意的是，这些本体论上的设定还有知识论上的诉求。在罗素那里，设定总体事实和一般事实是为总体命题和一般命题之真提供本体论地基；在阿姆斯特朗那里，所有一阶特殊事实和总体事实可以确定一些否定命题的真。[①]

（四）否定事实层面的异同

在有关事实的众多哲学讨论中，否定事实一直是争议颇大的问题，笔者将在本章第三节详细论述否定事实，这里简单对三人的否定事实观进行比较。维特根斯坦显然主张有否定事实，但否定事实是诸基本事实的不存在，因此《逻辑哲学论》对否定事实的安置方案是：承认否定事实，既然肯定事实是在现实中发生的事态，那么否定事实则是在现实中未发生的事态；既然两个简单对象所组合产生的事态总和是确定的，那么知道哪些是肯定事实，自然也知道哪

---

① 详见本书第六章第三节有关如何确定否定命题之真的讨论。

些是否定事实。罗素则在没有充分理由的情况下，主张否定事实存在，即便他觉得这一主张有点荒谬，但它的好处是，否定事实的存在直接帮助我们确定了否定命题为真。阿姆斯特朗在否定事实上终于与罗素有了区别，他不承认否定事实，在他的本体论框架中，如果设定否定事实存在，会带来本体论的无限膨胀，比如任何殊相没有某个属性都可以算作一个否定事实。否定命题为真也不必通过否定事实实现，而可以通过特殊事实与总体事实来实现。

（五）事实与命题的关系异同

在事实与命题的关系上，三人的相同性要大于差异性，基本上都持一种肇始于《逻辑哲学论》的命题图像论立场。[①] 维特根斯坦主张，命题描画实在中的事实，事实使得对应命题为真，用现代哲学的眼光看，维氏在《逻辑哲学论》中更近于一种真理符合论。罗素同样主张，命题与事实有着逻辑同构性，命题描画事实，真命题与事实有着一一对应的关系，如果命题描画的内容符合事实，那么事实就使得该命题为真，因此在真理观上也持一种符合论立场。阿姆斯特朗直接继承了罗素的观点并作了些许改造，持改进版本的真理符合论——使真者理论，即事实与命题不必是传统符合论一对一的关系，一个事实可使得多个命题为真。

（六）基本哲学立场的异同

在逻辑原子主义时期，罗素主要持一种朴素实在论立场。维特根斯坦初入哲学时，受罗素、摩尔、弗雷格等人影响颇深，因此在本体论上，他也接受了一种形而上学实在论，比如《逻辑哲学论》中对简单对象的承诺就在一定程度上继承了弗雷格、罗素和摩尔的实在论立场。而阿姆斯特朗虽然也持有一种实在论立场，特别是共相实在论和事态实在论，但他的实在论已与自然主义、物理主义达成一种战略同盟关系。因此笔者对三种事实本体论所预设的基本哲

---

① 本章第二节将全面展开对命题图像论或语言图像论的批判，故在此只比较三人在处理事实与命题关系上的异同。

学立场的看法是：因为三种事实本体论都主张事实是组成外部世界的基本实体，那么他们当然都共享了实在论。但不同的是，罗素所主张的是一种朴素实在论，我们通过感觉经验确定外部世界是客观实在的；由于《逻辑哲学论》过于纲领化，维特根斯坦的实在论则更显得晦暗不明，我们大致只能知道他将对象和事实承诺为世界中的实在；而阿姆斯特朗的实在论则是与物理主义达成联盟的实在论，从罗素的视角来看，他应该会反对这样的实在论，因为罗素曾说过："朴素实在论（naive realism）将导致物理主义，但如果物理主义是真的话，又会导致朴素实在论为假。因此，朴素实在论如果为真，则为假；因此它是假的。"① 因此，虽然三种事实本体论的基本哲学立场都是某种实在论，但它们仍然有着细微的不同。

表 3 - 1　　维特根斯坦、罗素、阿姆斯特朗事实本体论比较

比较内容	罗素	维特根斯坦	阿姆斯特朗
简单事实的组成成分	殊相和共相	诸简单对象	薄殊相、共相
简单事实的组成结构	殊相和共相的结合	简单对象之间的联结	薄殊相和共相的结合
总体事实、一般事实和高阶事实	承认总体事实、一般事实和高阶事实	不承认一般事实和高阶事实，只有特殊事实	承认总体事实、一般事实和高阶事实
否定事实	承认否定事实	承认否定事实，其本体论地位弱于肯定事实	不承认否定事实，否定事实会带来本体论的无限膨胀
事实与命题的关系	事实使得命题为真 符合论立场 事实与命题一一对应	事实使得命题为真 符合论立场 事实与命题一一对应	事实使得命题为真 对真理符合论的改进 事实与命题并非一一对应
基本哲学立场	朴素实在论	承认对象与事实的实在论	与物理主义达成联盟的科学实在论

① Bertrand Russell, *An Inquiry into Meaning and Truth*, London: George Allen and Unwin LTD, 1940, p. 15.

以上比较我们可以清晰地发掘事实本体论发展的三条线索。第一，维特根斯坦与罗素—阿姆斯特朗形成了两种差异明显的事实本体论框架，尽管学界统称维氏与罗素的事实本体论为逻辑原子主义，但我们不能被这个统一的名称蒙蔽，而忽略了两种本体论的重大差异。第二，阿姆斯特朗在发展自己的事实形而上学时，在本体论上直接继承和参考的是罗素而非维氏的本体论，阿氏本人也在自己的著作中强调自己更多的是吸收了罗素的思想。在笔者看来，他对罗素本体论的偏好是源于他与罗素在基本观点、立场以及思想气质上的相近，比如两人都深受经验主义影响、主张科学研究和哲学研究的亲缘性、接受基体与属性的二分，并为了解决知识论上的问题试图在本体论中寻求答案，等等。第三，事实本体论并非铁板一块，在不同的哲学家那里，事实本体论可以扩展成不同的理论框架和理论样态，这也间接显示了事实本体论的建构性特征，即姑且不论世界实际上到底是事物的总和还是事实的总和，事实本体论者们在提出本体论设想时，包含着理论建构的成分，他们通过各自的理论建构，发展了不同形态的事实本体论。评价这些事实本体论，可以依据何者面对的理论疑难更少、何者解释力更强、何者更具简单性和融贯性等标准。

二　三种事实本体论的疑难比较

（一）组成成分的疑难

由第一、二章所论，在组成成分上，维特根斯坦遇到的问题是，因为简单对象的存在首先是一种理论和逻辑推演的结果，他无法在现实世界中找到理论预设的简单对象。罗素的问题是，他虽然承认共相存在，但他没有对共相是什么作一种清晰的界定，只是粗糙地主张，有些抽象语词表示了共相，而有些没有表示共相，比如颜色词表示了共相，但像三角形、理性等抽象词则没有表示共相。（PLA：135）阿姆斯特朗的问题是，共相一方面被视为一种客观实在，另一方面又被视为心灵抽象出来的抽象物，这种对共相不一致的态度并不是一种严谨的理论建构。

（二）简单事实的组成结构疑难

在组成结构方面，维特根斯坦同样较少受到责难，如果对象存在，对象如链子的诸环节一样彼此套在一起是较为容易被理解且少有疑问的。而对罗素来说，第一章已论述了罗素所需要解决的问题是，一个处于时间之中并在同一时间占据一个特定空间的殊相是如何与不在时间之中、在不同地方的反复出现的共相结合的呢？罗素并没有回答这个问题，他认为在现实中某个点具有某种颜色、某个物具有某种质量已经不言自明地证明了殊相与共相的结合。一定程度上，他对解释共相与殊相如何结合的问题采取了逃避的态度。阿姆斯特朗的问题是，如果他坚持共相实在论立场，他就必须解释，一种不依赖于心灵的共相如何能够与一种心灵的抽象物（薄殊相）结合在一起组成基本事实。可当他不得不去解释说明薄殊相与共相如何结合时，他又暂时隐藏了自己的共相实在论立场，主张基本事实是世界之基本实体，共相与薄殊相一样都是人通过心灵活动对事实之抽象。阿氏对待共相前后不一致的态度，使得他以一种前后矛盾的方式解释简单事实的组成结构。

（三）总体事实、一般事实、高阶事实之疑难

维特根斯坦不承认高阶事实，自然不会遇到为这些高阶事实辩护的问题。罗素承认总体事实，那么，他就需要为总体事实的存在辩护。罗素的主要见解是，一方面，从逻辑原子主义的角度考虑，无论是简单事实，还是由简单事实复合而来的复杂事实，都是特殊事实，而不是关于事实的事实；可另一方面，只有列出特殊事实和说明这些特殊事实是全部事实的总体事实或一般事实，才能对世界作出完整性的说明。正是在这一动机下，罗素主张存在总体事实，但问题是，诸简单事实无论以何种方式复合，所得到的只能是特殊事实，总体事实和一般事实等高阶事实并不能由简单事实复合而来。因此，罗素陷入了一种困境之中：如果他要彻底坚持逻辑原子主义，世界都由简单事实复合而来，那么他就不能主张总体事实的存在；

如果他要继续坚持总体事实，那么他就没有彻底坚持逻辑原子主义。要言之，逻辑原子主义的基本主张是与总体事实相悖的。

阿姆斯特朗在这方面同样继承罗素的观点，认为存在总体事实等高阶事实，除了上述罗素所面对的疑难以外，他还需要解决的问题是，一方面他承认总体事实，另一方面又否认否定事实，但殊不知，总体事实一定程度上也是否定事实，说某些一阶特殊事实是我们世界中的全部事实，言外之意是，除了这些事实之外的其他事实都不是我们世界中的事实，总体事实这个概念在做了“肯定”工作的同时也做了“否定”工作，因此总体事实也一定程度上是否定事实。但吊诡的是，阿氏又拒绝否定事实的存在。因此他又遇到了新的矛盾，如果他要拒绝否定事实，就应当拒绝总体事实，以此才能在逻辑上说得通。

（四）否定事实的疑难

就整个本体论设计来说，维特根斯坦的否定事实并没有遇到太多困难，因为否定事实是事态的不存在而已，只要事态和肯定事实被给定，那么否定事实也就确定下来。如某个基本粒子某一瞬间可能在十个位置上，那就有十种可能的事态，如果确定了其在某一个位置，那么，它在其他九处便都是否定事实。在否定事实问题上，学术界几乎很少对维特根斯坦有真正深入的批评，一个可能原因是维氏的整个事实本体论框架逻辑上较为缜密。相较于维氏，罗素的问题则比较多，他对于否定事实的承认引发了很多不必要的理论困难，不仅作为基本实体的否定事实在直觉上是很难被人们认可的，而且将否定事实作为实体会引发本体论的无限膨胀。这里一个很有趣的问题是，同样是承认否定事实，为什么维特根斯坦不会遇到本体论的无限膨胀这样的问题？这源于两人不同的本体论框架以及对否定事实的不同定义，对于维氏来说，只要简单对象被给定了，所有的简单事态也就被给定了，且这些简单事态都是有限的，那么这些简单事态的存在（肯定事实）与不存在（否定事实）同样也是有限的。罗素以殊相和共相作为事实的主要成分，在这个框架中去承认否定事实的实体性地位，必然会遇到本体论上的无限膨胀。阿姆斯特朗对于否定事实的态度是，不承认否定事实，进而也不会在本体论层面遇到否定事实的问题。可问题是，如果在本体论层面不设定否定事实，那我们如何去解释在现实生活和日常语言中，否定事实在不断地被谈论呢？阿氏需要做的工作是，在主张不存在否定事实的前提下，去解释我们日常语言中谈论的否定事实是什么东西，阿氏给出的答复是，这些否定事实其实是真的否定命题而已，它们不具有因果效力，也不具有实体性，我们可以用肯定事实和总体事实一起来得到否定命题的真，可问题是，阿氏在本体论层面预设的总体事实，其实也是一种否定事实。从整体上看，他拒绝否定事实又承认总体事实，已使他陷入互相矛盾的困境之中。否定事实问题对于事实本体论是一个巨大的冲击，本章第三节将全面论述否定事实问题，以此对事实本体论展开批判。

（五）事实与命题关系之疑难

三位哲学家都持一种语言的图像理论。三人略微不同的是，维特根斯坦与罗素主张命题与事实的逻辑同构，因此命题中的名称对应着事实中的对象或者殊相，命题与事实有着一一对应关系。而阿姆斯特朗并未对这种逻辑同构表现出理论兴趣，他认为，命题描画事实就已足够，并未对两者的逻辑同构作深入讨论。我们甚至可以根据阿氏对于真命题与事实非一一对应关系的断言，推断其并不倾向于命题与事实的逻辑同构关系。但阿氏遗留的问题是，如果两者没有逻辑同构关系，命题又是如何描画事实的？对于罗素和早期维特根斯坦来说，一种后期维特根斯坦式的语言观可以对他们的命题图像论展开批评，可阿氏的问题更加严重，不仅一种语用学的语言观可以批评他的命题图像论，而且他所谓的命题图像论也并不融贯，如果命题与事实之间没有逻辑同构关系，命题在根本上无法描画事实。

（六）事实/事态的独立性之疑难

维特根斯坦在《逻辑哲学论》中有一个著名的论断，“绝对不能从任何一个事态的存在推断出另一个与之完全不同的事态的存在”（TLP 5.135）。在维氏事实本体论的理论框架中，一个核心论断是基本事态/事实是相互独立的，因此颜色不相容问题才会在《逻辑哲学论》中成为一个重要问题，实际上也成了事实本体论的一个中心问题。为了解决颜色不相容问题，维特根斯坦尝试用一种逻辑的方式来规避之，他认为：“两种颜色同时出现于视野中的一个位置，这是不可能的，而且从逻辑上说就是不可能的，因为颜色的逻辑结构就排除了这样的事情。”（TLP 6.3751）既然关于颜色的命题可以在逻辑上推导出另一个关于颜色的命题，那么，维特根斯坦只能将有关颜色问题视为非基本问题，而更为基本的问题可能是某个粒子在某时在某一空间，或某时具有某种速度。但拉姆塞认为，这种退到最后的不可能性仍然“是一种经验事实，而不是逻辑事项”①。维特根斯坦在一定程度上接受了拉姆塞的批评意见，他更加重视感觉经验和现象学理论，认为现象就是实在本身②，并由此反思了自己早期思想的问题。换言之，由逻辑入手很难从根基上论证为何基本命题相互独立，维特根斯坦中后期的思想转型及对早期思想的批判也印证了这一点。在《逻辑哲学论》中，维氏尝试对颜色不相容问题以及基本事实的独立性作出解释，但仍然有一些缺陷。

而罗素和阿姆斯特朗以殊相和共相为基本成分的事实本体论，在原子事实的独立性上遇到的困难更难解决。以阿姆斯特朗为例，如果原子事实是薄殊相与共相的组合，那么，一个薄殊相可以与不同的共相进行组合，即使这些共相属于同一类别。比如红、黄、蓝、绿等颜色共相都可以与同一个瞬间点组合，那么，该点同时具有好几种颜色便是合乎逻辑的，这反倒违反了我们日常经验和直觉。颜

---

① Frank P. Ramsey, “Critical Notice of Ludwig Wittgenstein’ Tractatus”, *Mind*, 1923, Vol. 32, No. 128, p. 473.

② 参见 Ludwig Wittgenstein, *Philosophical Remarks*, R. Rhees, ed., Oxford: Blackwell, 1975, p. 283。

色相容是阿姆斯特朗的事实本体论框架以及他的组合主义①所带来的必然结果，因此，阿氏也不得不承认，颜色不相容问题在他的理论中是一个难以解决的问题。

表3-2 维特根斯坦、罗素、阿姆斯特朗事实本体论疑难比较

比较内容	罗素	维特根斯坦	阿姆斯特朗
简单事实的组成成分疑难	对共相作了过于模糊的理解和界定	在现实中找不到简单对象的疑难	不能确定共相是心灵抽象物还是客观实在
简单事实的组成结构疑难	在时间中的殊相和不在时间中的共相难以结合	无	作为心灵抽象物的薄殊相和作为实在的共相难以相容、难以结合
总体事实、一般事实和高阶事实之疑难	逻辑原子主义的基本主张是与总体事实相悖	无（不承认总体事实等高阶事实）	基本事实难以复合为总体事实；承认总体事实与拒绝否定事实相悖
否定事实之疑难	承认否定事实带来了本体论的无限膨胀	无（承认否定事实，但否定事实是事态的不存在，不会无限膨胀）	表面上不承认否定事实，但总体事实也是否定事实，难以自圆其说
事实与命题关系之疑难	命题图像论遭到了语用论之语言观的批判	命题图像论遭到了语用论之语言观的批判	命题图像论遭到了语用论之语言观的批判
事实/事态的独立性问题	无法解决简单事实/事态的独立性问题	尝试却无法根本解决简单事实/事态的独立性问题	无法解决简单事实/事态的独立性问题

比较不同版本的事实本体论面临的疑难，我们可以得出三方面结论。第一，三位哲学家提出的事实本体论也是一种本体论层面的建构，因此被建构出来的本体论框架不仅不尽相同，而且都有其独自的问题，只是有的事实本体论问题多，有的事实本体论问题少而已。第二，维特根斯坦事实本体论整体来说逻辑性较为完备，除了一些为研究者所熟知的问题以外（比如在现实世界找不到预设的简单对象），在体系内部并没有太多的“硬伤”，如果在未来再要去设计一

① 本书第七章将全面展开对组合主义的全面论述和批判。

种事实本体论框架，在维氏的理论基础进行改良和发展要比继承罗素或阿姆斯特朗的理论框架遇到的问题更少一些。第三，阿姆斯特朗在整体上继承的是罗素的事实本体论框架，因此他遇到的问题跟罗素的很相似，只是在具体细节上有所不同，比如一位承认否定事实，另一位不承认否定事实。阿氏不仅仅继承了罗素的逻辑原子主义的大部分疑难，自己也遇到了新的问题，这些问题很多是将原子事实抽象为薄殊相和共相所带来的，换言之，阿氏在着手建构其事实本体论时，已经预先埋下了诸多理论疑难的种子。

经过整个第一节对三种事实本体论及其疑难的比较，我们对三位哲学家的本体论思想有了进一步的把握，并了解了将事实作为世界之基本实体并非不可以，但问题是，事实本体论也是我们理解和看待世界的一种方式，理解世界、提出世界之基本实体的过程也必然会带入一种理论建构的成分。三种事实本体论各有特色、优势和缺陷，有相同处也有相异处。本书要做的批判工作不仅仅是揭示这些本体论的缺陷；也要指出事实本体论只是我们理解世界的一种重要方式，但绝非唯一的方式；我们更不能将事实本体论作为一种唯一、永恒的真理，而忽略它的理论建构特征。上文中略微涉及批评事实本体论的两个重要方面——对命题图像论和否定事实的批评，笔者认为，在这两方面进行深入的理论探讨，有助于进一步批评事实本体论，充分挖掘它的问题，并为下一章提出事实的语言认知建构论埋下伏笔。因此，对命题图像论和否定事实的批判就分别成了本章第二、三节的中心议题。

第二节 命题图像论的批判与事实的建构

一 命题图像论的起源与发展

将语言视作一种描画外部世界的图像从中世纪开始就成了一个重要的哲学和语言学观点，中世纪哲学家奥古斯丁的语言图像论影响深远，它在分析哲学中变形为命题图像论（picture theory of the proposition），即将命题视作描述事实的图像。无论是罗素、早期维特根斯坦还是继承前两人的事实本体论的当代哲学家阿姆斯特朗，在语言与世界的关系问题上，主要持一种命题的图像理论，这种观点认为命名与描述包含了语言的本质。这也是为什么维特根斯坦在《哲学研究》的开篇，富有深意地介绍了这种奥古斯丁式的语言图像论：我们好像有一幅关于人类语言本质的特定图画，"语言中的语词是对象的名称——句子是这样一些名称的联系。——在语言的这幅图画里，我们发现了以下观念的根源：每个词都有一个含义；含义与语词一一对应；含义即语词代表的对象"（PI §1）。从中世纪的奥古斯丁到以休谟为代表的英国经验论，再到罗素、早期维特根斯坦、阿姆斯特朗，这种对于语言的镜像式理解贯穿了大半个西方哲学史。

（1）休谟对"观念的关系"与"事实的事项"的二分。对经验主义哲学家休谟来说，思想、观念、印象都是心灵中的知觉，它们的区别只是程度上的不同。思想（thoughts）或观念（idea）是"较不强烈、较不活跃的知觉"，而印象（impression）是"当我们所听、所见、所感、所爱、所恨、所欲和所愿时，我们所有的更活跃的知觉（more lively perceptions）"①。休谟向我们清楚地展现，他如何由经验主义立场出发建构了一种观念的图像式理论。观念是我们对印象有所反省时较微弱的知觉，"我们的一切观念或更为微弱的知觉都是印象或是更为活跃的知觉的摹本"②。观念是印象之摹本，而印象又是现实的摹本，最终，我们的思想、观念、语言都是现实的摹本。狮子的观念源于我们在动物园中、在图画中所看到的一只狮子的形象；金山的观念也是黄金和山两个观念的结合，黄金和山的观念又

① David Hume, *An Enquiry Concerning Human Understanding and Other Writings*, Stephen Buckle, ed., Cambridge: Cambridge University Press, 2007, p. 15.

② David Hume, *An Enquiry Concerning Human Understanding and Other Writings*, Stephen Buckle, ed., Cambridge: Cambridge University Press, 2007, p. 16.

是源于现实中的形象，可以说，所有的观念都是源于相似的印象，最终来源于现实经验。从反面来说，“一个人如果因感官缺陷不能感受到任何种类的感觉，我们经常发现他也同样缺乏对应的观念。一个盲人对颜色不会形成任何想法，一个聋人对声音也不会形成任何想法。”①

与这种观念的图像论相对应，休谟在《人类理解研究》第四章开头，提出了在哲学史上有重要影响的“观念的关系”（relations of ideas）与“事实的事项”②（matters of fact）之严格区分。可以说，休谟对两者的严格区分深刻地影响了后世哲学中事实与规范、分析与综合的二分法。我们不能从事实性之“是”中推出规范性之“应当”已被广为接受。在他看来，像几何、代数等有直觉的确定性或证明的确定性的，都是观念之间的内在关系，因此观念的关系具有固定的推理关系，是先验的、必然的；不同于观念关系，我们通过经验观察、描述外部世界获取事实，同时，各种事实的反面总是可能的，因此事实的事项是后验的、或然的。在普特南看来：“休谟关于‘事实的事项’的标准预设了一种‘图像语义学’（pictorical semantic）。在休谟的心灵理论中，概念是‘观念’的一种，而‘观念’本身是图像式的：观念表征‘事实的事项’的唯一方式就是摹写它们。”③

总的来说，由休谟开启的“观念的关系”和“事实的事项”之二分，对后世哲学家特别是受英国经验论滋养的哲学家影响甚大。而与事实本体论紧密联系的是，罗素深受经验主义影响，他的亲知

① David Hume, *An Enquiry Concerning Human Understanding and Other Writings*, Stephen Buckle, ed., Cambridge: Cambridge University Press, 2007, p. 16.

② 关文运先生将“matters of fact”翻译为“实际的事情”，较有借鉴意义，但不够凸显休谟对事实与观念的二元化分，建议翻译为“事实的事项”或“事实情况”。

③ Hilary Putnam, *The Collapse of the Fact/Value Dichotomy and Other Essay*, Cambridge: Harvard University Press, 2002, p. 15.

原则就是经验主义的典型立场；早期维特根斯坦由罗素引入哲学门，也可能间接接受了“观念的关系”和“事实的事项”之二分，这在《逻辑哲学论》中体现为命题与事实的二分；阿姆斯特朗曾留学英国，虽然那时的英国哲学圈被日常语言哲学占领，但阿氏显然对日常语言哲学并不感兴趣，却受到罗素哲学的影响。

（2）罗素、早期维特根斯坦对命题图像论的阐述。罗素对于以休谟、洛克为代表的英国经验论作了深入的消化和吸收，他提出的逻辑原子主义同样也预设了一种命题的图像理论。在笔者看来，罗素的事实本体论的一个必然结果就是在语言哲学中持一种命题的图像理论。这种命题与事实的二分，并主张命题与事实之间是一种描画、摹写关系，似乎完美地解决了语言与实在之间的关系问题，语言之于实在类似图像、照片之于实在一样，命题成为实在中事实的图像。罗素、早期维特根斯坦提出的命题图像论的一个鲜明特点是，不仅仅命题对应事实，而且命题的组成部分也对应着事实的组成部分，正如罗素在《逻辑原子主义哲学》（1918）中主张的：在一个逻辑完美的语言中，除了像“或”“非”这样的逻辑常项，命题中的语词大多对应着事实中的组成部分。（PLA：25）最终，命题作为一个整体直接对应着事实，命题描画着事实，事实反过来使得命题为真或者为假。罗素深知，让语词对应于逻辑上不可再分析的简单物，让语言能够直接展现它所断定或否定的事实的逻辑结构，这些任务不可能由日常语言来完成，而只能由一种逻辑上完善的理想语言来完成，在他看来，《数学原理》中所提出的语言就是这样一种逻辑完善的理想语言。问题是，这种理想语言的词汇对于说话者来说是私人的，因为理想语言的专名直接指称的是感觉材料，这也直接导致了后期维特根斯坦以这种理想的人工语言为靶子，对私人语言问题展开了深入的批判。

在《逻辑原子主义哲学》出版 9 年之后，罗素在《物的分析》（1927）中反思了这种命题图像论的强烈的理论诱惑力。他写道：“我们（他与维特根斯坦，笔者注）几乎不能抵制下面这样的信念：

句子的结构复制了它所断言的事实的结构，或者在错误的句子中，它们复制了当断言为真时将会存在的事实之结构。当被加以清晰地陈述时，这个信念，尽管是合乎常理的，却似乎是非常难以置信的。不过，我相信它含有某种真理的成分，尽管很难清理出这种成分。维特根斯坦曾为此做过尝试，而且我在很大程度上受到了其观点的影响。”① 在这段话中，罗素透露了如下信息，一是他受到维特根斯坦在《逻辑哲学论》中的影响，接受了命题图像论，句子的结构复制了命题的结构，这种命题图像论在解释实在、知识、语言时对于罗素这样的理论家的确具有理论诱惑力；二是他虽然隐约地觉得命题图像论有问题，难以置信，但仍然包含真理。

早期维特根斯坦可谓命题图像论的集大成者，他在《逻辑哲学论》中全面而又深入地提出了一种命题图像论，完成了对于事实、思想、语言、命题的统一与整合。“事实的逻辑图像是思想”（TLP 3），“思想是有意义的命题”（TLP 4），“命题的总和是语言”（TLP 4.001），“一个命题是对一个基本事态的描述”（TLP 4.023），“一个命题，只有在其是一个图像时，才说出了一些东西”（TLP 4.03）。“实际与命题加以比较”（TLP 4.05），“只是经由如下方式一个命题才能够是真的或者假的，即它是实际的一幅图像”（TLP 4.06）。在维特根斯坦研究中已有共识，整个《逻辑哲学论》，特别是第四章已鲜明地提出了一种命题图像论。

对维特根斯坦命题图像论研究的著作汗牛充栋，因为篇幅和论述之重心等原因，笔者不打算全面介绍和梳理，而是试图指明这种命题图像论在何种程度上不同于罗素的命题图像论。在笔者看来，两人在命题图像论上的分歧仍然源于事实本体论的不同。如上文所引罗素之观点，“句子的结构复制了它所断言的事实的结构，或者在错误的句子中，它们复制了当断言为真时将会存在的事实之结构”，这里潜藏的一个重要问题是，前一句话表明事实的结构在先，而句

---

① ［英］罗素：《物的分析》，贾可春译，商务印书馆2016年版，第246页。

子、命题的结构在后，句子因此得以复制事实的结构；而后一句话暗含了句子、命题的结构决定了事实的结构，比如“北极有企鹅”这句话是错的，按照罗素的看法，这句话复制的是当“北极有企鹅”这句话为真时，将会存在的事实之结构，现实世界根本没有北极有企鹅这样的事实，因此对后一句话唯一可能的解释是，先有了句子的结构再有了事实的结构。到底是正统的命题图像论观点——句子复制了事实的结构呢，还是他无意间暗含的观点——事实的结构是句子的结构呢？罗素没有办法回答这种悖论。

早期维特根斯坦不同于罗素，他的命题图像论不会遇到这样的悖论，事态/事实都是由对象构成的，它们都有着自己的结构，而句子、命题与事态/事实具有逻辑同构性源于它们描画了事态/事实。当句子没有描述事实时，它仍然有两种可能：一是句子对应着事态，比如北极有企鹅、地球自转一圈的时间是 25 个小时等仍然是一种可能的事态，所以相应的句子虽然是假的，但仍然有意义，它们对应着可能事态；二是句子本身就是无意义的，如“北极有南极”“地球自转一圈的时间是 25 个太阳”等。除了完成一种较为彻底的命题图像论以外，早期维氏的命题图像论还有如下特点。

（a）基本命题在逻辑上相互独立，因为基本命题描画的基本事态是相互独立的。

（b）命题图像论仍然有着实指定义的影子。命题描述事态/事实，那么作为命题的组成部分的名词也对应着作为事态/事实组成部分的对象。因此，维氏也区分了“所指”（Bedeutung）和“意义”（Sinn）：“名词指称对象。对象是其所指（Bedeutung）。”（TLP 3. 203）“只有命题才有意义；只有在一个命题的关联中一个名称才有所指。”（TLP 3. 3）

（c）命题之所以能够描画事实，是因为命题与事实有着相同的形式，或者说两者有着逻辑同构性。只有命题与它所描画的事实、实际情况共有某种东西，描画本身才得以可能，这种共同有的东西就是命题的描画形式。“一幅图像和它所描画的东西共同具有逻辑的描画形式。”（TLP 2. 2）但无论是命题的描画形式，还是与事实的逻辑同构性，都不能再被命题言说，命题作为一种图像向我们展示这种形式。

在维特根斯坦之后，逻辑实证主义者们更关注知识论问题而非本体论问题，他们主要从认识论角度改造和诠释了《逻辑哲学论》的思想，对于命题图像论也基本作了认识论上的改造，基本命题被视为一个基本观察句（basic observation sentence）[①]，命题与事实的逻辑同构性也被改造为观察句被经验的证实。维也纳学派所理解的逻辑原子论、命题图像论更偏向于罗素的阐述，他们的最终目的是为一种科学的认识论奠基，而对维特根斯坦所谓的逻辑形式等只可显示不可言说的神秘之物并不十分理解，甚至有意与维氏所秉持的“神秘主义”保持距离。

从哲学史的视野看，事实概念不是一成不变的，反而处于不断的流变和更新当中。休谟是一位经典的经验论哲学家，在他那里，事实仅仅被理解为一种能够提供印象的东西，“苹果是红色的”，“太阳从东方升起”之所以是事实，是因为它们给我们留下了相应的印象，如果一个东西不能给人提供印象，它就不能被称为一种事实。然而，在维也纳学派形成的时代，对于事实的理解和界定已经不同于休谟。比如说，休谟不曾讨论不能直接给人的感官留下印象的细菌、原子，也不太可能有关于它们的事实，因为它们太小以致无法通过肉眼来观察。

可以说，语言、观念、命题等诸种图像论与事实本体论紧密结合在一起，两者互为表里、密不可分。首先在本体论上预设了事实本体论，确立事实是独立于语言、认知、理解的外部世界中的客观实体，然后语言的图像论或图像语义学又主张命题、句子像图像一样，是对于实在中的事实的描画。两者在本体论—语言哲学上完成了一个完整、严密的逻辑体系。而破除这种命题图像论的结果，也

---

① 参见［英］罗杰·M. 怀特《导读维特根斯坦〈逻辑哲学论〉》，张晓川译，重庆出版社2018年版，第165页。

自然带来了另外一种与事实本体论相对的思想——一种建构主义的事实观。

二　对于命题图像论的破除与事实本体论的批判

在《哲学研究》中，维特根斯坦就称语言图像论是一种奥古斯丁式的“描述的语言”（description of language）（PI §2），这种语言图像论也是后期维特根斯坦所重点破除的理论幻象，维氏在《哲学研究》第1小节就概括了这种幻象的大致内容。

> （a）每一个单个语词都有一个意义；
>
> （b）所有的语词都是名字，也即代表了对象；
>
> （c）语词的意义就是它所代表的对象；
>
> （d）在语词（名字）和它们的意义（指称物）之间的联系是建立在实指定义的基础之上，它建立了在语词和对象之间的心灵关联。
>
> （e）句子是语词之组合。

这种奥古斯丁式的语言图像论直接带来了一系列相关的理论后果：

> （f）语言的唯一作用就是表征实在；语词用来指称实在，句子用来描述实在。（PI §§21—27）
>
> （g）孩子只有通过某种思考才能建立语词和对象之间的关联，这种思考意味着她为了学习一种公共语言，必须事先拥有一种私人语言。（PI §32）

因此，奥古斯丁的语言图像论包含了四个部分：（1）语词意义的指称观念（语词意义在于其指称之对象）；（2）句子的描述主义观念（句子描述实在中的事实、实际情况）；（3）实指定义为语言奠基的观念（句子是语词之组合，语词之意义又依赖于实指定义，进而实指定义对语言的生发来说是最为基本的）以及（4）关于思想的语言是公共语言之基础之观念（在运用一种公共语言进行交流之前，由实指定义建立了一种语词和对象、句子与事实的心理关联之私人语言）。[①] 维特根斯坦在《哲学研究》及后期其他手稿中做的很大一部分工作，就是批判奥古斯丁的语言图像论及其直接理论后果。

如果要破除图像语义学，我们不得不回答与语言图像论四个部分所直接对应的四大系列问题。第一，语词有没有意义，如果有，它的意义到底是什么？第二，命题、句子到底是什么？它们是否仅仅是描述事实和实际情况，像罗素、早期维氏和阿姆斯特朗对于命题的理解和界定是否完备？语言特别是现象学语言是否能描述实在？我们的描述术语、描述句子是否脱离于任何理论术语、理论命题？第三，实指定义是否能为语言奠基，是不是最基础的语言活动？第四，在运用一种公共语言进行交流之前，是否有一种私人语言存在？如果有，它是否辅助了一种公共语言。

（一）对命题本身的治疗性与颠覆性反思

事实本体论者对于命题有着较为一致的理解，在《逻辑哲学论》中，维特根斯坦就提出著名的命题图像论，命题的本质应该像图像一样，是对于实在中事实的描画。《逻辑哲学论》中的命题观很大程度上代表了早期分析哲学对于命题的态度。按照后期维氏的概括，弗雷格也持类似观点，即“每个断言都包藏着一个假定，即假定了它所断定的事情；这种见解的真实基础是我们语言里的这样一种可能性：每一个断言句都可以写成‘情况被断定是如此这般’这样一种形式”（PI §22）。命题被视为某种陈述或断言，它们可以与实在和事实相比照，要么真要么假。罗素正是在与事实的对照中定义了命题的本质，他也主张：“一个命题的本质是，它能够以两种方式与

① 参见 Hans-Johann Glock, *A Wittgenstein Dictionary*, New Jersey: Wiley Blackwell, 1996, p.41。

一个事实相符合，即一种真的方式和一种假的方式。”（PLA：208）可以说，早期分析哲学的代表人物在何谓命题上有着惊人的一致。

早期分析哲学家们这种惊人的一致仍然源于事实本体论和命题图像论，在事实本体论者眼中，命题好像是某种一般性的东西，通过它，我们能描述事实和世界。后期维特根斯坦如此批评这种对命题的教条式理解：“罗素的逻辑和我的《逻辑哲学论》中的逻辑的主要弊端在于，一个命题是什么，这一点被一些陈词滥调式的例子阐明，并且随后被假定为是一般性地得到了理解的。”[①] 对于事实本体论者来说，好像通过某些例子我们形成了一个命题的一般性概念，命题就是描画事实的陈述句，或者命题就是具有相同意义的陈述句的某种共同的形式，等等。但在后期维氏看来，命题概念本身也不过是一种家族相似概念，我们无法给出命题的具体定义。

针对事实本体论者对于命题的界定和理解，笔者认为从一种后期维特根斯坦哲学和当代分析哲学之重要观点出发，能对事实本体论者的命题观有批判性的反思。

第一，我们无法对命题作出本质性定义。维特根斯坦在 1932 年的剑桥讲演中，已明确拒绝给命题下定义。在他看来，给命题下一个一般的、固定的定义，如同给定义游戏下一个恒定的定义一样，都是不可能的。而命题之所以没有本质性定义的理由是，“我们谈论命题的方式总是用具体的例证，因为我们无法比谈论具体的游戏更为一般地谈论这些命题”[②]。也就是说命题在不同的语言游戏中所扮演的角色是不一样的，它不仅仅是对于事实或者事态的描画，而是多种多样、不断生成的。

在 1932 年夏至 1933 年夏完成的手稿中，维特根斯坦也表达了类似的思想。他认为：“‘命题’这个词直到现在表示的还是不具有

---

① ［奥］维特根斯坦：《心理学哲学研究》，载《维特根斯坦文集》第 6 卷，韩林合主编，商务印书馆 2019 年版，第 14 页。

② ［奥］维特根斯坦：《维特根斯坦剑桥讲演录》，周晓亮译，浙江大学出版社 2010 年版，第 139 页。

任何清楚的界线的概念。如果我们想将我们关于这个词的用法与一个有着清楚的界线的概念等同起来，那么我们便可以随意地对其加以定义，正如我们可以随意将原始的长度单位‘一步’的意义精确地确定为75 厘米长一样。”① 对于维氏来说，我们的语言并不是一种按照精确计算使用的符号系统，命题本身没有清楚的定义，也不需要下清楚的定义，新命题总是不断地纳入语言当中来，语言本身是动态的，而非静止的。为了帮助理解，维特根斯坦还将命题与数作比较。众所周知，基数、有理数、无理数、复数都算作数，他反问道：“我们是否还将其他的构造物，按照其与这些数的类似性，也称为数，或者想将这条界线最终划在这里或其他地方，这要由我们来随意地决定。在这点上数概念类似于命题概念。”②

第二，命题的使用本身是尤为重要的。除了反思和批判将命题视为具有一种本质结构的东西之外，维特根斯坦在诸多论述中开始强调命题的使用，对于一个命题来说，“我怎样使用这个命题呢?”③ 命题就像语词一样，也同样可被视为一种表达工具，因此对于这些工具的使用也是至关重要的，我们在生活实践和表达活动中使用语词和命题，进而“语词恰恰只在生活之流中才拥有意义”④，命题也同样如此。如果不考虑到命题在特定语言游戏中的使用，当我们说某个命题时，我们会面对一个非常尴尬的问题，我们说这个命题时到底在干什么。正如维氏所言，“如果我向一个人报告说，我现在把这个装饰图案看成是这样的，那么我向他报告了什么呢?（奇怪的问题）——这可是意味着：‘这个命题在哪种语言游戏中得到了使

---

① ［奥］维特根斯坦：《哲学语法》，载《维特根斯坦文集》第 3 卷，韩林合主编，商务印书馆 2019 年版，第 91 页。

② ［奥］维特根斯坦：《哲学语法》，载《维特根斯坦文集》第 3 卷，韩林合主编，商务印书馆 2019 年版，第 92 页。

③ ［奥］维特根斯坦：《心理学哲学研究》，载《维特根斯坦文集》第 6 卷，韩林合主编，商务印书馆 2019 年版，第 441 页。

④ ［奥］维特根斯坦：《心理学哲学研究》，载《维特根斯坦文集》第 6 卷，韩林合主编，商务印书馆 2019 年版，第 442 页。

用’——‘我们用这个命题着手做些什么？’”①

通过对命题本质的消解和对命题使用的强调，命题不再像命题图像论所预设的那样，具有描画事实的本质，或者有某种与事实相同的逻辑结构。维特根斯坦通过对命题的反思，瓦解了命题图像论的预设。正如前述，事实本体论、命题图像论是密切关联、互为表里的理论，如果命题图像论是成问题的，那么，事实本体论又有什么意义？

第三，要在语言游戏中对命题作整体性理解。在笔者看来，命题图像论会导致一种严重的后果，脱离一种语境原则，将命题视为具有独立意义的单位。主张命题图像论的人会认为，在一个具体的语言情境中，每个命题都描述了实在中的事实，就像每一个命题绘制了一个巨型图画的一小部分，因此每一个命题都具有独立的意义，与其他命题互不影响，最终所有命题合在一起，完成了对于实在的描述，我们获得了一个完整的关于实在的图画。

（二）对现象学语言的批判与语言图像论的最终破产

随着维氏对于现象学语言的彻底反思，命题图像论遭到彻底的批判。在维特根斯坦看来，我们总会陷入这样一种错觉，这种错觉认为就描述现象来说，我们的日常语言总会显得不那么准确、精细，应该存在一种与日常语言不一样的语言，比如说直接地、精细地、准确地描画感觉材料的现象学语言，这种语言并不像日常语言那样仅仅给予我们“事实的图式”（schematization of the facts），而是“全部的实在”（reality in full）。② 因此，这里所涉及的一个根本问题是：“飞逝的经验能够被符号所捕获吗？”③

维特根斯坦给予的回答是：不能。他要破除这种错觉和迷信。

---

① ［奥］维特根斯坦：《心理学哲学研究》，载《维特根斯坦文集》第6卷，韩林合主编，商务印书馆2019年版，第248—249页。

② Ludwig Wittgenstein, Friedrich Waismann et al., *The Voices of Wittgenstein: The Vienna Circle*, London: Routledge Press, 2003, p. 313.

③ Ludwig Wittgenstein, Friedrich Waismann et al., *The Voices of Wittgenstein: The Vienna Circle*, London: Routledge Press, 2003, p. 313.

由此，开启他对一种理想的现象学语言的否定。首先，无限多样的实在是不可能通过有限的日常语言或理想的人工语言来完全描述的，维氏概括为，“在这里我们碰到了单词—语言的界限”①。按照《逻辑哲学论》的归类，这些无限多样的现象属于不可言说之物，它们只能显示自身，因此人们必须沉默待之。其次，假设存在一个类似于图像表征（如电影、绘画）的现象学语言，这种描述与实在本身仍然是不同的，描述永远不能复制实在，如颜色、阴影、线条总会存在细微的差别。② 再次，我们视野中总是聚焦现象中的一部分，焦点部分是突出的，而焦点之外、不够关注的地方则是模糊和暗淡的，这一点现象学语言很难做到。最后，假设现象学语言存在，它要描写对应的现象或直接经验是需要一定的时间的，而现象是瞬间的，根本不处于时间之流中；即使我们假定，这样的描写可以不在时间之中进行，当我回过头来再读这个现象学语言的描写时，被描述的现象已是过去的现象，而过去的现象无法反过来完全证实现象学语言的描写，因此该描写又成了假设性的。所以，任何表现形式或者表现本身必定是某种出现在物理时间中的东西、某种假设性的东西。实际上，我们只能通过日常语言或物理学语言的命题来不那么精确地描写直接的经验或现象，根本不存在对它们更为直接、更为忠实的描述。因此，维氏在《哲学评论》的开篇对于现象学语言的抛弃标志着维氏与语言图像论的决裂，他写道：“我现在不再把现象学语言，或者我所谓的‘初始语言’（primary language）当成我心中的目标。我不再认为这还有什么必要。”③

维特根斯坦对于现象学语言的拒斥带来了一系列的连锁反应，既

① Ludwig Wittgenstein, Friedrich Waismann et al., *The Voices of Wittgenstein: The Vienna Circle*, London: Routledge Press, 2003, p. 315.

② 参见 Ludwig Wittgenstein, Friedrich Waismann et al., *The Voices of Wittgenstein: The Vienna Circle*, London: Routledge Press, 2003, p. 315。

③ Ludwig Wittgenstein, *Philosophical Remarks*, R. Rhees, ed., Oxford: Blackwell, p. 51.

然不存在直接、完全描述现象的现象学语言，那么日常语言更不能直接、完全地描述现象，实在与语言的联系并非我们想象的那般紧密。此时，一个重要的问题浮现出来，如果日常语言的意义不在于描述实在，那么它的意义又在哪？这时，维特根斯坦提出一种规范性的方案，正是语言中的语法规则，使得我们能够有意义地说出某些话，即便这些话与经验、现象没有任何关联。即便我们试图通过语言描画外部世界时，语言中的语法也仍然居于优先地位。“语法规则不可能通过对被表述物描写来说明：每一种这样的描写都是以语法规则为前提的。”[①] 在哲学转型期，维特根斯坦真正完成了一种语言与实在关系之间的形而上学倒转，不是语言去描述实在，因此与实在共享了一种相同、相似的结构，而是语言本身就有其语法规则和结构，这些规范使得有些谈论是有意义的，而有些谈论是无意义的。

以《逻辑哲学论》中著名的颜色不相容的例子来说，在《逻辑哲学论》中，语言中的命题是描述实在中的事实，因此，相较于事实，命题一定程度上居于附属地位，正是实在中事实的结构决定了语言中命题的结构，因此，当我们在语言中讨论颜色不相容问题时，即在同一时间同一个位置的点，不可能既是红色又是绿色，我们将其归因于，在实在中有关颜色事态的不相容，但《逻辑哲学论》的一个根本主张是事态本身是相互独立的，颜色不相容问题又破坏了事态的独立性。颜色不相容与《逻辑哲学论》基本主张的背离，为维特根斯坦重新反思语言与实在关系问题埋下了伏笔。

在关注到语言中作为规范的语法规则之重要性之后，维特根斯坦意识到，命题的结构无须像《逻辑哲学论》那样，依赖于实在中事实的结构，语法规则本身就赋予了句子、命题的结构和使用规范。因此，颜色不相容问题在这个时候又得到了一种完全不同的理解。维特根斯坦写道：“‘红色与绿色不在同一时间同一位置出现’，并不意谓着在现实中它们绝不会同时出现，而毋宁说，它们在同一时

---

① Ludwig Wittgenstein, *Philosophical Remarks*, R. Rhees, ed., Oxford: Blackwell, p. 3.

间同一位置出现是无意义的，进而说它们在同一时间同一位置绝不会出现也是无意义的。”① 很显明，维特根斯坦此时不再将颜色不相容命题视为表达了有关实在中的内容，而是表达了一种语法规则，这一语法规则告诉我们如何表达有关颜色的经验才是有意义的。颜色不相容命题“作为一种语法规则的表达式，是不能通过诉诸任何经验事实——比如有关颜色经验的内在特征的事实——来得以辩护”②，因为它本身就是先于经验的。维特根斯坦这一哲学上的思想反转对于重新思考语言与实在、规则与经验的关系问题，乃至消解实在中的事实都有一定的启发意义。因为语言本身都具有语法规则，所以当我们用内含种种语言规则和语法规则的句子、命题去描述实在时，在语言中所生成的事实陈述必定带有语言规范、语法规则的烙印，所以本章提出被建构的事实，主张事实建构论，也是指一种进入人类语言中的事实，我们的日常生活、科学研究所涉及的事实大部分是进入语言中的事实。从维特根斯坦对现象学语言的批判出发，我们没有理由坚持事实本体论，而语言中的事实都是由包含语言规范、语法规则的语言所生成、建构出来的事实，一种事实建构论由此得到辩护。

（三）命题图像论无法解决否定事实问题

如第一章所述，事实本体论得以在罗素、维特根斯坦那里被作为一种形而上学和本体论被建构出来，无论是在语言哲学，还是在知识论上都有其诉求。随着事实本体论被提出和建构，在语言哲学和知识论上也分别建立了对应于事实本体论的理论——语言的图像论与真理符合论，这在罗素身上表现得尤为明显。

在本体论上坚持事实本体论，在语言上主张语言的图像论，在

---

① Ludwig Wittgenstein, *The Big Typescript*: TS 213, C. Grant Luckhardt and M. Aue, ed., Oxford: Blackwell, 2005, p. 477.

② Julian Kiverstein, Wittgenstein, Qualia and the Autonomy of Grammar, *Wittgenstein's Enduring Arguments*, Edoardo Zamuner and D. K. Levy, ed., London and New York: Routledge, 2009, p. 46.

真理问题上主张真理符合论，似乎已成为整个事实形而上学的一体两翼，罗素、维也纳学派、阿姆斯特朗等人都或多或少地表现出这一系统性主张。似乎这一体系非常严密，在本体论上事实是基本的存在，世界由事实构成；在语言哲学上语言中句子的意义在于描述相应的事实；在知识论上，一个命题、句子是否为真，在于它是否与所描画的事实相符合。

但这一理论体系本身的裂缝直到后期维特根斯坦才被发现，这一理论裂缝直接涉及的是否定事实的问题。否定事实使得真理符合论与命题图像论变得不那么兼容起来。

维特根斯坦在《哲学研究》中这样写道："如果也可以把命题看作一种可能事态的图画，说命题显示这种事态的可能性，那么命题所能做的，最多像一幅图画、浮雕或照片所做的：而且它因此无论如何都无法说出实际上所不是的情况。"（PI §520）一方面，罗素等人主张，存在否定事实，因为只有存在否定事实，我们才能谈论否定命题的真假。如果世界上没有金山、飞马或者恐龙，那么就一定有相应的否定事实使这些否定命题与其相符合，而为真。另一方面，维特根斯坦正确、富有洞见地指出，如果命题图像论是正确的，那么，命题只能够展现、描述实际上是的情况，就像图画、浮雕或照片只能展现实际上有什么东西、存在什么事实，换言之，命题只能对应肯定事实，而与否定事实没有直接关系。既然命题图像论与承认否定事实的观点相矛盾，那么，就形成了两种可能的选择，（甲）放弃命题图像论，承认否定事实存在；（乙）坚持命题图像论，认为否定事实不存在。

从整体上看，选择（甲）所隐含的代价过大，因为放弃命题图像论就意味着放弃命题与事实的二分，放弃命题对于事实的描画，这对于事实本体论者来说是不可接受的，因为这直接动摇了其理论预设。因此，我们只能选择（乙）坚持命题图像论，认为否定事实不存在。

（四）在观察术语与理论术语、描述性术语与规范性术语之间没有绝对的区分

休谟所开创的"观念的关系"与"事实的事项"之二分已经预

设了一种本体论层面的事实与在观念层面对于事实之描述之二分、“对于价值术语与描述术语之间‘尖锐和明确的’区分”[①]。但是休谟以及继承休谟事实与规范之区分的逻辑实证主义者所共同面临的问题是，在观察术语与理论术语之间本没有严格的区分，对于事实的描述本身并不可能与理论术语、规范性术语完全隔离。比如说，受普特南构想的案例的启发[②]，我们可以想象如下情形，一个历史学家描述秦始皇是“冷酷、严厉的”，事实本体论者会问这位历史学家，“你是在对秦始皇作出一个规范性的价值判断，还是在作一个描述?”我们假定这位历史学家说，“是作出一种描述”。事实本体论者会问，“你将‘冷酷、严厉的’当作描述词来使用，那么它们是观察术语还是理论术语?”

事实本体论者之所以会陷入这样一种困惑当中，因为像冷酷、严厉这样的词既是描述词，同时也是理论术语、规范术语。说它们是描述词，是因为它们的确是用来描述、形容一个人的；说它们是规范术语、理论术语，是因为这些术语在我们的语言中有其固定的用法和规范，它们的用法、意义已经在我们语言的使用、交往过程中慢慢沉淀、扎根下来。正如我们描述某物长度时，我们说这个物体有十米长，在这里，十米不仅仅是一个描述词，它当然有其规范性意义，“米”本身也是一种规范性单位。

这种对于描述术语与规范术语的二分，很大程度上仍然源自休谟对于“事实的事项”与“观念的关系”之二分，源自图像语义学。好像我们对于某个事实有所知觉，我们自然就会有相应的描述术语，而理论术语、规范术语不能在图像语义学中发挥任何作用。

与后期维特根斯坦对语言图像理论的批判类似，在普特南哲学的发展中，他逐渐放弃了一种形而上学实在论的观点，其原因也

---

① ［美］普特南：《事实与价值二分法的崩溃》，应奇译，东方出版社 2006 年版，第 25 页。

② 参见［美］普特南《事实与价值二分法的崩溃》，应奇译，东方出版社 2006 年版，第 25—26 页。

是——“没有办法使得一些经验学科去做先验哲学不能做的事，也即，说出一些关于我们所运用的表象图式的东西，并不能使得它与它所表征的内容之间的关系更加清楚”[①]，命题与事实之所以具有相同的逻辑形式本身是命题没办法说的东西；同样，连先验哲学都没有办法清楚说明，句子与所描画、再现的实在有怎样的联系，经验学科更没有办法完成这样的工作。因此，我们追随维特根斯坦和戴维森等哲学家对语言表征传统的批判，必须完全放弃语言与事实、图式与内容之间的区分，放弃命题要符合实在这种断定。

这种对于命题与事实、图式与内容二元论和表征主义的放弃使得后期维特根斯坦、古德曼与普特南一致认为：“将语言设想成世界的图像，无助于解释语言是如何被学习和被理解的。”[②] 而当我们像维特根斯坦、蒯因和戴维森对语言和事实、图式与内容的二元论区分作深入的批评，事实本体论会和命题图像论一同被瓦解。正如罗蒂所说，如果我们能如此做，“我们就不再有论辩的余地去陈述‘实在论’和‘唯心论’（或‘实用主义’之间关于‘语言如何与世界相联系’的争论了）”，因为事实就是在语言中建构出来的。

第三节　从否定事实看事实本体论与事实建构论[③]

“今天没有下雨”“这束花不是红色的”“我没有感觉到疼”“希拉里在2016年没有成为美国总统”“法国国家足球队在2022年世界杯上没有获得冠军”……我们日常生活中会经常遇到否定句、否定

① Richard Rorty, *Philosophy and the Mirror of Nature*, Princeton: Princeton University Press, 1979, p. 295.

② Richard Rorty, *Philosophy and the Mirror of Nature*, Princeton: Princeton University Press, 1979, p. 295.

③ 本节部分内容以《什么是否定事实：事实本体论和事实建构论之争》为题，发表在《科学技术哲学研究》2022年第2期。

命题，而且大都会认为这些否定句所对应的是一个个否定事实。否定事实的问题渗透到各个领域，在法学中，我们要对自己主张的事实承担举证责任，因此同样也要为一些否定事实承担举证责任，如辩护律师为当事人不在场提供不在场证据。虽然从常识和日常语言的角度看，否定事实的确也是事实，因此否定事实理应存在，但这一看似简单的日常生活中的问题却引发了贯穿整个哲学史特别是分析哲学史的争论，在古希腊哲学中，亚里士多德认为有必要将简单的肯定陈述与否定陈述区分开来："一种肯定就是谓词朝向某物，而一种否定则是谓词远离某物"（De Int. 17a25），这样看来，亚里士多德是在主谓命题的意义上处理否定问题的，并没有在事实层面上讨论是否有肯定事实与否定事实。分析哲学的先驱弗雷格就从一种逻辑研究的角度对否定问题进行了研究。[①] 从分析哲学早期人物罗素、维特根斯坦，到当代分析哲学的阿姆斯特朗，诸多分析哲学家都对否定事实提出了自己的看法，与否定事实相对应的否定命题涉及的哲学家则更多，比如迈农（Meinong）就主张我们应在本体论上允许非存在者（non-existent），唯其如此，我们才能处理否定真理问题。

金岳霖更是提出这样的问题："我们已经表示特殊的正的真命题没有问题，它表示或肯定事实。但是它是否肯定正的事实呢？如果它肯定或表示正的事实，负的特殊的真命题应该表示或肯定负的事实。有没有负事实呢？如果根本没有负事实，事实又何谓'正'呢？"（《知识论》，第554页）金岳霖的问题又将否定事实疑难提升到新的层面，如果否定事实不存在，事实就没有肯定与否定之分，为何我们说肯定事实存在？笔者希望表明的是，是否存在否定事实？否定事实是不是实在的一部分？这样的问题将直接关涉事实本体论是否能立得住脚，事实本体论与事实建构论之间何者更有解释力，我们应该接受什么样的事实观等问题。本书主要侧重于对事实本体

---

① 参见［德］弗雷格《弗雷格哲学论著选辑》，王路译，商务印书馆2006年版，第157—176页。

论的反思，因此我们在这一节主要集中于考察早期维特根斯坦、罗素和阿姆斯特朗三位事实本体论者对于否定事实的具体观点。

一　事实本体论视野下的否定事实

（一）事态包含否定事实：早期维特根斯坦论否定事实

早期维特根斯坦论述否定事实的重要的段落是《逻辑哲学论》的2.04—2.06：

> 2.04 诸存在着的基本事态的总和是世界。
>
> 2.05 诸存在着的基本事态的总和也决定了哪些基本事态不存在。
>
> 2.06 诸基本事态的存在和不存在是实际①。
>
> （我们也称诸基本事态的存在为一肯定事实，其不存在为一否定事实。）
>
> 2.063 全部的实际是世界

我们由2.06得知，肯定事实是诸基本事态的存在，否定事实是诸基本事态的不存在，那么，2.05告诉我们的是，肯定事实的总和决定了否定事实，知道了世界上总共有哪些事实也就知道了世界上没有哪些事实。他的这一观点对于阿姆斯特朗的影响甚大，阿氏鲜明地继承了维特根斯坦这一观点。

让我们来总结一下维特根斯坦对于否定事实的断定。第一，承认否定事实，且否定事实是与否定命题不一样的东西。第二，既然基本事态是诸对象的结合，假设这种结合有十种方式，这十种结合的方式就是基本事态，实际上诸对象以其中一种方式结合、关联在一起，那么，其余九种结合方式都不存在，都为否定事实。如果打个比喻来帮助理解，甲和乙两人可能结合的方式有三种关系，可以

① 在《逻辑哲学论》英文版中“实际”一词对应的是reality。

是亲人关系、恋人关系、普通朋友关系（我们设定这三种关系是不能共存的），那么如果两人是普通朋友关系，那么两人是另外两种关系则为否定事实。因此，肯定事实决定了否定事实，世界包含全部的肯定事实与否定事实。

第三，因为对象之间结合的方式是有限的，因此基本事态的总和也是有限的，那么除了一种结合方式成了肯定事实，其他事态便成为否定事实，这些否定事实也不是无限膨胀的，而是有限的。全部的肯定事实和否定事实的总和就是世界。[①] 由此，维氏将逻辑空间概念引入进来，一个瞬间点可以不是颜色的逻辑空间中的某种颜色，但它必定具有特定的颜色。如果它是红色，那么它就不是黑色、紫色、蓝色，等等。这样，我们更明白“诸基本事态的存在和不存在是实际”（TLP 2.06）的深意，无论是肯定事实，还是否定事实都是实际情况。

维特根斯坦在这里有两个概念值得注意，一个是世界（world），另一个是实际（reality）。世界是诸存在着的基本事态的总和，而实际是基本事态的存在与不存在。也就是说，世界是基本事实的总和，而实际则包含了存在的事实（肯定事实）和不存在的事实（否定事实）。此外，维氏还区分了现实世界（wirkliche Welt \ real world）和所思世界（gedachte Welt \ imagined world）（TLP 2.022），现实世界由肯定事实构成，而所思世界由事态（事态的存在和不存在/肯定事实与否定事实）构成。在笔者看来，维氏在《逻辑哲学论》中所言的世界，更多是在所思世界的意义上使用的。维氏对现实世界和所思世界的区分更加让我们明晰，所有肯定事实构成了现实世界，而

---

① 早期维特根斯坦创造了一种独特的世界的形而上学框架，在《逻辑哲学论》的理论体系中，世界不仅仅是我们一般理解的作为所有存在者的总和的世界，而是包含了肯定事实（对象的实际组合）和否定事实（除了对象的实际组合之外的其他可能的组合）的总和。在笔者看来，早期维氏对世界的理解一方面非常新颖、别致，另一方面这一理解又与其《逻辑哲学论》整个理论体系非常融贯。因此即便《逻辑哲学论》在当代哲学中遭到诸多批判，但其新颖的世界框架仍然是早期维氏的杰出理论贡献。

所有肯定事实和否定事实一起构成了所思世界。

总的来说，只有在《逻辑哲学论》的整体框架中，我们才能真正理解维特根斯坦的否定事实概念。否定事实不是简单的本体论设定，也不是在肯定事实前面加一个否定词，而是指对象与对象的所有可能组合构成了一个事态的逻辑空间，在这个逻辑空间中，对象与对象之间的实际组合是肯定事实，而其他可能组合则是否定事实。在一个颜色的逻辑空间中，如果我们说某一个瞬间点是红色的是肯定事实，那么，该点是其他颜色则是一种否定事实。在某个逻辑空间中，所有事态都是可能的，但只有一个事态在世界中存在，会成为（肯定）事实，其他事态便成为否定事实。因此，逻辑空间规定了可能性，“可能的东西并不一定会成为现实的东西，但是不可能的东西绝不会成为现实的东西”①。可能的事态并不一定会成为现实中的事实，但如果某个东西首先不是可能的事态，就肯定不会成为现实中的事实。

从一个哲学体系角度来说，维特根斯坦的《逻辑哲学论》建立了一个逻辑严密的事实/事态形而上学体系，论证精到、细致，即使是讨论棘手的否定事实问题，也没有显示出易为发现的纰漏之处，反而巧妙地化解了罗素设定否定事实存在遇到的困境。但这并非表明它所论及的否定事实没有一点问题，随着后期维特根斯坦对《逻辑哲学论》作了深入批判，支撑《逻辑哲学论》诸多基本教条、支柱都失去了根基，在笔者来看，这些支柱包括（1）事实本体论；（2）语言图像论；（3）存在简单对象。② 事实本体论和语言图像论

---

① 张庆熊：《现代西方哲学》，商务印书馆2017年版，第186页。

② 张庆熊教授在《现代西方哲学》中将《逻辑哲学论》中的三大支柱概括为语言的图像理论、基本命题互相独立的理论和简单对象的理论，笔者认为，这一概括固然精到、准确，但基本命题互相独立的理论可以由其他两个理论推论出来，如果将事实本体论替换掉基本命题互相独立的理论可能会更好，正是事实本体论使得《逻辑哲学论》具有划时代意义，使得语言图像论有一个本体论依据，也使得简单对象的理论直接与事实本体论连接起来。

都是本书所反思和批判的观点，上一节也主要对语言图像论作了批判性考察，这里从简单对象和基本命题两方面阐述否定事实的问题。

第一，简单对象在现实世界的不存在导致否定事实失去根基。简单对象在《逻辑哲学论》中是一个基础性预设，只有简单对象存在，整个《逻辑哲学论》的理论体系才能得以顺利进行。首先，对象是简单的、不可改变和不可毁坏的，它构成了世界的实体，“实体是独立于发生的事情而存在的”（TLP 2. 024）；其次，复合物（比如普通的物理对象、事态）则都是简单对象之组合；再次，肯定事实是事态的存在，否定事实是事态的不存在，以此，否定事实得以从简单对象中演化、推论出来。要言之，简单对象的预设是其逻辑原子主义的理论逻辑起点，如果简单对象的预设崩溃了，那么，在这一逻辑原子体系中所推演出来的否定事实也站不住脚。在《逻辑哲学论》中维特根斯坦从未给出简单对象的具体定义，也未给出简单对象的例示，可以说，什么是简单对象仅仅成了一个逻辑预设，它的面纱并未在《逻辑哲学论》中得以揭开。多年以后，维特根斯坦回应马尔康姆时一定程度上解开了这个谜团：“我那时认为自己是一个逻辑学家，去决定是否这一个或那一个东西是简单的还是复合的东西的问题并不关逻辑学家的事情，而纯粹是一个经验的问题。”① 维特根斯坦这句话的确道出了他构想逻辑原子主义的基本动机，他和罗素所提出的逻辑原子主义之所以被称为“逻辑原子主义”，是因为他们希望通过逻辑分析（而非通过经验科学）来寻找像简单对象这样的基本的、终极的元素。

第二，否定事实如果如一个基本实体般存在，将会导致命题图像论的混乱。在《逻辑哲学论》中，命题描画事实，基本命题描画基本事实，因为“一个基本命题是由诸名称组成的。它是诸名称的一种关联，链接”（TLP 4. 22），所以基本命题应当是肯定的而非否

---

① Norman Malcolm, Georg Henrik Wright, Ludwig Wittgenstein, *Ludwig Wittgenstein a memoir*, Oxford: Oxford University Press, 2001, p. 25.

定的，维特根斯坦在回复罗素的信中也再次强调这一观点，他写道：“当然，没有基本命题是否定的。”[①] 如果基本命题都是肯定的，那么，基本事实和事态也都是肯定的，任何否定事实并不会成为基本事实，进而也不是一种基本实体。

(二) 承认否定事实：罗素对于否定事实的处理

虽然阿姆斯特朗的事实形而上学将事实本体论推至当代形而上学的核心位置，但在将事实置于形而上学本体论地位上，罗素不仅先于阿姆斯特朗，而且罗素和维特根斯坦的逻辑原子主义给予了阿姆斯特朗很多直接的理论启发。因此，考察罗素对于否定的事实的处理对我们反思事实本体论有一定的启发意义。

罗素与维特根斯坦一样，都承认否定事实（negative facts）存在，他一方面明白，视否定事实是一种实体，在直觉上是一件很荒谬的事情；另一方面，他却仍然坚持否定事实具有本体论地位。他在1918年写作的《逻辑原子主义哲学》中写道：“人们对否定事实有一定的反感，基于同样的感觉也会使你希望世界不要有‘p或q’这样的事实[②]，你感觉只有肯定事实，而那些否定命题通过某种方式可以转换为肯定事实的表达式。在哈佛大学讲授这个主题时，我主张存在否定事实，虽然这种主张几乎产生了骚乱：讲座的听众们一点都不愿听到存在否定事实，但我仍然倾向于认为存在否定事实。然而，我在哈佛演讲的一个听众随后在《心灵》杂志（1917年四月号）上写了一篇文章，解释为什么不存在否定事实。我认为他在坚持没有否定事实这方面做得很好。这是一个棘手的问题。我仅仅要求你们不要将否定事实教条化。我并不是说否定事实**肯定存在**，但它们**有可能存在**。”（PLA：41—42）

---

① Ludwig Wittgenstein, *Wittgenstein in Cambridge: Letters and Documents 1911 - 1951*, Oxford: Blackwell Publishing, 2008, p. 99.

② 罗素虽然不认同这种直觉，但这种朴素的直觉让很多人都反对析取事实，后世的阿姆斯特朗虽是事实本体论者，但他却明确拒绝否定事实和析取事实。

由这段话，我们可以大致总结罗素对于否定事实的基本立场：第一，虽然他没有理由彻底说明为何存在否定事实，甚至还认为别人对于不存在否定事实的论证很有道理，但他仍然倾向于认为否定事实存在的一个内在动机是为了维持真理符合论的融贯性。由于罗素找不到强力的理由支持否定事实存在，所以最后保守地说“它们有可能存在”。罗素对否定事实的态度在一种层面上看很荒谬、不符合直觉，但在另一层面看也有一定道理、较为靠谱。比如海上军事侦察员每天的任务之一是，侦察是否有他国军用飞机入侵。当他观察到没有飞机入侵时，他当然以为这是一个事实。为什么罗素的否定事实方案会有既不符合直觉又看起来有一定道理这样的两面性？原因在于，当我们将否定事实视为某种基本实体时，这种方案和态度的确是荒谬的；当我们从一种日常语言的角度理解事实，某个东西不在某地这样的否定事实的确是一种事实。因此，“否定事实存在”这一论断是否荒谬，取决于我们从什么角度看事实，将事实视作一种实体还是一种日常语言所表达的东西。罗素之所以陷入理论两难的原因是，他把日常语言给予的直觉当作在本体论上支持否定事实存在的理由。

第二，罗素希望不要将否定事实教条化的确是一种洞见，主张否定事实存在或不存在都可能陷入教条化的倾向。要言之，否定事实问题一直困扰着罗素，他没有办法说服听众去相信否定事实的存在，他也深知将否定事实视为一种实体会带来理智和直觉上的混乱，但在其主张逻辑原子主义时期，他不可避免地需要承认否定事实的存在。这种不可避免的结论源自他的事实本体论和符合论的真理观，否定命题要为真，也需要与否定事实相符合，所以否定事实存在是罗素没有能力证明，却倾向于持有的一种观点。

这种直接的符合论也使得罗素与维特根斯坦的对于否定事实的态度有重要不同。维特根斯坦在《逻辑哲学论》2.05—2.06 中主张：肯定事实是事态的存在，而否定事实是事态的不存在，肯定事实的总和决定了否定事实，知道了世界上总共存在哪些肯定事实，也就自然知晓了哪些否定事实，因此肯定事实与否定事实在维氏思想中无疑有着微妙的不同。而罗素虽然同样主张有否定事实，但在他看来，否定事实的本体论地位与肯定事实并无区别。罗素认为："将否定事实视为一种事实是更为简单方式，'苏格拉底并没有活着'与'苏格拉底是人'是同样意义上的客观事实。……将否定事实作为一种终极实在是更好的学理选择，如不然，我们很难说，否定事实是与否定命题相符。"（PLA：45）很明显，罗素一方面没有区分肯定事实与否定事实到底有哪些区别，另一方面，他主张否定事实也有本体论地位是因为他坚信真理符合论和命题图像论。这也直接导致罗素主张，全部事实有一部分是否定事实，这些否定事实成了否定真理的使真者。因此，命题 p"房间里没有一个河马"如果为真，它的使真者就是一个世界上真实存在的否定事实。

罗素这一种本体论立场虽然有其出发点和知识论的理论诉求，但仍不令人满意，主要有四点原因。

第一，颠倒了本体论和认识论的地位，为认识论建构本体论。罗素承认否定事实的第一个动机就是为了使否定命题有可以符合的事实，而在本体论上预设否定事实便可直接解决该问题。但采取这一便捷方案的致命问题是，它颠倒了知识论和本体论的地位，好像是为了某种知识论的目的（必须找到一个与否定命题相符的东西），才有了本体论上的否定事实，此外一般事实和有关存在的事实也因类似的目的被罗素设立。如果是这样，罗素对于相关事实的承认反而间接为事实建构论提供了一个生动的案例，做了一个意味深长的注脚，正因为我们在知识论上有需求，正因为我们想建立一种符合论的真理观，所以我们认为在本体论上存在否定事实、一般事实和有关存在的事实。

第二，否定事实无法进一步分析，无法用对象的结合或殊相、共相的组合来解释。罗素与维特根斯坦在否定事实上有微妙的分歧和不同，在维特根斯坦那里，对象之间的组合构成了基本（肯定）事实，肯定事实的总和决定了否定事实，知道了世界上总共有哪些事实也就知道了世界上没有哪些事实，这就带来了肯定事实与否定事实不同的本体论地位，既然否定事实可以从肯定事实中推出来，那么否定事实在本体论上的重要性和优先性自然不如肯定事实，甚至在维特根斯坦和罗素的理论继承者阿姆斯特朗那里，否定事实甚至不具有本体论地位，可以完全取消掉。而在罗素的逻辑原子主义中，否定事实获得了与肯定事实一样的本体论地位，肯定事实使得肯定命题为真，否定事实使得否定命题为真。如果是这样，他就没有办法再像维特根斯坦、阿姆斯特朗那样去解释事实如何组成或将事实继续分析下去了。比如维特根斯坦主张，复杂事实由简单事实复合而成，简单事实是对象之间的组合。如果否定事实像肯定事实一样，那么，是否存在复杂的否定事实？复杂的否定事实是否可以分解为简单的否定事实？简单的否定事实如何由诸对象结合而成？显然，如果罗素将否定事实的本体论地位等同于肯定事实，他将遇到更多棘手的问题，这些问题是他未曾考虑的。

第三，否定事实难以有清楚的定义。否定事实不仅仅无法分析、分解为更小的部分，而且它也无法被清楚定义。在罗素有关否定事实的诸多论述中，他没有给予否定事实以清楚的定义。在罗素有关否定事实的演讲之后，观众对什么东西才能被称为严格意义上的否定事实抱有疑问。比如有些人问“苏格拉底死了”这是一个肯定事实还是否定事实呢？罗素的回答是：“它部分地是一个否定事实。说一个人死了是较为复杂的，它将两个陈述融为一体：‘苏格拉底曾经活着’和‘苏格拉底现在死了’。”（PLA：46）在笔者看来，罗素并没有很好地回答这位观众的问题，我们可以说苏格拉底死了是一个肯定事实，它肯定了苏格拉底现在死亡的状态，同时，因为“死”这个概念本身就有否定的成分，我们也可以说苏格拉底死了是一个否定事实，它直接等同于苏格拉底现在没有活着。由此可见，肯定事实与否定事实之间并没有明晰的界限，一个肯定事实也可以转化为一个否定事实。比如，对于二战的结果，我们可以说盟军赢得了二战的胜利，也可以说法西斯没有赢得二战的胜利。正因为肯定事实与否定事实本身界限就是相对的，因此，当被问到如何定义否定事实时，罗素用如下回答来搪塞："没有正式的测试"可以用以区分肯定事实与否定事实，"我们不能定义否定事实，因为否定性本身是终极的"（PLA：46—47）。究其原因，事实本体论者根本无法解决否定事实问题。

第四，否定事实带来本体论的无限膨胀。如果像罗素那样主张在本体论上存在否定事实，另一个难以回避的困难是，这会造成本体论的无限膨胀（罗素甚至有意回避这一问题，在其著作和演讲中也没有直接回答这一问题）。比如这间屋子里只有两个人——小王和小李，那么除了小王和小李之外世界上每一个人甚至每一个东西不在这间屋子中都可以被视为一种否定事实，这样，仅仅涉及这间房间都会有无限的否定事实，这便会造成本体论的无限膨胀。同以物为中心的本体论相比，承认否定事实的事实本体论要给予几乎无限的本体论承诺，这违背了哲学中的思维经济原则，然而很吊诡的是，奥卡姆剃刀（Ockham's Razor）原则是罗素本人哲学研究所遵奉的总原则之一。① 即便这种本体论在其他方面有优点，具有解释力，并且能与特定的知识论和语言理论融贯，但它在本体论上显得过于冗杂，而不够简洁，即使是罗素本人也不愿承担这种本体论膨胀之后果。

像罗素这样的事实本体论者面对上述问题时，已无法再作进一步的回答。甚至罗素在其后期思想中也逐渐不认同他在逻辑原子主义时期对总体事实和否定事实的实体性承诺，对否定事实的态度有了180度的转变。他写道："我们看到，是否存在否定事实和一般事

---

① 罗素在其撰写的《西方哲学史》中介绍奥卡姆剃刀："如无必要，勿增实体。"虽然这句话是后人总结奥卡姆的思想，但奥卡姆本人的确说了一些具有相同效果的话，即："如果一个事情可以用更少的东西完成，那么用更多的东西做这件事情便是徒劳的。"罗素认为，这句话表示："如果在某些科学一切事情中可以不需要假定这个或那个假设的实体而加以解释，那么就没有根据去假定这些事实。我自己发现它在逻辑分析中是最富有成效的原则。"（Bertrand Russell, *A History of Western Philosophy*, New York, Simon and Schuster, p. 472）由此可见，罗素在其大部分哲学工作中服膺于奥卡姆剃刀。

实的问题已经引起了困难，虽然这些细微的问题大部分是语言学问题……我所谓的事实是存在的某些东西，无论任何人认为这些事实存在或不存在。"① 此时罗素早已推翻其在逻辑原子主义时期对于否定事实的论断，而主张一切事实都应该是存在的事物，把否定事实问题推给了语言学。罗素的事实观之所以一直在不断变化，在笔者看来是因为他以经院化和形而上学的方式阐释事实，无论是早期的事实本体论，还是1948年左右主张事实是用实指的方式定义的东西、是某件存在的事物。而当我们转换思考事实的方式，从事实本体论转换到事实建构论，将为否定事实问题的解决提供新的视角和真正的解决方案，这种解决方案在本节第二部分"事实建构论如何安顿否定事实"将一起论述。在展开事实建构论的方案之前，且再让我们审视另一个事实本体论者阿姆斯特朗对于否定事实的别样处理。

（三）没有否定事实：阿姆斯特朗为何拒斥否定事实

阿姆斯特朗的事实形而上学体系虽然与维特根斯坦有所不同，但在否定事实问题上，他舍弃了罗素方案，也不同于维特根斯坦方案，主张否定事实不存在。在前文的分析中，已经暴露出罗素方案承认否定事实、将否定事实置于与肯定事实相同的本体论地位所带来的理论疑难，也分析了维特根斯坦将否定事实视为事态之不存在的方案之问题，因为找不到简单事实，维氏方案也失去了理论支点。那么，阿姆斯特朗拒斥否定事实的方案是一个更加合理的方案吗？且让我们展开具体的分析。

（1）阿姆斯特朗为何要拒斥否定事实。可以从两个层面回答这一问题。从整体层面来说，阿姆斯特朗是一个自然主义者和现实论者，世界就是这个时空系统中的所有实体。否定的实体如何安顿在自然主义框架中本身就是个疑难，与其设定这个疑难，不如直接将否定的实体排除在理论体系之外，因此，否定事实被阿氏的事实形

① Bertrand Russell, *Human Knowledge: Its Scope and Limits*, New York: Oxford University Press, 1948, p. 144.

而上学排除在外也在情理之中。

从学理论证层面来说，根据他的事实本体论之基本结构，我们可以将简单事实理解为（甲）一个殊相有一个属性，或者（乙）殊相与殊相之间存在某种关系。对于甲来说，甲要成为一个否定事实，有两种进路。（$甲_1$）一个殊相有一个否定属性，如桌子上这个杯子有一个“非白色”的属性是命题“桌子上这个杯子不是白色的”的使真者。我们在第二章已看到，阿姆斯特朗已经为拒斥否定属性提供了充足的理由。[①]（$甲_2$）既然不能承诺否定属性存在，那么承诺否定殊相总是可以的。即桌子上没有白色的杯子这一否定事实是命题“桌子上这个杯子不是白色的”的使真者。但这种方案的问题在于，我们仍然要通过桌子上的杯子是非白色的来理解桌子上没有白色的杯子，这又回到$甲_1$ 的问题上来。不难推论，对于从关系的角度（乙）去分析否定事实遇到的困难与（甲）是一致的。

（2）在拒斥否定事实后，如何回答否定事实如何为真的问题。拒斥实在中存在否定事实当然可以，但必须解决如何使否定命题为真的问题。维特根斯坦的方案是，肯定事实的总和决定了否定事实，知道了世界上总共有哪些事实也就知道了世界上没有哪些事实。阿姆斯特朗吸收了《逻辑哲学论》的观点，提供了一个系统且有待商榷的解决方案，阿姆斯特朗认为，否定真理的使真者是一系列的一阶事实与关于这些事实的更高阶事实（总体事实），一阶事实和高阶事实一起使否定真理得以为真。比如“这个房间里没有河马”这一命题的使真者是：诸多一阶事实如房间里有沙发、有桌子、有椅子、有人，等等（阿姆斯特朗认为，关于这个房间的事实的数量是有限的，比如说可以设定为 1000 个这样的事实）[②] 这些一阶事实与一个

---

① 阿姆斯特朗拒斥否定属性的理由可以概括为：1. 这些假定的否定属性不具有因果效力（causal efficacy），即便否定属性存在，它将不会对现实世界产生任何因果影响；2. 我们对于否定属性之存在不会有任何知识和合理的信念。（T&T：55）

② 参见 Stephen Mumford，*David Armstrong*，Stocksfield：Acumen Publishing Limited，2007，p. 176。

关于这些一阶事实的二阶事实，比如这个二阶事实指出，这1000个事实是关于这个房间的全部事实，两者加起来的话，就可以得出这样的否定命题，房间里没有河马，以至于其他无限的否定命题，房间里没有大象，没有狮子，等等。

阿姆斯特朗这一方案的好处是给否定命题提供了一个暂时合理的使真者，使我们知道一些真的否定命题不是无凭无据为真的，他因此乐观地写道："全部的事态本身是一个'没有更多'的事态……我们得以摆脱了这样一种本体论梦魇，即要么有海量的否定属性，要么有海量的否定事态。"（T&T：58）虽然用一阶事实加总体事实表面上可以说明否定命题为何为真，避免了罗素式的对于无限否定命题设定无限否定事实的想法，但该方案的疑难集中于二阶事实是否如一阶事实般实在（如果事实本体论是正确的话），以及如何知道和认定二阶事实问题。因此，阿姆斯特朗这一方案看似已经解决了问题，但其论证中还存在诸多缺陷。

第一，二阶事实预设了一种上帝视角和拉普拉斯全能神的无限理性视角。即使像事实本体论所主张的，世界和实在由一个个割裂开来的事实组成，但从一种有限理性的角度来看，我们可以知道一些事实；但是只有从一种无限理性和上帝的视角，我们才能发现这些事实是全部事实。我们可以把宇宙想象成一个房间，在事实本体论那里，要最终确定宇宙这个大房间中没有什么东西，就要知道宇宙中有什么东西这样的一阶事实，以及这些事实是全部事实这样的二阶事实。在这个案例中，不仅知道整体事实难于登天，甚至要知道全部一阶肯定事实都需要上帝的视角。因此，同为澳大利亚哲学家的大卫·查尔莫斯（David Chalmers）也认为，"为了确定否定事实，上帝不仅要确定物理事实，还需要宣称'这些就是全部'"[①]。此外，不仅仅确定否定事实需要上帝视角和无限理性，有时候确定

---

① David Chalmers, *The Conscious Mind: In Search of a Fundamental Theory*, New York: Oxford University Press, 1996, p. 41.

某个肯定事实也是如此，比如说科学家一直在尝试着寻找宇宙中除了地球之外是否还有星球有生命体存在，理想的情况是，打开“上帝之眼”，运用无限理性知道总共有多少星球，这些星球中哪些有生命力、哪些没有；但人类实际的有限理性的做法是，通过简单的排除法，以实践活动的方式，在望远镜观测范围内，将一个个没有生命体的星球排除掉。在笔者来看，一方面，是否有上帝视角和无限理性去知道这些无限多的一阶事实是成疑的；另一方面，阿姆斯特朗需要这种全知全能的视角去确定某些二阶事实跟他的自然主义立场是相冲突矛盾的，因为他的自然主义一直强调，世界是一个时空系统，不存在任何神灵存在的超自然的领域。

第二，关于某物、某个场所的事实是否有限的问题。阿姆斯特朗试图通过一阶事实和二阶事实为否定事实提供使真者有两个非常明显的前提：一是相关的一阶事实是有限的；二是全部事实这个二阶事实也是可知的。他所提供的是一个过于简单的模型和案例，比如说某个动物园里有老虎、猴子、狮子、企鹅，而且我们通过经验发现，这些是该动物园里全部的动物了，因此，我说该动物园里没有大熊猫这句话则是真的。但后期维特根斯坦对于事实之无限可分性的阐述启示我们，阿姆斯特朗关于有限事实的论点是存在问题的。维特根斯坦在《哲学研究》中提到了关于扫帚头、扫帚柄的隐喻——“给我把扫帚拿来”和“给我把扫帚柄和装在柄上的扫帚头拿来”（PI §60）。维特根斯坦这一例子给予我们的启示是，关于某物或某个场所的事实也可以是无限多的。房间里有桌子是一个事实，房间里有桌子的脚也是事实，房间里有桌子的脚的一个分子也是一个事实，这样的事实可以有无穷多个。按照后期维特根斯坦的思想，事实概念本身和其他概念一样，都属于我们所使用的概念体系中的一部分。关于某个房间的事实既可以说是“有限”的，即当我们把日常语言中所确定的日常对象的存在当作一个事实，比如桌子、椅子、扫帚的存在，而不对这些对象、概念作额外的分割，并且忽略空气中的无数分子等无数“微不足道”的事实；也可以说是“无限”的，即当我们对这些日常对象与概念作有意识的分割，并把那些无数“微不足道”的事实也纳入考量。在蒙受了后期维特根斯坦思想教益之后，我们可以批判阿姆斯特朗所谓的纯粹客观的事实是有限的这一断定。

但阿姆斯特朗作为一个温和的实在论者，是不允许我们的概念系统和表达形式去入侵实在与事实的地盘，概念是实在之外与命题相对应的东西，而实在是独立于概念系统与表达形式而自足存在的。因此，最后我们就面临两种选择，一种是仍然坚持认识实在与概念体系无关；另一种是吸收后期维特根斯坦思想，我们与实在打交道的过程中，离不开作为中介的概念体系和表达形式，按照一种日常语言的角度和情境主义的角度，我们可以认为房间里面的事实是有限的，而不必过分地吹毛求疵。

第三，二阶事实是否存在问题。阿姆斯特朗的第二个预设，设定二阶事实以及更高阶事实存在的问题也会蕴含一个重大缺陷，即高阶事实本身也是一种否定事实。[①] 高阶事实是关于这些一阶事实的事实，是要说明这些一阶事实已经是全部的事实了，没有比这些事实更多的事实。正如阿姆斯特朗本人所言：“在这里我们并未完全摆脱否定事态”（T&T：58），这一关于所有一阶事态的二阶事态本身是一个否定事态，它肯定了这些事态是全部事态，除了其所肯定的一阶事态之外，它也同时否定了其他一阶事态的存在。

因此，阿姆斯特朗为了逃避和拒斥否定事实，希望通过有限的一阶事实与关于这些一阶事实的二阶事实来完成这一任务。但从上述的论证来看，他的基本论证是失败的，因为他最终又回到了对于否定事实的肯定，又需要诉诸否定事实来完成拒斥否定事实的任务，使自己的论证成了一个死循环。而且正如上文分析，这些一阶事实也可以是无限的，只是因为我们在特定的生活形式中，在特定的语言游戏中，认定某些事实是我们所承认的事实，某些事实则不是，

① 参见 Stephen Mumford, *David Armstrong*, Stocksfield: Acumen Publishing Limited, 2007, p. 176。

以此我们才能合理地认为在房间里的事实是有限而非无限的。因此，在这一层面上，笔者认为，阿姆斯特朗并没有有效地解决否定事实问题，他一开始是拒斥否定事实，认为否定真理的使真者是肯定事实加上高阶事实，而非否定事实，但他试图消解否定事实时，又必须重新引入否定事实，这一理论已经陷入无法挽救的混乱境地。

但即便最后都不得以承认否定事实，罗素与阿姆斯特朗的观点本质上仍然有很大的差别。

罗素对于否定事实的承认范围更广，任何为真的否定命题都对应一个否定事实。而阿姆斯特朗虽然不得以地以总体事实为中介承认否定事实，但他所承认的是一种二阶和高阶的否定事实，而一阶事实没有否定事实，只有肯定事实。罗素对于一阶否定事实承认的好处是为每一个为真的否定命题找到使真者，坏处是这样的本体论承诺过于庞大，我们可以设想无穷无尽为真的否定命题，比如房间里不仅没有河马，也没有大象，没有企鹅，没有刘备、关羽和张飞，这样也就需要无穷无尽的否定事实使其为真。阿姆斯特朗对于二阶否定事实承认的好处是不用像罗素那样，需要承诺无数一阶否定事实，只需要用数量有限的一阶肯定事实（实际上有哪些事实）加上二阶事实（这些事实就是全部，没有其他事实了），就可以完成确认否定命题是否为真的任务。但问题在于，如果这个方案本身得不到改良的话，该方案本身就是错的，因为如上文所说，一是实际存在的肯定事实也有无限多，而非阿姆斯特朗所谓的只是有限数量的事实；二是阿姆斯特朗一方面“完全排除额外的一阶否定事态（事实）”（T&T：59），另一方面又承认二阶和高阶否定事态（事实），这使得其理论并不彻底，这种不彻底性体现在，他一开始旗帜鲜明地拒绝否定事实，但最终又不得不承认否定事实。

二　事实建构论如何安顿否定事实

由上文我们看到，无论采用事实本体论的哪一种形式（维特根斯坦、罗素、阿姆斯特朗等），都会遇到不同程度、难以解决的困难。既然事实本体论不能解决否定事实问题，那么我们就必须寻求其他解决方案，因此，从事实建构论的方案去试图解决否定事实问题值得我们去尝试和思考。[①] 让我们在事实建构论的视野下尝试分别解答维特根斯坦、罗素和阿姆斯特朗在论及否定事实时所遇到的问题。

在笔者看来，维特根斯坦的否定事实问题主要集中在简单对象上，而罗素将否定事实视为实在中的基本实体所带来的问题更多，一方面，具有因果效力是对于实在中实体的基本要求，而否定事实是否具有因果效力则充满争议，因此它很难有资格被视为一种实在中的实体。另一方面，如果将否定事实视为一种实体，将不可避免地带来本体论的无限膨胀，世界中将有无限的否定事实。这两大问题都是罗素没有考虑或没能妥善解决的问题。而阿姆斯特朗深知承认给予否定事实本体论地位后所面临的难题，所以直接不承认否定事实。在笔者看来，他一方面承认一阶肯定事实、以总体事实为代表的高阶事实、合取事实的本体论地位；另一方面又不承认否定事实、析取事实（如这个东西是圆的或者是红色的）。阿姆斯特朗的否定事实理论所面临的问题是：一方面，他所提出的用一阶肯定事实和总体事实解释否定命题的真的方案仍然预设了否定事实，无法有效与合理地解释否定事实为何为真；另一方面，他为了自身的理论目的，对于事实本体论的立场并不彻底，即肯定部分事实具有本体论地位，而否定另一部分事实具有本体论地位。

从本节第一部分的论述中，我们悲观地发现，无论事实本体论者采取什么样的方案，他们都无法完满、妥善地解决否定命题何以为真的问题。而当我们采纳事实建构论的观点，离开纯粹的形而上学领域，将事实从一个本体论观念转换为认识论和语言哲学的观念

---

① 本书第四章将全面论及事实的语言认知建构论，但在此之前，我们看到事实本体论已经在否定事实上遇到问题，因此这启发我们是否可以将事实作为某种非实体性、本体性的东西，而与人类语言活动、认识活动等实践活动密切相关。以此去消解事实本体论在否定事实上遇到的问题。

后，问题则简单得多，一些事实本体论无法解决的问题得到了消解，另一些则得到了合理解答。笔者希望通过阐明从事实建构论的角度能够解决事实本体论所面临的根本性疑难，以期证明事实建构论是当代哲学中应该坚持的有关事实的哲学观点。

（一）维特根斯坦的思想转变与事实建构论

在笔者看来，早期维特根斯坦的否定事实思想是三人中最为缜密、问题最小的一个。这种缜密和优点体现在：（1）维特根斯坦的方案不会遇到否定事实无限膨胀的问题，因为事态本身是有限的，所以无论是事态的存在（肯定事实）还是事态的不存在（否定事实）都是有限的；（2）维氏也不会像罗素那样认为否定事实无法定义，因为在《逻辑哲学论》中，否定事实就是事态之不存在，而事态又是对象所有可能的有限组合，只要给出简单对象，否定事实就可以得到定义和推演；（3）结合逻辑空间和作为对象所有可能组合的事态概念，当我们知道某个瞬间点是红色，就是知道该瞬间点不是颜色的逻辑空间中的其他颜色，进而言之，当我们知道世界中所有肯定事实的总和，就必然知道这个世界所有否定事实的总和。

但问题是，简单对象是什么？我们能在现实世界中找到绝对的简单对象吗？早期维特根斯坦认为在世界之中寻找简单对象不是逻辑学家的工作，因而未对此过多地关注，而中后期维特根斯坦却意识到这一问题的严重性，他承认在现实世界找不到简单对象。如果简单对象仅仅是逻辑分析的结果，那么《逻辑哲学论》中建构的事实本体论和事实形而上学都可以被视为一种逻辑分析的产物，它们并不能对现实世界有任何实质性的言说。因此，由于找不到简单对象，维特根斯坦的否定事实方案仿佛失去了根基。即便其内部体系非常融贯，也无法避免找不到简单对象带来的理论冲击。因为找不到简单对象，事态就无从谈起，也无法推出肯定事实与否定事实。

认为存在绝对的简单对象的观点已经被证明走到尽头，在重回哲学后，维特根斯坦以一个全新的视角审视《逻辑哲学论》中的诸多问题，其就包括简单对象问题。“一种东西是复合的还是简单的，本身并不具有任何绝对的或脱离语境的意义。”① 而也根本不存在绝对简单的东西，当我们说某物是简单对象时，我们一定是在特定的语境和语言游戏中如此言说，正如维氏在《哲学研究》中所分析的，扫帚也可以分为扫帚头和扫帚把，在一个具体的语境中，扫帚本身就是简单对象；而在另一个具体语境中，扫帚头和扫帚把则被视为简单对象。

由中后期维特根斯坦对于“简单性”和“复合性”等观念的反思和批判中我们可以进一步引申出，中后期维氏对于事实的态度。假设保留《逻辑哲学论》的整体框架，在知道简单对象不具有绝对的或脱离语境的意义之后，由这一框架产生的事实——无论是肯定事实还是否定事实——同样也应当不具有绝对的或脱离语境的意义。由此，事实不再是绝对的、脱离语境的永恒的实体，一种与语境、实践、生活形式密切相连的事实观——事实建构论——成为较为可行的替代方案。

（二）事实建构论如何安顿罗素的否定事实

既然事实建构论能够处理好维特根斯坦否定事实所面临的疑难，它是否能处理罗素否定事实的疑难呢？

对于罗素面临的第一个质疑：他提出否定事实的过程，颠倒了本体论和认识论的地位，完全是为认识论建构本体论。针对这一质疑，我们完全可以大方地承认事实是被建构出来的，比如说像蒯因那样，主张“事实是为了符合的目的从真句子中投射出来的”②。既然事实是被建构出来的，也就无所谓知识论与本体论倒转的问题了，事实在根本上就不应该成为一种本体论范畴而是一个认识论和语言哲学范畴。

对于罗素面临的第二个质疑：否定事实无法进一步分析，无法

---

① 张庆熊：《现代西方哲学》，商务印书馆2017年版，第196页。

② W. V. Quine, *Quiddities: An Intermittently Philosophical Dictionary*, Cambridge: Harvard University Press, 1987, p. 213.

用对象的结合或殊相、共相的组合来解释。针对这一质疑，事实建构论主张事实本身就是一种认识和语言建构，否定事实本来也就无所谓构成成分。让我们回想一些简单的例子，在日常生活中我们是如何承认否定事实的？比如我可以合理地说“这朵花不是蓝色的”，那是因为我直接看到这朵花是红色的，而且在有关颜色的语法中，颜色词是不兼容的。当别人问我这朵花是不是蓝色的，我显然有充足的理由说，它不是蓝色的，或者它不是蓝色的是一个事实。但此时我所说的否定事实压根就不是一个本体论概念，它同样也不可以再进行分析。后期维特根斯坦所做的一个重要哲学工作，就是澄清和审视语言的用法、语法和规范。这种语法和规范在深层次奠基于人类的生活形式和社会交往实践，在维特根斯坦看来，我们完全可以设想在另一种生活形式中，有着不同的颜色系统，比如在中国古代的颜色系统中我们说某某是玄青色的并不排除某某是深黑色的，因为两者是同义的。

对于罗素面临的第三个质疑：否定事实带来本体论的无限膨胀。针对这一质疑，事实建构论仍然可以轻松应对，当我们主张事实建构论时，就直接避免了实体的无限制的增殖，因为我们在语言活动和认知实践中建构事实，我们在观察、认识、理解世界的基础上，完全可以在语言中构造出无限多的否定事实，在语言中建构事实本身并不会带来本体论上的负担。比如，我经过认真的观察，发现房间A中只有甲、乙、丙三个东西，那么我也可以在语言中构造出无限多的否定事实，除了甲、乙、丙之外的任何东西不在这个房间中，都可以被称为一种否定事实。而且在某个特定的语言游戏中，我们也不会一一枚举该房间中的所有被构造的否定事实，可能我们仅仅想说，我想吃苹果，而该房间没有苹果。从这一角度出发，维特根斯坦的语言游戏观、蒯因的本体论承诺和语义上行原则就更容易理解，即我们绕过语言去谈论何物存在的本体论问题，就会陷入无穷无尽的争论之中；但我们如果对在一定的语言环境和语言游戏中谈论本体论有所自觉，将某个否定事实安置在一定的语言活动和语言游戏之中，我们会自然而然地谈论某个否定事实的确存在，而不用顾及由此衍生、推论出来的其他无限否定事实。

对于罗素面临的第四个质疑：否定事实难以有清楚的定义。针对这一质疑，事实建构论者的回应是，正因为我们语言游戏的多样性以及语言中存在反义词的情况，一个肯定陈述、命题完全可以转换为一个否定陈述、命题，一个双重否定命题就是一个肯定命题，因此在语言中建构的肯定事实与否定事实没有清楚、明晰的区分也是合乎常理的，我们无须再像罗素那样，去纠缠于某个事实到底是肯定事实还是否定事实这样没有太大意义的问题。这也解释了罗素在回答“在肯定命题和否定命题之间有什么样的精确测试”时，为什么说“没有正式的测试”可以区分它们。（PLA：46）因为肯定事实与否定事实、肯定命题与否定命题在很多情况下可以相互转换。这也进一步暗示了，如果否定事实是建构的，那么肯定事实也同样是建构的，不仅仅否定事实难有清楚明晰的定义，肯定事实也难有清楚明晰的定义，两者一体两面、互为表里。

（三）对于阿姆斯特朗否定事实所面临疑难的解决

由于对否定事实带来的本体论膨胀的担忧，阿姆斯特朗干脆不承认否定事实的本体论地位。这也带来了问题，这些问题都是事实本体论无法解决的。

针对疑难（甲）武断地认为否定事实不具有本体论地位，而肯定事实具有本体论地位。这会直接导致一个问题，即在很多情况下，否定事实与肯定事实可以相互转化，如果否定事实不具有本体论地位，那么相应的肯定事实也应该不具有本体论地位。这样一来，以事实建构论的角度对待肯定事实和否定事实，则不会遇到这样的问题，无论它们怎么样转换，仍然是认识论和语言层面的事实。

针对疑难（乙）二阶事实预设了一种上帝视角和拉普拉斯全能神的无限理性视角。阿姆斯特朗一方面不承认否定事实的本体论地位，另一方面又希望合理地解释否定命题如何为真，这使得它不得不求助于二阶事实、总体事实、关于事实的事实这样的概念，比如要确定说天空中没有飞马，则需要有关于天空中有什么这样无限的一阶事实，和关于这些一阶事实的总体事实以说明这些事实是天空中的全部事实。站在事实建构论的角度，对于阿氏思想的批判是，我们在认知活动和实践过程中根本上就不是这样去说明否定命题为真的。穷尽有关天空的事实不仅需要无限理性，是不可能完成的任务，同时，这种做法也非常不满足思维经济原则，我们确定任何一个否定命题为真都要大费周章。而事实建构论一直强调事实与语境和具体的实践活动密切相关，确立一个否定命题很简单，比如要说明某个领空没有飞机，我们直接通过雷达观测有没有即可。

针对疑难（丙）关于某物、某个场所的事实是否有限的问题。这一问题的解决方案其实已在讨论疑难（丙）时暗含了。我们是在特定的情境和语言游戏中讨论事实的有限性问题的。在情境 A 中，我们可能只是想讨论水的主要物理化学性质，那么水的沸点、分子结构、无色无味都是该情境下的事实，而不讨论水的灌溉作用、奶茶的主要成分是水、梨的主要成分是水这种无穷无尽的事实，有关水的主要物理化学事实无疑是有限的。而在情境 B 中，某个人很关心水的社会作用、有哪些东西主要成分是水，那么这样的事实将无穷无尽。要言之，脱离具体的生活形式和语言游戏去谈论关于某物、某个场所的事实到底是有限还是无限的，没有任何意义，如果执意要这样谈论，只能陷入一种形而上学之论辩中。

针对疑难（丁）二阶事实是否存在问题。从事实建构论来说，在某种语言游戏下，说某个事实是全部事实或总体事实，这个总体事实是关于某些特殊事实的事实，这种说法并没有什么问题。但是一方面，总体事实和高阶事实与具体事实是不同层面的东西，不能混为一谈；另一方面，这些高阶事实同样也不应该是一种实体性的事实，它更类似于我们在实践过程中所确认的知识，比如在认识自然的过程中，我们知道自然界有 8 种不同种类的熊，那么，这一总体事实仍然是一种实践活动的产物和结论，是一种事实陈述和事实断言，而不能是一种作为实体的事实。

本章主要集中反思了事实本体论的相关的理论问题，通过指明不同版本事实本体论的内部问题，批判语言图像论和解释为何否定事实、高阶事实不可能是一种实在，进而指出了事实本体论的深层问题所在。第四章从后期维特根斯坦和金岳霖的视角出发，分别审视一种事实的语言建构论和认知建构论，以事实的语言建构论为例，笔者将具体通过考查中后期维特根斯坦的思想转变，其对事实本体论及相关理论的批判，进而全景式地展现，维特根斯坦是如何由一个事实本体论者，而转变为事实本体论的批判者，这种批判将为我们重新理解实在与思想、语言的关系等问题提供新的启示。这也将进一步帮助我们澄清像高阶事实、否定事实的概念不能脱离它们所言说的具体语言游戏，而被视作某种实体性的事实。进入人类语言、在语言中被表达和被理解的事实被视为语言活动和认知活动的建构，这一角度将帮助我们重新审视和反思在哲学史上争论很久的是否存在否定事实的问题。

第四节　本章小结

为了推进事实本体论的系统性研究，本章首先对三种事实本体论及其疑难进行了比较，阐明了三种事实本体论各有特色、优势和缺陷，有相同处也有相异处。整体上早期维特根斯坦的事实本体论问题要少一些，其他两人的事实本体论问题相对多一些。本章三节的论述展示了，事实本体论有着无法解决的理论缺陷。第一，事实本体论在构造事实时都遇到了不同程度的困难，在不同的事实本体论框架下，事实之组成部分、组成结构等有着不同的样态，但都遇到这样或那样的问题，也无法圆满解释事实究竟是什么。第二，随着命题图像论的破产，事实与命题的逻辑同构等观点都难以得到更好的辩护。第三，对于否定事实的考察也反过来使我们得以重新审视事实本体论的致命缺陷，事实本体论在根本上无法安置和解释否定命题，这让我们不得不思考新的事实观——如事实建构论——去克服这些困难，消解事实本体论所构造出来的虚假问题。

对事实本体论的疑难之比较使我们认识到，事实本体论及其生发的事实形而上学思想问题重重。一定程度上，命题图像论是主张事实本体论导致的语言哲学的结论，事实本体论又是主张命题图像论导致的本体论结论，主张事实本体论的哲学家——罗素、早期维特根斯坦、阿姆斯特朗——无不接受命题图像论，两种理论的确互为表里、不可分割。命题图像论的破产已从理论体系内部让事实本体论独木难支，处于崩溃与分离的边缘。对于否定事实的批判和反思则进一步加剧了这种崩溃与分离。从事实本体论的角度看，无论是赋予否定事实以本体论地位，还是否认其本体论地位，都将面临难以解决的困难，这些困难的根源在于事实本体论。在笔者看来，事实本体论本身就是被建构的理论，并非世界本身的真实写照，如果非要将这种建构的理论视为世界之本来面目、最本真的情况，那么，无论事实本体论者们如何努力为之辩护，事实本体论都将面临难以克服的困难。因此，以上三节从理论内部反思了事实本体论的崩溃，在事实本体论崩溃之后，一种建构主义的事实观将成为我们下一章重点分析考察的对象。

从后期维特根斯坦的视角来看，任何进入语言的事实，都是人通过概念框架、表达体系对客观物理事实的建构。早期维特根斯坦、罗素的逻辑原子主义和阿姆斯特朗的事实形而上学反过来也为这种观点作了注脚，他们要么在形而上学体系中将基本事态规定为诸对象的结合，“在基本事态中诸对象有如一条链子的诸环节一样彼此套在一起（TLP 2.03）”（维特根斯坦）；要么认为基本事实是一个殊相与共相（属性、关系）的结合（罗素、阿姆斯特朗），如苹果（殊相）是红色（共相）的，香蕉（殊相）是甜（共相）的，太阳（殊相）是圆（共相）的。他们将各自的规定和公式推广到一切事实中去，但这种无条件推广和形而上学预设会面临诸多问题，以阿姆斯特朗为例，他的事实形而上学突出地表现为两大问题。

第一，他没有区分在语言和理解层面的事实与客观物理世界，客观物理世界可以不依赖人的语言，但在语言中被表达的事实一定与人的概念框架、表达形式、理论背景都密切相关。阿氏受惠于早期维特根斯坦，认为唯一的存在只能是客观世界中的事实，没有作出这种区分所带来的后果是，像“1945 年盟军赢得了反法西斯战争胜利”这样在人的语言和理解层面所谈论、概括与总结的事实，在客观物理世界很难找出一个与之完全对应的东西。第二，他形而上学地断定事实只能有薄殊相与共相相结合的形式，如“这个点是黑色的”这样简单的事实。更复杂一点的事实——如“2008 年北京奥运会中国夺得金牌榜第一名”——便没有办法还原和解释了，一方面我们不能强行把“中国”视为殊相，“2008 年北京奥运会夺得金牌榜第一名”视为共相，这会显得过于牵强附会；另一方面，这种复杂的事实也没有办法通过诸多简单事实复合而成。

走出事实形而上学的关键在于，我们要区分进入人的语言与理解中的事实陈述与客观物理世界中的事实（物理事实），事实陈述、事实断言是人们通过实践活动（语言游戏、观察活动、理解活动、科学研究等）对物理世界的语言化、框架化与符号化，使之能够在人们的语言中得以表达、理解。当我们说某某是一个事实时，比如在谈话中说“我国南海空域中没有发现他国战机入侵”，所言说的事实就好像被聚光灯照亮了一样（人们在实践活动中，通过语言活动和认识活动等实践活动之聚光灯打在外部世界这个巨大的黑幕布上），而在言说的聚光灯之外，有关南海空域其他否定事实（如南海空域中没有发现一只孔雀）都无足轻重。同理，“日本前首相安倍晋三在奈良市街头发表演讲时遭枪击”是一个事实，这个事实也被人类的聚光灯照亮了，显得发生在同样时间、同样地点的一些事情无足轻重。自然不说话，而人说话；自然不会自动分裂成井然有序的无限事实，而是人在社会实践、认知活动中认识、理解、概括外部世界，最终在语言中构建了事实。以上我们看到，事实本体论者所犯的错误一定程度上是为事实建构论的提出作了注脚，从对他们所走的错误道路的考察中，我们可以再回到原点，开启下一章对事实的语言认知建构论的讨论。

第四章

建构主义的事实观：事实的语言认知建构论

前一章主要论述了事实本体论所可能面对的种种疑难，这些疑难的存在使我们有充足的理由推翻各种版本的事实本体论，怀疑这些事实本体论的合理性。因此，为了解释社会生活、科学研究以及日常经验中的事实问题，我们必须抛弃一种本体论层面的事实观，而采纳和建立一种新的事实观。由此，对于事实本体论的批判和事实建构论的倡导已愈发进行一个更深入的阶段，也即所谓对于事实建构论之“立论”的阶段。在该阶段，中西两位哲学家——维特根斯坦和金岳霖——的思想为我们构建新的事实观提供了有益的启发，因此，本章的主要内容是，第一节主要从中后期维特根斯坦的思想出发，思索一种事实的语言建构论的可行性、理论优势和可能的缺陷，主要从语言哲学特别是日常语言哲学探讨事实如何被建构；第二节主要从金岳霖的事实观出发，探索事实的认知建构论的可行性、理论优势和可能的缺陷；第三节对两人的思想进行综合和发展，提出事实的语言认知建构论，主要工作是（1）说明事实的语言建构论和事实的认知建构论可以互相兼容，且需要吸收对方的洞见；（2）明确提出事实的语言认知建构论的主要观点与特别之处；（3）指出新的事实建构论可能遇到的诘难并为之作进一步辩护。

维特根斯坦是一位非常特别的哲学家，他一方面是分析哲学、语言哲学的开创者之一，对于分析哲学的发展影响甚大；另一方面，他前后期思想又经历了重大的转变，前期持事实本体论、命题图像论、事实与命题逻辑同构论等观点，后期则对前期的观点展开了深入的反思和批判，提出生活形式、语言游戏、家族相似、概念图式等重要概念和观点，为我们批判事实本体论，倡导事实建构论提供了有益的思想资源。金岳霖是我国著名的哲学家、逻辑学家，他直接提出了事实的认知建构论等思想，从正面讨论了事实的建构论，并探索了有关事实建构论的一系列重要问题：事实为何是构造的、事实的客观性与建构性是否可以共存、事实与概念之间的关系等。对两人相关思想的阐发可以为事实建构论奠定坚实的地基，首先让我们从后期维特根斯坦哲学出发，讨论一种事实的语言建构论。

第一节 事实的语言建构论①

一 事实的语言建构论之生成

无论是罗素、早期维特根斯坦，还是阿姆斯特朗，对于事实的一个最根本设定是，事实处在实在与世界中，是世界的一部分，世界可以分割为诸多事实，并最终由一个个基本事实构成。就像物质、事物离开人依然存在一样，事实脱离了人，离开了人的语言形式、表达系统依然存在。而后期维特根斯坦提出的一系列思想都显然与其早期思想形成鲜明的对照，进而与其早期的事实本体形成一种思想的张力，后期维特根斯坦虽然没有在其著作中直接指明事实是被人建构出来的，但从其具体思想中，我们可以发展出一种事实的语言建构论。

① 本节部分内容以《意义的证实观：维特根斯坦思想转型之谜》为题，发表在《哲学动态》2019 年第 2 期。

后期维特根斯坦讨论的话题颇为广杂，对诸多重要哲学问题进行“风景速写”式的讨论。他虽然没有直接提出事实是被人建构出来的观点，但在《哲学研究》等著作中反复强调、贯穿始终的观点是：我们不是直接抵达实在，我们对于实在的理解离不开概念框架和表达形式，概念要在使用它们的语言游戏中去理解，语言游戏不是静态的，而是动态的建构活动，我们在语言游戏中建构出不同的事实概念。与事实非常相近的“事”“事件”等概念都可以说是在语言游戏中被建构出来的，而不是世界本身最原初的样子。维特根斯坦要求我们去关注这些概念在语言游戏中的正确使用，而非跳出它们的使用孤立地去关注它们的意义。谈论“事实”之概念，就跟谈论名字“苹果”、数量词“五”一样，我们并不能也无须找到这些词的本质，我们只需要关注这些概念和词汇在特定的语言游戏中如何使用。因此，脱离一种具体的语言游戏和具体的使用情境，也脱离任何概念框架和表达形式去抽象地谈论一种永恒不变的事实，只会成为一种形而上学式的思考方式。

在维特根斯坦之后，普特南也提出一种“语义事实”（semantical facts），对应正是上文所言的在语言（概念框架和表达形式）中生成和表达的事实，在我们日常生活中所说的绝大部分事实都是一种语义事实，该事实的生成、表达和理解都离不开句子的语义。正如普特南所言：“如果唯一的事实的确只是物理事实，那么就不可能有语义事实。比如，语义事实像伦理事实、法律事实一样，被证明是抵御物理主义（对于世界）的处理方式。”① 后期维特根斯坦和普特南都在抵御一种独断论的事实观，批判将物理事实、经验事实以及其他特定事实作为世界中永恒、唯一的事实的独断论事实观。由后期维特根斯坦的语言哲学出发，不仅可以对事实本体论作出批判，而且也可以在该批判的基础之上生发出事实的语言建构论。中外学

---

① Hilary Putnam, *The Collapse of the Fact/Value Dichotomy and Other Essay*, Cambridge: Harvard University Press, 2002, p. 106.

界对后期维氏的语言游戏、家族相似、生活形式等概念，以及语用观、治疗式的哲学观等思想已有深入考察和学术共识，但鲜有论及在后期维氏的整体思想视野下，对于整个事实本体论传统的批判，笔者认为这项工作不仅有助于全面地批判事实本体论，同时也意味着一种新的事实观——事实的语言建构论——的生成。[①]

（一）后期维特根斯坦对事实的逻辑结构的形而上学翻转

随着《逻辑哲学论》中逻辑理论和语言图像论的破产，在三位对事实本体论的发展起着重要作用的哲学家中，维特根斯坦是唯一开始反思、批判事实本体论的哲学家。[②] 他开始批判、分析逻辑原子主义的问题，这种批判有两个方面。

第一，对事实的结构及事实/命题的逻辑同构性进行批判。在《逻辑哲学论》中，事实/事态由对象联接、结合而成，而重回哲学后的维特根斯坦主张"实在世界并非是由事实组成，而是由事物组成；对世界的描述才包含对事实之陈述，而不是事物的枚举"[③]。事实不是实在中对象的联结，也不是阿姆斯特朗所谓的时空中的基本实体，而是关乎对世界之描述，只有我们试图用语言去描述世界时，事实之陈述才得以可能。

这种命题的图像理论认为，思想、语言与事实、世界有着相同的逻辑形式，正因为语言描画世界，因此，事实和世界具有什么样

---

① 值得注意的是，后期维特根斯坦并未以追求任何一种哲学理论作为自己哲学的目标和旨趣，但从他的哲学思想和视野中合理地生发出一种新的事实观则是可能和可行的，这正如后世研究者从他的思想和论述中概括出家族相似、语言游戏和生活形式等理论以及一种治疗式的哲学观。

② 罗素毕生坚持"超越唯物论和唯心论"的中立一元论，而事实、事件则是这种中立一元论的中心实体；阿姆斯特朗的事实形而上学则是其晚年为了将其所有理由整合进一个体系而建构的一种形而上学系统，以图最大限度地囊括其一生的工作，如共相理论、使真者理论、真理符合论、心物一元论、自然律，等等；唯有维氏在后期深入地批评和反思了其早期的事实本体论。

③ P. M. S. Hacker, *Wittgenstein's Place in Twentieth-Century Analytic Philosophy*, Oxford: Blackwell Publishers, 1996, p. 78.

的逻辑形式，与之对应的思想和语言就具有什么样的逻辑形式，而且这种逻辑形式犹如水晶般纯净。与罗素和阿姆斯特朗在本体论上坚持事实本体论、在语言与世界的关系上坚持命题的图像理论不同，后期维特根斯坦对命题的图像理论展开了深入的批判，特别是反思了为何命题的图像理论想当然地主张，因为语言描画世界，所以思想、命题与世界、事实具有相同的逻辑形式。

重回哲学后，维特根斯坦对《逻辑哲学论》中的几个重要的概念，如"逻辑多样性"（logical multiplicities）、"逻辑空间"（logical space）作了不同的理解，这种对其早期核心概念的不同阐释，在其思想转型中起了重要的作用。

逻辑多样性在《逻辑哲学论》中被认为是简单对象、事态和基本命题的特征。维氏写道："在一个命题中必须能够区分出和在它所表现在事态中恰好同样多的部分。二者必须具有相同的逻辑（数学）多样性。"（TLP 4.04）有同样的逻辑多样性包含了两方面的特征：一是同样数量的简单、不可分析的简单对象形成了相同结构的配置；二是属性决定了可能的配置——简单对象的形式属性决定了相同结构的可能空间。① 逻辑多样性被视为简单对象和简单记号的形式的一个结果。在《逻辑哲学论》中，颜色的逻辑多样性是所有颜色都嵌入其中的逻辑空间，是一种客观色彩浓厚的逻辑多样性。而转折点出现在 1930 年早些时候，他用一种根本的方式改变了《逻辑哲学论》中的语义学和本体论。逻辑空间这时不再被视为简单对象的形式属性，而是有关人们如何去看、如何去证实的方式，因此，逻辑多样性取决于看的方式的多样性，"逻辑空间成为看作（seeing-as）或看的层面（seeing aspects）的问题"②，而语言正是我们看实在的

---

① 参见 Andreas Blank，"Wittgenstein on Colours and Logical Multiplicities，1930 - 1932"，*Dialogue*，2008，Vol. 47，No. 2，p. 313。

② Andreas Blank，"Wittgenstein on Colours and Logical Multiplicities，1930 - 1932"，*Dialogue*，2008，Vol. 47，No. 2，p. 327.

一种重要方式。[①] 这种转变启发我们，是我们语言、命题中先有逻辑形式和某种结构，然后我们用语言去理解实在、去看实在时，实在也向我们呈现这种逻辑形式和结构。因此，真实情况不是像命题图像论者所言的那样，命题复制了事实、实在之结构，而是相反，先有语言和命题的结构，当我们用这种结构去描述事实和实在时，它们也向我们呈现这种结构和逻辑多样性。这种哲学思维方式的转换是实在与语言之间的“哥白尼式翻转”。由此，也彰显了研究语言哲学特别是日常语言哲学的意义。

与维特根斯坦将逻辑多样性与看的方式相联系，1930 年他与维也纳学派讨论的时候用了另外一个重要的概念——意象（image）。“所有与实在相符合的操作我都能用在意象上。颜色的意象与这种颜色有着同样的多样性。这就是它与实在的联系所在。”[②] 概而言之，证实的方式、看的方式都可以被称为意象。维特根斯坦这里隐含了一个重要的变化与深刻的洞见：为什么颜色的意象与该颜色有着同样的多样性，这是因为，正是我们的意象、对实在的看的方式、证实的方式有着多样性，实在才通过意向展现出这种相同的多样性。

第二，在重回哲学后，维特根斯坦开始反对一种简单的真理符合论，一个命题 p 为真，是因其与相应事实 p 相符，事实 p 使其为真。维特根斯坦此时认为，这种说法是一种误导人、使人误入歧途的说法。哈克在这里引入了一个比喻，这就好像是“撒谎（类比事实）使人（类比命题）不受欢迎（类比为真）”，但实际上只是“撒谎（类比事实）使人（类比命题）成为撒谎者”。[③]

---

① 以颜色为例，中后期维氏会主张，颜色的逻辑多样性的关键在于我们如何看颜色，颜色本身是一种连续性的东西，我们语言中有 12 种颜色的词汇，所以我们看颜色时，颜色的逻辑多样性也有 12 种，如果我们用更粗糙或更精细的语言去描述颜色，颜色的逻辑多样性又会有所不同。

② Ludwig Wittgenstein，Moritz Schlick，*Wittgenstein and Vienna Circle*，Oxford：Basil Blackwell，1979，p. 97.

③ Ludwig Wittgenstein，Moritz Schlick，*Wittgenstein and Vienna Circle*，Oxford：Basil Blackwell，1979，p. 79.

因此，虽然中后期维特根斯坦仍用事实、事态这一概念，但已与《逻辑哲学论》时期有很大不同，以上对事实的不同态度我们可以在表4－1中看得更为清楚。

表4－1　**前后期维特根斯坦对于事实的不同观点**

观点内容	早期维特根斯坦	中后期维特根斯坦
是否在时空之中	事实是时空之中的基本实体	事实不完全在时空之中
是否包含对象	对象是事实的组成部分（元素、部件）	不是所有事实都包含对象
事实与命题的关系	一个命题为真，是因其与事实相符，事实使其为真	说事实p使得命题p为真是一种误导人的说法
“事实”是何种概念	事实是一个本体论概念	事实概念是一种家族相似概念，在不同的语言游戏中，事实的用法并不相同
复杂事实	复杂命题是基本命题的逻辑函项；复杂事实由基本事实复合而成	一个事实是简单的还是复杂的取决于我们如何看它们

随着逻辑原子主义形而上学的崩溃，命题（语言）的图像理论也随之失去了本体论支撑，语言和实在之间的同构性、语言和事实有相同的逻辑形式等论断也随之倾覆。早期维特根斯坦等事实本体论者的问题在于，他们认为思想、语言和实在之间有一种内在关系，并且建构了关于实在的本质结构的形而上学——事实形而上学，正因为实在的本质结构与语言的本质结构有着同构性，这就反过来又解释了思想、语言和实在之间为什么会有一种内在关系。

事实本体论者的努力最终会走向失败，因为在根本上，事实本体论者犯了重要的错误，他们没有办法圆满地解释事实的形式、逻辑结构与命题的形式、逻辑结构孰先孰后的问题。① 一方面，他们认

① 针对《逻辑哲学论》如何处理事实的形式与语言的形式关系问题，恰尔德归纳了三种争议性解读：第一种观点主张，该书的章节安排使得人们认为世界、实在、事实的本性和形式是在先的，语言的形式、结构取决于它所表征实在的形式、结构；第二种观点主张，语言形式和结构是基本的、先在的，我们所言说的实在的结构是我们语言结构的投射；第三种观点主张，语言和形式具有相同的形式和逻辑结构，是语言和世界共享的基本特征，这种基本特征是一种不可言说的神秘事项。（参见［英］恰尔德《维特根斯坦》，陈常燊译，华夏出版社2012年版，第57页）

为先有实在的逻辑结构，而后有描述实在的语言的逻辑结构，正因为语言与实在之间是一种描画关系，所以实在和语言有着相同的逻辑结构，两者具有同构性。但另一方面，实在的逻辑结构是无法用语言表达的，事实本体论者又将语言的逻辑结构视作其对应事实的逻辑结构。也就是说，在逻辑上，实在的逻辑结构在先，然后再有语言的逻辑结构；但是在实际上，语言的逻辑结构在先，然后事实本体论者根据语言的逻辑结构构想了事实的逻辑结构。如果说早期维特根斯坦有关事实的逻辑结构和命题的逻辑结构之关系还存在争议的话，罗素和阿姆斯特朗则鲜明地主张，实在的逻辑结构是因，而语言的逻辑结构是果，句子的结构复制了它所断言的事实的结构。后期维特根斯坦的一大贡献就是揭示了事实本体论的问题，作为实在的本质结构的事实是为了满足实在与语言的同构性（isomorphism）和内在关系，而被建构出来的，随着语言（思想）和实在的同构性、内在关系的否定，与命题有着同构性的事实，是一种语言建构而非实在则被揭示出来。

总的来说，事实的逻辑形式和组成部分，都是基于这样一种假设，即一个语言中的命题必须能够反映事物的本质，事物的逻辑的、形而上学的本质又是客观和独立于语言的。先有客观的、独立于语言的事实，再有描述事实的语言，因为语言中的命题描述事实，所以语言反映了事实的本质，命题与事实有着共构性。但这一事实本体论的假设并没有充足的根据和理由，而完全是一种形而上学的假定。随着逻辑原子主义和事实形而上学的失败和事实建构论的兴起，事实形而上学所预设的事实的逻辑结构已愈发明显地可以被理解为一种语言中表达式的语法，逻辑结构不是实在中事实的本质结构，而是一种语言中表达式和命题的结构、语言使用的规则，正因为有了这种结构，我们通过语言所建构的事实才具有了相同的逻辑结构。因此，语言中的命题、句子有多少种逻辑结构，事实也显示出多少种逻辑结构，这一观点也正印证了后期维氏的核心观点——我们对世界的认识、理解离不开表达形式和概念框架。例如，我们可以对某个情景，说猫在垫子上，也可以说垫子在猫下，甚至可以说猫垂直于垫子，我们语言中有多少种表达方式和逻辑形式，我们在语言中言说的事实就有多少种逻辑形式。

（二）事实和命题逻辑结构的哥白尼翻转与事实的语言建构论之生成

后期维特根斯坦对事实和命题逻辑结构的讨论和理解一定程度上完成了哥白尼式的形而上学翻转，事实本体论者认为事实具有逻辑结构，语言中的命题因为描述事实，所以也继承了这种结构。但维特根斯坦认为，逻辑形式并没有揭示事物的客观逻辑结构，因为它们并没有这样的结构，只有在语言的使用中，命题确定了相应的逻辑形式，正因为语言中的逻辑形式，当我们再通过语言描述实在时，我们进而发现实在中的逻辑形式。维特根斯坦所完成的形而上学翻转是，将实在和事实中的逻辑形式与语言中的逻辑形式进行了翻转，正是语言中有逻辑形式，我们通过语言再看实在和事实时，仿佛它们也拥有了与语言、命题相同的逻辑形式。

整体来说，从罗素肇始，经过早期维特根斯坦到卡尔纳普、阿姆斯特朗，事实形而上学的一个根本的共同点和哲学传统是，认为逻辑分析能够揭示世界之逻辑结构。事实本体论者认为世界由事实组成，而事实又有一定的逻辑结构。虽然罗素、早期维特根斯坦、阿姆斯特朗哲学中的事实之逻辑结构不尽相同，但他们对于实在中的事实以及事实的逻辑结构的肯定仍然是一致的。但随着事实本体论的形而上学的破产，与事实相对应、描画事实的命题也失去根基，语言中的命题并不是复制了事实中的逻辑结构，这是因为，一方面，事实不是实在中的基本实体；另一方面，事实也根本就没有任何逻辑结构。所以哈克总结道："一旦这些形而上学的困惑被一扫而空，作为反映实在的命题的逻辑形式之观念也随之瓦解。"① 事实本体论

① P. M. S. Hacker, *Wittgenstein's Place in Twentieth-Century Analytic Philosophy*, Oxford: Blackwell Publishers, 1996, p. 105.

者将因果倒置，认为事实先有逻辑结构，然后命题复制了这种结构；后期维特根斯坦将这种形而上学倒置又翻转过来，正是我们在语言的使用中逐渐固定了一种语言的用法、语法，因此，命题显示出一定的逻辑结构，当我们用命题再去描述实在、建构事实时，事实就向我们显示出一定的逻辑结构。值得重视的是，当我们说命题中有一定的逻辑结构，并不意味着语言、命题有着固定的本质，在维特根斯坦看来，诸语言有一种共同的本质是一种误解，语言、命题、概念都没有共同的本质，只能说它们有着家族相似。语言内置于一定的、适当的生活形式之中，所以他主张，说一种语言就是一种活动，是生活形式的一个基本部分，“想象一种语言就是想象一种生活形式”（PI §19）。

这种语言与实在的哥白尼式翻转使得我们看待哲学问题有了完全不同的视角，就语言的基本成分——概念——来说，概念本身没有固定的本质，相同的概念在不同的语言游戏中仅仅是有着一种家族相似（family resemblance），如果哲学家一定要实体化、本质化某个概念，在实在中找寻这个概念背后的本质，就陷入了某种形而上学的困境之中。当代心灵哲学中的不少问题都一定程度上陷入了这种形而上学困境，比如阿姆斯特朗主张心脑同一论，心灵的本质即大脑，心中的痛苦等同于物理上人的肌肉纤维受损伤，除心脑同一论之外，其他功能主义、行为主义、身心二元论、倾向性理论等对心灵的本质主义解释，都一定程度上陷入了在实在中找寻概念背后本质的困境。不是说它们错了，各种理论甚至在一定的范围内都很有道理、有足够的解释力，而是说当它们把在一定范围、一定语言游戏中起作用的理论绝对化、普遍化、本质化时，哲学问题、理论缺陷便不可避免地显现出来。心身问题、心灵本质问题之所以在几千年的哲学中一直争论不休，源于我们一开始的思维方式就错了。正如罗蒂所评论的，“各种‘心理’事项（‘mental’item）通过家族相似而维系在一起”[①]；同样，各种事实之事项其实也同样通过家

---

① Richard Rorty, *Philosophy and the Mirror of Nature*, Princeton: Princeton University Press, 1979, p. 23.

族相似而维系在一起，第一、二章所论及的事实本体论已经向我们展示了，即便是同样主张本体论的事实观，他们的事实也不完全一致，而是一种家族相似。事实之语言建构论正是要指出语言游戏中各种事实之家族相似的维度，以此破除一种本质主义的事实观。当这种本质主义的事实观被破除后，一种新的事实观生成了，在笔者看来，后期维特根斯坦哲学可以生成具有四项特点的事实观。

第一，语言是事实的载体和表达形式。早期维特根斯坦、罗素以及当代哲学家阿姆斯特朗都认为世界是事实的总和，事实是实在世界中的一部分，而与人的语言建构、主观认识、认知结构都是无关的，属于一种事实本体论。事实本体论无论在自然科学、社会科学的研究中，还是在日常语言中都占据了一种支配地位，比如自然科学要研究自然事实，社会科学要研究社会事实，日常语言中我们也经常谈论追求事实，实事求是，在法庭判案中，我们也要力求事实与证据。而整个后期维特根斯坦哲学给予我们的启迪是，人对于纯粹客观物理世界的理解是离不开人的主观建构特别是语言建构的，离不开人的概念框架和表达形式。我们没有办法无中介地认识客观物理世界，而概念框架和表达形式，以及通过语言建构与表达的事实，则是我们认识、理解客观实在、物理世界的中介。

因此，我们无法完全在语言中复刻纯粹的客观实在，而是在语言中去建构事实、去理解概括客观实在，这种建构的事实既具有客观实在性，也具有主观建构性。事实的客观实在性体现在，我们试图通过语言活动、观测活动、认知活动与理解活动等实践活动去理解客观物理世界，比如 2019 年 4 月，科学家通过全球各地的“事件视界望远镜”（EHT）拍摄的首张黑洞特写照片被公布，更加证明了黑洞存在这一事实，这是一种理解、观测客观世界的实践活动。事实的主观建构性体现在，事实大多数时候是以人的语言表达出来的，以句子、命题等人的表达形式为载体，比如我们说“位于 M87 星系中心的巨大黑洞存在”这是一个事实时，很明显，这个事实是以我们的语言为载体的，我们无法谈论与思考不在语言中的事实，人们对于事实的理解也离不开语言建构、认知活动等实践活动。借鉴后期维特根斯坦的思想，我称之为事实的建构论（具体言之是事实的语言建构论）。值得重视的是，事实的建构论不仅仅是后期维特根斯坦思想的合理推演，我国著名哲家家金岳霖先生也深入思考了事实问题，提出与发展了一种“认知主义事实观”，认为“事实是认知主体在感觉材料基础上所做的一种认知建构，兼具客观性和主观性”。[①] 笔者认为，金岳霖的认知建构论可以包含在上述事实的建构论之中，这种建构应当是将语言活动、理解活动、认知活动和观测活动等人类的所有实践活动包含在内的建构活动，其中语言作为事实的载体，与表述事实、建构事实有着更为紧密的关系。借用海德格尔的说法，语言是事实的家。

第二，事实的建构论将事实实践化、活动化，将事实本体论包含在自身之中。无论是早期维特根斯坦将事态理解为诸对象（物件、物）的结合，事实则是事态之存在；还是罗素和阿姆斯特朗将事实视为殊相与共相的组合，两人都抛弃了内在关系论，而认为外在关系与属性一起都是共相，这些共相与殊相的组合便是事实。可以看出，事实本身的结构在维特根斯坦和罗素、阿姆斯特朗那里稍微有些不同，而这些结构和组成部分之差异正源自（存在于语言和理解中的）事实本身就是人在语言中建构而来的。无论事实本体论者认为事实具有什么样的结构，这种结构本身只能被人在语言活动和语言游戏中建构出来。虽然早期维特根斯坦、罗素和阿姆斯特朗都是事实本体论的代表人物，但他们的工作却反过来给予了事实的建构论一个有力的支撑，他们的工作一致表明事实是被建构出来的。虽然一开始三人都并没有对此有所意识和自觉。

第三，对于否定事实、二阶事实是否存在的讨论更加印证了事实的建构论优于事实本体论。早期维特根斯坦、罗素都承认否定事

---

① 陈波：《客观事实抑或认知建构：罗素和金岳霖论事实》，《学术月刊》2018年第8期。

实，维特根斯坦将基本事态的不存在规定为否定事实，罗素则认为只有否定事实存在，我们才能谈论否定命题的真值，否则我们怎么使一个否定命题为真呢？举例来说，一个军事侦察员每天的任务就是通过雷达等技术侦察是否有非本国的军事飞机入侵领空，他常常会做如下报告，今天没有敌机入侵，在罗素看来，当然是没有敌机入侵这一否定事实使得他的报告为真。罗素在本体论上承认否定事实的策略的确方便人们谈论否定命题的真假，但这一策略带来了一个严重且无法解决的后果——本体论的无限膨胀。既然天空可以没有敌机，当然也可以没有桌子、椅子、苹果、橙子、大炮、航空母舰，以至于无限个否定事实。我们为什么不关心、不谈论其他否定事实，而只谈论某一个特定的否定事实呢？事实建构论对于回答这一问题反而更有解释力，正是我们在实践活动中抱有某一特定目的，我们才会通过观察、概括、理解去建构某一特定的事实。这样，我们完全可以避免谈论天空中没有大象这样空洞无聊、匪夷所思的否定事实了。从事实本体论者的视角来看，世界中的事实是有限的，如此，世界才有可能像维特根斯坦指出的那样是事实的总和。但如果我们承认否定事实、高阶事实也是一种事实，我们的事实本体论必然无限膨胀，这就导致了事实本体论无论如何也不能被称为一个好的本体论方案，我们完全可以避开事实，而以物为中心构建一个更加节俭、经济的本体论。

阿姆斯特朗则与罗素不同，一方面他深刻意识到在本体论上承认否定事实的灾难性后果，另一方面他的形而上学体系也无法容纳否定事实，所以他坚决主张否定事实不是一种实在。因为如果我们要在本体论上承诺否定事实存在，那么，我们就不得不接受一个事实无限膨胀的实在世界，在这个实在世界中，不仅仅没有非本国的军事飞机入侵领空，而且可以想象无限个否定事实。事实的建构论则更符合“如无必要，勿增实体”的奥卡姆剃刀原则。事实的建构论关注于在特定的语言游戏中的否定事实，而且否定事实不是自然而然的，不是直接存在于实在世界当中，没有敌机入侵这一否定事实是经过像雷达观测，人对于显示屏符号、信息的理解，最终在语言中表达出否定事实这一系列的实践活动；相比之下，事实本体论则把这一系列的实践活动全部忽略，好像仅仅是实在中的一个不容改变的否定事实使得侦察员的报告为真。

事实的建构论在二阶事实和高阶事实上更得到体现。事实本体论将二阶事实、高阶事实也视作无任何建构特征的客观实在，比如整体事实、关于某些事实的事实。这些高阶事实必然是对于一阶事实的更复杂的构造，因此，事实本体论者们承认高阶事实的存在，又进一步印证了事实的建构论之正确性。

第四，事实的建构论平衡了当代分析哲学中自然主义与规范主义之间的张力与对峙。有学者指出："在当代分析哲学的发展中，主张自然主义立场的哲学进路，与偏重规范性立场的哲学进路之间形成持续的分野与争论，已经成为一种非常常见的学术景观。前者从哲学与自然科学的连续性上立论，主张任何有意义的哲学思考都必须在本体论和方法论上追随科学的教导；后者则更多地继承了早期分析哲学所谓'意义澄清'的工作筹划，认为存在着一个特殊的领域，自然科学的知识与方法在其中并不特别有助于哲学工作，这就是规范性议题的研究。"① 而事实的建构论一方面指出了自然主义立场的意义，即尊重科学对于物理世界的研究，为事实之建构提供客观基础；同时，它也指出了哲学作为一种规范研究和规范活动之意义，这种规范活动不仅是意义之澄清，同时也是事实的建构过程。

（三）对于追寻实在本质的批判与事实之语言建构论的生成

事实本体论、命题图像论所潜藏的形而上学冲动是，实在中有某种特定的本质，哲学研究的一个重要目的就是揭示实在的真正

---

① 徐竹：《规范性、唯物论与历史唯物论——评徐英瑾的新著〈唯物论者何以言规范〉》，《哲学分析》2019 年第 4 期。

本质。事实本体论的做法是，首先，形而上学地预设世界由事实构成[①]，因此，追问世界的本质可以通过研究事实来完成。其次，正因为实在有某种本质，命题作为描述实在的中介，则反映了实在的本质。针对这种追求实在本质的形而上学冲动，江怡教授也曾做了准确评论："《逻辑哲学论》的本体论特征"是"维特根斯坦前期思想与传统哲学的决裂最不彻底的表现。……力图追求一切现象背后的终极实在，这正是驱使维特根斯坦前期思想发展的动力，也是隐藏在他思想表达背后的内在目的"。[②]

以上观点，被维特根斯坦视为哲学中一种遏制不住的追寻实在之本质的形而上学冲动，真正的哲学首先要破除和治疗这种形而上学冲动和幻象，将做哲学视作一种对因为语言的误用引起的哲学疾病的治疗成了后期维特根斯坦工作的主调，"哲学家诊治一个问题；就像诊治一种疾病"（PI §255）。在后期维特根斯坦哲学视域下，事实本体论和事实形而上学都可以被视作一种因语言的误用而引发的哲学疾病，这些哲学疾病深刻影响和扭曲了当代分析哲学的事实观，如果得不到充分的治疗，将接连引发其他的哲学疾病，比如事实本体论引发了事实与命题的同构论、命题（语言）的图像论、真理符合论、可能性的组合主义，等等。当然，对于事实本体论这一形而上学幻象的治疗也紧接着治疗了与其密切相关的哲学疾病。当然，除了事实本体论之外，其他对事实的本质主义解读同样也是一种形而上学幻象，需要予以治疗。他们之所以患了哲学病，是因为希望摆脱语言的束缚，跳出生活形式和语言游戏，去追求对事实作本质性和终极性的解释。韩林合教授如是概括："整个西方哲学传统

---

① 认为世界是由事实而非事物构成的这种判断之所以是形而上学断定，是因为，无论是在罗素、早期维特根斯坦还是在阿姆斯特朗哲学中，这种教条是无须证明和解释的，而是一种他们展开自己事实形而上学的公设或者是假定。因此，《逻辑哲学论》的第一句话便是，世界是事实的总和而非物的总和；阿姆斯特朗直接将世界由事实构成设定为一种形而上学假定。

② 江怡：《〈逻辑哲学论〉中的实在论与本体论》，《哲学研究》1998 年第 6 期。

所要做的事情，一言以蔽之，就是追求所有事物的终极本质，或者说追求必定为所有事物所共同具有的最为普遍的东西，追求所有事物的终极统一性。”① 事实本体论其实正延续着西方哲学传统，以追求世界和事实的终极本质，这种事实观所深陷的困境已在本书前三章作了阐明。

将治疗“哲学病”视作哲学研究的核心任务，对于大部分哲学研究者来说，是令人失望、沮丧的，似乎哲学不再处理重大的问题、不再提出宏大叙事和深刻洞见、不再研究有关世界和事物的本质，好像这种回到日常语言以治疗哲学疾病的做法摧毁了“所有伟大而重要的东西”（PI §118）。这些所谓伟大而重要的哲学很多都是一种形而上学幻象、是“搭建在语言地基上的纸房子”（PI §118）。笔者认为，像维特根斯坦一样深刻地批判和抛弃它们，反而更体现了做哲学研究的勇气和智慧。事实形而上学之所以矛盾重重，需要批判，是因为这种形而上学不仅认为，哲学的目标是有关实在、事实本质的研究；而且主张，对于实在、事实本质的理解、研究又都独立于语言系统和表达形式。

后期维特根斯坦将这种形而上学态度扭转过来，有关实在、事实、事物的本质研究都离不开我们的语言系统和表达形式，语言作为一种在生活共同体中的活动是遵守一定的规则和规范的，这些语言规则、规范又是通过实践、训练、使用而被习得，当我们用这些规范性的语言去描述实在时，这种描述的结果也不可能不带有语言的痕迹，所以，中后期的维特根斯坦继康德之后，又一次完成了“更为猛烈的‘哥白尼式革命’”②。这种思考问题的方式主张，实在和外部世界不会向人类展示自己、自动分裂为一个个事实，而是人通过语言去描述实在、认知客观世界时，建构了一个个事实。这也

① 韩林合：《维特根斯坦的“哥白尼式革命”》，《云南大学学报》（社会科学版）2010年第2期。

② 韩林合：《维特根斯坦的“哥白尼式革命”》，《云南大学学报》（社会科学版）2010年第2期。

解决了事实本体论所难以克服的疑难，对于事实本体论来说，似乎只有设立一种上帝般的存在，上帝早已预先将世界精妙地划分为一个个事实，才能解释为什么外部世界作为一个整体会恰好如此这般地被分割为一个个事实。但事实本体论解释不了，为什么对于生活在某些生活形式中的人来说（某些社会历史条件下的社会共同体来说），世界被分割为这样一些事实，对于另一些生活形式中的人来说，世界又被分割为另外一些事实。

因此，后期维特根斯坦对于诸多形而上学幻象的批判与对语言系统和表达形式的重视密不可分，在维氏看来，我们对于实在的认识和理解并不能完全脱离语言系统、表达形式和生活形式，只有以像语言这样的表征形式为中介，我们才能描述实在。后期维特根斯坦对于事实存在于人的语言之表述和心灵之理解的深刻洞见在理查德·罗蒂（Richard Rorty）那里得到了深度的回响与继续。在罗蒂看来：我们必须区分“世界存在那里”（the world is out there）和“真理存在那里”（truth is out there）这两种主张。“世界存在那里”“世界不是我们所创造”，是说依一般常识，空间和时间中的大部分东西，都是人类心灵状态以外的原因所造成的结果。“真理不存在那里”，只是说如果没有语句，就没有真理；语句是人类语言的元素；而人类语言是人类所创造的东西。“真理不能存在那里，不能独立于人类心灵而存在，因为语句不能独立于人类心灵而存在，不能存在那里。世界存在那里，但对世界的描述则否。只有对世界的描述才可能有真或假，世界独自来看——不助以人类的描述活动——不可能有真或假。”①

后期维特根斯坦、奥斯汀、罗蒂等当代重要的哲学家们并非不承认客观物理世界的存在，他们是想表明，世界客观存在于那里，但我们对于世界的描述、理解则不能脱离于人类的语言和心灵，由于我们语言所特有的形式，在我们语言中所建构的事实也具有这样

① ［美］理查德·罗蒂：《偶然、反讽与团结》，徐文瑞译，商务印书馆2003年版，第13—14页。

的形式，因为事实从根本上说就是，通过诸多人类的实践活动在语言中被建构出来的。正如奥斯汀在与斯特劳森的辩论中所言“事实是伪实体（pseudo-entities），‘符合事实’是一个无用的观念”[①]，奥斯汀所做的工作，也是要澄清事实本就不属于实体领域，而是人的语言建构。与这种事实的建构论之洞见相反，一旦我们忽略了作为我们理解、描述世界的语言时，我们会认为事实本体论揭示了世界之本来面目，像早期维特根斯坦、罗素和阿姆斯特朗一样，认为世界是事实的总和，复杂事实是简单事实的复合，好像“世界自动自发地将自己分裂为许多具有语句形式的碎块，叫作‘事实’”[②]。

后期维特根斯坦对事实本体论的批评，让我们得到三个结论。（1）我们无法确定构成简单事实的简单对象，简单对象并不存在，它不是早期维特根斯坦和阿姆斯特朗所设想的点—瞬间（points instants）。（2）简单事实与复杂事实也是相对的，简单性的概念是与语境相关的，不能离开具体语境去理解简单性，比如，“这是一个扫帚把”“这是一个扫帚头”并不比“这是一个扫帚”更为简单，即便把前两个事实复合，也并不能得出这是一个扫帚这样所谓的复杂事实。在一个特定的语言游戏中所预先规定的基本事实不能再被还原为其他的更基本、简单的事实，因为它在该语言游戏中已经是最根本的了。（3）命题与事实之所以有相同的逻辑形式，不是因为世界已经先验地自动分裂、分割为无限多的事实，事实有其固定的结构和形式，然后因为语言的描画能力，因此我们的语言也有了与事实相同的逻辑形式，好像命题和语言对世界进行了“拍照”与“描绘”，事实有什么样的结构，命题就有什么样的结构；而是因为，世界存在于那里，它是无事实的，更不是被严格切割的一个个事实，而是我们语言先有了一定的结构与形式，我们才会将世界理解和言

① J. L. Austin, “Unfair to Facts”, *Philosophical Papers*, Oxford: Oxford University Press, 1970, p. 103.

② ［美］理查德·罗蒂：《偶然、反讽与团结》，徐文瑞译，商务印书馆 2003 年版，第 14 页。

说成具有这样结构与形式的事实。正如维氏在《哲学研究》中所言："《逻辑哲学论》(4.5)：'命题的一般形式是：事情如此这般'——这是人们会对自己重复无数次的那类句子。人们认为自己在一次又一次地追踪自然，其实只是沿着我们考察自然的形式兜圈子。"（PI §115）不是我们找到了自然的结构和形式，而是我们自己的表达形式和命题结构，让我们误以为我们发现了自然的结构和形式，实在有这样或那样的结构，事实可以命题表达为事情如此这般。

笔者将后期维特根斯坦、蒯因、罗蒂的这种观点归纳为事实的语言建构论。从本体论上看，这种建构论取消了纯粹实在、纯粹客观世界中的事实，让其返回人间，返回到人类的语言和理解中，是一种从本体、实在转向语言的哥白尼式翻转。后期维特根斯坦虽然没有直接指明事实是被建构的，但他对于概念在不同语言游戏中用法之强调，展现了我们所使用的绝大多数概念（包括事实概念在内）的用法不是单一的，而是多样的；不是静态的，而是在语言游戏中被动态地建构和使用的。事实作为一个语词，在无数的命题和句子中写法都是一样的，诱惑着人们特别是形而上学家们以为它在任何地方都指的是同一个东西，而非在不同的语言游戏中有不同的作用和用法。正如维特根斯坦概括地说："当然，我们听到这些语词，看到写出来印出来的语词，它们的外观整齐划一，而这让我们感到迷惑。它们的用法却并非明明白白地摆在眼前——尤其在我们从事哲学的时候！"（PI §11）维特根斯坦的意思较为明显，虽然绝大多数语词在外观上整齐、发音一致，诱导着我们以为它们实实在在是一个东西，其实不然，只有我们在不同语言游戏中对事实这个概念的使用保持敏感，我们才能领会事实究竟是什么。

值得注意的是，另一个主张事实是某种建构活动的哲学家是蒯因，相较于维特根斯坦，蒯因则更加直接，他指出，"事实是为了符合的目的从真句子中投射出来的"[①]。仅考察这句话或仅考察他对事

① W. V. Quine, *Quiddities: An Intermittently Philosophical Dictionary*, Cambridge: Harvard University Press, 1987, p. 213.

实之定义我们可以看到，第一，他反对一种实体性的事实观，而主张事实是一种语言建构活动。第二，该论断又和维特根斯坦视野下的语言建构论有一种貌合神离之感，似乎蒯因对于事实的理解有些窄化了，我们不禁要问事实难道只能从真句子中投射出来吗？除此之外，事实不能在其他语言游戏中或通过其他方式和语言活动而被建构出来吗？事实这一概念没有别的用法了吗？第三，如果事实果真是为了符合之目的从真句子中被建构出来，那么我们又如何定义真和符合呢[①]，蒯因是否也只是由一种事实本质主义批评另一种事实本质主义呢？

当然我们也可以站在蒯因的立场为其辩护，因为这一要求对于蒯因来说过于苛刻了。我们应当理解他说这句话的具体语境，这句话是蒯因在批评真理符合论时所说的，事实这个概念为何在弗雷格、罗素之后的分析哲学中如此重要，一个显著的原因是像弗雷格这样的早期分析哲学代表人物都视命题为意义的基本单位，命题对于分析哲学讨论真值、意义的重要性已经愈发超出物、对象、主词和谓词的重要性，因此，与命题概念密切相关的事实概念也成为像早期维特根斯坦、罗素、阿姆斯特朗等人在本体论上最基本的预设。蒯因正是在这层意义上讲事实是从真句子、真命题中建构出来的。

在笔者看来，仅就“事实是从真句子中投射出来的”这一思路来分析，可以略微考察后期维特根斯坦与蒯因在事实观上的异同。一方面，两人的事实观也有着旨趣上的不同，后期维特根斯坦主张在语言的使用、具体的语言游戏中去理解事实，而蒯因这句话更侧重在认知结果上理解事实。另一方面，两人都倾向于主张事实是一种伪实体，不可能是组成世界之基本实体，两人都翻转了事实与语言的逻辑地位。蒯因对于符合论的批评在于，他认为符合这个概念太过于含混、模糊、空洞，同时，我们也没有办法解释为什么命题与事实、事态竟然有相同的逻辑形式。像早期维特根斯坦、阿姆斯

---

① 对于事实本体论者来说，事实与命题的概念肯定是先于真和符合的概念。

特朗的解决方案是，让事实居于更为优先的本体论地位，因为命题像图像一样是对于事实的描画，所以有相同的逻辑形式便不足为奇了，这也进一步解释了为什么命题和事实作为两类不同的范畴能够相互符合。而蒯因则反其道而行之，不是事实居于更为优先的本体论地位，而是因为事实是从真命题、真句子中构建出来的，所以事实可以用命题和句子来表述，它们有相同的逻辑形式。

二　事实之语言建构论的优势与问题

在笔者看来，由后期维特根斯坦思想出发所生发的事实之语言建构论具有四方面的理论优势和特点。

第一，生活形式和语言游戏等思想的引入使得事实概念更具历史维度，更符合一种历史唯物主义的事实观。后期维特根斯坦的语言哲学有助于我们从对事实的形而上学玄思回到生活世界的坚实地面上，无论是“生活形式”还是“语言游戏”都一定程度上具有历史性、公共性和社会共同体特征，这使得事实的语言建构论也具有社会历史性和公共性。在人类不同的社会历史、生产力发展和文化文明阶段，人们的生活形式都不尽相同，不同生活形式下的“事实”也不尽相同。例如，古代科学技术不发达时，人们普遍认为，炼金术能炼制长生不老药、鬼神掌握着气候变化和人的命运等，这些都成了当时的社会群体所共享的事实；而当社会历史不断发展，现代人的事实世界肯定在很多方面不同于古代人的事实世界，未来某个时代的人们也有可能与现代人拥有不同的事实世界。生存于特定生活形式和生活世界的人们会认为，某句话表达了事实，而另外一些话没有表达事实；反过来，如果某个生活形式中的共同体所确认的事实在很大程度上不同于另一个生活形式中的共同体所认可的事实，那么，两种共同体的生活形式便是不同的生活形式。试想一个现代科学家穿越到春秋战国时代，告诉那时的人们电子计算机运行的原理、太阳系诸行星的运动规律等事实时，古人一定非常诧异，不能理解。今人与古人对事实理解的不同植根于生活形式的不同。

从这种历史唯物主义的事实观出发，我们看到：一方面，有关事实的语言游戏只是诸多语言游戏的一种，不同的事实陈述、事实断言本身的确没有共同的本质，事实是多，而非一；另一方面，事实的语言游戏又是一个特殊的语言游戏，在一个特定的生活形式和历史阶段，诸多事实陈述一起构成了该生活形式的重要组成部分，构成了人们思考、言谈和社会实践甚至是怀疑的前结构。因此，相较于其他语言游戏，有关事实的语言游戏的变化和发展就像河床一样是相对缓慢和稳定的，一些核心事实的转变往往意味着某种范式的转换。“地心说”构成了中世纪神学的核心主张，哥白尼、布鲁诺、伽利略等人经过不懈的努力，才终于完成由“地心说”到“日心说”的范式转换，而当代物理学的发展又稍微修正了“日心说”，指明在太阳系内部“日心说”才更为准确。在笔者看来，人类在过去、现在和未来的社会实践和科学研究都会持续不断地推翻、改良一些陈旧的事实，而提出一些新的事实，以此，人类的所知世界才持续地扩张和更新着。

第二，事实之语言建构论使得事实问题与语言哲学问题紧密相连。后期维氏语言游戏思想使我们认识到，跳出任何具体的语言游戏、表达形式和概念框架去讨论某一概念是非常成问题的说法。就事实概念来说，我们在特定的语言游戏中谈论事实概念，如果试图跳出所有语言游戏和概念框架去抽象地、永恒地谈论事实，有关事实的问题就成了一种混乱的、争论不休的议题。在事实观上，我们不能做一种物理事实沙文主义者，好像全部事实只能是天然的物理事实，而历史事实、语义事实、制度事实、数学事实等都不是真正的事实。相反，如果我们坚持在具体的语言游戏中合理地谈论不同的事实，反而能避免陷入形而上学的事实观。

这种与语言哲学密切联系的事实观的重要特征和优点是，（甲）它使我们注意到单个“事实”之外的东西，深藏在语言中的生活形式、文化习俗、制度规范、规则用法，等等。正如维特根斯坦在分析疼痛概念时写道，“语言中已经准备了很多东西，以便使单纯命名具有一种意义”（PI §257），当我们在语言中使用事实概念以及相关概念（如历史事实、制度事实）时，语言中已经准备了很多东西，为这些词的正确使用提供了语法，在历史教学中，我们常常说某某事件是一个历史事实，如我们从历史课本中知道“1991 年 12 月 25 日苏联解体”是一个历史事实，只要在“历史事实”这个概念的正确用法的范围内，我们就不可能形而上学地说，不存在历史事实，真正的事实只能是物理事实，历史事实也是由一个个物理事实组成的这样的胡话。

（乙）事实之语言建构论使得对事实的理解得以可能。事实本体论者会抽象地谈论一种实体性的事实，至于人们如何理解事实，则不在他们考虑的范围之内，也没有事实本体论者专门去讨论事实的理解问题；而事实之语言建构论将事实之理解视为一个重要议题，这种事实观更贴近现实生活、实践活动中的事实。在现实生活中，人们谈论事实当然也会谈论如何理解事实、确证事实，等等。设想一种极端情景，如果我们被一个个陌生的事实包围，但对世界上的所有事实都不甚理解，那么，这个世界对我们来说真正是一个陌生的、无意义的世界。我们在具体的语言游戏中理解了某个东西被称为事实，理解了该事实，进而对世界有所理解。此外，人类确证事实也同样不能离开语言中的表达形式、概念框架和理解活动，以赛亚·柏林指出：“如果有人要我回答一个行星的物理组成如何、地球上将来的生活如何，或火星上是否有生命，我可能不知道答案，但我知道——或者有人知道——怎么去找答案”，“懂得问题是什么，这本身就是确定答案的相关技术知识的一部分”。[①] 简单来讲，如果我们要确证一个事实，前提之一是要理解确证该事实的相关问题，例如，我们要寻找关于火星上是否存在生命的事实，我们要理解什么是火星，什么应当算作存在生命，进而理解和懂得问题是什么，

① ［英］以赛亚·柏林：《现实感：观念及其历史研究》，潘荣荣等译，译林出版社 2011 年版，第 64 页。

以此才能确认与问题相关的事实。

（丙）蕴含在语言中的规范性内容也使谈论事实的规范性得以可能。事实在语言中得到表达，在语言中，小到一个概念的语法、定义，大到一个句子的结构都受到语言规范的制约。换言之，从后期维特根斯坦的视角来看，我们的概念框架和表达形式不是任意的、私人的，而是规范的和公共的，只有一种规范和公共的语言才能被交流和理解；因此，在语言中被表达出来的事实也不可避免地具有规范性的面向。举例来说，如果我们的语言中规定化学分子式是决定某物同一性的标准，在普特南孪生地球的思想试验中，宇宙中有一个与地球几乎一样的孪生地球，但这里的某种液体虽然外观、口感等所有外在属性跟地球上的水一模一样，但它的化学式是 XYZ，而不是地球中水的 H_2O，此时我们几乎可以毫不费力地作出一个事实判断，该液体不是我们地球上的水。但如果在另一个语言游戏中我们把外在属性当作事物同一性的标准，那么我们又将作出相反的事实判断。由该案例我们可以看到，生活形式和语言游戏中的规范也深刻地影响着我们的事实判断。

第三，事实之语言建构论使得事实与人类实践活动密切联系在一起。事实之语言建构论对于具体生活形式和语言游戏的强调使得这种事实观与人类的实践活动有着密切的联系。在生活世界中，人类的任何语言活动与其他相关的实践活动联系交织在一起，甚至语言游戏、语言交往活动本身就是一种重要的实践活动。在人类的实践活动中，无论是制定规则、标准，还是遵守规则、标准都可被视为一种实践活动。就制定规则、标准来说，我们在科学研究、日常生活中，确定了概念使用的语法、规则和标准。比如，我们通过一种实践活动，制作了巴黎标准米尺，以此确定一米的准确长度，即便标准米尺因为热胀冷缩，长度变化了，或者被摧毁了，米的用法和标准长度不会因此而改变，我们进而可以测量，东方明珠广播电视塔高 468 米，地球与月球的距离为 38.44 万千米。就遵守规则、标准来说，后期维特根斯坦直截了当地指出："遵守规则是一种实践”（PI §202），“去遵守一个规则，去做一个报告，去下一个命令，去下一盘棋，都是一种惯例（用法、建制）”（PI §199）。比如当我测量某个房间的高度时，该房间的物理高度并不会因为我用的度量衡的不同而高一点或矮一点，但当我用标准的测量仪器测量出准确的高度时，我说，这个房间高度为3米是一个事实，另一个人用同样的方式也会得到这个事实，我们不止一次遵守米制的用法。[①]这种在语言中被表达的事实一方面体现其与实践活动的关联，另一方面，也体现了人类生活世界中的制度、规范和标准是如何影响事实之表达和理解的。

事实的语言建构论让我们更加清楚，进入了人类语言与理解的事实并非纯粹客观的物理事件，而是人通过语言游戏等实践活动对物理世界的构建、分析、概括与抽象。既然有构建、分析、概括与抽象，就存在一个在何种程度上进行构建、分析、概括和抽象的问题。后期维特根斯坦在《哲学研究》第一部分的60—63节对于在何种程度上“进一步分析”是可能的和可接受的进行过富有启发性的讨论。这里所涉及的问题是，像“我的扫帚在墙角那里”（PI §60），是否可以进一步分析为关于扫帚把和扫帚头的命题与事实。维特根斯坦给出的答案是，是否可以进一步分析这一问题取决于我们在什么样的语言游戏中谈论这一命题与事实。比如我们可以设想两种语言游戏，第一个是，我只想告诉我的朋友，“我的扫帚在墙角那里，请将它拿给我”，当我在讲关于扫帚的事实的时候，我就不必再将扫帚在墙角那里这一命题和事实继续分析、分解下去；第二个是，我们在画一幅关于墙角扫帚的素描时，这个时候我们谈论把扫帚分为扫帚把、扫帚头的可能就是有意义的，我们需要跟同伴们讨论如何去画这个角落里的扫帚把和扫帚头。

---

① 正如维氏在《哲学研究》中所说：“只有一个人只是那么一次遵守一条规则，这是不可能的。不可能只那么一次作了一个报告、只下达了或者只理解了一个命令，等等。”（PI §199）

后期维特根斯坦对何谓简单、何谓复杂也有精妙的分析，在他看来，简单与复杂也是相对而言的，不能在语言游戏中的使用之外去谈论它们。比如说我们不能认为扫帚是复杂的，扫帚把和扫帚头是简单的，好像是扫帚把和扫帚头帮助我们理解了扫帚。如果我们转换视角，反而在日常生活中，我们先有了扫帚的观念，某物是一个扫帚这样的命题和事实，才去理解扫帚把的观念，即扫帚把是扫帚减去扫帚头。这样一来，反而扫帚把是更为复杂、复合的观念，“某物是一个扫帚把”是一个复杂、复合的命题和事实了。

因此，有学者将后期维特根斯坦归结为一种反还原论立场，认为“维特根斯坦的反还原论在他的哲学中是一个广泛渗透的主题。这个主题贯穿了他关于意义、意向性、遵守规则以及其他大量问题的探讨”[①]，笔者认为这一概括不够全面。我们要看维特根斯坦反对什么样的还原论，如果从维特根斯坦所讲的“任何事物只是其自身之所是，不是其他事物”的意义上来讲，维特根斯坦确实持反还原论立场；如果涉及抽象的、复杂的、整体的命题与事实[②]是否可以还原为具体的、简单的、部分的命题与事实来帮助交流、理解，在后期维特根斯坦看来，则要依据在语言游戏中使用的需要。

整体来说，后期维特根斯坦在实践活动和语言游戏中对逻辑原子主义式的分析思维进行批判的同时，也开启了他对本质主义的批判与反思。命题不再是基本命题的真值函项，复杂事实也不是由简单事实复合而来的。以阿姆斯特朗为代表的当代的分析形而上学家仍然坚持早期维特根斯坦的这种逻辑原子主义，并开创了涉及形而上学、知识论、心灵哲学等当代大部分哲学论题的事实形而上学。无论这种形而上学如何广博精深，它在根本上没有办法回避后期维

---

① ［英］恰尔德：《维特根斯坦》，陈常燊译，华夏出版社2012年版，第318页。

② 这里所说的事实特指进入人们语言、理解中的语言事实，是一种事实断言（factual assertions）和事实陈述（factual statements），是作为认识结果的事实，而非独立于人类心灵的未知实在。我们只有在语言中建构了这种事实，才能去谈论那些未知的外部世界。

特根斯坦的对于逻辑原子主义的反思和批判。

第四，事实的语言建构论解构了对事实的本质主义理解，它并非某种体系化的理论，而是一种治疗性的哲学观和事实观。事实的语言建构论的终极目标不是要提出一种有关事实的体系化理论，它只是更为强调我们不能忽略事实得以言说的生活形式和语言游戏，强调人类具体的生活实践和科学活动与人类认为某些陈述是事实陈述的紧密关联，进而使得种种混杂的事实问题得以澄清，也拒斥了任何一种事实本体论与事实形而上学的再次出现。将简单事实作为世界基本成分的事实本体论由早期分析哲学一直延续到当代分析形而上学，当代一些哲学家仍然将事实作为一种本体论概念，在未来哲学中各种事实本体论和事实形而上学仍然会以这样或那样的样态出现，如果要杜绝事实形而上学，采取一种事实之语言建构论是一种有效的防御方案。事实之语言建构论并不是要提出一种有关任何事实的理论，更不是像事实本体论那样要在实在中找出某种终极的事实，以最终揭示世界的本质。它作为一种治疗性的哲学观，主张在人们使用事实概念的具体语境去澄清事实之用法，有效地预防了人们在事实问题上有可能陷入的形而上学争论。正如维氏所言："哲学家诊治一个问题；就像诊治一种疾病。"（PI §255）持一种事实之语言建构论的哲学家也像一个哲学病的诊治者一样，在不断地去澄清事实概念之用法，以诊治人们在事实问题上所陷入的思想疾病。

值得注意的是，作为一种治疗性的哲学观点，事实的语言建构论不仅反对将事实作为永恒的实体或本体，反对事实形而上学，它同样反对所有统摄全部事实、无所不包的事实观，一种本质主义的事实观。比如与事实作为一种实在之组成部分相对立的观点是，很多哲学家主张事实"不过是被接受为真的陈述"① 而已，这种观点以拉图尔、伍尔加以及许多语言哲学家和实用主义哲学家为代表。

① ［英］苏珊·哈克：《理性地捍卫科学——在科学主义与犬儒主义之间》，曾国屏、袁航等译，中国人民大学出版社 2008 年版，第 189 页。

这种观点有其哲学洞见，揭示了事实的一些重要特征和面向，比如人们日常言说的事实的确需要社会共同体承认和接受，一个不被社会共同体、科学共同体承认和接受的陈述很难被称为一种事实或描述了一种事实。

但当它试图成为解释事实无所不包的理论时，它也会陷入困境，比如人们会刨根究底地问，什么是被接受、被谁接受、在何种程度被接受才算是真正的接受，以及如果“事实”的定义要依赖“真”，那么“真”又如何被定义呢？事实本体论者以事实来定义真，反对事实本体论的一些人又主张事实“不过是被接受为真的陈述”或事实就是真命题和真陈述。要言之，有人主张事实是组成世界之基本实体[①]，也有人主张事实是被接受为真的陈述；有人主张具体事物也是事实[②]（阿姆斯特朗），也有人主张事物与事实完全不同（早期维特根斯坦）；有人主张事实是一种客观存在，有人主张事实是一种共同体之主观承认，还有的人主张事实是概念范畴所与的结果[③]，事实是主客观结合的产物。事实在哲学史上引发的广泛争议一定程度上源于事实概念本身用法的模糊性，哲学家们在不同的语言游戏中去使用它，如果我们试图脱离一种原初语境和具体的语言游戏去抽象地谈论事实永恒的本质，我们就会不断地陷入这种争论之中，而事实之语言建构论为我们澄清事实之争论提供了有益的思想启迪。纵观分析哲学和语言哲学的发展史，有关事实的一系列问题已经成为非常重要且一直未被妥善解决的议题，在分析哲学史上争议不断。一定程度上，只有回到后期维特根斯坦的哲学中，回到事实得以被言说的原初语境和具体的语言游戏中，站在事实的语言建构论立场，抛弃一种事实本质主义的观点，有关事实之争议才能得到消解，人们对事

---

① 正如第三章第一节所述，即便在事实本体论内部，他们的事实观也有着不少差异，如事实组成成分和结构上的差异，是否承认一般事实、否定事实，等等。

② 比如第二章第四节阿姆斯特朗将厚殊相（物）也视为一种事实（属性与薄殊相的结合）。

③ 这是金岳霖的事实观，本章第二节将具体论述他的事实之认知建构论。

实的形而上学用法所带来的哲学疾病才能被彻底治愈和预防。

值得注意的是，维特根斯坦的观点也进一步影响了很多后世的哲学家，正如普特南所指出的，只有在一种实际的用法中，我们才有可能确定“事实”这一语词意味着什么。普特南写道：“在没有明确所使用的语言的情况下，去谈论‘事实’就等于什么也没有谈论；‘事实’这个词的用法和‘存在’或‘对象’这些词一样，都没有被实在本身固定下来。”①

奥斯汀也深受后期维特根斯坦的影响，认为做哲学同样要关注日常语言的使用，说句子的意义是命题，这个思想完全是误导人的。我们完全可以不谈论句子的意义，而只谈论对于句子的使用。笔者认为，和要追寻有意义的句子之意义一样，要追寻真的陈述句到底陈述了什么也容易使人误入歧途。追问陈述句到底陈述了什么的人，会认为真的陈述句所陈述的是事实，而且是实在中的作为实体的事实。这又回到了后期维特根斯坦所批评的语言与实在的图像式关系中来。语言并不仅仅是描画实在的东西，语言与实在的关系也不仅仅是一种描画与被描画的关系。

总的来说，后期维特根斯坦视域下的事实之语言建构论有其深刻洞见，也从根本上揭示了为何在分析哲学史甚至整个哲学史中有关事实的争论会持续不断。在具体的生活形式和语言游戏中去理解事实，会使得我们不会笼统地对待事实概念，反而在使用事实概念时更加重视事实的语法和使用边界。因此，如果《逻辑哲学论》在可言说的和不可言说的之间划定了严格的界限；那么，从后期维特根斯坦的哲学出发，我们可以在不同的事实之间划定界限，而这种划定界限的很大一部分工作是通过澄清语言用法而完成的。

后期维氏哲学视野下的事实之语言建构论并非一种具体的、宏大的理论，但这种治疗哲学的思想却有着非凡的理论和现实意义。

---

① ［美］普特南：《实在论的多副面孔》，冯艳译，中国人民大学出版社 2005 年版，第 30 页。

如果非要挑出一些不足之处，我们只能说它不够理论和系统了，它指明我们要注意在具体的语言游戏中理解事实，但却没有指明，我们在这些语言游戏中要如何理解事实，一定程度上，后期维特根斯坦给我们指明了理解事实的大体方向，却没有在细节上告诉我们如何理解不同种类、不同概念框架和话语体系中的事实，哪些用法是事实的典范用法，等等。此外，对于后期维特根斯坦视野下的事实观，一个常见的、可想象的指责是一种相对主义的指责，好像什么算作事实、什么不算作事实是相对的而非永恒的、绝对的，依赖于语言游戏、话语框架、文化传统和社会历史。对于这种指责，一个很好的回答是罗蒂对于系统的（systematic）哲学家和教化的（edifying）哲学家的区分[①]，后期维特根斯坦和克尔凯郭尔、杜威、后期海德格尔等人一样，都是教化的哲学家。“他们始终保持着历史主义的观念，认为这个世纪的‘迷信’，就是前一个世纪的理性胜利；并保持着相对主义的观念，认为从最新科学成就那里借来的最新词汇，要能并不表达诸本质的特别优先之表象，而只是可以描述世界的潜在的无限词汇之一。”[②] 虽然这种历史主义的观念不能与马克思的历史唯物主义完全等同，但相较于事实本体论，它们对待事实的历史主义方式一定程度上与历史唯物主义更为契合。

同系统的哲学家与教化的哲学家的区分类似，英国哲学家、观念史学家以赛亚·柏林（Isaiah Berlin）借用了古希腊诗人阿尔齐洛科斯（Archilochus）的诗句“狐狸知道很多事情，而刺猬只知道一件大事”，区分了刺猬型思想家和狐狸型思想家。哈克呼应道：“刺猬的思想被一种中心的思想与视界占据，这一个中心的视界大致上是一个融贯、统一的系统，在这个系统中，每一个事物都相互联系，

---

① 参见 Richard Rorty, *Philosophy and the Mirror of Nature*, Princeton: Princeton University Press, 1979, pp. 367 – 368。

② Richard Rorty, *Philosophy and the Mirror of Nature*, Princeton: Princeton University Press, 1979, p. 367.

一个组织起来的普遍原则也能被理解。”① 在哈克看来，这种刺猬式的思想者类似于早期维特根斯坦，而在笔者看来，当然也适用于阿姆斯特朗等诸多事实本体论者。他们认为，世界是以事实为基本成分构成的统一系统，事实本体论便是这个系统中一个重要的、普遍的原则，语言又通过描述事实建构了意义世界。无论是早期维特根斯坦的体系化特征鲜明、形而上学色彩浓厚的《逻辑哲学论》，还是阿姆斯特朗集其全部形而上学建构之大成的《事态的世界》都体现这一点。相比之下，一种狐狸式的思想家是“远离中心的，而非朝向中心，他们因其所是地描述多样现象之本质，而不是使之融入一个众人接受、统一的思想与视界”②。后期维特根斯坦和其他支持事实的语言建构论的哲学家，则更像是一种狐狸式的思想家，维氏后期的代表性著作《哲学研究》《论确定性》都是一种思想的风景速写，他看到了世界和语言的多样性，认为命题的作用不仅仅是描画世界，也不可能具有一般形式和固有本质，相反，“我们称为‘句子’、‘语言’的东西不具有我前面想象的形式上的统一，而是或多或少相互关联的诸结构的家族”（PI §108）。命题、语言游戏、语言的用法都有着家族相似的特征，但它们仍然是多，而非一。

在事实的语言建构论之外，还有一些哲学家强调事实的认知建构维度。下节希望通过对金岳霖事实观的范例式讨论，为我们全面理解事实建构论提供多维视角。

第二节　事实的认知建构论③

金岳霖先生是我国著名的哲学家和逻辑学家，他提出了一种与

---

① P. M. S. Hacker, *Wittgenstein's Place in Twentieth-Century Analytic Philosophy*, Oxford: Blackwell Publishers, 1996, p. 98.

② P. M. S. Hacker, *Wittgenstein's Place in Twentieth-Century Analytic Philosophy*, Oxford: Blackwell Publishers, 1996, p. 98.

③ 本节部分内容以《事实的建构何以可能：论金岳霖事实观的当代价值》为题，发表在《哲学分析》2021 年第 4 期。

事实本体论完全不同的学术主张——事实的认知建构论。金岳霖提出事实的认知建构论的动因是有着非常强烈的问题意识和问题导向。这些问题意识是纯粹经验主义事实观和事实本体论给他带来的理论困惑，为了在根本上解决这些理论困惑，他提出了事实的认知建构论。

一 从经验事实到事实认知建构论

本书的一个主线是梳理和批判事实本体论，在对之作深入批判的基础上，阐明事实建构论的理论优点，倡导事实建构论与伦理学、知识论等方面的理论对话，凸显事实建构论的哲学价值。无独有偶，金岳霖在其知识论研究中非常关注事实问题，并且其思想发展也经历了由事实的客观所与论到认知建构论的转变，因此，深入梳理和反思金岳霖的事实思想，将对于我们利用现有哲学资源全面审视、批判事实本体论和事实形而上学有重要帮助。

（一）事实是用概念、意念统合感觉材料的结果

金岳霖的求学经历使他青年时受到英国经验论影响颇深，他在《论道》中曾回忆对他求学时有重要影响的两本书："民国十一年（1922）在伦敦念书，有两部书对于我的影响特别的大；一部是罗素底 *Principles of Mathematics*（《数学原则》，笔者注），一部是休谟底 *Treatise*（《人性论》，笔者注）。"① 英国经验论传统中的事实观也潜移默化地影响着他，使得当时的金岳霖接受了一种事实的客观所与论，认为事实就是一种经验事实，自然和外部世界将经验事实给予我们，而我们则被动地接受这些经验事实。金岳霖写道："有一个时期，我底主张是理论上有必然，事实上无必然。我在那时候底'实在感'（Sense of reality）使我对于这主张维持一种坚决的信念，在相当长的时间内，我没有怀疑到所谓理论与事实。尤其是对于事实，

① 金岳霖：《论道》，中国人民大学出版社 2010 年版，第 5 页。此后引用本书只在文中标注书名和页码。

我那时候以为事实就是客观的所与（Given）。”（《论道》，第5页）虽然金岳霖年轻时受到英国经验主义的影响，认为事实是一种客观所与，但是他并非不假思索地全盘接受，反而常常反思和怀疑这一观点：

> 对于事实之为客观的所与，我也发生疑问。某人只有四十岁，青年会到清华园不过十多里，他底大褂长四尺四寸，罗斯福是美国底总统，我欠他五百元法币；假如这些话都是真的，它们都表示事实。可是，纯客观的所与无所谓‘岁’‘里’‘尺’‘寸’‘总统’‘法币’。显而易见地事实不就是客观的所与。这不是说事实之中没有客观的所与，或事实不是客观的所与。事实与客观的所与是分不开的，但是，虽然分不开，而事实仍不就是客观的所与。这里的所与不是 Noumenon[①]，这里的事实也不是 Phenomenon。所与虽是事实底原料而不是有某种作料的原料，事实是加上关系的原料而不是改变了性质的原料。与所与接触不必就是与事实接触，与事实接触一定同时与所与接触。上面说客观的所与，其实所与无所谓客观，只有事实才是客观的。所谓客观地如此如彼，就是在某某条件之下不得不如此的如此不能不如彼的如彼；而客观地是甚么就是在某某条件之下不得不是甚么的甚么。事实有这样的客观性，因为它不是光溜溜的所与而是引用了我们底范畴的所与。（《论道》，第6—7页）

金岳霖通过对事实进行独到而精彩的分析，凸显概念与范畴对于事实的重要性。需要指出的是，在金岳霖的哲学思想中，概念与范畴有着略微的不同。他指出：

① Noumenon 这里不是指一般的实体（substance、entity），而更是康德意义上的物自体（thing-in-itself），它独立于人的心灵所产生的概念和知觉，因此在原则上是不可知和不可经验的东西。与 Noumenon 对应的正是 phenomenon。

> 我们底范畴都是概念，而我们底概念有两方面的作用：一方面是形容作用，另一方面是范畴作用。就概念之为形容工具而言，它描写所与之所呈现的共相底关联，它是此关联底符号，此所以它能形容合于此关联的所与，因而传达并且保存此关联于此所与消灭之后。就概念之为范畴而言，它是我们应付将来的所与底办法，合乎此关联（即定义）之所与即表示其现实此共相，不合乎此关联之所与即表示其不现实此共相。（《论道》，第7页）

简单来说，概念的形容作用即概念能命名共相，即便在红的共相消失之后，红的概念仍然得以保存；而概念的范畴作用指的是，概念自身就是有图案、结构或有系统的，用概念去范畴所与也使得杂乱无章的所与（感觉材料）呈现出像概念那样的结构性和系统性。当然，概念的这两方面作用是不能分离的，概念既有形容、命名作用，也有范畴、规范作用。

再结合他在其他著作中所论述的观点，他有关事实建构论的思想可以概括为两个方面。

第一，事实无法脱离概念，而概念又是在生活世界中生成的，这种生成与人类在社会生活中的文化风俗、社会建制、惯例规则都密切相关。比如，“岁”“里”“尺”“寸”等都涉及人类社会实践和社会生活中有关年龄、长度的计量单位，而“总统”“法币”又跟总统制的政治制度、民国时期的货币制度密切相关。无独有偶，约翰·塞尔在1969年出版的《言语行为：语言哲学论》中提出，在不依赖于人类制度的“天然事实”（brute facts）之外，还有一类以人类制度为前提的“制度性事实”（institutional facts），并在1995年出版的《社会实在的建构》中对之进行了系统阐发。塞尔的工作从另一个侧面彰显了金岳霖事实思想的前瞻性和深刻性。值得注意的是，虽然金岳霖与塞尔都主张事实与概念、范畴及其背后的生活世界、社会建制密切相关，但两人的思想仍有根本性的区分。由上述引文我们可以发现，金岳霖论及事实与范畴的关系是比较彻底的，即事实不是以感觉材料为代表的“光溜溜的所与”，而是“引用了我们底范畴的所与”。而塞尔区分了自然事实与制度性事实，认为只有制度性事实才与概念、范畴和社会制度密切相关，而自然事实本质上不依赖于概念、语言、制度等东西，在塞尔看来，事实并不是真陈述，事实是实在中使相应陈述据以为真的东西。因此“事实不是复合的对象，也不是语言性的东西，而是条件（conditions）”①。

第二，事实是用概念、意念统合感觉材料的结果。金岳霖提出，“事实是接受了的或安排的所与”（《知识论》，第 541 页）。所与（the given）可以理解为感觉材料，笔者较为认同陈波教授的分析，金岳霖的“所与”更偏向“客观外物作用于我们的感官系统后被我们感知到而留存下来的东西，是我们认知的出发点和形成知识的材料”②。那么我们通过什么来接受和安排所与呢？金岳霖在此作了两种略微不同的解释，一种是意念接受所与，另一种是概念范畴所与。

（二）意念接受所与和概念范畴所与之比较

金岳霖用意念接受所与和概念范畴所与两种不同的表达来界定事实究竟是什么，那么比较和理解这两个不同表达的异同则成为理解金岳霖事实观的关键。如果相同，同在什么地方；如果不同，异在什么地方。

第一种解释更强调意念与事实之间的联系。即事实是“以意念接受了的所与”“事实是所与和意念的混合物”（《知识论》，第 574、543 页），这里的意念大致可以理解为日常语言中的观念，是英文中 idea 或 ideal 的中译。③ 总结下来，他的意念主要有两方面含

---

① ［美］塞尔：《社会实在的建构》，李步楼译，上海世纪出版集团 2008 年版，第 178 页。

② 陈波：《客观事实抑或认知建构：罗素和金岳霖论事实》，《学术月刊》2018 年第 8 期。

③ 陈波认为：他所谓的“意念”是英文词“idea”或“ideal”的中译，介于“观念”“概念”和“范畴”之间，属于他所谓的“收容和应付所与的工具”之列，其中包括习惯、记忆、想象、意愿、信念、归纳、语言、抽象、时空、类别、因果、度量等。（参见陈波《客观事实抑或认知建构：罗素和金岳霖论事实》，《学术月刊》2018 年第 8 期）

义和特点。（甲）意念具有公共性、交流性，而非私人性。比如说一个从未见过飞机的人在看到真实的飞机后会有对于飞机的具体意象（image），但这种意象是无法言说和传递给他人的，如果他想让别人知道他看到了什么，他需要把他私人的意象转换为可以表达和被公共理解的意念，用金先生自己的话来说，这些意念可以被粗略地理解为描写词句和形容词句。（乙）各个意念之间互相关联着，并总有某种图案。比如，“力”的观念对于一个物理学研究者和一个普通人来说，在心灵中的图案是不同的，前者精细而后者粗糙，且“力”的观念又和其他物理的观念紧密相连。又如，“米”的观念对于国土测量员来说就是心灵中的小图案，而对于一个微雕工作者来说则是心灵中的一个大图案，“米”的观念又与长短、高矮、面积、大小等观念密切联系。金岳霖此观点导致的结论是：观念或意念在不同的个体之间有着些许的差别，而事实又是由意念接受的所与，因此同一个事实也有着个体差别。这种解释更侧重于从个体的角度去理解事实，凸显了同一个事实对于不同的个体和心灵来说有着不同的效果和主观感受。这也的确解释了，在日常生活中，不同的人听到同一个事实的主观感受有着个体差别。

第二种解释更强调概念范畴与事实之间的联系，即我们用概念接受和安排了所与。金岳霖写道：“概念不仅形容所与而且范畴（这里范畴为动词，意指将所与范畴化，笔者注）所与。范畴有两方面：一是正的方面的接受，一是负的方面的排除。一概念之所接受，即其它概念之所排除，一概念之所排除，即另一概念之所接受。这有点像图书馆底分类，新书来了之后，不摆在这一格就摆在那一格，即令原来的格式不够，我们也可以新创一格。所与呈现之后，不在一概念之下，即在另一概念之下。”（《论道》，第8页）概念就像图书馆中的书格，而书就像外部的感觉材料，只有书在书格中被摆放好，才能成为在语言中言说之事实。

概念范畴所与和意念安排所与，两种提法并没有本质不同，都是公共性的语言安排和规范杂乱无章的感觉材料。一方面，就公共性、交流性而言，无论是意念和概念，都不是私人的意象，只不过意念可以是语言中的描述词、摹状词，而概念则是语言中更为抽象、规范的基本成分；另一方面，意念与概念并非独立存在的，而是与其他意念、概念紧密关联，以此形成一个概念框架和表达系统。

（三）与后期维特根斯坦视野下事实的语言建构论之比较

从语言的交流性、公共性、规范性等层面说，金岳霖的事实思想就很接近后期维特根斯坦视野下事实的语言建构论思想，这种亲缘性体现在三点。第一，都反对一种实体性的、剔除语言的事实观，而主张我们如果要理解和阐述实在和外部世界，就必不可少地需要借助于一定的概念框架和表达形式。事实的表达离不开概念和语词，至于未被语言表达的、光秃秃的事实是什么，这是一个形而上学层面的胡说和伪问题。后期维特根斯坦会认为这是一种误用日常语言，特别是误用“事实”概念而患上的形而上学疾病；金岳霖则从未设想没有意念和概念的事实是一种什么样的事实，在他看来，没有概念和意念之事实是不可能的，有的只是杂乱无章的所与和感觉材料。

第二，概念、语言的交通、交流性。金岳霖认为，语言的一个本质特征是生活世界、实践活动中的交流沟通，他写道：“语言本来是有交通性的，不然不成其为语言。……语言除了极少数表情外，本来就是为交通的，即表情的语言也有时是为交通情报的。”（《知识论》，第163页）众所周知，中后期维特根斯坦在反思其早期的语言图像论，反思语言在本质上只有描画实在之功能时，也强调了语词、句子在话语实践中交流、交往的重要性。这里，金岳霖的事实观与后期维特根斯坦的事实观之间的比照和对话的空间是非常大的。言说的事实（如事实陈述、事实断言）非得在概念中才得以可能，而概念是语言中的重要成分，语言又在人们的交流、交往活动中扮演着重要角色。以此，这也合理地解释了，事实为什么即便被一个人发现或建构了，如我口袋里有五块钱，通过语言也可以被其他人理解。

第三，事实之生活形式和社会生活面向。既然语言的一个主要功能是在生活形式、社会生活、语言游戏中交流、沟通，那么，一定程度上生活形式和社会生活也深刻地影响着语言。后期维氏说“想象一种语言就是想象一种生活形式”（PI §19），而金岳霖也说：“人在类底语言中，约定俗成的成分占重要的部分。所谓约定俗成即有社会成分。……要紧的不在一官觉者能语言，而在一社会的官觉者能互通语言。”（《知识论》，第165页）举例来说，我们视觉中接受了某种感觉材料，我们说它是红色，但可以设想，在另外一种生活世界和概念框架中，我们说它是“蓝色”，当我们用颜色的概念去言说感觉材料时，我们已经像金岳霖所说的那样，用“概念形容所与、范畴所与”。因此我们才说这朵花是红色的，也许在另外一个可能的生活世界和社会约定俗成中，我们针对同一个所与，说这朵花是蓝色的。

当然，金岳霖的事实观与后期维氏视野下的事实观既有相似、相同点，也有着不同的面向。后期维氏思想主要是一种治疗性哲学，他不追求建立种种哲学理论大厦，而是要通过澄清语言之用法来消解哲学上的问题和疾病，因此这种哲学孕育的事实观并没有明显的理论特征，也不会特别强调事实的知识论、认识论面向，而金氏的事实观是一种建构而非解构的事实观，它的一个重要特点就是将事实知识化：从知识的角度理解事实。

二 将事实知识化：从认知的角度理解事实

为什么称金岳霖的事实观为事实的认知建构论的一个主要原因是，他一方面拒绝一种纯粹实体式的事实观，主张事实不仅仅是感觉材料，而且与人的认知、概念等活动密切相关；另一方面也将在整个知识论框架中理解事实，将事实与知识结合起来，认为知识论以知识为对象，而知识的对象又是事实，在《知识论》中，他以一章篇幅专门讨论事实。既然事实是一种认知建构，那么被人在认知活动中建构出来的事实不就是知识的对象吗？如果这样，知识的世界是人在以认识活动、语言活动等实践活动中所建构出来的，那么，事实的世界也同样如此，它们都是属人的世界。这种将事实知识化的倾向也紧接着带来了如下相应的观点。

第一，事实界随着人类知识的扩展不断膨胀，事实成为人类认识活动的成果。金岳霖指出："事实界无时不在膨胀，如果我们以我们底事实界为世界，则世界的确是膨胀的。这和宇宙膨胀论不相干。宇宙膨胀论是物理学底学说，它靠得住与否完全是物理学范围之内的问题。我们这里所谈的只是事实界底膨胀。不但相对于一知识类的事实界膨胀即一知识者底事实界，只要他底知识增加，他底事实界也膨胀。人类底事实确是增加的，并且增加底速度也在增加。这当然不是说自然或本然界膨胀，本然与自然界完全是另外一回事。"（《知识论》，第566页）金岳霖在此已清楚表明，他所言的事实绝非自然界和本然界的东西，绝非实在之本体，而是与人的知识密切相关的事实陈述。随着人类知识世界的增长，人的事实世界也自然增长，且增长的速度越来越快。如果将人类的知识世界和事实世界比喻为一个圆圈，将它的面积比作知识和事实的世界，那么，随着这个圆圈半径的扩大，它的面积也在加速扩大。人类事实世界的扩张也使得真正的通才越来越少，根本原因不是今人不如古人，而是今天人类所拥有的事实世界要比古人大得多，正如卡尔·皮尔逊所说："亚历山大·冯·洪堡有可能概览了当时尚存的科学的整个领域。现在，任何科学家，即使比洪堡更有才干的科学家，也不可能作这样的概览了。"①

金岳霖的观点较好地解释了在人类的历史进程中，事实的确由一个非常窄的领域不断地扩张自己的地盘。随着人认识和改造自然能力的增强，人类越来越凝聚为一个认知共同体或知识共同体，这个共同体所知道的、拥有的事实随着历史的进程和人类的认识活动正在不断地增加。金岳霖主张，"求知不仅是被动地知道事实，而且

---

① ［英］卡尔·皮尔逊：《科学的规范》，李醒民译，商务印书馆2012年版，第13页。

是主动地发现事实，事实是可以增加的，并且无时不在增加”（《知识论》，第566页）。比如在采集狩猎时代，人们所拥有的事实仅仅是与生活、捕猎密切相关的事实；在封建时代，人们逐渐拥有、积累了关于自然、历史、社会、文化方面的事实；而到现代信息化社会，方方面面的事实呈现爆炸之势涌现在人类面前，大到黑洞形成的机制、宇宙演化的历史进程，小到夸克、质子、中子的物理特性都成了现代社会所确认、承认的事实。总之，对于知识共同体的人类来说，人类认识世界和改造世界的实践活动必然会发现新的事实，人类的知识也在不断增加，说某个东西是事实，也基本等同于说某个东西是知识，因此金岳霖认为，对于人类这样一个知识共同体来说，没有不知道的事实，既然是事实，就是已经知道的。

第二，对具体的知识者来说，他所知的事实是有限的，是作为类知识者所知之事实的一小部分。既然事实是知识的对象，那么人类作为一个知识共同体所知的事实肯定大于某个具体知识者（个人）所知的事实。因此，也会有如下推论。（甲）具体的知识者所知的事实是有边界的，他所知的事实只占知识共同体中所知之事实的一小部分；但个人的认识活动和实践活动也有可能拓展知识共同体的事实边界，如某人在沙漠中发现了一个从未被世人知道的生物，他也就拓展了知识共同体的事实边界。（乙）人类的交往沟通能力使得“交换知识与事实”得以可能。在社会生活中，某人之前可能不知道某一事实，但通过教育、沟通、交流等方式，他可能会从其他那里知道该事实。在化学课堂上我们知道太阳的主要成分是氢和氦，在历史课堂上我们知道“1950年开始抗美援朝”。金岳霖总结道：“说事实不必是一知识者所亲自经验的，知识也不限于一知识者所亲自知道的。所谓教育一部分就是传达人所已知给未知的人们”（《知识论》，第567页）。（丙）随着知识和研究越来越专业和分门别类，具体知识者所知道的事实也越来越分化，通人越来越少，而专家则越来越多，这也是知识发展的趋势。金岳霖说：“各门各类有各门各类的事实。研究物理的人得到许多物理方面的事实，这些事实也许不是研究其他学问所知道的事实。研究历史的人得到许多历史方面或历史上的事实，这些事实也许不是研究其他学问所知道的事实。”（《知识论》，第 567 页）因此，像亚里士多德这样的通人越来越少，越来越不可能，而像诸多诺贝尔奖获得者这样的研究专家会越来越多，他们也的确为拓展人类的事实边界、知识边界作出了重要贡献。从整体来看，一方面，具体知识者所知事实只占类知识者所知事实的一小部分，对于类知识者来说，这个共同体所知道的事实则多得多，这些所知的全部事实构成了人们认识世界和改造世界的实践活动的基础①；另一方面，具体知识者又通过自己的主观认识活动、社会实践、科学探索不断获取新的事实，甚至不断地拓展整个人类所知的事实。

第三，以在认识活动中建构的事实为基础，确立了一种别样的符合论。金岳霖一方面将事实作为知识的对象，将事实视作一个认识论概念而非本体论概念，使得事实知识化；另一方面又跟事实本体论者一样，采取一种符合论的真理观。这种新式的符合论很大程度上避免和克服了以事实本体论为理论内核的真理符合论的缺陷，这种新式的真理符合论的主要特点是：（甲）这种符合论不是无主体、无认知者的符合论，而是有主体、有认知者的符合论。既然事实是一个认识论②概念，那么事实必然牵涉认识活动和认识主体，因此，这种新式符合论与旧式符合论将有着本质的不同，人和认知者的因素、认知活动和科学实践等因素都加进来，而不像旧式符合论仅仅假设和诉诸命题与事实之间神秘的逻辑同构关系。（乙）以事实

---

① 比如，人们如果不知道一系列物理学事实，就不可能重复发射火箭、卫星，登上月球；如果不知道有关计算机软硬件的一系列事实，就不可能批量制造电脑芯片、电子计算机和应用软件。

② 虽然金岳霖更多地讲知识论而非认识论，但他的知识论不是一个狭义地讨论知识定义、本质、范围等内容的狭义的知识论。他的知识论内涵很广，同样包含了认识论方面的内容，比如感觉材料、时空、事实、自然律、因果、度量、语言、思想、真理、认知过程、如何求真以及认识和实在的关系等。因此，本书在论述金岳霖的知识论和认识论时并不作特别的区分。

本体论为内核的符合论一定是与融贯论、冗余论以及实用主义的真理观完全不同且互相排斥的，而新式符合论则可以一方面主张真理符合论，另一方面将其他真理观的合理因素吸纳进来。金岳霖虽然认识到符合论的困难，但他主张“符合说不易取消”也“不应取消”，同时，吸纳其他真理观的理论洞见，“利用融洽、有效及一致以为符合底标准”（《知识论》，第666页）。对于这种新式符合论及其对传统真理观的批判，本书将在第六章第二节论述传统符合论的真理观及其问题时展开讨论。

第四，事实用概念安排所与，但概念也是认知实践的产物。概念不仅具有规范性，是人类共同体的普遍规定和约定；同时也具有认知属性，掌握一个概念的意义需要相应的认知实践，这也是一个人为何从小到大随着认知实践的推进，在语言中掌握的概念也不断增多。布兰顿也曾提出规范推论主义来说明概念的认知属性。对概念和由概念构成的主张（claim）来说，“把握意义就是玩一个给出和索要理由（reasons）的游戏……在‘提出一个主张’和‘负责为这个主张辩护’之间有深层的关联”①。简言之，当我们要弄清别人说的一个概念、一个主张的意义的时候，我们需要问他为什么这样说，只有当他解释清楚言说这个概念和主张的理由时，我们才算完全弄懂相应的意思。给出和索要理由也是人类认知实践的过程，正如一个侦探在说出案件结论时也要同时说出支持这个结论的理由，以便让人们更充分认知这个结论的合理性。因此，按照金岳霖对事实的理解，不仅事实的形成（概念安排所与）是一种认知实践，形成事实的前提（掌握概念和语言）也是一种认知实践。

三　金岳霖事实认知建构论的优势与问题

纵观金岳霖的事实观，我们会发现它与康德先验哲学有着重要

① Robert Brandom, “Facts, Norms, and Normative Facts: A Reply to Habermas”, *European Journal of Philosophy*, 2000, Vol. 8, No. 3, p. 361.

的思想关联，康德在论一般的逻辑时写道：“我们的知识产生自心灵的两个基本来源，其中第一个是接受表象的能力（印象的感受性），第二个是通过这些表象认识一个对象的能力（概念的自发性）；通过前者，一个对象被给予我们，通过后者，该对象在与那个（仅仅作为心灵的规定的）表象的关系中被思维。因此，直观和概念构成了我们一切知识的要素，以至于无论是概念没有以某些方式与它们相应的直观、还是直观没有概念，都不能提供知识。”① 而事实在金岳霖哲学中正是知识的对象，事实同样是概念安排的所与，既需要印象的感受性也需要概念的自发性，没有前者就不会有感觉材料被感受到，没有后者事实就不会被思维和言说。

从整体上看，这种将感觉材料与概念、印象的感受性和概念的自发性结合起来的康德式的先验事实观要比一种朴素的经验主义的事实观更有说服力、更符合人类建构事实的一般过程。如果按照朴素的经验主义事实观，事实相当于自然界已经存在的本体、实体、东西，科学家搜集事实相当于蜜蜂在花园中采蜜一样，这种事实观极大地弱化了人类在实践活动中认识世界的能动性，科学家也沦为了事实本体论和朴素经验论所谓的“事实”的收集者，这种观点早已被几百年的科学实践和科学史研究拒斥。而金岳霖提出事实的认知建构论从一种康德先验哲学的角度批判了纯粹的经验主义的事实观，更符合人类历史上建构事实的实际过程。在当代中国哲学中，很多学者都在不同程度上批判性地继承了金岳霖的思想衣钵，如陈波教授提出了一种见解独特的事实的认知建构论，认为事实是主客观的统一，是我们认识活动的结果，“是我们从世界母体上一片片‘撕扯’下来的”②。

从细节上看，相较于以罗素、阿姆斯特朗为代表的事实本体论

① ［德］康德：《纯粹理性批判》，李秋零译，中国人民大学出版社 2004 年版，第 83 页。

② 陈波：《“以事实为依据”还是“以证据为依据”——科学研究和司法审判中的哲学考量》，《南国学术》2017 年第 1 期。

者的方案，金岳霖的认知建构论避免了事实本体的诸多问题。金氏方案的优点在于三个方面。

（1）更有解释力。事实本体论者只能部分地解释自然事实，认为自然事实是世界的一部分，但当他们遇到为何这些自然事实会包含像“里”“尺”“寸”“波长”“微秒”等属人的社会、科学建制之问题时，则产生了解释上的困难。有人会反驳，比如无论我们用什么样的长度概念去表述地球与月球的距离，两者之间的实际距离都是不变的。但问题是，只要事实在人类语言中被表达、被言说、被理解，就必然会涉及用概念范畴化感觉材料、用概念建构起整个事实世界之大厦。还有人会反驳，事实被人类表达、言说和理解是一回事，事实本身或事实本体又是另外一回事，但这一观点的问题在于，我们无法设想、言说、思考无概念的事实，事实若脱离概念便只能成为一个康德式的自在之物。正如黑格尔所批判康德自在之物那样，事实本身也会成为一种可以被取消或悬置的东西。

进而言之，事实的认知建构论的解释力体现在三个方面。首先，很好地解释了事实的可言说性，并将事实和所与区分开来。在没有被概念化之前，纯粹的感觉材料是无法言说的，出生不久的婴儿能听能看，但仍然无法用语言描述世界，只有人类通过认知实践对外部世界有所知时，言说事实才成为可能。金岳霖写道：“呈现或所与，严格地说，是无法说的。……事实是可以说的”，“知色者才能见，知声者才能闻，有知或有相当程度的知才能说什么……如果我们能够假设一个完全无知无识而又有官能作用的人，他同样地有呈现或所与，可是，他不会发现事实”（《知识论》，第379—380页）。没有认知实践和应付所与的概念，我们就没有办法言说事实。

其次，正因为概念的引入，用概念接受、安排所与，使得自然事实与社会事实之间便没有绝对的区分，自然事实也不会比社会事实、历史事实等其他事实更具优越地位。比如地球与月球的距离为384401公里、地球诞生于46亿年前与特朗普在2019年是美国总统、我口袋里有10元人民币并没有本质上的区分。事实认知建构论一定程度上将自然事实、社会事实、历史事实、制度性事实统一起来。维特根斯坦强调我们对于世界的认识和理解离不开生活世界的概念框架和表达形式，金岳霖的认知建构论在这一点上与后期维特根斯坦走上了同一条道路，只不过两人各有侧重，维氏强调在具体的生活形式、语言游戏和概念框架中建构事实，而金岳霖则偏向在认识实践和知识论层面建构事实。

最后，这种对于认识实践和知识论层面的侧重使得金氏的认知建构论解释了与事实紧密相关的其他现象。这种现象包括但不局限于注意力的问题。既然事实是概念、意念所范畴的所与，那么感觉材料首先要被人感觉到，这就涉及注意力的问题，如果人的注意力没有注意到相关的感觉材料，那么人的感官就不会接受所与，那么无论概念和意念再怎么起作用，他都不能建构、不能拥有事实。比如说，如果科学家在某时没有注意到夜空中的某个光亮的斑点，有可能他就不会发现哈雷彗星，有关哈雷彗星的事实也不会被揭示。

（2）更加融贯。事实本体论虽然有其理论诉求，但它的一个根本性问题在于理论上的不融贯。比如该立场有如下问题：（$甲_1$）随着命题图像论的崩溃，事实与命题二元对立、逻辑同构的关系也跟着崩溃了，事实如何被言说最终反倒成了一个难题。（$乙_1$）事实本体论没有办法安顿否定事实问题，如果否定事实不是实在之本体，而是被建构出来的，为何肯定事实是实在之本体呢？（$丙_1$）自然本身不说话，而人在说话，事实本体论没有办法解释自然本是一个整体，为何事实的世界被切割得清清楚楚，如果没有人的语言活动和认知活动为代表的实践去建构事实世界，这种切割和分裂是不可能的。

相较于事实本体论，事实建构论则能较为融贯地回答这些问题。（$甲_2$）事实建构论从来就没有预设命题图像论，反而主张事实离不开概念框架和表达形式，是在特定的语言游戏中的建构。因此，我们完全可以在不预设命题图像论的前提下，合理地言说事实。（$乙_2$）既然事实是被建构出来的，那么无论是肯定事实还是否定事实都没有特殊的本体论地位，火炬在燃烧与火炬没有熄灭，这朵花还没死与这朵花还活着看似有着肯定事实或否定事实的形式，但却是意指和描述同一个现象与所与。因此否定事实在事实建构论那里已经不构成一个问题，我们完全可以在日常语言中承认否定事实存在，使得否定命题为真的东西在表面上看好像是被建构的否定事实，但在深层次上是人的认识活动、认识过程本身使得否定命题真。（丙$_2$）事实建构论合理地回答了为什么世界和自然不说话，而人说话，因为是人在实践活动中将世界人为地分割为一个个事实。正是因为人为的建构因素加入进来，这种分割可以很细致，也可以很粗糙。

（3）更加简洁。事实本体论被提出之后，它的一个潜在的问题是不够简洁。以某颗苹果存在为例，从以物为中心的本体论来看，我们可以说某颗苹果存在就完成了一个本体论上的界定；而事实本体论则会认为，某颗苹果的存在也是关于这个苹果的诸多事实的复合，比如这个苹果有 200 克，位于上海的某棵树上，等等。事实本体论会使得我们的本体论更为复杂、庞大，任何有关世界的事实都可以被视为世界之基本实体。而相比之下，事实建构论无须设定过多的实体，且它能与原本以物为中心的本体论相兼容，更符合奥卡姆剃刀的“如无必要，勿增实体”的原则。

虽然金岳霖的事实认知建构论具备如上理论优势，但也留下了进一步讨论和商榷的空间。

第一，人们不仅被动地接受所与，也在主动挑选所与。在对待呈现和所与上，金岳霖常说人通过感官接受呈现和所与，如“发现事实就是以接受方式正确地接受呈现与所与”（《知识论》，第 380 页），但按照当代流行的一些认知加工理论，人的大脑不仅被动地接收上行的感觉信号，同时也在主动地作出预测，去预测和筛选感觉信号。换言之，在大脑、感官与所与的关系上，前者不仅被动地接受后者，同时也在积极主动地挑选后者。比如，在车站茫茫人海中你一眼就看到了自己的亲人，这里也包含了积极主动地处理呈现或所与的问题。我们也可以为金岳霖辩护，一方面，金先生不可能了解当代的一些认识理论；另一方面，因为事实的认知建构论可塑性较强，我们完全可以把时下受到肯定的认知理论融进其中，比如在接受后加上选择，或用“接纳”替换“接受”来突出人处理感觉材料的主动性。

第二，过度强调事实的不可更改性，弱化了事实的社会历史性。金岳霖将事实界定为意念或概念安排的所与，一方面所与、呈现不能随意更改，另一方面意念、概念也不能随意更改，那么用意义安排的所与形成的事实也是不可更改的。金岳霖写道：“一方面我们对于所与不能随便，另一方面对于意念我们也不能随便，意念是非常之有硬性的”，因为意念和所与具有硬性，所以事实也具有硬性，“事实是我们拿了没有办法的。事实是没有法子更改的。所谓修改现实，只是使将来与现在或已往异趣而已”（《知识论》，第573—574页）。这里可能存在两个问题。（1）不能随意更改不等同于不能更改，前者不能在逻辑上推出后者。人类的意念和概念的确具有相对的稳定性，不能随意更改，但与此同时也有着社会历史性，不可能永恒不变。历史唯物主义主张，观念的形成都是随着社会历史不断运动发展的，科学史中记载的观念转向更是屡见不鲜。因此如果把事实理解为意念安排的所与，那么事实既具有相对的稳定性，也应具有社会历史性。（2）事实不完全等同于现实。一方面，金岳霖将事实没办法修改与现实没办法修改相等同，似乎是将事实等同于现实了；另一方面，经过概念安排所与形成的事实早已不是纯粹的实在。如果要说得更精确些，独立于人类认知的纯粹现实和实在的确无法修改，但人通过对世界、现实的认知产生的事实则可以修改。人类科学和认知都是在不断犯错中曲折前进的，前面确认的事实可能后面会被推翻、抛弃，因此只重视事实的硬性，与人类的认知实践不完全相符。

第三，金岳霖将事实概念的核心内涵固定化，只在概念范畴所与层面论事实，并没有完全展开事实概念在人类社会中的所有维度。这体现为三个方面。（1）将事实界定为意念和范畴安排的所与，使得事实的定义固定化，这很大程度上排除了与感觉经验不相关或距离较远的事实，比如有关数学的事实、法律的事实和语言的事实，一定程度上它们较少有“所与”的部分，而包含更多的规范性、学科性内容，说它们是概念安排的所与，就显得有些牵强。（2）在“是否存在普遍的事实”上存在争议。金岳霖认为，事实都是特殊的、个体的，“根本没有普遍的事实”（《知识论》，第553页），但像“人都是要死的”“太阳每天都会照常升起”这样的全称命题有没有说出普遍性事实呢？这里也有很大的讨论空间。（3）在语言和事实的关系上，到底是语言、命题在先，还是事实在先；事实究竟是实在的一部分，还是一种语言性的事实陈述，金岳霖在这些问题上给出的答案仍然有些模糊。按照定义，应该是语言、命题在先，没有命题就没有办法表示事实，但如果命题在先，为何有普遍命题却没有普遍性事实呢？

以上总结了金岳霖的事实观存在哪些可以进一步讨论的地方，这些问题很大程度上是由于金岳霖给予事实单一的、固定化的定义而导致的。后期维特根斯坦哲学也要求我们提防将概念用法本质化的倾向，他会认为事实概念用法的多样性取决于人类语言游戏和生活形式的多样性。本章第三节就试图总结事实在认识论层面的三种典范用法，通过对事实的用法进行分层来解释事实与命题、事实与实在的关系问题。最后，我们也可以为金岳霖辩护，因为金先生专长知识论和认识论，因此也更专注于在这些方面论述事实。研究事实问题需要“先立乎其大者”，事实的认知建构论主要讨论了事实的一种典范用法而非唯一用法，当我们把事实最为典范性的用法——“作为认识结果的事实”——讲清楚了，其他事实问题也可以迎刃而解。

整体而言，金岳霖的事实思想是中国哲学家对于世界哲学的原创性贡献，更难能可贵的是，在抗战期间《知识论》第一稿就已经写好，后又因书稿丢失，他在1948年重新写完第二稿。而维特根斯坦的《哲学研究》第二部分写于1947年至1949年，待《知识论》

第二次完稿时，日常语言哲学尚未盛行，更不会影响到金岳霖概念观和事实观，金先生那时也不会读到《哲学研究》等后期维氏的著作。但是从今日研究者的视角，吸收两种观点中的洞见，反思一些较成问题的见解，去完善事实的语言认知建构论则是可行和必要的。

第三节　事实的语言认知建构论

在本章的前两节，我们讨论了后期维特根斯坦哲学视野下“事实的语言建构论”与金岳霖哲学视野下“事实的认知建构论”，两位哲学家从两个主要的层面（语言哲学层面和认识论层面）揭示了事实如何在以语言活动和认识实践为代表的人类的实践活动中被建构出来。虽然两人未直接说出自己持有事实建构论立场，但从他们的哲学思想和理路中，我们能合理地概括出事实的语言建构论和认知建构论。从后期维特根斯坦和金岳霖哲学中，我们均能找到批判事实本体论的有力思想武器，并逐步消解和批判事实本体论给哲学带来的思想上的混乱。

但我们不能忽略的是事实的语言建构论和认知建构论之间的差异，后期维特根斯坦是一种治疗型哲学而非理论建构的哲学，侧重通过澄清语言的用法而消解形而上学上的疾病，其事实观也应与其整个哲学基调一致；而金岳霖的事实观更侧重一种理论建构，首先主张事实由意念安排所与和概念范畴所与而形成，在确定事实的基础之上，建构了整体知识论的大厦。这两种事实观的融合和对话是否可能呢？在笔者看来，这种结合是可能的。第一，两人的事实观尽管有着不同的面向，但都是一种批判形而上学的事实观，后期维特根斯坦哲学会批判一种对于事实概念的形而上学使用，金岳霖哲学也批判一种实体性、纯粹客观、排斥认识活动的事实观。第二，两人的事实观都强调事实是在生活世界的语言活动、认识活动等社会实践中确立的，强调事实离不开人类的概念框架和表达形式，因此社会实践和作为实践主体的人对于事实确立不可或缺。第三，虽然维特根斯坦哲学强调事实概念的使用同样依赖于一定生活形式下的语言游戏，但在现代人的生活世界，事实作为一个认识论概念本身就是人们普遍认可的事实之主要用法。维特根斯坦所要批判的是对语言的形而上学误用，而非反对对于语言的所有方面的使用。第四，金岳霖的事实认知建构论并非一种狭义的认知建构，而更是一种广义的认知建构，物理学家发现物理事实是一种认知建构，历史学家发现的历史事实也同样是一种认知建构，换言之，只要是在人类生存和实践过程中与外部世界打交道，则必然涉及认知活动，涉及用语言和概念去抽象、规范杂乱无章的感觉材料，这才体现了概念范畴所与、意念安排所与的真正洞见。而即使金岳霖的事实的认知建构论遇到一些理论上的困难，有一些不足，我们仍然可以以一种后期维特根斯坦的观点对之进行修正和补充。

一　语言认知建构论的内涵

综合后期维特根斯坦和金岳霖的思想，我们提出事实的语言认知建构论（简称事实建构论），目的是：（1）澄清事实概念在日常语言和科学话语中的规范用法。指出事实概念的语用多样性和语义多义性，归纳和研究事实概念的典范用法。（2）整合学术界已有的事实建构论，具体讨论在哪些层面事实具有建构性。（3）凸显语言活动、概念框架对于事实的形成和表达的重要作用，阐明剔除概念框架和表达形式的事实本体论是一种形而上学幻象。（4）着重探索事实概念的一个典范用法——认识论层面的事实、作为认识结果的事实，强调人们在认识世界和改造世界的实践活动中掌握事实、发现事实，从一种认识论和认知实践的角度理解事实。

在研究维特根斯坦和金岳霖事实思想的基础上，笔者意识到，进一步提炼和概括事实建构论的主要特征、所面临的理论疑难及其解决方案，才能完成事实建构论的最终立论工作，以此向读者表明相较于事实本体论，一种建构主义事实观——事实的语言认知建构论是我们更应采纳的事实观。即便这种事实观可能会面临不少诘难和理论疑难，它们也能在一定程度上被克服。一个完整的事实形而上学研究需要破又立，既要全面研究和批判事实形而上学又要给予事实更充分的解释。本书提出事实的语言认知建构论正是出于这样的目的。让我们首先总结事实的语言认知建构论的核心观点。

（一）强调事实概念背后没有共同的本质，我们需要在语言中注重事实概念的不同用法，特别是典范性用法

事实从来没有诸种形而上学预设的固定本质，当我们愈加厘清事实在日常语言中的使用，我们愈加发现事实概念使用的多样性，愈加发现事实在我们丰富多样的生活世界被建构的多样性。当代形而上学对于事实所作的诸种独断都是忽略“事实”在日常语言中使用的先验规定，维特根斯坦称之为“我们的理解撞上了语言的界限撞出的肿块”（PI §119），事实建构论主张，与我们称之为“句子”“语言”的东西一样，我们称之为“事实”的东西，也不具有“想象的形式上的统一，而是或多或少具有亲缘的家族”（PI §108），我们在不同的语言游戏中使用事实概念，衬托出现代形而上学对事实进行先验规定是一种本质化思维。在维特根斯坦的语法视角外，马克思也同样从历史唯物主义的视角反对将任何观念和范畴等本质化、非历史化、形而上学化。马克思在《哲学的贫困》中指出：“这些观念、范畴也同它们所表现的关系一样，不是永恒的。它们是历史的、暂时的产物。生产力的增长、社会关系的破坏、观念的形成都是不断运动的，只有运动的抽象即‘不死的死’才是停滞不动的。”①

在维特根斯坦和马克思洞见的基础上，笔者进一步主张：事实概念与其他概念一样，虽然没有形而上学意义上的本质性定义（比如把事实定义为殊相与共相的结合），但仍然在人类社会历史中有典范性的定义和用法。因此我们不能仅仅追求事实背后的本体论和形

① 《马克思恩格斯文集》第1卷，人民出版社2009年版，第603页。

而上学基础，更不能认为所有事实都共享一个共同的形式和结构，而要关心在话语实践层面事实的典范性用法。如何知道事实有哪些典范性用法？如何为不同类别事实划分各自的领域呢？我们所使用的语言已经告诉我们了。如布兰顿指明的："一种重要方法是通过陈述它们所需的词汇。这就是我们挑选物理事实、数学事实、意向事实以及语义事实（成问题的范畴）等不同类别事实的方式。"[①] 换言之，每一类别的事实都有各自新的特征，各类事实之间虽然分享"事实"二字，但它们并非拥有一个共同的、永恒不变的本质，它们之间更多的是一种家族相似关系，所以也冠以不同的修饰词以作区分。

举例来说，当我们说"万物之间有引力、地球围绕太阳转是事实"时，事实的用法类似于规律的用法；当我们描述过去发生的事情并说"这是事实"时，事实的用法类似于真实情况、实际情形的用法（多数时候还伴随着一种祈使态度，请你相信我说的话）；当古人认为"占卜可以预知未来是一个事实"时，从今天的视角看，这些事实不过是一种"被相信是正确的主张"。总之，事实在语言中的用法很多，典范用法也有一些。前文指出中后期维特根斯坦曾发现命题难以定义，以及各种命题之间只有某种家族相似关系，笔者认为，维特根斯坦对于命题的断定同样适用于事实，事实概念是在人类的语言实践中生成和使用的，事实概念在语言中也拥有不同的用法。这是事实的语言认知建构论必须包含语言的第一个原因。

值得特别注意的是，哲学家们在认识层面对事实有三种典范用法，这三种用法可以完成认识论的逻辑闭环。

第一种用法是，作为认识对象的事实。这种对事实的用法也较符合直觉，通常来说，只有事实发生了，我们才能接着去认识它。休谟认为事实的事项都是人类理性与研究的对象，就在这一层面上

---

① Robert Brandom, "Facts, Norms, and Normative Facts: A Reply to Habermas", *European Journal of Philosophy*, 2000, Vol. 8, No. 3, p. 365.

使用此概念。休谟在《人类理解研究》等著作中常将事实情况（matter of fact）与真正的存在（物）（real existence）并列和交替使用，并且说两者都是人类理性或研究的对象，这进一步表明他是在实际情况、外部实在、客观存在的意义上使用事实，把事实首先看作作为认识对象的事实。我们通常宽泛地说要实事求是、尊重事实时，也主要在这种意义上使用事实，我们需要认识活动去“求”的事实“是”什么。但人们在真正认识这些实际情况、外部实在之前，并不能知道它是什么，也不能进一步言说它。这种作为对象的事实才是独立于人类心灵、没有任何人类痕迹的天然事实（brute facts）。

第二种用法是，作为认识结果的事实。从认识对象到认识结果少则需要短暂的个人认识，多则需要漫长人类社会共同体的努力。恩格斯曾指出，“为了正确地确定像哺乳动物的血液循环这样简单的事实，需要经历从盖仑到马尔比基之间的多么长的一系列中间阶段！”① 要真正从认识实践活动中取得认识结果，需要包括但不局限如下环节：如经验层面的观察探测、搜集证据，理性层面的概念建构、演绎推理、数学运算、模型建构，大脑层面的认知加工，社会层面的分工合作、形成专家和学术共同体等。对人类认知实践有清楚了解的人大都不会认同，事实陈述是对于外部实在的简单镜式反映。金岳霖认为事实是概念安排的所与，“安排”二字就囊括了上述求知过程，蒯因说事实是人类从真命题中建构出来的伪实体时，表明他在真命题的意义上使用事实；弗雷格和普特南分别把事实视作真的思想、（共同体一致同意是）真的陈述时，他们也是在这种用法上使用事实；对布兰顿来说，事实的一个核心用法是指真的主张（true claims）②、真的断言（true assertions），事实断言与其推论结构紧密关联，当某人说出一个新的事实断言时，他需要接着说明该事

① 《马克思恩格斯文集》第9卷，人民出版社2009年版，第93页。

② Robert Brandom, *Making it Explicit: Reasoning, Representing, and Discursive Commitment*, Cambridge: Harvard University Press, 1998, p. 328.

实断言如何被推论出来、支持该事实断言的理由是什么。由上可见，在认识论层面的三种典范用法中，作为认识结果的事实是事实的最主要用法，也是除形而上学家之外大多数哲学家们更为重视的事实，它凝聚了人类认识活动的精华，同时它也在三种事实的用法中起着承上启下的作用，既揭示了那引起未知的外部实在是什么，也帮助人们在讨论实在时，用事实陈述去谈论实在的一部分。因此本书所讨论的大多数事实都是作为认识结果的事实。

第三种用法是，事实陈述反向规定、挑选甚至重构的实在。在拥有事实陈述之后，我们还会在话语实践中利用事实陈述，把事实陈述所描述的那个实在的一部分，从无限多的、未知的实在中挑选出来，如二十多年前我和朋友说“中国加入了 WTO”，他不是因为这句真陈述而欢欣鼓舞，而是因为这句真话所指明的真实情况；小明对小李说，“这是一只眼镜蛇，眼镜蛇有毒”，小李听了这句话感到害怕，他所害怕的不是这句话为真，而是这句话所挑出的实在——那只有毒的眼镜蛇。很多人会认为事实的第三种用法与第一种用法没有什么区别，反正都指的是事实，其实不然，原因是：第一类事实在人类的认识之前，人类对其一无所知，只有人类的认识活动产生了第二类事实，第三类事实才能从连成一片的实在中被挑选、切割出来，因此第三类事实是带有人类视角的实在。正如戴维森所言：“我们很难描述证实了句子的事实，除非使用这个句子本身。”① 事实陈述、真句子成为我们在心灵中切割实在的工具。这也一定程度上回应了罗蒂对事实本体论的批评，为何世界本身是连成一片的整体，而对人来说，世界好像被切割得清楚明白，每个事实之间都泾渭分明。连一些哲学家也没有看到第三类事实是带有人类视角的实在。如塞尔认为，“猫在垫子上这个陈述表达了作为要求的真值条件。如果这个陈述是真的，那么在这个世界中就会有一种满

---

① Donald Davidson, *Inquiries into Truth and Interpretation*, Oxford: Clarendon Press, 1984, p. 49.

足这个要求的条件，而这个条件就是猫在垫子上这个事实”[1]。塞尔用“如果”二字，把获取真陈述的艰难和过程淡化了，按照塞尔的逻辑，如果我随便杜撰一个陈述不为真，如中国国家男子足球队进入了卡塔尔世界杯，那么就在实在中找不到这个事实。所以问题的关键还在于我们能获得第二类事实，知道一些陈述是真的，才能在所有实在中规定、切割和挑选出这些实在来。

综合来看，第三类事实在哲学中被称为内在事实实在论（internal factual realism）[2]，即被一个事实陈述、真命题规定、切割的实在，这种事实之所以带有人类视角，因为在认知实践中，事实陈述和真命题带有人类视角。至于第三类事实究竟是客观实在的一部分还是人类建构的实在，需要进一步区分和讨论。比如“电子存在”被科学实践证明是真的，已成为一个科学事实，但电子究竟是客观实在还是人类建构的实体，仍然引发了科学实在论与反实在论的争论。即使笔者认为科学实在论的“非奇迹论证”具有说服力，倾向一种实在论的解释，但是这种被人类用事实陈述单独挑选出来的实在仍然带有着人类视角。本书提出的事实的语言认知建构论强调事实用法的多义性，认为事实的这三种典范用法并不冲突，反而能在事实建构论的框架下得到兼容，并且形成了一个完整的人类认知的逻辑闭环。

（二）事实的表达需要以概念为载体，因此作为人类理智加工结果的事实包含了语言层面的建构

非建构主义者会主张，事实是事实、概念是概念，事实不以人的意志为转移，没有概念和语言，事实仍然在那里。但问题在于，如果没有概念，事实就不会被表达和理解，人们也不可能表达和理

---

① ［美］塞尔：《社会实在的建构》，李步楼译，上海世纪出版集团 2008 年版，第 178 页。

② 参见 Xinli Wang，“Where Are Facts? —— A Case for Internal Factual Realism”，*Diálogos*，2003，Vol. 38，No. 82，p. 25。

解哪怕一个事实，一个不能被表达、理解和认识的东西是什么，没有人能说得清。这种非建构主义的事实是一种“物自体”意义上的事实，即不能被言说、不能被认识的事实。事实的用法多样性、语义多义性使得，未进入人类理智世界的外部实在与人类理智加工后产生的事实表达都被不加区分地称作事实。事实建构论主张，作为认识结果的事实需要概念、语言为载体，金岳霖主张事实是概念安排的所与也表明，作为认识结果的事实是一个人类语言、认知加工的产物。这是事实的语言认知建构论必须包含语言的第二个原因。

事实离不开概念框架，这个概念框架既是理论中的概念框架，也是生活形式、语言游戏中的概念框架。在这一点上，后期维特根斯坦与康德、麦金太尔基本在同一阵营。如康德所言，思想无内容则空，直观无概念则盲。无概念框架的事实就像一个康德式的物自体，我们既无法认识它，也无法表达它。杜威举例说道：“任何关于暗杀凯撒大帝的叙述肯定都涉及暗杀、阴谋、政治野心、人类等一般概念（generic conceptions），这是一个如果不使用这些一般概念，就无法报道和解释的例证。”① 后期维特根斯坦也认为，对于世界的认识离不开人的概念框架和表达形式；否则就如同麦金太尔所说：“我们所面对的，就不仅仅是一个未加解释的世界，而且是一个不可被解释的世界；不仅仅是一个尚未被理论所把握的世界，而且是一个永不可能被理论所把握的世界。”②

既然言说事实依赖于一定的概念框架和表达形式，那么，相同的客观现象在有不同的概念框架、表达形式上是否形成的事实也不同呢？借用维特根斯坦在《哲学研究》中提出的例子，我们一方面说“公鸡用鸣啼声把母鸡呼唤过来了”，另一方面也可以说“（公鸡的）鸣啼声通过某种物理作用导致了母鸡的运动”。（PI §493）毫

① John Dewey, *Logic: The Theory of Inquiry*, New York: Henry Holt and Company, 1938, p. 501.

② ［加］麦金太尔：《追寻美德：道德理论研究》，宋继杰译，译林出版社 2011 年版，第 101 页。

无疑问，两句话好像意味着同一个东西，但在维氏看来，这两句话所显示的景貌是不同的，也不具有严格意义上的同一性。我们不禁要问，这两句话表达的是两种不同的事实，或者是某一个不能被言说的相同事实。维氏的洞见启示我们，这两个句子都是不同概念框架和表达形式下的事实，而在两个事实之外，不能被言说的事实本身则是一种形而上学的幻象。笔者认为，一个更易被接受的解释方案是，以从言（de dicto）的解读方式看，两个句子反映的语言图像和思想图景是不同的，因此是两种不同的事实陈述；以从物（de re）的解读方式看，这两个事实陈述又从未知的实在中规定和挑出了相近的外部实在和物理事件。

（三）强调事实概念与人类认知活动的紧密联系，认识论意义上的事实是该概念的典范用法之一

金岳霖对事实的认知建构论阐发已表明，认识论意义上的使用是事实概念的典范用法，事实是我们认识外部世界的最重要手段之一。科学史研究表明“fact”的概念也是随着科学革命的深入而广泛被使用和接纳的，而“在科学革命之前，事实少之又少：它们由手工制作而非大规模生产出来；它们传播有限并常常不可靠。举个例子，在1801年第一次人口普查之前，没有人知道大不列颠有多少人口”①。科学史的相关研究进一步印证了认识论意义上的事实的确是事实概念最为典范的用法之一，因此这也是事实的语言认知建构论必须包含认知的原因。具体而言，除了上节金岳霖事实的认知建构论所总结的观点，事实的语言认知建构论还需强调的认知面向有三个。

（1）事实依赖人类实践，在认识实践中事实不断地增多、细化，个别事实被抛弃、废止。按照事实本体论，事实也可以不断增多，其原因是，随着时间的流逝，宇宙中实际发生的事件、事实越积越

① David Wootton, *The Invention of Science: A New History of the Scientific Revolution*, Penguin UK, 2015, p. 260.

多。但事实本体论不太容易回答的问题是，为何我们针对同一个稳定对象，所知的事实也会越来越多、越来越细呢？为何我们会知道有关新对象的事实呢？为何有些被确立的事实被抛弃了呢？一个合理的解释是，事实是在人类认识实践活动中建构出来的，因此我们的事实世界不断膨胀、精细，同时我们也知晓了有关新对象的事实、抛弃被实践证明为不正确的事实。例如，对于太阳，古人所知的事实很有限，大致只知道"日初出大如车盖，及日中则如盘盂；日初出沧沧凉凉，及其日中如探汤"这一类由朴素观察而来的事实，甚至不知道太阳究竟离地球有多远，而今日我们所知的有关太阳的事实要丰富、细致得多。再如，科学史家认为，"事实不仅会被确立，也会被'废除'（disestablished）……古希腊人和古罗马人相信，如果你用大蒜擦磁铁，它就会被消磁"[①]，这种日后被实践和经验驳倒的事实自然也逐渐被抛弃、废除。可以说，自人类开始用文字记录知识以来，人类的知识世界和事实世界是不断地增加、扩张和变化的。造纸术和印刷术的发明、文艺复兴、三次工业革命等几个关键节点加速了人类事实世界的扩张，人类认识世界、改造世界能力的增强进一步推进了事实的发现、确立和积累，如望远镜的发明和登月工程为我们充分掌握关于月亮的事实提供了可能；与此同时，这些关键节点使得事实变得愈发"硬核"，这种"硬核"体现在事实在传播过程中不易产生太多变化和错误、人们也更信任这些被记录的事实、诉诸事实可以获得更高的行动效果和解释权威等。要言之，事实的语言认知建构论可以为人类认识世界、积累事实提供解释力强的理论框架。

（2）在人类认识实践中，"真"（true）与"真理"（truth）逻辑上先于事实。事实概念与真理概念有着异常紧密的联系，以致在日常语言中事实与真理（或真的命题、真的主张）常常可以互相替

---

① David Wootton, *The Invention of Science: A New History of the Scientific Revolution*, Penguin UK, 2015, p. 269.

代。事实本体论者把事实当作真理的本体论根据，因此事实在逻辑上是先于真理的。但在事实本体论和传统符合论之外，从认识论的视角看，当人们通过经验证据、演绎推理等认知过程知道一个命题为真时，才确定该真命题指涉一个事实。正是因为真命题在逻辑上先于事实，因此诸多哲学家认为事实是一种人类建构、是从真命题中建构出来的人造物。对于传统符合论来说，事实在逻辑上先于真理；但对于基于认知实践的真理论来说，反而是真理在逻辑上先于事实，一句话被确立为真理后，它便成了一个不可被轻易撼动的事实。普特南更进一步，认为连真理和事实都在逻辑上后于合理性和共同体，认为"事实（或真陈述）的概念，是对于能合理相信的陈述的概念加以理想化的结果"①。一个共同体合理相信的东西（共识），既是真的，也是事实。如对于曾经的基督教信众来说，"人类的祖先是亚当和夏娃"就是合理相信的东西，它是真的，同时也是事实。

（3）在人类认识实践特别是科学实践中，事实绝对不是一个孤立的概念，它与科学共同体、假设、证据、实验、理论等概念一起编织成科学的核心概念群。按照事实本体论，事实就在那里，不会因为人的观点和想法改变而改变。因为事实本体论很难解释事实与其他科学概念的互动，所以科学的实际发展恰恰反映了事实本体论在解释力上的不足，而事实建构论者早已发现这一问题，如古德曼指出："'事实'就像'意义'一样，是一个必须与其他词连用的术语；事实显而易见是人造的。"② 科学事实这一概念尤为代表了事实的认识论向度。

一方面，"科学事实"与假设和证据相关。虽然科学事实不是假设，但绝大部分科学事实在成为事实之前都是一种假设/未被验证的

---

① Hilary Putnam, *Reason, Truth and History*, Cambridge: Cambridge University Press, 1981, p. 201.

② Nelson Goodman, *Ways of Worldmaking*, Indianapolis: Hackett Publishing, 1978, p. 93.

理论，爱因斯坦的广义相对论在被经验证据验证之前仍然是一种假设和未被验证的理论，而今天我们再说广义相对论的一些具体观点时，如“任何具有质量的物体都会弯曲周围的时空，质量越大，这种效应越明显”，便自然地认为这是一个科学事实。我们只要准确地概括科学事实的产生过程，便能清楚地回答“人如何通过事实认识世界?”首先，科学起源于惊异，当科学家为了合理解释一个（或一系列）令他感到困惑的观察或现象时，他会结合已有的知识提出假设，努力地去解释该现象的发生，这种假设可以是简单的推测，也可以是复杂的理论，正如波普尔主张：“我们必须将所有的规律和理论视作假定的和推测的。”① 其次，这些推测和理论需要被经验证据反复验证后才能上升到更高的科学地位，当推测和理论获得决定性意义的经验验证时，它们便成为科学事实和科学理论。因此，理性推理和经验验证一道使得科学事实得以确立，前者更多地在作出假定和推测时发挥作用，后者更多地在验证假定时发挥作用。最后，科学事实和科学理论不会永远地躺在自己的王座上，它们也会时常接受新观察和新理论的挑战，正如马赫所言“我们对行星运动的观察愈精确，它们的运动愈特殊，开普勒定律的精确性就愈少”②。随着观察精度的提升，开普勒定律的权威性也免不了受到挑战。

另一方面，科学事实需要科学共同体来确立。首先，事实的产生与共同体相关。人类认识世界和改造世界的过程基本是以共同体的形式进行的，因此一系列信念被共同体认定为事实时，共同体可以依据这些事实形成自己的世界观和改造世界的信念工具。当人类步入科学时代，科学事实的产生仍然脱离不了科学共同体，被科学共同体共同相信的信念和理论虽然不完全等同于事实，但不被科学共同体接受的信念和理论则丧失了成为科学事实的机会。例如，哥

---

① Karl R. Popper, *Objective Knowledge: An Evolutionary Approach*, Oxford: Clarendon Press, 1979, p. 9.

② ［奥］马赫：《感觉的分析》，洪谦等译，商务印书馆 2016 年版，第 273 页。

白尼很早就提出日心说，但由于种种原因该学说直到其70岁时才得以出版、流传，在没有被科学共同体知晓和接受之前，科学史家认为它仍然不算真正意义上的科学事实。科学共同体、印刷术以及学术出版等因素一起使科学事实的传播和检验成为可能。从科学史上看，事实不仅被科学共同体确立，也可以被其推翻。如“冥王星是太阳系的第九大行星”曾是一个天文学事实，2006年国际天文联合会决定将冥王星由行星降级为矮行星后，这一事实就不复存在。以上讨论我们看到，事实建构论与科学发展相伴而行，科学实践中涉及的事实更多的是作为认识结果的事实，而非作为基本实体的事实。

（四）事实的语言认知建构论并不排除在语言与认知之外其他对事实的影响因素

事实的语言认知建构论主张语言活动和认知实践在事实的确立、积累和迭代中起了核心作用，但并不排除其他影响因素并与之很好地兼容，这也反衬了该框架包容性高和解释力强的优点。综合来看，影响事实确立的其他因素包括：（1）社会物质生产力，（2）时代精神状况，（3）文化传统，（4）价值体系，（5）伦理、政治与宗教，（6）个人的意志、情感，等等。这些因素虽然会有交集，但它们的确突破了纯粹的分析哲学的分析框架，尽可能兼容其他哲学、文化对事实的理解。这些因素从两方面影响了事实的建构。一是概念用法上，这些因素影响了人们如何使用事实概念、影响了不同的语言共同体对于事实概念或类事实概念的用法，比如中文的事实、英文的fact、拉丁语中的*factum*，三者虽在用法、内涵上有相似性，但也不完全等同。*factum*原意为“‘已成之事’（something done），‘事迹’或‘行动’”[①]，但在英语的fact中，这一层含义已大为削弱。二是这些因素影响了作为认识结果的事实。人类认识世界是多种因素的合力，即使在科学方法占主导地位的今天，其他因素也会以不

---

① ［英］尼古拉斯·布宁、余纪元：《西方哲学英汉对照辞典》，人民出版社2001年版，第359页。

同的方式影响事实的形成，只不过很多时候它们通过影响语言表达、认知过程来发挥间接的影响。

事实的语言认知建构论希望挖掘在事实本体论之外的那些学术阵营的思想宝藏，在上文提出的框架内积极吸收反对事实本体论的哲学家的思想资源，最终为人们理解事实给出多样和建构性的视角，将人类的话语实践、认知实践等多样的实践要素和人类视角与事实问题联系起来，不让与事实相关的问题沦为干枯的形而上学问题。虽然这些哲学家的思想旨趣和重心各不相同，可能只论述了事实的一个专门用法，比如陈波在金岳霖的基础上提出的认知建构论，但在揭示事实本体论的问题上，他们殊途同归，如针对维特根斯坦式的事实本体论，古德曼指出，事实不是组成真实世界的元素，事实不是被发现而是被制作出来的。“事实的制作”(fabrication of fact)[①] 就反映了鲜明的事实建构论立场。在笔者看来，事实的语言认知建构论可以从更多的哲学家和事实流派的事实思想中获得启示，包括但不局限于蒯因、普特南、库恩、罗蒂、C. I. 刘易斯、古德曼、拉图尔、金岳霖、陈波、日常语言哲学、匹兹堡学派，以及更多分析哲学、科学哲学圈之外的思想家和哲学流派[②]，一个真正的哲学问题、哲学思想应该拥有跨越单个哲学流派的解释力和共鸣性。

二 事实相对主义的诘难与回应

事实的语言认知建构论（以下简称事实建构论）的确解释了绝大多数与事实相关的问题，但它仍然会遇到一个建构主义的老问题，即事实建构论很容易被指责为事实相对主义（relativism of facts），既

---

① Nelson Goodman, *Ways of Worldmaking*, Indianapolis: Hackett Publishing, 1978, p. 91.

② 比如政治与伦理哲学传统的哈贝马斯、伯林、罗尔斯、科恩、麦金太尔等都专门对事实提出了深入的见解，杨国荣从中西哲学比较的视野推进事实问题研究，这些不同哲学传统对事实的深入讨论凸显了事实问题在哲学理论和人类实践中的重要性。

然事实都是人类建构的，那么事实就不是绝对客观实在的：一方面，这种建构论反直觉，这与我们直觉上认为事实是一种客观实在大相径庭；另一方面，大部分对反实在论的批评都可以用在对事实建构论的批评上来。

如何回应这些诘难呢？笔者试图给出两点回应。

（一）概念用法层面的回应

本节第一部分已表明，事实建构论有两层“建构”的含义。是一种大写的事实建构论。批评者可能忽略了上文论述事实建构论的两层“建构”的含义。一是宏观的概念用法的建构，事实概念和其他概念一样，随着人类对该概念的使用，衍生、建构了诸多用法及一些典范用法。二是认知上的建构，当事实作为一个认知概念被使用时，事实是一种认知建构，事实的增长代表了人类从对世界一无所知到充分了解的过程。因此回应相对主义和反实在论的诘难也要分为两个层面。

就概念用法的建构而言，事实建构论者并不能与反实在论、相对主义画上等号。首先，对语言的看法与对世界的看法没有必然联系。一个人相信事实概念有诸多用法与他相信其他概念有很多用法一样，读者们也大都会认同概念用法的多样性，语言的多样性建基于人类生活世界的多样性。但这种语言哲学观点并不会导致他是怀疑一切的怀疑论者、不相信电子等存在的反科学实在论者、认为“吾心便是宇宙、宇宙便是吾心”的唯心论者。其次，事实的很多用法引导人们产生了事实是一种客观存在的直觉。当我们在“客观实在”“实际情况”等意义上使用事实时，事实的确不是建构的，也必然是独立于人类心灵的。我们也在这个意义上说：事实胜于雄辩、存在客观事实、历史事实不容篡改、尊重事实、实事求是等。这些对事实的用法都被一个大写的事实建构论容纳。最后，相对主义和反实在论等概念前面一般都会有一个额外的修饰词，去具体地规定在什么方面是绝对主义/相对主义和实在论/反实在论，比如科学实在论/反实在论，事实建构论在语言用法和认知层面主张事实有其建构性，但并不主张客观世界、物理物质是人类建构的，完全可以与科学实在论、唯物论结成联盟，所以一般宽泛的相对主义、反实在论指责并不会对事实建构论构成本质威胁。

（二）认知建构层面的回应

批评者可能会后退一步，从另一个角度指责事实建构论，说道："我们承认在语言用法层面事实的用法是多样的、建构的，但在作为事实的一个典范用法——认识论层面的事实——仍然不能回避相对主义指责。"按照批评者的看法，在认知层面把事实建构论指责为事实相对主义的思路分两步。第一步，很多事实建构论者持概念相对主义立场。按照学界对于相对主义的分类，相对主义可以分为概念相对主义（conceptual relativism）、真性相对主义（alethic relativism）和本体论相对主义（ontological relativism）。[①] 像后期维特根斯坦、蒯因等概念相对主义者认为，不同共同体、文化、语言游戏中的人所使用的概念框架（conceptual scheme）具有相对性，这些概念框架体现了人的生活形式、文化背景和主观兴趣，如中西语言差异就是鲜明案例。第二步，概念相对主义与事实建构论相结合，将导致事实陈述也包含了社会文化、价值规范、主观兴趣等内容，因此普特南认为，像"猫在垫子上"这样简单的事实陈述，该陈述中的所有概念"都是由一个特定的文化所提供的，其出现和普遍存在揭示了有关该文化，以及差不多每一文化的价值和兴趣的某些方面"[②]。想象在某个部落中人们对方位词不感兴趣，他们在受到与普特南同样的视觉刺激时会自动忽略方向关系，只会说猫与垫子在那儿是事实。推而广之，认识论层面的事实既然受到诸多方面因素的影响，那它不就是相对的、松动的、不可轻易相信的吗？有着不同主观目的、

① 参见 Hans-Johann Glock, "Relativism, Commensurability and Translatability", *Ratio*, 2007, Vol. 20, No. 4, p. 378。

② Hilary Putnam, *Reason, Truth and History*, Cambridge: Cambridge University Press, 1981, pp. 201 - 202.

文化背景、认知水平的人看到同样的现象和事件，说出了他们以为正确却又互相矛盾的事实，这不就是通常说的罗生门吗？

如何回应批评者的相对主义质疑呢？笔者认为清楚、有力地回应该问题需要分三个层次。

首先，日常语言常常是不够严谨却实用性很强的语言，事实概念在日常语言中用法多样性和语义多义性导致了，我们既把认识对象称作事实，也把认识结果称作事实，而批评者指责事实建构论是事实相对主义，一个重要原因是他们混淆了作为认识对象的事实和作为认识结果的事实。作为认识对象的事实、非语言的事实（non-linguistic facts）与外部世界、实际情况、客观实在是近义词；而作为认识结果的事实常常与真的命题、真的主张、科学陈述、科学理论是近义词。秉持历史唯物主义基本精神的事实建构论当然赞同认知对象拥有客观实在性，不依赖于人的意志和心灵，不会认为它们是一种人类建构。但人类的心灵和认知不是一面完美的镜子，可以不经任何理智思考就能像镜子般直接反映客观实在，因此作为认识结果的事实就必然沾上人类认识实践的痕迹。正如金岳霖、陈波等人所言，后一种事实往往是主客观合力的结果。

其次，两种事实的区分对澄清事实问题、解释对事实的直觉有显著意义。一方面，它澄清了在认识论层面哪种事实具有建构性，哪种事实与建构性不沾边，即事实建构论并不认为作为认识对象的外部世界是相对的、非实在的，这种事实保证了事实的客观性、坚固性和实在性。世界本身以及世界给予我们的经验内容不会取决于我们的概念框架和事实陈述；相反，作为真的命题、真的主张、真的理论的事实需要以外部实在和实际情况为对象。另一方面，这种区分进一步解释了人们对事实的直觉、哲学家对事实的洞见，即事实是一种实在与思想的混合、世界本身与人类判断的混合。作为认识对象的事实仅仅是一种实在，而作为认识结果的事实是以实在为研究对象的思想。如科学史家戴维·伍顿将事实称为“实在与思想的独特混合物"①。金岳霖称事实为"所与和意念的混合物"(《知识论》，第543页)。冯契一方面主张"化所与为事实"，即事实是一种以经验为材料的认知建构；另一方面主张"事实的'实'就是实在、现实的实"②，即事实不是人化的自然，而是世界和实在本身。杨国荣也认为："对事实的把握，需要注意其自在性与建构性（生成性）的统一。"③

最后，作为认识对象的事实与作为认识结果的事实互相需要、相辅相成。如果没有实际发生的情况、特定的外部实在，那么事实陈述就没有描述的对象，就容易陷入"怎么描述都可""没有真理"的相对主义困境中；如果没有作为认识结果的事实陈述、理论陈述，那么作为认识对象的事实、实在本身就无法得到表达，只会沦为一个永恒的黑箱。两种事实的互动使得：科学实践和事实建构论都不会受到相对主义困扰，科学的发展就是一个不断逼近实在和真理的历史，如光速的测量史就是典型案例。波普尔提出的可错主义（fallibilism）和逼近真理（getting nearer to the truth）启示我们，"科学是可错的，因为科学是人类的事业"④，追求事实、真理同样是人的事业，事实陈述和理论陈述本身是可错的，但不是完全相对和任意的，作为认识对象的事实保证了，随着人类认知实践的推进和深化，作为认识结果的事实可以适当描述或尽可能地逼近实在本身、逼近真相和真理。正如在物理学领域，虽然牛顿力学体系已显示出其对真理的揭示，但20世纪建基于相对论物理体系相较前者进一步逼近了真理。因此，在认知实践中，外部世界存在的实在论、经验证据

① David Wootton, *The Invention of Science: A New History of the Scientific Revolution*, Penguin UK, 2015, p. 254.

② 冯契：《认识世界和认识自己》，华东师范大学出版社1996年版，第321页。

③ 杨国荣：《人与世界：以事观之》，生活·读书·新知三联书店2021年版，第170页。

④ Karl R. Popper, "Facts, Standards, and Truth: A Further Criticism of Relativism", *The Open Society and its Enemies*, Princeton: Princeton University Press, 2013, p. 491.

的验证、描述框架的精细化、假说演绎法的应用、对错误的发现和纠正、对实在和真理的逼近保证了我们在认识论层面不会陷入事实相对主义。正如福尔摩斯在办案时可能会作出错误的事实判断，但他可以通过不断积累新的经验证据、重新发现自己的错误并作出合乎逻辑的理性推理，来不断修正自己的事实判断，进而逼近事实和真相。以上表明，不仅作为认识对象的事实不是相对、非实在的；同时作为认识结果的事实虽打上了人类实践活动的烙印，但也不会陷入相对主义的陷阱中来。

下面仅以描述框架不断精细化为例，来表明为何作为认识结果的事实不会陷入相对主义。我们深知，每个时代的概念框架、表达形式和理念体系有所不同，大体来说，现时代的概念框架和理论体系都会较前时代更系统化、精细化，更具解释力和融贯性，比如说自然科学的概念框架和理论体系在解释世界与事实方面的确要比巫术求助于神秘的自然力量可靠、准确得多，可以预想的是，未来的概念框架和理论体系较当下也会更系统化、精细化，更具解释力和融贯性。这种在概念框架和理论体系上的传承与发展，麦金太尔有句话可以对之进行精妙的概括："过去绝非某种只应被遗弃的东西，相反，现在只有作为对过去的注释与回应才是可理解的；在这种注释与回应中，过去得到修正与超越，而这种修正与超越的方式，又反过来使现在被将来某种更为充分恰当的观点所修正与超越成为可能。"①

此外，作为认识结果的事实如何去逼近实在本身也有着实践和实用层面的考量，人类可以根据实践需要，在其认识能力范围内用事实陈述去揭示、描述现实情况。比如特定时间内珠穆朗玛峰的高度是一个确定数值，人类通过科学的测量方法测量其高度为8848.86米，为何小数点不精确到后一百位呢？因为这样做既超出了人类的

---

① ［加］麦金太尔：《追寻美德：道德理论研究》，宋继杰译，译林出版社2011年版，第184—185页。

认识能力，同时也没有太多实践价值。再以占星学为例，现代社会颇为流行的“星座”文化起源于古代的占星学，在古代，人们把三五成群的恒星与他们神话中的人物或器具联系起来，称之为“星座”。自此，“星座”在航海等领域对人类有着重要帮助，即便是没有以“星座”命名的北斗七星也成了古人的路标。可以看出，古人对天体的认知和描述并不精细，但对他们来说：够用就好。

综上所述，从语言建构和认知建构层面的分析表明，新的事实建构论可以从容应对事实相对主义的指责。但在摆脱事实相对主义之后，事实建构论还是需要考虑“程度”和“多少”的问题，即针对一个建构的事实，我们既不能过多地建构，也不能过少地建构。人类在何种程度上参与了事实的建构？怎样建构事实才是合适的？一个简略的回应是：我们可以从一个具体的科学事实和科学理论的建构中，讨论建构程度和建构多少的问题；此外，我们也可以从事实建构的限制条件去思考“程度”和“多少”的问题。举例来说，这些限制条件有三个。（1）时代的认识条件与个人的研究条件。个人探索事实离不开时代和自身的认识条件，科学家建构科学事实和科学理论时当然不会进行随意的建构，他们作为有独立研究能力的群体，一直站在巨人的肩上进行有目的的科学探索。（2）实用效率层面的考虑。就特定的话语活动而言，事实描述够用就好。例如，我和朋友说昨晚我看到了流星雨，但我不必把每一颗流星的运动轨迹讲清楚，我既没有这样的能力，也没有这个必要。（3）经验证据与理论融贯的压力。我们不能随意建构事实和理论，因为建构事实要依据经验证据，有几分证据讲几分话，同时也要尽可能与以往的事实、核心的理论相融贯，最后还要接受未来证据的检验。总的来说，在具体的建构程度上，科学哲学、实践哲学能给予我们有益的启示。

三　语言认知建构论的解释力：理论与事实的关系问题

本节前两部分分别论述了事实的语言认知建构论的内涵、面对相对主义和反实在论的质疑，最后提出了两方面的辩护，初步完成了对于事实建构论的阐明。最后，笔者希望集中讨论事实的核心用法——最为认识结果的事实，讨论理论与事实的关系，以进一步表明事实的语言认知建构论的解释力，也让本书对于事实本体论的批判更有力度。

在事实建构论和事实本体论中，理论所处的位置及其作用都有着十分巨大的差异。事实本体论对待理论的态度和方式以阿姆斯特朗对自然律（Law of Nature）的论述为代表，他在《事态的世界》《什么是自然律》中花了大量的精力在事实本体论的地基上解释自然律的本质。一方面，阿氏时而认为自然律是作为世界基本实体的事实，他主张既然原子事实是组成世界之基本实体，事实是命题的使真者，那么，“自然律并不是某个规律的陈述，而应该是使某个真命题为真的使真者”（DaD：17）；另一方面，时而又认为，自然律是“诸共相之间的关系”（relations between universals）（WLN：77），比如某个共相出现后，另一个共相也随之出现。无论阿氏将自然律等同于本体论层面的事实/事态之做法，或者是将自然律等同于诸共相之间的关系都看起来好像与事实本体论的理论一脉相承，没太大问题。但在笔者看来，他的一个重大问题就是太过于形而上学，而忽略了真实的自然律是如何被科学家们提出的。阿氏研究自然律有三个方面的问题。

第一，他贬低了科学家在科学研究、探索自然方面的作用和主动性，好像只要科学家的工作仅仅是被动地描画事实，在科学研究中无须总结、抽象、理想化、模型化、数学化以及创造性的思考和理论建构。第二，因为每个使真者（事实）都可以是自然律，这将会带来自然律的无限膨胀；与之相反，在现实世界，我们所知的自然律是有限的，甚至这些自然律越精简、解释范围越广越好，比如说牛顿力学系统和爱因斯坦的相对论之所以是最重要的自然科学理论之一，是因为牛顿和爱因斯坦所提出的理论用有限的定律和理论解释了广泛的物理现象。第三，阿氏将自然律等同于事实/事态也会带来一个问题，自然律只能是一种离散的规律，某个自然律与另外一个自然律之间没有任何关联可言，地球围绕太阳转与某个苹果落地是不同的事实，也是不同的自然律，阿氏的观点甚至会导致一种荒唐的结论，甚至两个不同的苹果落地都分属于不同的自然律。但在真实的科学研究中，自然律本身就是一个理论建构，不同的事实和现象可以被一种自然律和自然理论解释，事实与理论之间的关系比事实本体论所设想的要复杂得多。

如果有人会为阿氏辩护，他所谓的自然律不是某种科学定律、理论，而是决定某个自然事实、事态这样发生而非那样发生的律则。笔者的反驳是，这样一种对“自然律”的用法是一种没有太多意义的用法，一方面，主流的科学话语甚至日常语言都不会承认这种自然律；另一方面，这种没有解释力，不够体系化、系统化的“自然律”对人们的社会生活、科学研究都几乎没有任何意义。

相较于事实本体论在处理事实与自然律、事实与科学理论时所陷入的荒谬处境，事实的语言认知建构论拒绝以本质主义的态度对待事实，拒绝一种事实本体论之事实观，同时也拒绝一种纯粹经验式的事实观，进而批判了将事实与理论二元对立的倾向，好像科学家首先在自然界中搜集了事实，然后在此基础之上建立了理论。我们看到，在实际的科学研究中，事实本身也并非完全脱离理论的，很多事实负载着理论，存在于理论之中。比如，现在社会中的很多研究者，包括很多科学家将进化视作自然中的客观事实，这一广泛被承认的事实与科学观察、科学理论都有着紧密联系，正如苏珊·哈克指出，“时下的进化生物学以大范围的观察为基础，并和生物学及其他理论相互交织共同构成了紧密的广阔理论体系”①。

为什么我们会有事实是事实、理论是理论这样泾渭分明的成见？这一定程度上是由于一种经验主义的事实观在起作用。麦金太尔曾

---

① ［英］苏珊·哈克：《理性地捍卫科学——在科学主义与犬儒主义之间》，曾国屏、袁航等译，中国人民大学出版社2008年版，第281页。

明确反对一种经验主义的事实观，他说道："'事实'在近现代文化中是一个出身名门而又流落民间的通俗概念。"[①] 哲学家培根告诫他的经验主义追随者们要摒弃思辨、收集事实时，这种朴素经验主义所理解的世界图景好像是：大自然中存在无数事实，我们无须在概念、理论上思索，只需像蜜蜂采集蜂蜜一样，在大自然中收集事实即可完成认识世界、揭示自然秘密的伟业。培根的追随者约翰·奥布瑞（John Aubrey）"将事实等同于收藏家们的收藏品"，认为"观察者能够无需任何理论解释涉入其中就直接地面对事实"。[②] 奥布瑞的观点是这一朴素经验主义事实观的鲜明体现。经验主义哲学家休谟主张，一切自然事件（natural event），"都只能通过经验为我们所知晓"，"在对事实情况进行推理时，经验是我们唯一的指导者"。[③] 可以说，一种经验主义的事实观早在培根、奥布瑞、休谟那里就成为一个主导思想，而且很可能深刻影响了事实本体论的形成。这让我们又联想到前文论述的罗素、早期维特根斯坦（早期在英国与罗素的思想交往较为密切）、阿姆斯特朗（在英国留学并开启了哲学研究生涯）三人的事实本体论思想，可以说，事实本体论与英国经验论有着较为密切的联系，由英国经验论的视角反观事实本体论，事实似乎就像感觉经验材料（sense datum）一样，不经过概念建构、理解活动、理论负载，只需要我们无条件地观察和收集就能获得。

正如英国经验论受到了唯理论和康德先验哲学的批判一样，在奥布瑞的同时代，他的观点就受到了英国皇家学会的一些成员的反对，今天的科学共同体更是将之视为一种谬误："今天的科学哲学家

---

① ［加］麦金太尔：《追寻美德：道德理论研究》，宋继杰译，译林出版社2011年版，第100页。

② ［加］麦金太尔：《追寻美德：道德理论研究》，宋继杰译，译林出版社2011年版，第100页。

③ David Hume, *An Enquiry Concerning Human Understanding and Other Writings*, Stephen Buckle, ed., Cambridge: Cambridge University Press, 2007, pp. 61, 97.

们大多同意这是个谬误，尽管它存在良久、难以消除。”① 今天，无论是从事科学研究的科学家们，还是对科学进行哲学思考的科学哲学家们，也都一致认为没有脱离理论体系和概念框架的事实，大自然中没有纯粹的事实。借用麦金太尔的例子来说：我们今天21世纪的观察者仰视夜空，看到了恒星与行星，但对于科学理论还不甚发达的人类早期，他们看到的是“一只圆球上有无数的裂缝与漏洞，透过这些裂缝与漏洞又能观察到球外的光亮”②。观察的结果都是负载着概念框架、理论框架的，纯粹的经验之流不可能独自成为裁定我们判断和信念是否正确的标准。

经验主义者会认为，木星有七颗卫星这一事实是借助于我们经验之流得以观察发现的，这种经验主义的处理方式无疑大大简化了我们对外部世界进行推理、判断、断定的过程。麦金太尔正确地指出，“木星有七颗卫星的信念要受到借助望远镜的观察的检验；但这观察本身却必须由各种几何光学理论来证明其合理性。我们需要理论去支持观察，同样，我们也需要观察去支持理论”③。就连之前主张事实本体论的罗素在1927年写作《物的分析》时，也反对一种纯粹经验，不掺杂任何推论、解释、理论的事实。他说：“作为一次实验或观察结果而被记录下来的东西绝不是被感知到的赤裸裸的事实(bare fact)，而是在一定数量的理论的帮助下得到解释的事实（fact as interpreted)。”④ 罗素同麦金太尔一样，也同样举了一个与物理

① ［加］麦金太尔：《追寻美德：道德理论研究》，宋继杰译，译林出版社2011年版，第100页。

② ［加］麦金太尔：《追寻美德：道德理论研究》，宋继杰译，译林出版社2011年版，第100页。

③ ［加］麦金太尔：《追寻美德：道德理论研究》，宋继杰译，译林出版社2011年版，第102页。

④ Bertrand Russell, *The Analysis of Matter*, London: Routledge, 1992, p. 187. 这里又印证了金岳霖对罗素的评价——罗素身上的科学精神使得他更追求理论的真理性，而非融贯性。罗素这里所提及的得到解释的事实（作为认识结果的事实）很难让人联想到他曾经主张过一种事实本体论。

学、天文学相关的例子，这个例子更有影响力，即1919年天文学家爱丁顿通过观察日全食证实爱因斯坦的广义相对论。简单来说，如果不理解广义相对论所提出的理论内容，不理解引力是物体弯曲时空的结果，星光经过太阳的引力场时方向会发生偏转，甚至不理解望远镜的光学构造和光学原理，那么，观测仪器刻度表上的数字就与“星光经过太阳有多大偏转角度”这一事实没有任何关联，进而也没有办法证实广义相对论的正确性。因此，罗素强调测量、观察之中也包含理论成分，“因为它容易被忽略”①。这时，罗素有关“事实”的思想发生了鲜明转变：在1917年至1918年罗素发表逻辑原子主义演讲时期，他主张事实是本体、实体，不会掺杂理论的成分；1927年出版《物的分析》时，他已认为科学事实源于经验观察，经验观察也是理论负载的，没有经验观察和认知活动，事实既无法生成，我们也不知道它。显而易见，为了解释现实世界的事实问题，罗素自己也逐渐放弃了他的事实本体论。

因此，事实的形成依赖理论与观察的良性互动，这也反过来说明，事实绝非一种与人无关的纯粹客观实在。除了上述案例以外，在哲学史上一个重要的案例就是人们对于颜色的理解。在古希腊时期，亚里士多德会将颜色视为黑与白的混合，而太阳光作为纯净的光是无色的。对于英国经验论来说，颜色是一种第二性质，是物体作用于我们的感官，使人心灵中产生相应的感觉。对于现代物理学来说，光照射在物体上，物体散射和吸收不同波长的光，这些光进入人的神经系统，在人脑中产生了有关“颜色”的经验。可以说，有关颜色的事实也是随着新的理论的生成和新的观察发现才向前演进的，理论和观察合力使得人们对事实的认识与时代一同发展前行。

此外，当被建构的事实跳出经验论和事实本体论的狭隘视野，与理论紧密联系、相互依存时，事实与理论的关系会更加微妙，一方面，一大部分事实是在原有理论的框架内被确定的，事实依赖于

---

① Bertrand Russell, *The Analysis of Matter*, London: Routledge, 1992, p. 187.

理论；另一方面，新的事实可以推翻旧有的理论，新的理论也可以舍弃旧的、不重要的事实，用新理论框架下的事实去替换它。欧内斯特·内格尔曾指出，理论中的三种主要成分："（1）一种抽象的演算，它是该系统的逻辑骨骼，且'隐含地'定义了这个系统的基本概念；（2）一套规则，通过把抽象演算与具体的观察实验材料联系起来，这套规则实际上便为该抽象演算指定了一个经验内容；（3）对抽象演算的解释或模型，它按照那些或多或少比较熟悉的概念材料或可以形象化的材料使这个骨骼变得有血有肉。"① 科学理论的三种成分使得在科学中的事实也或多或少与这些成分有着紧密的联系，科学事实也需要基本概念、与特定的经验内容相联系并可以被解释或模型化。只有坚持事实建构论的立场，这种事实才是可能的，在这种意义上，拒绝事实本体论是有充分理由、非常合理的选择。

事实与理论的紧密联系、相互依存使得事实与理论范式联系起来，很多事实也存在于一定的理论范式当中，库恩的《科学革命的结构》就是在理论范式和范式变革中论述事实的典范著作。他曾提过一个例子："一个研究者，他想知道科学家怎样看待原子理论的，就去问一位著名的物理学家和一位杰出的化学家，单个氦原子究竟是不是分子。两位科学家都毫不犹豫地回答了，但答案却是不同的。化学家说，氦原子是分子，因为从气体运动论来看，它的行为像分子。另一方面，物理学家则说，氦原子不是分子，因为它没有显示出分子光谱。"② 物理学家和化学家有各自的理论标准，同时他们却针对同一个粒子说出了不一样，甚至有些互相矛盾的事实。可以说，与理论紧密联系、交织在一起不仅不是事实建构论的弱点和缺陷，反而是它的主要特征和优点。在实际的科学研究和理论探索中，事

---

① ［美］欧内斯特·内格尔：《科学的结构》，徐向东译，上海译文出版社2005年版，第100页。

② ［美］库恩：《科学革命的结构》，金吾伦、胡新和译，北京大学出版社2003年版，第47页。

实影响着理论的建立，而理论也影响着对事实的判断和建构，上述物理学家和化学家对氦原子的陈述就是一个典型案例。然而，事实本体论与理论之间的交织关系则要松散很多，事实是实体，科学家只需要搜集自然中的事实，然后再在这些事实的基础之上提出理论。这种思路过于简化了科学研究，也是不真实的科学研究。

不仅仅已经确定的事实与理论之间有着深入的交织和联系，科学研究中发现和建立的新事实也与新理论缠结、交织在一起。库恩写道："为了看清新事实和新理论在科学发现中是如何紧密地纠缠在一起的，我们来考察一个特别著名的范例，这就是氧的发现。"① 普利斯特列和拉瓦锡等人都宣称自己发现了氧，但发现的本质是一个很复杂的问题。"发现一类新现象必定是一个复杂的事件，这个事件包含着既认识到那个东西，又认识到那个东西是什么。例如，我们注意到，如果我们认为氧是脱燃素空气，那么我们就会毫不犹豫地坚持普利斯特列发现了氧……但是如果观察与概念同化，事实与理论同化，两者在发现中是不可分离地联结在一起的话，那么发现就是一个过程，必须经历时间。只有当所有有关的概念范畴都预先准备好了，在这种情况下这现象不是一种新的类型，发现那个东西又能发现它是什么，两者才能毫不费力地一起同时发生。"②

可以说，事实是一种实践概念或者更窄化一点说是认识论概念，但绝非事实本体论者所谓的本体论概念或实体概念，事实是在认识和表达外部世界的实践活动中建构出来的，因此，它才会与理论密切交织在一起，甚至理论范式发生变革、理论的概念范畴发生颠覆，针对同一个对象、同一个现象的事实甚至有可能发生颠覆。当我们接受一种事实的建构论，并将事实视作认识论概念而非本体论概念时，库恩有关事实与理论之间关系的结论也顺理成章，被我们理解

---

① ［美］库恩：《科学革命的结构》，金吾伦、胡新和译，北京大学出版社 2003 年版，第 49 页。

② ［美］库恩：《科学革命的结构》，金吾伦、胡新和译，北京大学出版社 2003 年版，第 51—52 页。

和接受："在科学中，事实和理论、发现和发明并没有绝对而永久的区分。"① 在笔者看来，一种事实的语言认知建构论立场，与库恩在《科学革命的结构》中所论述的科学理论的发明、科学范式的转换是兼容的，它比事实本体论更好地解释了在科学研究中旧事实的被遗弃和新事实的被发现，进而更好地解释了科学范式的转换。

因此事实绝非任意、随意的建构，而是在一定观察基础之上在概念框架中的建构，正如蒯因等一些整体论者所主张的，科学陈述是作为一个整体受到经验检验的，因此事实与观察的关系绝非像经验主义者所说的全都是一一对应关系，有一个事实就必须有相应观察的支撑。此外，在事实中，理论与观察之间的张力并不是均衡的：在有的偏向观察的事实中，比如"这是一个苹果"，当我们陈述这一事实的时候，该事实所负载的概念和理念并不多，至多要求我们理解什么是苹果、什么是量词，等等。但在偏向概念和理论的事实中，比如事实（甲）"在 1945 年盟军经过艰苦卓绝的奋斗赢得了反法西斯战争"，事实（乙）"$e = mc^2$"，这些事实离观察的内容远，但所负载的概念和理论更多，要深入理解事实（甲），就需要了解什么是反法西斯、盟军等概念，也需要了解战争的残酷性、二战的历史等；要深入事实（乙），理解爱因斯坦质能方程，甚至要了解整个近现代物理学的发展。在后期维特根斯坦看来，我们虽然称很多东西为事实，但不同的事实本身也仅仅是家族相似，而无共同的本质，有的事实偏向于观察，负载的概念和理论较少；有的事实偏向于在语言中不断地被概括、建构，负载的概念和理论较多。即便事实是被建构的，在不同的事实中，有的事实建构的成分多一些，有的事实建构的成分少一些。正如维特根斯坦要通过梳理语词在日常语言中的使用，来"把语词从形而上学的用法重新带回到日常用法"（PI §116）；我们也要通过梳理事实在日常语言中的使用，来把事实从

① ［美］库恩：《科学革命的结构》，金吾伦、胡新和译，北京大学出版社 2003 年版，第 61 页。

（从罗素到阿姆斯特朗的）形而上学的用法重新带回到日常用法，让事实摆脱形而上学的魔咒和被强加的本质。

事实绝非任意、随意的建构还体现在，事实是一种特殊的、奠基性的语言游戏。受到维氏在《论确定性》中相关论述的启发，笔者认为，有关事实的语言游戏与其他语言游戏的区分是，它是相对稳定的，事实就像河床一样，在人类的生活形式中是缓慢地变动，并且诸事实的集合构成了一个特定历史阶段共同体的生活形式的重要组成部分。人们不会认为事实一会是这样，一会是那样。事实在人类生活形式中被确定，它对于我们理解整个世界发挥了奠基性作用。当一些科学革命和范式转换导致我们的事实世界发生改变时，我们的生活形式也将发生变动。正如维特根斯坦主张："想象一种语言就是想象一种生活形式"，笔者认为，想象一种事实世界就是想象一种生活形式。

第四节 本章小结

本章的核心内容是，在梳理维特根斯坦思想的基础之上总结了事实的语言建构论，也详细考察了金岳霖的事实的认知建构论，最后在整合后期维特根斯坦和金岳霖等诸多哲学家的思想资源之后，提出事实的语言认知建构论。本章特别是第三节的核心结论有六个方面。

（1）我们要从历史唯物主义的视角和语用视角研究事实，事实概念并没有排他性的、唯一的本质用法，它在人类生活世界中有丰富的家族相似的用法，哲学家们也在不同的意义上言说事实。在事实的诸用法中，一些用法是典范性用法，对这些典范用法的哲学研究能够促进我们对事实的理解。

（2）因为人在世界中生存实践必须关心周遭和世界"是"什么，因此人类的认识活动是事实概念的主要使用场景之一。在该场景中，事实有三种典范用法，一是作为认识对象和未知实在的事实，二是作为认识结果的事实，三是事实陈述反向规定、挑选、切割、确认甚至建构的实在，这一类实在是带入人类视角的实在。在这三种典范用法中，作为认识结果的事实承接前后，体现了千万年来人类认识周遭世界和宇宙万物的艰辛活动，因此作为人类理智加工结果的事实是尤为重要的用法，这类事实需要以概念为载体，包含了语言层面的建构和认知层面的建构。

（3）当我们专注研究作为认识结果的事实时，事实与概念、假设、证据、思想、真理、理性、理论、认知、实践、科学共同体等的联系也能更清楚明白地呈现出来。这一层面的事实也绝非任意、随意的建构，而是在一定观察基础之上在概念框架中的建构。事实与理论有着紧密的互动，事实负载了理论，而理论则是在事实基础之上的进一步概括和深化。

（4）语言和认知是新的事实建构的核心因素，但不是唯一因素，人类社会其他影响事实建构的因素很多时候是通过语言和认知起了间接、隐性的作用。

（5）针对潜在的批评意见，笔者从语言建构和认知建构两个角度详细地解释了为何新的事实建构论不会陷入事实相对主义。尤其是，在认知实践中，外部世界存在的实在论、经验证据的验证、描述框架的精细化、假说演绎法的应用、对错误的发现和纠正、对实在和真理的逼近保证了我们在认识论层面不会陷入事实相对主义。

（6）事实的语言认知建构论认为，批评事实本体论并不意味着实在论是错的，而是说事实本体论是成问题的，事实不应当只成为一种完全脱离认知实践和语言活动的概念。正如塞尔所力图表明的，“很大范围的公共语言的使用要预设外部实在论”①。我们要与他人进行正常的交流，就不得不对外部世界的实在性给予承诺，否则我

① ［美］塞尔：《社会实在的建构》，李步楼译，上海世纪出版集团 2008 年版，第 165 页。

们就会像缸中之脑一样，只有神经活动，而对外部世界并没有真正的意识。但接受外部实在论并不意味着我们要承诺事实本体论，事实本体论只是外部实在论的一种可能形式，但它却是我们最不应当采纳的一种实在论形式。①

---

① 普特南也主张我们要区分常识实在论（common sense realism）与形而上学版本的实在论（metaphysical versions of realism），澄清和辩护前者是哲学的任务，而后者则是站不住脚的。在笔者看来，事实本体论和事实形而上学就是一种代表性的形而上学版本的实在论。

第五章

事实的价值维度

无论是罗素、早期维特根斯坦，还是阿姆斯特朗，他们的事实本体论将价值驱逐出事实的领地，使得事实与价值的严格二分达到了顶峰和极致。[①] 例如，1929 年重回哲学后的维特根斯坦就曾写道："你不能引领人们向善；你只能引领他们去其他地方；善在事实的空间之外。"[②] 这鲜明体现着将事实与价值、事实与道德二分的态度。重回哲学的维特根斯坦与维也纳学派成员们有着密切的交往，那些逻辑实证主义者们打着证实的旗号去反对形而上学，不能被证实的命题都被归之为形而上学而被抛弃，由此，实证主义者们从另一条进路开辟了事实与价值的二分法，他们主张："科学陈述是经验上可证实的，而价值判断是不可被证实的。"[③] 从罗素、早期维特根斯坦由事实本体

---

① 韩林合教授认为："维特根斯坦实际上将人们通常所说的价值和事实的区分推向了极端：所有真正的价值或具有这样的价值的事项——不仅仅是所谓的神秘事项——都处于事实世界之外，都是不可言说的。"（韩林合：《〈逻辑哲学论〉研究》，商务印书馆 2007 年版，第 764 页）笔者认为，在更一个更广泛的意义上，事实与价值的二分在事实本体论者那里达到了极致，在他们看来，价值不可能像事实一样是世界的基本实体，因此事实与价值没有任何相互交织的地方。

② Ludwig Wittgenstein, *Culture and Value*, G. H. von Wright, ed., Oxford: Blackwell Publishers, 1998, p. 5.

③ Hilary Putnam, *Realism with a Human Face*, Cambridge: Harvard University Press, 1992, p. 163.

论所得出的事实与价值的严格二分，再到逻辑实证主义者们由可证实和不可证实得出的事实与价值的严格二分，事实与价值的二分法影响日益广泛，深入经济学、社会学等诸多社会科学之中，一定程度上在方法论和指导原则上误导了20世纪以后的人文社会科学研究。

本书的整体目的是批判事实本体论，为事实的语言认知建构论辩护，力图清晰地展现和深入批判事实本体论在其他哲学领域的影响。在元伦理学和价值哲学领域，事实本体论的一个影响深远的观点便是事实与价值的严格二分，所以，批判事实与价值的二分法也构成了批判事实形而上学的有机组成部分。这种批判的理论意义在于，一方面，对事实本体论的理论延伸作进一步的反思，使得本书对事实形而上学的批判更加完整；另一方面，通过对事实与价值二分的极端形态的批判，也反过来促进对事实与价值关系的探讨，即事实在什么意义上与价值无涉，在什么意义上与价值紧密联系。笔者认为，只有夯实深层的元伦理学地基，我国的社会科学工作者才会更自觉地避免一种只收集事实不求价值，或只作价值判断不顾事实前提的研究，在人文社会科学研究中一些成问题的方法论和指导原则才能得到纠偏。

事实本体论者或多或少都与英国经验论有一定的关联，也不可避免地受到了经验论的影响，而休谟可谓主张事实与价值二分的先驱者，自他在《人性论》中讨论了是与应当难以相互转换，很难由是推出应当①之后，事实与价值、事实断言（factual assertions）与道德判断（moral judgment）的区分也在后世哲学中逐渐被放大，乃至

① 至于休谟自己如何看待是与应当的关系，休谟研究者们也有颇多争论，很多人会认为，显然休谟提出了是与应当的不同，我们很难由是推出应当；也有哲学家如麦金太尔主张，是与应当在休谟那里并非界限分明，他显然作了从“是”到“应当”的转变。笔者认为，无论休谟本意如何，至少在哲学史中，是与应当、事实与价值二分法被大多数研究者认为是肇始于休谟。正如塞尔所言，休谟在《人性论》中主张：“一类事实陈述在逻辑上与一类价值陈述是不同的，这一点至少在大致框架下是明白无误的。”（John Searle，“How to Derive ‘Ought’ From ‘Is’”，*The Philosophical Review*，1964，Vol. 73，No. 1，pp. 43 – 58）

绝对化，随之而来的相关的争论亦成为伦理学的核心议题。休谟之后的事实本体论者无不坚持这样的形而上学教条——“是什么”与“应该怎样”有着本质的区别，我们不能由事实（是）推导出价值（应当），也不能由价值推导出事实。休谟之后的事实本体论者把休谟的主张推向极致：如罗素对事实与价值分别进行独立的论述，就事实讲事实，就价值讲价值，认为不能从事实中推论出价值；早期维特根斯坦在《逻辑哲学论》中视价值为世界之外的东西；阿姆斯特朗则完全对于价值、伦理等应然层面的问题完全漠视，认为它们相较于世界的本质（是、事实的层面）而言，不那么重要，他建立的事实形而上学是一种无任何价值内容的形而上学体系。

很多哲学家都看到了将价值排除在事实之外的问题，比如杜威就深入批评了“为了只根据事实得出结论，所有评价性程序都必须严格排除在外”① 的主张。为了回答事实与价值的严格二分在哪些层面存在问题，以此进一步探索事实的价值维度，指明事实形而上学的问题所在。本章首先计划论述以休谟为代表的价值的情感学说之问题，以说明事实与价值二分法的思想源头已经出现了问题，力图证明在事实与价值的严格二分之后，价值的情感学说无法有效、圆满地解释价值问题。其次将从一种哲学史的视角，探讨事实与价值二分法崩溃的原因。最后讨论为什么事实本体论不能有效处理事实与价值的关系，而事实的语言认知建构论可以为思考事实与价值的关系提供合理方案。

第一节　价值的情感学说：情感进路的问题

众所周知，休谟对于实然与应然的区分在哲学史上影响深远，

---

① John Dewey, *Logic: The Theory of Inquiry*, New York: Henry Holt and Company, 1938, p. 495.

正如哈贝马斯所言："自休谟以来，实然（Sein）与应然（Sollen）、事实（Tatsache）与价值（Wert）之间的二元关系已经被彻底澄清。这种二元论认为，根据描述命题或陈述命题，不可能在逻辑上推演出命令命题或价值判断。"[①] 在休谟之后，很多哲学家也同样坚持是与应当、事实与价值的二分法。但他们接受这种二分法后面临的一个直接且重要的问题是如何解释和安顿"价值"。综合看来，他们对价值采取了三种不同的安顿方式。第一种是早期维特根斯坦式的路径，即认为价值在事实世界之外，因此，价值不能像事实那样被言说，而可能被显示。第二种是阿姆斯特朗式的路径，即认为相较于形而上学等哲学重大问题来说，价值问题并不重要，而且飘忽不定，既然它不重要，我们也无须认真对待，阿氏的路径是一种回避式方案。第三种由休谟本人开创，并由艾耶尔等受英国经验论传统影响的哲学家发展的"价值的情感学说"。前两种路径基本上对于正面论述价值采取了一种回避式的态度，而价值的情感学说则主张用情感来为价值奠基。休谟就主张，理性主要用来处理观念之间的关系和事实问题，情感主要用来处理价值和行动问题。这种高扬情感对于伦理、价值、行动的作用，导致的最终结果有两个。

第一，区分理性与情感的不同作用，在道德等问题上贬低理性而将情感置于最高地位，认为情感对于人类道德、价值、意志、行动才是最根本的。在休谟哲学中，理性的作用是用来发现真伪，而道德、价值、意志和行动等绝不能被说成真的或假的，它们受制于情感而非理性，道德上的善恶问题、价值上的好坏问题都不能通过理性来解答。休谟的如下名言至今仍在传颂，"理性是并且也应该是情感的奴隶，除了服务和服从于情感之外，再不能有任何其他的职务"[②]。

---

① ［德］哈贝马斯：《合法化危机》，刘北成、曹卫东译，上海世纪出版集团 2009 年版，第 112 页。

② ［英］休谟：《人性论》，关文运译，商务印书馆 2015 年版，第 449 页。

第二，将事实与价值等分割开来，事实是理性的对象，而价值、道德、意志、行动则是情感的对象，他写道："第一，理性单独决不能成为任何意志活动的动机，第二，理性在指导意志方面并不能反对情感。"① 通过理性与情感不同作用的区分，休谟在哲学史上较早地完成了事实与价值的二分。笔者认为，休谟区分事实与价值有其合理性，因为他把事实作为人类理性和研究的对象（这种事实是作为认识对象的事实，与实际情况、客观实在是近义词，而非作为认识结果的事实），客观的外部实在显然独立于人的任何心灵活动。作为理性/认识对象的事实与价值无涉并不能推出，作为认识结果的事实与价值绝不相关。正因为没有清楚区分事实的两种典范用法，休谟的阐释者们纷纷认为，我们应追随休谟，不能通过"是"推出"应该"。但说某某是什么的时候，这个"是"已经是一种认识结果了，按照当前主流的认知理论，人类的认识并不是镜子式的反映，规范、情感、意志、价值都参与到人类的认知过程，因此作为认知结果的事实就不能说与价值完全无关。

休谟之后的英国经验论的继承者们直接或间接地承袭了休谟拔高情感地位、严格区分事实和价值的学术传统，但他们已逐渐将作为理性对象的事实误解为作为认识结果的事实（陈述）。艾耶尔认为，"价值陈述如果要有意义，它们须是一些通常的'科学的'陈述；如果它们不是科学的陈述，则价值陈述在字面意义上就没有意义，而仅仅是既不真又不假的情感的表达"②。换言之，他区分了两种不同的价值陈述。一方面，有些价值陈述可以被还原或被解释为科学的陈述，如按时刷牙是好的，垃圾分类是好的，这些价值陈述可以被解释为按时刷牙可以保护牙齿、预防蛀牙，垃圾分类可以减少垃圾数量、重新回收利用垃圾，最终节约资源、保护环境。另一

① ［英］休谟：《人性论》，关文运译，商务印书馆2015年版，第447页。

② Alfred J. Ayer, *Language, Truth and Logic*, Suffolk: Penguin Books, 1971, p. 104.

方面，如果有些价值陈述不可以被还原或被解释为科学的陈述，那么它们就是一种情感的表达。如“偷窃是错误的”这一个价值判断就被艾耶尔视为源于某种道德情操（moral sentiments）①，因为每个人都可以表达自己的道德情操，针对同一种偷窃行为，也有人会说“偷窃是正当的、正确的”，特别是当情况更加复杂时，如对偷窃的价值评判被转换为对劫富济贫的价值评判，此时具有不同道德情操的人评断劫富济贫时更会争论不休。富人和地主们会认为自己的私有财产神圣不可侵犯，因此他们在情感上就会痛恨劫富济贫的行为；穷人们会认为资本家和地主们压榨自己获得巨额财富，而自己只能食不果腹，不得不被剥削和压榨，因此他们也会在情感上支持劫富济贫，认为劫富济贫是对的、应当的。在笔者看来，任何一种以情感和道德情操为价值奠基的学说和主张，一方面无力应对复杂的现实价值问题，另一方面也将陷入无穷无尽的争论当中。甚至艾耶尔本人也作出这样的断定，即对于一些不可被还原和解释为科学陈述的价值陈述而言，虽然不同的人在该价值陈述上有矛盾，但大家都只是在表达各自的道德情操而已。他写道：“要问我们之中哪一个是正确的，显然没有意义。因为我们都没有断定一个真正的命题。”②

艾耶尔虽然跟休谟一样，都认为情感是道德、价值的根基，但他与休谟走了一条略有不同的路。休谟主张人性的本质是给定的、永恒的，因此可以用人性解释情感，再用情感解释道德与价值；而艾耶尔则洞察到用情感无法解决价值和道德上的争论，只会带来无限的混乱。如果以情感为道德奠基，人们就很难在价值和道德立场上达成一致，也不可能直接就价值问题展开争论，即便展开争论，谁也说服不了谁，一个认为节俭是一种美德的人不会转而认为节俭

---

① 参见 Alfred J. Ayer，*Language*，*Truth and Logic*，Suffolk：Penguin Books，1971，p. 110。由 moral sentiments 中的 sentiments 可以管窥，以情感为道德奠基，不仅是英国经验论的传统，同时也深入英语的语言表达习惯中来。

② Alfred J. Ayer，*Language*，*Truth and Logic*，Suffolk：Penguin Books，1971，p. 111.

是一种罪恶，反之亦然。他试图去承认价值上的永恒争论，并将价值上的争论转移到事实问题上来。

艾氏的具体策略是：主张价值问题是“果”，而事实问题才是“因”，因为我们接受了不同的事实陈述，所以才会作出不同甚至对立的价值判断。他写道：“我们主张人们实际上绝非争论价值问题……我们确实是在从事于一种争论，这种争论通常被看作是关于价值问题的争论。但是，如果仔细地考察所有这类情况，我们会发现这些争论并非真正关乎价值问题，而是关乎事实问题。”① 比如说，我们在日常生活中的确会通过澄清事实问题，来解决价值分歧，在艾氏看来，最为根本的争论应当是事实问题的争论，价值问题的争论只是事实问题的争论产生的必然结果而已，如果我们就价值争论谈价值争论，根本无助于价值争论的解决。

在笔者看来，艾耶尔所倡导的“价值的情感主义学说”比休谟的观点更为激进，他试图将价值问题转换为事实问题的做法有其积极意义，这种主张一方面在不经意间或无意识地显示了价值与事实之间的密切交织，揭示了解决价值问题也需要以澄清事实为前提，纯粹的价值争论很有可能导致理屈词穷和无尽争论；另一方面也凸显了价值的现实根基。价值争论并非完全是一种主观态度的不同，人们对于现实的理解也的确影响了人们的价值判断，比如一个经历过穷苦岁月、常常食不果腹的人更会倾向于认为节俭是一种美德，而衣食无忧、含着银汤匙出生的人则要经历很多人生阅历之后才会有这种价值判断。

但艾耶尔这种主张的问题与不足在于：它不仅蕴含着事实与价值（作为认识结果的事实与价值判断）的严格二分；同时，该主张对事实也作了狭隘的理解，认为事实仅仅是一种经验事实（empirical facts），缺乏社会历史和共同体建构的维度，好像只要我们在对

---

① Alfred J. Ayer, *Language, Truth and Logic*, Suffolk: Penguin Books, 1971, p. 114.

于外部世界的经验事实上达成一致，就可以取得价值上的共识。在艾氏看来："我们做出这些论证，仅仅希望在关于经验事实的性质上，让我们的反对者同意我们，要他们采取与我们同样的对待经验事实的道德态度（moral attitude）。"① 以此，只要我们能在经验事实上无分歧，便能在价值和道德判断上达成一致。可问题是，世界是同一个世界，为什么不同阶级立场、不同利益代表的人会看到不同的事实呢，如果作为认识结果的事实不渗入人类视角，而只是客观的、永恒不变的经验事实，人们又如何会在事实问题上争论不休呢？正是由于事实有建构的成分，在社会历史的进程中，我们建构和接受了不同的事实陈述，所以我们才会作出不同甚至对立的价值判断。在这种意义上，事实的语言认知建构论才能真正回答为何人们在事实问题上有不同的看法，进而影响着他们的价值判断和道德判断，由此，一种建构主义的事实观更能彰显马恩历史唯物主义的基本精神。

因此，虽然以情感为价值奠基的"情感进路"是事实本体论以及事实和价值二分法的支持者们解释价值问题的重要备选方案，但该方案已越来越显露其弊病与不足，综合以上分析，这种弊病与缺陷主要体现在两个方面。

第一，它过于主观化，使得价值判断沦落为一种主观意见之表达，随之而来的是，人们不同的情感和道德情操使得达成统一的价值共识变得日益困难甚至不可能。艾耶尔本人也承认这种价值学说和伦理学说是彻底的主观主义（radically subjectivist），只不过它区别于正统主观主义理论的地方是，正统主观主义者不否认道德家和说教者们的句子表达了真正的命题，而它否认这一点。② 但无论如何，这种以情感和道德情操为中心的主观主义将会带来无穷的价值

① Alfred J. Ayer, *Language*, *Truth and Logic*, Suffolk: Penguin Books, 1971, p. 115.

② 参见 Alfred J. Ayer, *Language*, *Truth and Logic*, Suffolk: Penguin Books, 1971, p. 112。

纷争。面对这种价值纷争，以艾耶尔为代表的哲学家力求作出改变，主张将价值问题上的争论转移到事实问题上来，但艾氏把事实问题想得过于简单，作为认识结果的事实并不是直接复刻实在，人的认知进程也很难去除价值要素，没有价值上的一致，澄清事实并在事实问题上达成一致也是较为困难的。将价值问题转换为事实问题的直接结果将导致伦理学社会科学化，使得伦理学成为认识论和知识论的分支（因为认知和知识直接讨论、关涉事实），成为心理学和社会学的一部分。① 这种对伦理学的看法与西方伦理学传统中的德性伦理学、规范伦理学都大相径庭，将德性与规范从伦理学中剥离出来，使得情感成为价值的内核，事实问题成为解决价值与伦理道德问题的关键的做法，使得价值体系和伦理学丧失了对于社会共同体的规范作用。

第二，它缺乏历史感，缺乏历史唯物主义的洞见和视野，因此，它既缺乏解释价值的深度，也无法回应为何价值体系随着时代和社会不断变迁，这远非某个个体的喜怒哀乐和道德情操所能解释的。边沁举的一个更极端的例子，某个印第安人受到了另一个部落的印第安人的伤害，受伤者对仇人“施行极残酷的折磨，以作为报复。结果在这么一个场合施加的残忍，使得他在自己的部落中荣获美名。由此表现出来的性情，决不可能在一个文明程度比印第安人略高的民族中间被认为是好的”②。麦金太尔也在缺乏历史感方面批评了以休谟为代表的道德学说：“休谟把道德准则看作是给定的，部分是因为他把人的本性看作是给定的。虽然他是一个历史学家，但他在本质上是一个不了解历史的思想家。感觉、情欲、情感，是不能质疑和不可批评的。我们是本来就有我们所有的感觉的，‘一种情感也是一个原始的存在物’。但是，欲望、激情等等并不是本来就有的，它

---

① 参见 Alfred J. Ayer, *Language, Truth and Logic*, Suffolk: Penguin Books, 1971, p. 117。

② ［英］边沁：《道德与立法原理导论》，时殷弘译，商务印书馆 2000 年版，第 187 页。

们不是感觉和情感，它们能够在不同程度上被改变、被批判、被拒绝和被发展等等。但是，休谟或他的后继者并没有十分严格地对待这一论点。”①

总的来看，情感和道德情操不可能，也无力为每个时代的价值与伦理体系奠基，价值与伦理作为一个整体往往受到时代社会生活条件和历史发展的影响，马克思恩格斯的历史唯物主义主张，原理的实际运用随时随地都要以当时的历史条件为转移，由历史唯物主义出发，笔者认为，价值和伦理道德体系也是在特定的社会历史条件下起作用的，也只有在特定的社会历史条件中，才能被准确地理解。在揭示出情感也无力为道德、价值、意志、行动奠基之后，从批判事实本体论的角度去批判和纠正事实与价值的严格二分，也成为当务之急。在笔者看来，一方面，深入批判事实与价值的严格二分，有助于破除事实本体论对价值哲学、伦理学方面的固有偏见，从而反过来再次动摇和批判了事实本体论，证明如果坚持事实本体论，将给价值哲学、伦理学研究带来灾难性后果。另一方面，当我们采取一种新的事实观，以事实建构论去批判事实本体论，将更为清楚和深入地展现事实与价值严格二分的问题所在。

第二节　事实与价值、分析与综合双重二分的崩溃

情感与价值确有紧密联系，但以情感为道德、价值奠基已被哲学史和思想史证明是行不通的元伦理学进路，上节也已论证了以情感为道德、价值奠基的困难和缺陷，这样，价值的情感主义进路也面临崩溃的境地。但对于事实本体论者来说，即便休谟—艾耶尔的进路失败了，也仅仅意味着一种备选方案失效而已，并不构成对于

① ［加］麦金太尔：《伦理学简史》，龚群译，商务印书馆2004年版，第235页。

事实和价值的严格二分的致命打击，因为他们还要以将价值、道德视为不可说的东西（早期维特根斯坦），或回避价值问题，认为在哲学中，价值问题相较于形而上学问题并不非常重要（阿姆斯特朗）。要言之，事实本体论者的一个很有意思且非常重要的共性是，他们很少直接论述和涉及像伦理、道德、美学、信仰这样的与人密切相关的领域，核心原因正是事实本体论预设了事实与价值、事实与道德、事实与解释之间严格的二元区分。既然世界是由事实组成的世界，那么，命题只能描述世界中的事实，但不能描述事实之外的价值、道德等，这直接导致了事实本体论者面对价值选择与道德判断时的无能为力。比如维特根斯坦认为人类语言中的命题只能描述事实，不描述事实的伦理学与美学都是不可说的，因此世界的意义必然位于世界之外。

价值问题关乎人类生存在世关切的核心问题，实践表明那些所谓不可说的价值哲学、伦理学、美学仍然可以被一定程度上言说，伦理学史、美学史中的皇皇巨著就是明证。本节的主要思路是，讨论分析哲学对于事实与价值二分法的批评，将分析与综合二分法与事实与价值的二分法对照考察，进而批判了事实本体论及其理论后果（事实与价值的严格二分），为下节从事实建构论的角度更好地理解事实与价值的关系作好铺垫。

一　分析与综合二分法的崩溃及其影响

自休谟、康德开始，分析与综合的二分已逐渐成为哲学史的一个公认的二分法，分析的真理是一种定义性真理或谓词包含于主词中的真理，而综合的真理是一种事实性真理或谓词不包含于主词的真理。分析往往与先验联系在一起，综合往往与后验联系在一起，而康德试图在这两种联系之外提出先天综合判断也是可能的，形而上学、数学等都属于先天综合判断的范例。分析哲学在20世纪兴起后，分析与综合的二分一直显著且持续地影响着分析哲学，早期维特根斯坦、维也纳学派、艾耶尔、阿姆斯特朗等众多分析哲学家和哲学流派都坚持着分析与综合的二分，如艾耶尔所言：“当一个命题的有效性（validity）仅依据于它所包含的符号之定义，我们称该命题为分析的，当一个命题的有效性被经验事实所决定，我们称该命题为综合的。”[①] 艾氏的论断代表了典型分析哲学家的看法，分析命题来源于符号的定义、约定和惯例，而综合命题来源于经验事实，正因为符号之定义、约定等严格区分于经验事实，所以分析与综合也必然有着严格的二分，分析命题必然没有说出任何事实性内容。

正是因为分析哲学家们对于事实的窄化理解，将事实局限于无前提条件的经验事实，将作为认识结果的事实与作为认同对象的事实相混淆，所以分析与综合的二分法流行起来。中后期维特根斯坦在反思自己早期的思想时，敏锐地认识到这种二分法的问题，他从“标准”这个核心概念入手，指出了我们证实一个命题和确认某个东西是事实都需要相关标准作为前提，传统经验论者所谓的经验事实在维特根斯坦这里已经被打上了问号，不再被当作可以不加反思而直接接受的东西。比如，如果我们将某种化学反应作为颜色为金黄色的标准，那么，我说我看到了某团火焰是金黄色便没有决定性意义。如果我们将肉眼所见到的东西作为物质存在的和实在物质之标准，那么，在物理学中通过电子显微镜和物理理论推论出来的原子、分子、夸克的存在便不具有肉眼所看到的东西那般实在。要言之，经验事实不是无条件给予我们，当我们确立某种事实时，一定有相关标准为前提，无论这种标准是直接被告之还是潜藏着的。而对于后期维特根斯坦来说，标准不正是人们在生活形式中的某种惯例、约定甚至定义吗？与标准相伴随的是一种经验性的“征状”，维特根斯坦的深刻之处在于，他敏锐地指出“标准”与“征状”之间虽然不同，但却没有严格的区分，因为在一定的生活形式和语言游戏中，两者的地位是波动的。正如“标准”与“征状”没有绝对的区分和

① Alfred J. Ayer, *Language, Truth and Logic*, Suffolk: Penguin Books, 1971, p. 73.

界限一样，分析与综合也没有绝对的区分和界限，这是中后期维特根斯坦对于我们破解分析与综合的二分时给予的思想启迪。

在维特根斯坦之后，蒯因对于分析与综合二分提出了尖锐的批评，使得分析与综合的二分法加速崩溃。[①] 需要强调的是，分析与综合二分法的崩溃激起了哲学家对于事实与价值二分法的反思，无论是分析与综合的二分法，还是事实与价值的二分法，它们的根本问题是，我们不能在惯例和事实[②]之间作出严格的区分，它们之间也本没有严格的区分，而是互相缠结在一起，如普特南所言，分析与综合二分的崩溃就是因为惯例与事实的缠结[③]。在我们的生活世界中，很多事实仍然以惯例为前提，或者事实性内容与惯例性内容不能严格二分。以“单身汉与未结婚的男子”这句话为例：一方面，由于在我们的语言和文化惯例中，单身汉与未结婚男子同义并被写进词典，所以这句话看起来是分析命题，我们知道某个单身汉就自然知道他是未结婚的男子；另一方面，它又的确表达了某种事实性内容，正如蒯因所言，即便是字典编纂者也不是自行定义了这种惯例，而是以现实社会为蓝本记录下来的，因此好像又是综合命题。因为惯例、规范、标准与事实之间有着密切的缠结，所以分析与综合的确不能进行严格的二分。

值得特别注意的是，蒯因论述惯例与事实的缠结时所谓的事实

① 从哲学史的角度来看，在蒯因的时代，他并非批判分析与综合的二分法的唯一哲学家。据普特南所言，莫顿·怀特（Morton White）与蒯因同时批判了分析与综合的二分法，但怀特思想更进一步的地方是，他进而也批判了事实与价值的二分法，主张事实与价值的二分法之困境是分析与综合的二分法之困境的必然结果。普特南承认，他对于事实与价值的二分法之批评，很大程度上受到了莫顿·怀特的影响。（参见 Hilary Putnam，“12 Philosophers：And Their Influence on Me”，*Proceedings and Addresses of the American Philosophical Association*，2008，Vol. 82，No. 2，pp. 101 – 115）

② 反对事实与价值严格二分的哲学家很多都将事实理解为作为认识结果的事实，他们常把事实理解为真的主张、思想和命题。如普特南常将事实等同于“事实陈述”“事实断言”“事实知识”。

③ 参见 Hilary Putnam，*The Collapse of the Fact/Value Dichotomy and Other Essay*，Cambridge：Harvard University Press，2002，p. 8。

是作为认识结果的事实（陈述），人们对单身汉这个概念有一定的认识后，才能说出“单身汉是未结婚的男子”这样的话，因此蒯因对澄清事实与价值关系的贡献在于，作为认识结果的事实陈述与价值陈述不能严格二分。

既然分析与综合的严格二分随着惯例和事实之间严格二分的失败而失败，那么，必定是有部分事实是与惯例、规范、标准、承诺甚至权威密切关联、紧密依赖的。当代分析哲学家对这类事实也有着深度的敏感，如塞尔提出的“制度性事实”（institutional facts）、普特南所谓的“语义事实”（semantical facts）、布兰顿提出的“规范性事实”（normative facts）都属于这类事实。

什么是制度性事实呢，塞尔认为制度性事实是：“某些依赖于人们一致同意的事实……这些事实的存在需要人类的制度。例如，要使这张纸成为5美元的钞票，就必须有人类的货币制度。”与制度性事实相对应的是与非制度的或“天然”（brute）[①] 事实，“天然事实的存在不需要人类的制度为前提”[②]。塞尔一方面区分了制度性事实与非制度性事实，另一方面也强调了至少有很大一部分事实（制度性事实）以人类的规范、制度等为前提。制度性事实并非事实本体论所谓的纯粹客观、与人无涉的事实，它深度依赖人的生活世界、社会实践和社会制度，比如我是一个中国公民、我有1000元存在支付宝，以及前文中提及的盟军赢得了反法西斯战争的胜利、中国夺得了2008年北京奥运会金牌榜第一名，等等。“我有1000元存在支付宝”看似是一个不起眼却又较为客观的事实，背后却蕴含着目前

---

① 李步楼先生将“brute fact”翻译为“无情性事实”有一定可取之处，但似乎把重点落在了有情与无情上面。塞尔的“brutefact”强调的是不依赖人类制度的、原初的、作为认识对象的客观实在，有天然事实、原始事实或自然事实的意思，笔者在全文中也统一采纳天然事实的翻译，也正好与制度性事实相对应，因此本书在需要的地方，根据《社会实在的建构》英文本重新翻译。

② John Searle, *The Construction of Social Reality*, New York: The Free Press, 1995, p. 2.

人类的常用数学规制（这个1000是十进制而非二进制）、人类和中国的货币制度、新兴的货币基金制度、移动互联网金融的兴起，等等。

塞尔的观点一方面道出了某些事实的规范性、制度性层面，说明了在很多方面，是与应当不是完全不相关的；但另一方面还有所保留，因为毕竟还有一种天然事实（brute facts）与制度性事实相对，是无需规范、惯例的。笔者认为，这种天然事实是一种认识对象的事实，而作为认识对象、客观实在，它确实与价值规范无关，因为一旦天然事实被人类努力去认识、被言说时，产生出作为认识结果的事实时，语言、概念中的规范性内容必然深入这个被言说的事实当中。我们说地球距月球的距离是38万公里，这个事实已经是作为认识结果的事实，而非天然事实，因为两者之间的距离不会因为人类的喜怒哀乐、文化制度的变化而变化，可当我们一旦用语言言说这一事实时，该事实中的规范性成分便开始显现，人类的数学建制、以米为中心的测量制度渗透其中，甚至这里所说的地月距离也只是平均距离。

布兰顿提出的规范性事实强调了承诺（commitments）与资格（entitlements），并由此让承诺与资格背后的人类实践成为规范性事实的根基。他写道："在人类开始谈论并视彼此承诺或有资格做各种事情之前，没有承诺和资格（责任和权威）之类的东西。关于'我们承诺了什么'的事实（等）取决于我们的活动。"① 布兰顿在两个方面推进了事实的规范性研究。第一，规范相较制度在概念内涵上更丰富一些，因为并非所有的人类规范最后都固定为某种更持久、更正式的制度，某种临时性约定和承诺可以被称为规范性事实，但难以被称为制度性事实。第二，他用承诺与资格这两个要素进一步解释规范性事实，使得规范性事实的形成更清楚明白，同时凸显了

---

① Robert Brandom, "Facts, Norms, and Normative Facts: A Reply to Habermas", *European Journal of Philosophy*, 2000, Vol. 8, No. 3, p. 365.

人类实践活动对规范性事实的确立起了奠基性作用。因为无论是制度还是规范，都离不开确立制度规范的人。我们需要进一步追问，在人类的实践活动中谁承诺了什么样的制度规范、谁有资格制定制度规范。比如罗马帝国皇帝查理曼一世将他的脚长规定（承诺）为一英尺；国际足联比我更有资格确立一个标准足球场的长宽范围。

虽然前述几位哲学家都敏锐地发现了事实与价值规范的缠结，但深究起来，他们所言的是不同意义上的事实，也在不同层面上与价值发生关联。结合第四章第三节总结的事实的三种典范用法，我们可以更清楚地阐明每一类事实与价值的关系。

第一，作为认识对象的事实。它们是天然事实和未知、混沌的实在，的确与价值无涉，人在没有认识它们之前也不能对之有任何言说和描述。

第二，作为认识结果的事实。它与价值紧密关联，是价值渗透事实最重要的环节。这体现为：（1）事实陈述需要概念为载体，概念在用法上具有规范性（每个概念如何使用有相对稳定的用法），很多概念在内涵上包含价值因素（褒义、贬义、中性、价值态度等）；（2）价值影响个人与共同体的认知过程和结果，描述者的价值渗透概念的选择。如塞尔所谓的功能性事实就是价值影响认知结果的范例，一个对象有什么功能取决于观察者的价值；普特南几乎都在此用法上使用事实，因此他也彻底地主张事实与价值有紧密的缠结。

第三，事实陈述反向规定、挑选、切割、确认甚至建构的实在。价值规范通过影响事实陈述，间接影响（自然或社会）实在的某一部分从连成一片的实在中被挑选、切割、确认甚至建构出来。比如“2020 年新冠肺炎疫情在全球大流行”“拜登在 2022 年是美国总统”，从言的角度看，它们是事实陈述；从物的角度看，它们强调和凸显了实际发生的情况，将一部分实在人为地切割出来。以事实陈述为工具，人类直接参与了实在的挑选、切割、强调甚至建构，比如古希腊人认为宙斯、雅典娜作为神存在是真的，并以当时的这一真理来建构了现在看来并不真实的实在。制度性事实作为一类社会实在，应是这一层面的事实，并在该层面与价值发生勾连。

二　事实与价值二分法崩溃的原因

上节表明，在三类事实的典范用法中，作为认识结果的事实受价值系统的影响最直接、紧密，因此它与价值的关系更需要进一步讨论。在普特南看来，事实与价值的二分法一定程度上源于哲学中分析判断与综合判断的二分法，因此当分析与综合的严格二分崩溃后，事实与价值的严格二分也必然崩溃。分析与综合的二分为何影响了事实与价值的二分呢？一个重要的原因是，“事实与价值的区分与分析和综合的区分都把‘事实’与某种其他东西相对照：第一个是对比‘事实’与‘价值’，第二个对比‘事实’与‘重言式’（或分析真理）”[①]。因此，一提到某某是分析真理，传统的分析哲学研究者会认为这也同样意味着它是重言式、必然为真、仅凭意义而为真，而不是告诉我们有关大自然和世界的事实；一提到某某是综合真理，他们又会认为这些综合真理陈述的是一个事实，它带来了新的内容、偶然为真、不是凭语义而为真，等等。但如上所述，蒯因对于分析与综合严格二分的批判已向我们表明，这种严格区分和对立是成问题的。当事实陈述与惯例被发现缠结在一起、不能断然二分时，分析与综合的严格二分崩溃了。在事实的典范用法上，（1）作为认识结果的事实陈述以及（2）由事实陈述规定、挑选出的实在，都以不同的方式与规范、惯例、制度等人在实践活动中的规范性内容密切联系在一起，除了作为认识对象的天然事实、未知实在以外，我们很难想象其他事实不依赖于人在实践活动中的规范性内容，即使是科学事实也依赖于相关的科学规范、科学范式、科学理论系统。

因此，从分析与综合严格二分的崩溃到事实与价值严格二分的

---

① Hilary Putnam, *The Collapse of the Fact/Value Dichotomy and Other Essay*, Cambridge: Harvard University Press, 2002, p. 8.

崩溃，两者有着内在的学理逻辑，其根本就在于事实本体论所预设的作为实在之基本实体的纯粹事实的幻灭，以及事实与规范性内容之间的缠结。这种缠结也印证本书第四章的结论，作为认识结果的事实是人在认知活动中建构的产物。只有事实是被建构的，而非像事实本体论所言是组成世界的基本实体，它才能与人在实践活动中的规范性内容有着诸多缠结；否则，一个是无人的客观世界中的基本实体，另一个是人在生活世界和社会实践中建构出来的诸多规范、制度，二者理应没有任何交集，事实与规范、价值的严格二分又顺理成章起来。可以说，事实的语言认知建构论和事实与规范、价值的缠结有着密切的学理联系；而事实本体论则和事实与规范、价值的严格二分同样有着亲缘关系和学理联系。

值得注意和说明的是，批判事实与规范、事实与价值的严格二分或二分法并不是表明事实与规范没有区分、区别。从事哲学研究工作，我们不能从一个极端转换到另一个极端，从事实与价值没有严格二分跳到事实与价值没有根本性区分、不必作任何区分。比如，价值影响和渗透进事实陈述，不等于事实陈述就等同于价值陈述。哲学家杜威一生坚持事实与价值没有严格的二分也并非主张两者没有区分，正如普特南所言，杜威对事实与价值的二元论的批判“常常被误解为攻击所有共存的哲学区分”①。也就是说，我们要明白哲学批判的中心问题在何处，我们批判的是事实与价值的严格二分和二元论，而非要批判事实与价值有区分，事实上，它们当然有区分。不仅事实与价值在区分，分析与综合、惯例与事实同样有一定的区分，而蒯因其著名的《经验主义的两个教条》一文，过分地攻击这种区分，但笔者认为，在日常生活和科学实践中，对分析和综合、惯例与事实作出区分大多数时候仍然是有意义、有价值的。

以上从分析与综合严格二分的失败，引出了事实与人在实践活

---

① Hilary Putnam, *The Collapse of the Fact/Value Dichotomy and Other Essay*, Cambridge: Harvard University Press, 2002, p. 9.

动中的规范性内容之间的缠结问题，进一步也使得我们有充足的理由从事实建构论出发，来批判事实与价值的严格二分。值得注意的是，实用主义哲学家杜威就曾鲜明主张要破除事实与价值的严格二分法，他对于任何形式（无论是在本体论上还是在认识论上）的事实与价值的严格二分持批判态度，反对价值界与自然界的区分。杜威写道："哲学家建立了一个'价值界'，把一切由于人为的隔绝而被排斥于自然存在之外的宝贵事物都安置在这个'价值内'。痛苦、幽默、热忱、悲惨、美丽、兴旺和挫折等虽已从一个和机械结构等同的自然界中排斥出来，但是它们在经验上仍然是现有的那个样子，而且还要求我们予以承认的。所以它们都被收集在一起而纳入'价值界'内，与这个存在的世界互相区别对照。于是哲学家又要忙于对付一个新的问题了：这两个世界有什么关系呢?"①

杜威的论述从另外一个视角揭示，如果事实与价值有着严格的二分，我们就无法解释在人的社会实践中所涉及的自然界与价值界之关联问题。在社会历史和现实生活中，人们常常很自然地将自然界与价值界关联起来，从一个事实判断引发出一个价值判断。比如某些人正在做一个恐怖的暴力行为，在地铁内纵火，很多人听闻这一事实立即会作出一个价值判断，这种暴力行为和纵火破坏公共设施、危害公共安全的行为是不对的。从社会历史和现实生活世界出发，好像从事实判断到价值判断并没有一些哲学家所设想的那般艰难，甚至休谟本人的道德哲学中，他"显然做了从'是'到'应当'的转变"②，对于正义的辩护就是一个鲜明的案例：休谟会认为"我们应当遵守正义的规则，是因为每个人通过遵守这样的正义规则，得到的都要比失去的更多"③。

此外，在科学研究中也是同样如此，事实与价值的严格二分的

---

① ［美］杜威：《经验与自然》，傅统先译，江苏教育出版社2005年版，第251页。

② ［加］麦金太尔：《伦理学简史》，龚群译，商务印书馆2004年版，第233页。

③ Alasdair MacIntyre, "Hume on 'Is' and 'Ought'", *The Philosophical Review*, 1959, Vol. 68, No. 4, pp. 451 – 468.

支持者会主张科学是探究事实和证据的事业，与价值没有任何关系。苏珊·哈克坚决不同意一种科学研究应与价值隔绝，他主张在科学探究的同时，提出如下价值问题是合法的："某些获得证据的方式是否通常在道德上是不可接受的……应该如何以及由谁来控制对潜在具有爆发力的科学结果的使用和应用?"① 换言之，如果某人在探究科学事实的科学研究中违反科学研究的伦理，比如对基因编辑技术的不合理运用，即使这种科学研究被冠以探究科学事实为目的，也会被绝大多数人视为在道德上是不可接受的。核聚变理论、核武器作为一种具有爆发力的科学结果，也必然涉及价值问题，爱因斯坦等著名科学家对核武器的使用、核战争的发生的忧虑已体现得非常明显。

在笔者看来，无论是一种经验主义的事实观，还是一种事实本体论的事实观，都无法解决由是到应当，由事实判断到价值判断转变的合理性，而一种事实建构论的方案将帮助我们更好地解释自然界与价值界、事实判断与价值判断、是与应当之联系。下一节，笔者试图从事实建构论出发，深入批判事实与价值的严格二分，以此阐明事实的语言认知建构论在元伦理学中的重要意义，以及以事实本体论为地基所建构的形而上学体系在解释价值哲学、道德哲学上的苍白无力。

第三节　批判事实与价值之严格二分的事实建构论方案

上一节论述中已从学理上论证了在分析哲学中，事实与价值的严格二分与分析与综合的严格二分一同崩溃了。这种崩溃只是从反

① ［英］苏珊·哈克:《理性地捍卫科学——在科学主义与犬儒主义之间》，曾国屏、袁航等译，中国人民大学出版社2008年版，第13页。

面表明，事实与价值的严格二分法本身是成问题的。而本节的任务是正面阐述为何事实与价值如此紧密地联系在一起，为何事实与价值是如此密切地联系的。因此本节的问题是，随着事实本体论、实在论的崩溃，事实与价值严格二分的的确确崩溃了，为何两者相互交织在一起呢？当代的分析哲学家在这一方面也做了很多杰出的工作。

本书前四章的一个核心结论是，作为认识结果的事实不是实在中的基本实体，它更类似于康德式的“先天综合判断”① 的产物，是一定的社会共同体在社会实践当中对于自然的探究、认识和理解，进而在语言中生成、概括而来；而价值同样是在一定的社会共同体中，对特定的现象所作的判断。在元伦理学上，事实本体论主张事实与价值无涉，而事实建构论对于事实本体论的彻底批判同样也要求，在事实与价值的关系上，与事实本体论划清界限。这使得事实建构论在元伦理学领域有更大的发展潜力。我们可以通过事实建构论，为接受事实与价值的紧密关联找到更为坚实的学理地基。

一 塞尔论功能性事实的价值前提

关于事实与价值的严格二分问题，有一部分敏锐的哲学家发现，虽然不能证明所有事实蕴含价值，但至少有一些事实是有着价值前提的，哲学家约翰·塞尔也对于人类社会中的一些事实离不开价值作了有力的论述，他指出了事实中的一个重要部分——功能性事实——不可能离开价值。在日常生活和日常语言中，我们常常说树可以用来制作家具，玫瑰花可以用来表达爱意，海边的沙滩可以适合度假，肝脏的功能是解毒排毒，等等。在人类社会生活中，我们不仅将自然物具有某种功能视为一种事实，而且也同样将人造物具

① 事实建构论主张，在事实概念所有典范用法中，说“作为认识结果的事实”是一种偏向于“先天综合判断”的产物，是指它一方面具有感性内容，以客观实在为认识对象，另一方面在认识过程中包含人的知性、语言、概念的建构。

有某种功能视为一种事实，比如椅子的功能是供人就座，床的功能是供人休息，浴缸的功能是供人洗澡，足球场的功能是提供踢球的场所。针对功能性事实，塞尔的思路有两点。

第一，“功能不是固有的，而总是与观察者相关的”[①]。也就是说，功能必定是与言说者、观察者乃至整个社会共同体紧密联系在一起的。如果没有观察者和言说者，说某个自然物具有某种功能并没有任何意义。从整体上看，塞尔的论证策略是区分了因果性过程和目的性内容，一方面，自然有因果性过程，“例如，心脏泵血并且使血液流遍全身，这是自然所固有的。同样，血液运动与涉及机体生存的全部其他因果过程相关联”。另一方面，当我们将这种自然性过程赋予一定的目的性内容时，这种以“功能”为外衣的目的性内容必然与观察者相关，进而与人的价值判断、价值系统关联起来。比如说，“当我们除了说‘心脏泵血’以外，还说‘心脏的功能是泵血’时，我们所说的就不仅仅是记录这些固有的事实了，我们是把这些事实与我们所持有的价值系统联系起来”[②]。

第二，价值判断和价值体系是功能性事实的前提。塞尔的看法是，当我们制造了一个功能性事实时，必然会有一个价值前提。正如塞尔所言：“我们的确‘发现’自然中的功能。但是发现这种自然的功能只有在一套先行确定的价值（包括意图、目的性及其他功能）范围之内才会发生。因此，假定我们已经承认对有机体来说存在着生存和繁殖的价值，一个物种有继续生存的价值，那么我们就能够发现心脏的功能是泵血，前庭膜的视觉反射的功能是固定网膜视像，等等。”[③] 塞尔对功能性事实预设了价值前提的论断较为符合

---

① ［美］塞尔：《社会实在的建构》，李步楼译，上海世纪出版集团 2008 年版，第 14 页。

② ［美］塞尔：《社会实在的建构》，李步楼译，上海世纪出版集团 2008 年版，第 14 页。

③ ［美］塞尔：《社会实在的建构》，李步楼译，上海世纪出版集团 2008 年版，第 15 页。

我们的日常直觉和经验。在日常语言中，说某物具有某种功能相当于说某物具有什么作用，可以用来做什么，等等，这无疑依赖于观察者和观察者所属的共同体的价值体系和生活形式。锄头可以用来锄草，也可以用来打架，甚至可以被奉为祭祀时的圣物，在不同的价值体系和生活形式中，功能性事实的确有着价值体系和生活形式的前提。

结合以上两点，塞尔对于批判事实与价值严格二分的贡献是，他区分了因果性事实和价值性事实，前指不涉及价值，而后者则与价值密切相关。因为当我们说某某是一个功能的时候，已经将我们的价值赋予其中。塞尔指出："'功能'这个词语加在'原因'这个词语上的东西是一套价值（一般包括目的和目的论）。正因为我们认为在生物学上生命和继续生存有重要价值是不言而喻的，因而我们才能够发现心脏的功能就是泵血。如果我们认为世界上最重要的价值是用发出怦怦的响声来赞颂上帝，那么心脏的功能就是发出怦怦的响声，怦怦跳的心脏就是好的心脏了。"① 他的观点可以概括为：当我们将某物的某个特征视作功能时，将关于某物的某个事实视为功能性事实时，也同时意味着该物的其他特征并非一种功能，关于该物的其他事实也并非功能性事实。人类实践活动中的目的和生活世界中的价值体系帮助我们作出了这种筛选，因此，功能性事实有着鲜明的价值前提是毫无疑义、毋庸置疑的。

塞尔以功能性事实为起点，展开了整个对于社会性事实的探讨。从事实的语言认知建构论的框架看，功能性事实属于作为认识结果的事实（一个婴儿并不知道事物的功能），都是有意识的行为者在实践活动中创造和建构出来的，在这种创造和建构过程中，价值体系无疑扮演着重要的角色，成为创造、建构社会性事实的前提条件之一。他写道："总之，在我们讨论有意识的行为者创造社会性事实的

---

① ［美］塞尔：《社会实在的建构》，李步楼译，上海世纪出版集团2008年版，第15页。

能力时，需要注意的首要特征就是把功能赋予对象或其他现象。功能决不是固有的，它们是被赋予的与使用者或观察者的兴趣相关的功能。”① 最终，塞尔试图完成两种事实的二分：一种是属人、依赖观察者、有价值前提、有情的社会性事实；另一种是不属人、不依赖观察者、与价值无关、天然的自然事实。

虽然塞尔的工作进一步展示事实与价值的严格二分存在问题，即以功能性事实为代表的社会性事实预设了价值前提，但他的观点既不彻底也不全面。并非所有事实都与价值密切相连，只有那些功能性事实被赋予了价值，而因果性事实则仍然与价值无关，将因果性事实与价值进行严格二分则理所应当。潜藏在该论断背后的是这样一种观点：功能与原因不同，功能与观察者密切相关，而原因则是无关于观察者的，脱离了观察者，自然界的因仍然是因，果仍然是果。通过塞尔的工作，我们至少在功能性事实与价值之密切联系上达成了一致，事实与价值的严格二分已经开始破裂。现在仍然遗留着一个重要问题，即除功能性事实之外的其他非社会性事实，特别是因果性事实是否与价值有所关联呢？如果有关联，是什么样的关联呢？从事实建构论的框架看，功能性事实仅仅是作为认识结果的事实的一个子类，只要价值因素影响了人的认知活动，那么作为认识结果的事实都或多或少受到价值的影响。这时，普特南的相关工作又将对事实与价值之二分的批判，提升到更为彻底的层面。也即，除了功能性事实之外，其他作为认识结果的事实也同样与价值有着千丝万缕的联系。

二　普特南论事实建构过程的价值前提

当塞尔还执着于因果性事实和功能性事实、自然事实与社会性事实之区分，使得事实与价值的关系呈现复杂的态势时，普特南给

---

① ［美］塞尔：《社会实在的建构》，李步楼译，上海世纪出版集团2008年版，第17—18页。

出了比塞尔更为彻底的方案和回答，他不像塞尔那样对事实作出功能性事实与非功能性事实、制度性事实与无情性事实、社会性事实与自然事实等这样或那样的区分，而是从一种更为底层的角度思考事实的建构过程为何有价值前提，从这一角度出发，他对于事实与价值二分法的批判一定程度上给予了我们有益的启示，并有助于我们避免塞尔式的不彻底的方案。

普特南的论证策略是首先从事实入手，如果我们发现所有事实的建构本身是预设价值的，那么，事实作为一种实在和外部世界的某种东西与价值完全割裂，这一教条便不攻自破了。他的这段话发人深省："事实与价值的区分至少是极为模糊的，因为事实陈述本身，以及我们决定什么是、什么不是一个事实所依赖的科学探究实践，已经预设了价值。"① 在科学研究和实践中，追求真，追求理论的简单性、对称性、统一性等同样也是一种价值，这些价值深刻地影响着事实的判定和筛选。比如，爱因斯坦的引力理论既是一种物理理论，也是一种对于事实的断定。当我们出于理论简单性的原因，认为爱因斯坦的引力理论优于怀特海的引力理论时，这又显示了简单性的价值深刻地影响着我们对于某个理论、某个事实的断定。因此，以探究事实为中心的科学与以探究价值为中心的伦理学，并非是没有联系的，正如普特南所说："像那些范例性的价值术语（比如勇敢、宽容、诚实、善）一样，融贯和简单性也作为一种赞扬的术语被使用。它们的确是一种指导行动的术语：当我们在适合的情境中将一个理论描述为'融贯、简单、富有解释力'，其实就是说对于这个理论的接受是得到辩护的；进而，说对一个陈述的接受是完全得到辩护的也即说一个人应当接受这个陈述或理论。"② 由此可见，以融贯性、简单性和解释力为代表的价值对我们接受某个理论、事

① Hilary Putnam, *Reason*, *Truth and History*, Cambridge: Cambridge University Press, 1981, p. 128.

② Hilary Putnam, "Beyond the Fact-Value Dichotomy", *Revista Hispanoamericana de Filosofía*, 1982, Vol. 14, No. 41, p. 7.

实起了至关重要的作用。

在科学如此昌盛的时代，事实的提炼与生成离不开价值，那么，在前科学时代，事实与价值的关系是否更是如此呢？答案当然是肯定的。在古人生活的时代，事实与价值反而更加地融为一体，难以分割，比如古人认为皇帝是天之子，这一事实判断进一步支持了对皇帝尽忠，君君，臣臣，父父，子子这样的价值判断；反过来，一些道德上的价值和训诫又进一步建构了像“皇帝是天子”“圣父圣子圣灵三位一体”等被当时人们信奉的事实，很多时候，我们常常对某种判断是道德判断还是事实判断难以区分，这是因为事实与价值本身就难以严格分割开来。回顾整个中国古代史，就是一部寓价值判断于事实判断，将事实与价值、道德叙事与历史叙事统一起来的典范，这在《史记》中可见一斑。

当人们从认识结果的层面使用事实概念时，事实是对自然、世界是什么的判断，而价值是对我们应该如何做的判断。事实与价值的同源性在于，它们都关乎人与世界之关系，而事实本体论者倡导事实与价值的二分，事实是有着内在结构的基本实体，这种倾向一定程度上遗忘了人。面对像普特南这样的批评，事实与价值二分法的辩护者也给予了相应的反驳，他们承认在科学研究和实践中的确有价值渗透进来，但此价值非彼价值，这些渗透进事实的价值并非指导人们应当如何行动的伦理价值（ethical value），而是像追求真理这样的有关理论的价值，他们认为“科学预设了一种价值，即真理的价值本身”①。这种反驳看似维护了“是”与“应当”之区分，但其所谓的真理的价值本身又是什么呢？事实本体论者认为真理是对真实的外部世界的摹本，但这种摹本论的真理观“经过康德、维特根斯坦和其他哲学家的批判，已经土崩瓦解了”②。事实本体论者认

① Hilary Putnam, *Reason*, *Truth and History*, Cambridge: Cambridge University Press, 1981, p. 128.

② Hilary Putnam, *Reason*, *Truth and History*, Cambridge: Cambridge University Press, 1981, p. 128.

为事实是独立于语言、心灵的实在，只需对其作被动、消极的如实描画，我们便获得了真理；康德的先验哲学、后期维特根斯坦的语言哲学都否认了这种消极、表征、摹本式的真理观，而与事实的语言认知建构论的真理观相契合，心灵、语言并非被动消极地描画世界和事实，而是主动积极地建构带有人类视角的世界和事实。真理并不像塔斯基所说的（T）“雪是白的”是真的，当且仅当雪是白的，这样的说法毫无意义，且并不能给予我们真正的真理。

总体而言，普特南的方案从一个宏观和整体性的维度论述了事实与价值的二分法的弊病，强调价值在事实陈述中的重要作用，使得事实与价值的紧密联系被凸显出来。但普特南对于事实和价值二分法的批判本身并非毫无问题，他笼统地讨论事实与价值的密切联系，并且指明，即便是自然事实也有一定的价值前提。在笔者看来，普特南方案的不足之处在于该方案过于笼统、概括，只是整体上提出事实与价值的严格二分存在问题，绝大部分事实都有价值前提。但如果我们继续追问哪些事实与价值联系更为紧密、哪些事实只有较少的价值前提甚至与价值几乎没有任何关联，针对这些问题，普特南并没有给出详细周全的答案。我们是否可在塞尔和普特南的工作基础上寻求更优方案？在笔者看来，虽然这种尝试可能会有新的问题和疑难，但仍然值得讨论和探索。

三 对普特南、塞尔的综合：事实建构论方案

对于破解事实与价值的严格二分法，塞尔方案的问题在于不够彻底，他对事实作了非常细致的区分，只承认以功能性事实为代表的社会事实有价值前提，而那些冷冰冰的、天然的自然事实仍然是与价值无关的。普特南方案的问题在于，他笼统、宏观地指出绝大部分事实都有价值前提，或与价值密切交织在一起，但又没有指出不同的事实与价值的交织是否有程度上的区分。在笔者看来，在当代哲学语境中，拒斥事实与价值的严格二分已愈发成为学术共识的情况下，考察不同的事实与价值有着何种联系有着重要的意义。一种综合普特南和

塞尔的方案是否可能？即一方面主张除了认识对象的事实以外，其他所有事实都有不同程度的价值前提，另一方面对事实作出塞尔式的详细区分，分门别类地考察不同层面的事实与价值的联系，这项工作将事实与价值二分法的批判更推进一步，而非亦步亦趋地跟随普特南的脚步，不断重复着事实与价值二分法崩溃的宣言。

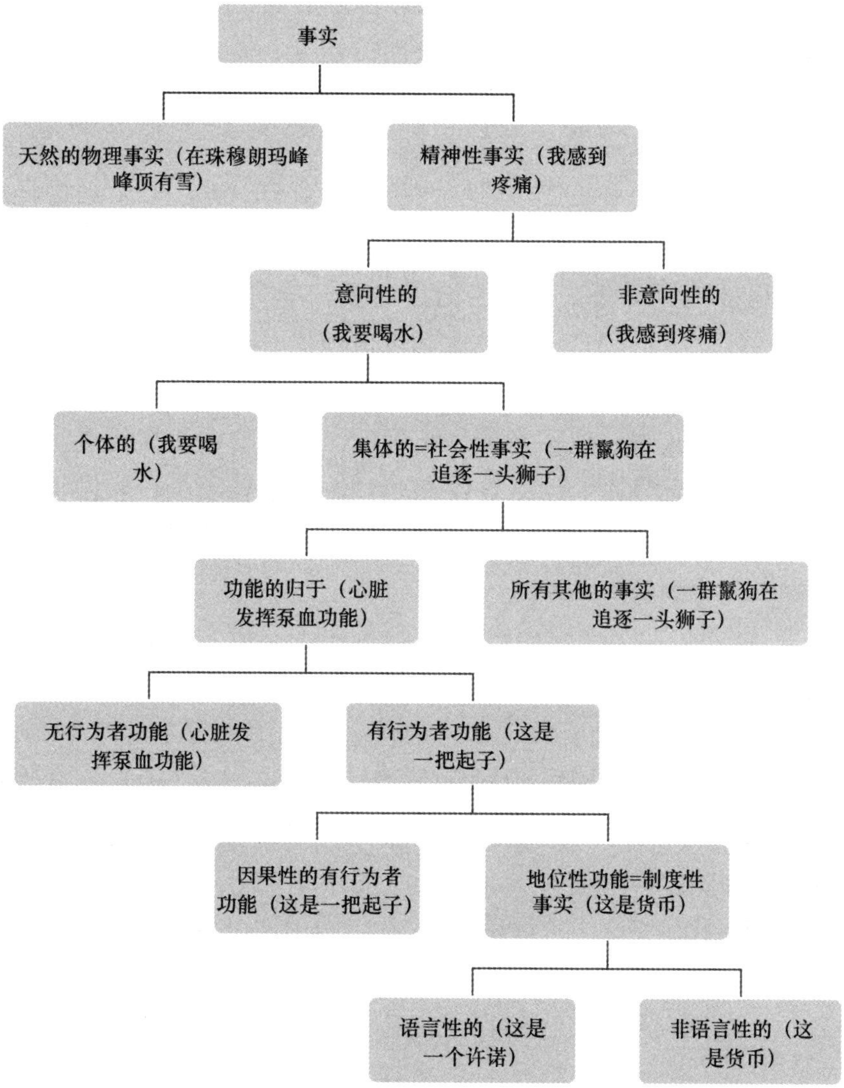

图5－1　塞尔对于不同事实的划分

让我们从塞尔对事实的分类出发，看看他对于事实的分类，进而追问他所区分的不同事实与价值的关系问题。塞尔用图 5－1 清晰地表达了他对于不同事实的区分。[①] 虽然对事实的划分无论如何都会带有主观色彩，有这样或那样的缺陷，甚至塞尔自己都认为自己的划分并不完备，比如有关有理数的事实就既不能划归为天然的物理事实，也不能被划归为精神性事实。但他的确在其理论框架中较为合理地对大部分事实进行了不同层面的划分，借助该划分，我们可以更为细致地谈论不同的事实与价值的关系问题。

（1）物理事实是否有价值前提。从事实的第一个层次上来说，属人的、精神性的事实或多或少与价值有关，对此，塞尔和普特南都没有异议。但塞尔和普特南争论的焦点在于，究竟我们所谓的物理事实和自然事实有没有价值前提。塞尔的观点很明确，天然的、不依赖于观察者的物理事实并没有价值前提，与价值没有交织重叠之处，而普特南则主张，即使是物理事实也具有价值前提。从一个日常直觉的视角看，似乎塞尔是正确的，自然事实和物理事实并没有价值前提。普特南的创见之处在于（无论这种创见被后世哲学家批评），他提出了一种反直觉的观点，自然事实也有其价值前提。他主要从如下方面展开论证。

普特南的论证策略是，试图重新阐明事实概念，证明事实与价值的相互交织。在《理性、真理与历史》中，普特南对事实概念作了清楚的界定。不同于事实本体论将事实视为世界中的基本实体，他对事实概念作了实用主义式的解释："事实（或真理）与合理性是相互依赖的概念。一个事实也就是可合理地相信的东西，或更确切地说，事实（或真陈述）的概念，是对于能合理相信的陈述的概念加以理想化的结果。"[②] 普特南对事实的用法可以归类为本书第四

---

① 参见［美］塞尔《社会实在的建构》，李步楼译，上海世纪出版集团 2008 年版，第 103 页。

② Hilary Putnam, *Reason, Truth and History*, Cambridge: Cambridge University Press, 1981, p. 201.

章第三节提出的作为认识结果的事实，这正是事实的语言认知建构论重点强调的用法，在这层用法上，事实是一种认识论观念而非本体论观念，在社会实践和认知活动中用心灵和语言对实在进行建构。既然它是一个认识论观念，它便同“合理性”（rationality）密不可分，一个在社会共同体中被认可为事实的东西，一定是在认识活动中，被社会共同体认为是合理的，被普遍接受的东西。一个自然事实也同样与合理性密切相关，在共同体的认知过程中，我们合理地确立了某个自然事实。

普特南进一步指出，事实既具备“合理的可接受性标准”（criteriaof rational acceptability）也具备“相关性标准”（criteria of relevance）。[①]“合理的可接受性标准”较为容易理解，我们在认识活动中，视某个东西为一个事实，这个东西一定是满足合理的可接受性标准，是我们合理地相信的东西，例如古代炼丹术之所以较为发达，一个外在动机是皇帝希望吃了丹药延年益寿、长生不老，这在现在看来虽然不是一个事实，但在当时看来，的确是满足合理可接受性标准，因此古人会视之为一个事实——吃了精心炼制的丹药会延年益寿、长生不老。

那什么是相关性标准呢？为什么相关性标准会包含价值？普特南也试图通过一些案例来阐释这一问题。他写道：“以‘猫在草垫上’这句话为例。如果某人在一个特殊的语境中实际地作出了这个判断，那么他就运用了概念元素‘猫’、‘在……之上’和‘草垫’。这些元素都是由一个特定的文化所提供的，其出现和普遍存在揭示了有关该文化，以及差不多每一文化的价值和兴趣的某些方面。”[②]

通过对这个简单例子的深入分析，普特南展示了何谓相关性标准以及为何相关性标准会包含价值。由这个例子引申开来，作为认

---

① Hilary Putnam, *Reason, Truth and History*, Cambridge: Cambridge University Press, 1981, p. 201.

② Hilary Putnam, *Reason, Truth and History*, Cambridge: Cambridge University Press, 1981, pp. 201 – 202.

识结果的每一个事实，看似是一个孤零零的事实，是不包含任何价值的实在中的一部分，其实它们向我们直接显露的只是冰山一角，而冰山下面的则是我们的价值、规范、兴趣、文化、习俗，等等。从普特南的观点反过来审视塞尔所列举的自然事实，塞尔以“在珠穆朗玛峰峰顶有雪”这个例子来表明一个天然的物理事实，与价值无涉。但一个普特南主义者会指出塞尔的问题所在，塞尔想把天然的物理事实理解为作为认识对象的事实（实在），证明它与价值无涉，但他用清楚表述的陈述句去说“在珠穆朗玛峰峰顶有雪”时，他已经对外部实在进行认知加工了，这种认知加工输出的陈述句已经是作为认知结果的事实。根据普特南的思路，我们会反问塞尔三个问题。①我们为什么不把整个地球的所有山脉视为一个整体，并用一个名称（如山）来命名这个整体呢？我们之所以区分了珠穆朗玛峰、干城章嘉峰、洛子峰、马卡鲁峰等，是因为我们对区分地球上的高峰感兴趣，我们觉得区分一个个高峰是一件对人类有价值的事情。②我们之所以有“雪”的范畴，是因为我们对于气象性的东西感兴趣，且区分雪、雨、冰雹是有意义的。③我们之所以有“峰顶”的范畴，也是我们对于空间关系发生兴趣，且认为峰顶是山的一个重要组成部分。

最后，普特南指出，可接受性（acceptability）和相关性（relevance）从来也不是绝对的，它们“在任何实际语境中都是相互依赖的。使用任何词——不管这个词是‘好’、‘有意识’、‘红’，还是‘有磁力’——都使人卷入到一种观察、概括、实践和理论的历史与传统中来”①。因此，当我们像普特南一样把作为认识结果的事实当作事实的核心用法时，我们就不能脱离实践和历史过程去反思事实。当我们用词汇组成句子，用句子去说某个事实时，我们不可能置于该词汇和句子所属的传统之外去理解、运用这些词汇和句子，进而

① Hilary Putnam, *Reason*, *Truth and History*, Cambridge: Cambridge University Press, 1981, p. 203.

去理解、构造事实，比如上文中的“猫”“垫子”“燃素”“炼丹”等。从这一角度出发，作为认识结果的事实确实与传统、实践、认知、历史过程密切相关，而非毫无瓜葛。

因此，在物理事实是否有价值前提、是否有价值交织在一起时，笔者并不认同塞尔之观点，而对于普特南的观点持了一种同情的理解态度。纯粹的物理事实是否包含价值在当代哲学中一直争议颇大，关键在于我们如何看待和理解纯粹的物理事实。这种同情的理解主要有两个原因。第一，按照普特南等实用主义哲学家的看法，以物理学为代表的科学研究仍然是有价值取向特别是认知价值（epistemic values）① 取向的，如简单性、融贯性、解释力，科学理论的发展的确印证了这一点。第二，在人类出现之前，物理世界依然在运转并独立于人类心灵，作为认识对象的事实的确是未知的实在，与价值无涉，但在认识它们之前我们也不能对之有任何界定，只要我们对于事实有所言说，这些言说的物理事实就已经是人类认知的产物了，或多或少会沾上人的印迹、蕴含价值前提。

经过这样的比照和反思，我们可以发现塞尔和普特南分歧的根本所在：塞尔所主张的物理事实无价值前提是指，在一个无人的世界中，这些无人、天然的事实并不依赖于价值。而我们可以用普特南的思想对塞尔的观点进行批评和补充：这种无人、无情、无价值前提的物理事实是无法言说的，一旦人在生活世界中言说事实（包括物理事实），人的概念范畴、兴趣价值都掺杂进来。自然而然不以人的意志为转移，但当人去言说、描述自然，提出和建构物理事实时，就必然将价值引入进来。因此，塞尔和普特南的分歧最终落到“不被言说的事实是不是事实”这一问题上来，塞尔认为是，所以物理事实不包含价值；而普特南认为不是，所以物理事实也需要概念、

① 普特南当然也注意到认知价值与伦理价值有区分（参见 Hilary Putnam, *The Collapse of the Fact/Value Dichotomy and Other Essay*, Cambridge: Harvard University Press, 2002, p. 31），但他和诸多实用主义哲学家都认为，认知价值同样也是诸多价值的一种。

词汇去表达，进而人的价值体系、实践和理论传统都或多或少渗透到被言说的物理事实中来。争论不休的事实与价值的关系渐渐明朗起来，物理事实与价值是否有明晰、严格的二分主要依赖于我们在什么层面上谈论和理解事实。塞尔所谓的物理事实更偏近于纯粹自然与实在中的东西，是作为认识对象的实在，而普特南对事实的理解更偏近作为认识结果的事实断言（factual assertions）或事实陈述（factual statements），不被言说的“事实”并不是他从事哲学研究关切的对象。

价值世界一定是一个属人的世界，当人类开始观察、研究自然时，从提出理论假设，到实验观察，再到理论筛选，确实包含着价值，因此人提出的任何理论，无论这个理论是否有关自然界，它的确会包含一种广义的价值。而无人的事实，比如说人出现在地球上之前地球上发生的种种事情，确实与价值无关。但这种不包含任何概念、理论的赤裸裸的事实是不可言说的，因为言说的前提是人对它们有了一定的认识，因此作为认识结果的事实不可避免地带上了人类的概念框架、理论系统，进而沾上价值的烙印。

此外，在物理事实是否包含价值、有价值前提等问题上，塞尔和普特南的分歧也体现在另一方面。塞尔区分了社会性概念与自然性概念①，像山峰、分子是自然性概念，货币、战争、奥运会、鸡尾酒会是社会性概念，在塞尔看来，两者有着重要的不同，社会性概念需要人的一致性认同，而自然性概念则不需要人的一致性认同。通过凸显自然性概念与社会性概念的不同，塞尔力图表明，由自然性概念言说的自然事实与社会性事实有着根本性的不同，自然事实、物理事实与人类的价值体系、观念态度并没有任何的关联。他写道：“某物是山峰，即使没有任何人相信，它仍然可以是山峰；某物是分子，即使没有任何人想到它，它也还是一个分子。但是对于社会事

---

① 参见［美］塞尔《社会实在的建构》，李步楼译，上海世纪出版集团2008年版，第31页。

实来说，我们对待这种现象的态度就部分地构成了这种现象。……作为一场鸡尾酒会的重要成分就是被人们认为是一场鸡尾酒会；作为一场战争的重要成分就是被人们认为是一场战争。这是社会的显著特征，在物理的事实中则没有与此类似的情况。”①

但从普特南的视角来说，无论是自然性概念还是社会性概念，只要它们是概念，就一定是人的概念、是与人相关的。笔者较为认可普氏之看法，因为在很多时候，我们并没有办法完全区分自然性概念和社会性概念。如“道路”这个概念，有人说它是社会性概念，他们借用鲁迅的话“地上本没有路，走的人多了，也便成了路”，进而主张路与人的社会实践、观念态度密切相关；也有人说它是自然性概念，毕竟路不依赖于人头脑中的思想，即使人不存在，动物也依然要走路，它们走的不是路是什么呢？这样一来，争论愈发激烈和无止境。以普特南的哲学视角审视塞尔对自然性概念和社会性概念的二分，这种区分是存在一定的问题的。普特南并不是否定山峰、分子是一个客观的自然存在，而是说当我们在语言中有这些范畴时，背后都渗透着为何制定、说出这样的范畴的价值观念。当我们用“山”这个概念来规定一类地面上由土石构成的隆起的部分时，这暗含了在我们的价值体系中，我们认为对某种在地表隆起、显著的东西作出命名和规定是有价值的；当我们区分了山之山峰、山腰、山脚时，也隐含了对于我们的价值体系和生活实践来说，作出这种区分是有意义和价值的，否则我们大可不必发明这些概念。

因此，在自然事实是否与价值前提这一问题上，通过考察塞尔、普特南两位哲学家的分歧，我们看到三点。第一，至少在从言层面，作为认识结果的自然事实、物理事实并非与价值无关。如果采纳普特南的主张，我们可以对事实与价值的二分法作一种更为彻底的批判，这也是普特南对于事实与价值二分的贡献所在，因为有不少哲

---

① ［美］塞尔：《社会实在的建构》，李步楼译，上海世纪出版集团 2008 年版，第 31 页。

学家都注意到有某些事实与价值相交织，塞尔的社会性事实、功能性事实就是一例，但普特南的理论贡献体现在，他主张那些在语言中被言说的物理事实、自然事实仍然也是有价值前提，与价值交织在一起的，只是这种交织往往不那么引人注目罢了。第二，塞尔侧重于从实层面理解事实，他所谓的事实其实是事实陈述从世界母体中挑选、选取出来的实在，但塞尔忽视了，如果没有受到价值影响的事实陈述，自己心目中的事实不可能被挑选出来。第三，至于追问是否存在可以永远不被言说、与概念和价值无关的事实，事实的语言认知建构论主张，我们应吸纳后期维特根斯坦的洞见，如果这样的事实存在，这也意味着我们不在最通常的意义上使用“事实”概念，这类“事实”概念的用法等同于休谟意义上的作为认识对象的事实，比如在一些语言游戏中，“事实”概念确实承担着物自体、未知实在的角色，但当我们谈及事实时，更多时候指的是在语言中表达的、作为认识结果的事实。上述三个层面的讨论正呼应了第四章阐发事实的认知建构论时所论及事实的三类典范用法，因此在事实的认知建构论框架内，我们可以条分缕析地阐明事实到底与价值有着怎样的联系。

（2）社会性事实是否比物理事实、自然事实与价值的联系更为紧密。上文中我们讨论了物理事实、自然事实是否有价值前提的问题，我们倾向的答案是肯定的。另外一个重要问题也随之被提出，既然像塞尔那样作出社会性事实与自然事实的区分有一定的意义和价值，这种区分可以帮助我们暂时将物理事实搁置一边，在社会性事实这个大框架内讨论个体性事实与集体性事实、意向性事实与非意向性事实、功能性事实与非功能性事实，等等。如此，对于事实的研究就将更加分门别类、更加细致深入。为了条分缕析地解决问题，且让我们将纯粹的物理事实放置一边，集中讨论社会性事实与价值的关联性，当然在人类的生活世界中，我们日常语言所言说的绝大多数社会性事实是与传统、实践、价值、规范、制度紧密联系的，所以诸多敏锐的哲学家如杜威、普特南、麦金太尔确实发现了在这种事实与价值之间更加没有绝对的区分，事实中蕴含了某些价值，而价值中也蕴含了某些事实，哲学家们大致上在这一点上达成共识。塞尔提出“制度性事实”，也是隐含了这样一种主张：依赖人类意见、规范价值、社会建制的事实与价值密切相关。为了将社会性事实与价值的关系讨论得更为细致和清楚，且让我们以几种具有代表性的社会事实为例，讨论社会事实与价值的联系问题。

（甲）评价性事实。评价性事实是否可以被称作事实较有争议，事实本体论和实在论者不认可它为事实，但从事实建构论的立场看，它的确可被称得上是事实。因此，无论是历史人物的评价（如秦始皇是一个残暴的君王），还是对自然、作品、物体的评价（如《卡拉马佐夫兄弟》是一部杰出的文学作品、九寨沟是人间仙境等）都可以被视为社会性事实类别下的评价性事实。很明显，当我们确认评价性事实也是一种社会性事实后，社会性事实与价值的关联则更加明显。因为评价性事实本身鲜明地体现着人在社会实践活动中对于自然、社会、文化、人物等对象作出的价值判断，它必然与价值交织在一起，这也是为什么当我们面对一个评价性事实时（如秦始皇是一个残暴的君王），我们无法分辨这些事实到底是事实判断还是价值判断。归根结底，在评价性事实中，事实与价值、事实判断与价值判断在根本上就没有也不能被割裂开来。

（乙）制度性事实。经过塞尔在《社会实在的建构》中的详细论述，制度性事实被诸多学者视为社会性事实类别下的一个典型范例。制度性事实虽然不像评价性事实那样，与价值有着直接和密切的关联，但它同样与价值交织在一起。比如说，我口袋里有十元人民币、华盛顿是美利坚合众国第一任总统这些塞尔所谓的制度性事实都与价值交织在一起。在笔者看来，制度性事实与价值的相互交织有如下原因。

第一，在根本上，制度的创建、修改、选择都离不开价值前提。比如华盛顿是美利坚合众国第一任总统这个制度性事实就直接涉及美国的总统制，而美国建国初期的领导人之所以选择总统制又跟当时的社会历史情况，以及当时的社会价值体系有密切关联。正如《独立宣言》所主张要废除奴隶制度、提高妇女权利，倡导“人人生而平等”。因此，制度性事实所依赖的制度本身的建构、确立等也是有着价值前提的，直接与当时社会的价值体系密切相关。

第二，概念的自指性要求制度性事实必然有一定的价值前提。塞尔提到了许多社会概念的“自指性”，即“表示社会事实的概念看来带有一种特殊的自指性”①。所谓概念的自指性是，一个东西如果要被归入某个概念之下，是这个东西被人们相信为、使用为或者视为满足这个概念的定义，要言之，很多社会概念要取得社会共同体的一致认同、认可，它才能成为一个稳定的社会概念。而社会共同体为何一致认同、认可这一概念本身就有一定的价值前提。“如果每个人总是认为这种东西是货币，并且把它作为货币来使用和对待，那么它就是货币；如果从来没有任何人认为这种东西是货币，那么它就不是货币。适用于货币的说法也适用于选举、私有财产、战争、投票表决、订约、婚姻、买卖、公职等。”② 为什么这些概念取得了社会共同体的一致认同呢，这正是因为，社会价值的因素起了重要作用，概念的确立和使用在一定程度上有其价值前提。

（丙）历史事实。正如历史学家卡尔·贝克尔（Carl Becker）所主张的，历史学家不可能直接与历史事实打交道，而是通过文献、资料等方式间接地接触历史事实。在绝大多数时代，历史学家们记载历史事实本身就蕴含着当时的价值判断、价值体系。同样，在阅读这些历史事实中，我们虽然表面上了解了具体的历史事实，但在更深层面上，我们同样被潜藏在这些历史事实的价值判断潜移默化地影响着。俞吾金先生也指出：“历史事实并不是现成地摆放在那里的，而是通过一代代史学研究者的理论思索，从各种相互矛盾的、

---

① ［美］塞尔：《社会实在的建构》，李步楼译，上海世纪出版集团 2008 年版，第 29 页。

② ［美］塞尔：《社会实在的建构》，李步楼译，上海世纪出版集团 2008 年版，第 30 页。

混乱不堪的、片面的和表面的历史资料中清理出来的。也就是说，历史的事实是在矛盾的清理中被陈述出来的。任何一个史学研究者要完成对历史资料去粗取精、去伪存真、由此及彼、由表及里的改造制作工夫，就必须诉诸理论思维。”① 这种理论思索、清理挖掘、改造制作工夫，在笔者看来都一定程度上掺杂了价值的因素，历史事实的价值因素可以从两个方面来说明。

第一，从历史记载的角度来说，历史事实的记载本身蕴含了记录者当时的生活世界中的价值因素。为何史书上喜欢记载某个国家、某个朝代的开国时间、灭亡时间，是因为对于文明国家的一般的价值体系来说，具体朝代的成立和灭亡是重要于其他时间节点的，至于该国其他历史时刻也大都稍弱于这两个时间节点。由此可见，在历史事实的记载中，一个简单的时间节点的记载都潜藏着一定的价值，更不用说那些重大的历史事件的记载了。比如说，在史书上记载“公元前四十九年凯撒渡过卢比孔河”，“1947 年 6 月底刘邓大军千里挺进大别山”，诸如这类历史事实的记载看似平平无奇，但它之所以这样被记载下来，仍然凸显了历史学家的价值判断。为什么只是记载凯撒渡过卢比孔河，而不是描写一个个士兵渡过卢比孔河，以及他们渡河时的种种肢体动作？为什么凯撒一生中渡过无数条河，偏偏要记载这一条河？一旦我们将凯撒在西方历史中的崇高地位以及他渡过这条河之后，向罗马挺进，开启了罗马内战并一举夺取了罗马共和国的统治权等历史事实结合在一起再审视凯撒渡过卢比孔河，我们会更加明白，历史记载和历史叙述都与价值交织在一起。同样，我们为什么记载刘邓大军挺进大别山，而不像凯撒渡过卢比孔河一样，记载刘伯承、邓小平千里挺进大别山，除去修辞学方面的考虑，这也在一定程度上凸显了中国文化相较于西方文化更强调集体和共同体的价值倾向。至于刘邓大军千里挺进大别山之所以被视为一个重要的历史事实，从解放战争的整体角度来看，这一事件

① 俞吾金：《历史事实和客观规律》，《历史研究》2008 年第 1 期。

的确在整个解放战争中具有重大的战略意义，为人民解放军转入全国性的战略进攻奠定了基础。

凯撒渡过卢比孔河是罗素在《人类的知识》中所举的例子，他那时简单地认为："世界上存在的所有事物都可以被称为'事实'。太阳是一件事实；凯撒渡过卢比孔河是一件事实；如果我牙疼，我的牙疼是一件事实。"① 罗素这时仅仅通过经验实指定义的方式给事实下定义，一方面使得事实的范围过窄，另一方面切断了事实与价值的联系。罗素没看到的是，凯撒渡过卢比孔河背后的东西，而普特南则针对同一个例子，全面地反思了为何看似简单、与价值无涉的事实会负载价值。

第二，从历史解释的角度来说，历史事实的解释也同样不可避免地带入了解释者的价值判断。克罗奇主张一切历史都是当代史，所强调的正是我们用当代的视域去理解过去，当过去视域与当代的视域相重合时，才为人所理解。这种当代的视域同样也包含了当代的价值体系和价值判断。有一些历史事实之所以对于当代人来说较为费解，不是因为在字面上我们不懂得该历史事实的来龙去脉，而是当时所记载的历史事实所蕴含的价值判断已同我们当代的价值体系大相径庭。正如贝克尔所说："历史事实僵死地躺在记载中，不会给世界带来什么好的或坏的影响。而只有当人们，你或我，依靠真实事迹的描写、印象或概念，使它们生动地再现于我们的头脑中时，它才变成历史事实，才产生影响。"② 按照贝克尔的启发，我们可以区分三种不同的历史事实，第一种是没有被记录的历史事实，这些历史事实的确在历史上发生过，但后来的人已经对它们一无所知；第二种是僵死地躺在史书和记载中，不会给现代人和世界带来任何影响的历史事实；第三种是人们通过语言活动等实践活动生动再描

---

① Bertrand Russell, *Human Knowledge: Its Scope and Limits*, New York: Oxford University Press, 1948, p. 144.

② 张文杰等编译：《现代西方历史哲学译文集》，上海译文出版社1984年版，第231页。

述、再解释、再展现的历史事实，这种历史事实就必然带有人们描述、解释和展现活动中的价值判断。

以上，我们以评价性事实、制度性事实、历史事实为代表，讨论了社会性事实与价值更为密切的交织关系。从事实建构论的角度来说，社会性事实当然也不是世界与自然的基本实体；而是，作为一种社会存在的人，在以语言活动、认识活动等为代表的社会实践中建构了这些社会性事实。物理事实与自然事实虽然看起来只是纯粹的实在，但它们实质上仍然离不开人的认知和语言建构，仍然负载着一定的认知价值。综合事实建构论对于社会性事实和物理事实的价值前提的讨论，我们得以彻底批判事实本体论者主张的，事实与价值严格二分的形而上学观点。在笔者看来，事实与价值的严格二分法只是事实本体论者不切实际的幻想，这种幻想在当代一些哲学家、社会学家、经济学家中产生了根深蒂固的影响，导致一种价值中立（value-neutral）的事实、价值无涉（value-irrelevant）的事实被视为哲学社会科学研究中的理想型事实。要破解事实与价值的二分法，跟破解哲学史上心灵与身体、理性与感性等其他二元对立一样，需要回到概念本身的实际用法上来，而事实建构论回到了事实概念用法本身，在事实与价值二分法的开端处指明了这种严格二分的问题。

第四节　本章小结

通过本节论述，事实建构论批判了事实本体论的元伦理学立场，更为妥当地处理了事实与价值的关系，指明了事实与价值更多地交织在一起，我们很难对其进行严格的二分，去“蒸馏”出无价值的事实和无事实的价值。学界对于事实与价值严格二分及其危害已有不同角度的论述，但较为缺乏一种批判事实本体论和倡导事实建构主义的视角，该视角可以条分缕析地解释事实与价值为何不能严格二分。我们对于事实的理解与我们对于事实和价值关系的理解相辅相成，在当代哲学中，以阿姆斯特朗为代表的事实形而上学必然会导致一种事实与价值的严格二分，而当我们切实地分析事实与价值不可能有严格的二分时，也反过来批判了阿氏的事实形而上学，证明事实建构论是解释事实与价值的相互交织、缠结的有效方案。因此，本章的讨论一方面独立成章，关注了当代哲学中事实与价值关系的重要问题；另一方面也构成了对事实形而上学批判的重要组成部分。

以一种哲学史的眼光审视当代重要哲学家对于事实与价值二分的理解，这对于我们全面理解事实与价值二分的根源有着重要的帮助。从哲学史上看，对事实与价值是否能够严格二分持不同观念的哲学群体大致可以分为两派。一派以事实本体论、经验论者、自然主义者为代表，他们认为世界是由事实（特别是物理事实）组成的，物理学对世界的本性给予了最为精到的解释和说明，"'事实陈述'能够'客观为真'并且能得到'客观地担保'"①；而价值要么是一种主观判断；要么是源于情感，以情感为基础（休谟）；抑或是处于世界之外的东西，它不能言说，只能显示自身（维特根斯坦），而绝非一种客观真理，"在事实与价值尖锐二分的最极端倡导者看来，价值判断完全在理性的领域之外"②。虽然这种严格的二分法在当代哲学中的弊病越来越明显，但它着实在我们的日常语言中生了根，甚至成了一种惯用语，比如我们常常可以听到这样的话——"多做事实陈述，慎做价值判断"。事实和价值的二分似乎已成为人类日常生活的一个基本预设，对当代人的社会文化生活产生重要和持续的影响。随着我们从事实的语言认知建构论的视角对事实与价值的严格二分进行批判，我们发现，事实与价值的二分只具有相对意义，而

① Hilary Putnam, *The Collapse of the Fact/Value Dichotomy and Other Essay*, Cambridge: Harvard University Press, 2002, p. 1.

② Hilary Putnam, *The Collapse of the Fact/Value Dichotomy and Other Essay*, Cambridge: Harvard University Press, 2002, p. 1.

不具有绝对意义。

本书前四章逐步展开了对于事实本体论的深入批判，既然事实本体论已经被证明是行不通的形而上学方案，那么，由事实本体论所推导出来的是与应当、事实与价值的严格二分法就应当被抛弃。但问题远没有这么简单，因为事实与价值的二分法已经远远超越了事实本体论的理论范围，即使一个不主张事实本体论的人也可能认为事实与价值应该严格区分是一件毫无疑义的事情。如何从根本上清理和批判事实与价值的二分法，这必须涉及再次反思和澄清事实概念在语言中的典范用法，以及在认识论意义上事实的生成、建构过程，因此诉诸事实的语言认知建构论去解决事实与价值的二分法便成了一个可行的理论路径。事实的语言认知建构论的理论优点在于，它不仅仅能避免事实本体论自身的问题，而且能够在哲学中的诸多重要领域得到应用，在元伦理学领域，它对于解决长期以来是与应当、事实与价值的严格二分具有重要意义。一方面，哲学家们在长期的观察和反思中发现，生活世界中的很多事实并非与价值严格分离；另一方面，如果坚持事实本体论的立场，无助于回答事实与价值为何紧密联系、相互交织。事实建构论对于伦理学的重要性由此被凸显，它还原了事实如何在人类的社会实践、认知活动和历史进程中建构、生发出来，自然事实与社会性事实无不如此。

最后，“作为认识结果的事实”是事实概念最为典范的用法之一，这种事实并非任意的建构，而是在一定的理论传统中、历史进程中和社会实践中所建构的一种“可合理相信的东西”①。维特根斯坦后期哲学强调语言游戏，任何概念都要在具体的语言游戏和语境中去理解，但有关“事实”的语言游戏是一个非常特别的语言游戏，它是一个非常基础的语言游戏。就像他在《论确定性》中所讨论的一些不能被怀疑的基础性命题一样，诸多事实也在人类的生活形式和生活实践中扮演着奠基性的作用，他们就像河流的河床一样稳定

① 很多实用主义哲学家将事实视为“可合理相信的陈述、断言、主张”。

却又缓慢地变动着。

因而贯穿本书的观点是，作为人类认识结果的事实不是永恒不变的东西，它生成于人类的历史进程和社会实践中，同时也与人类历史进程和社会实践所生成的价值密切交织在一起。这种事实建构论以及对于事实和价值二分法的批判性审视，一定程度上是马克思历史唯物主义的体现，事实不是一种自在之物，而是一种为我之物，离不开社会共同体的人认识世界和改造世界的社会实践。正如马克思所言："全部社会生活在本质上是实践的。凡是把理论引向神秘主义的神秘东西，都能在人的实践中以及对这种实践的理解中得到合理的解决。"[①] 从马克思哲学的实践观出发，也能够对于事实与价值的二分法给予根本性批判。因此，在笔者看来，一方面，在对于事实之理解上，事实的语言认知建构论要比事实本体论更符合一种历史唯物主义精神，从一种作为实践主体的人的认识和改造自然的实践活动中去理解事实；另一方面，在事实与价值关系问题上，事实建构论和马克思哲学殊途而同归，虽然两者处理该问题所运用的理论资源和思想背景都不尽相同，但最终都完成了对于事实与价值之严格二分法的彻底批判。

① 《马克思恩格斯文集》第 1 卷，人民出版社 2009 年版，第 501 页。

第六章

再论事实与知识、真理

第一节　事实本体论的知识论动机

按照一般的看法，形而上学是哲学的树干，而具体的知识论、伦理学、逻辑学可视作哲学中的树枝。通过对这些树枝的考察，反过来能让我们深入理解哲学家们的形而上学预设。这一点在阿姆斯特朗哲学中尤为明显，使他在分析哲学中成名的两大类研究分别是：为使真者理论展开了精致深入的论述；在心灵哲学中，为心脑同一理论作了深入辩护。按照使真者理论，一个真理要为真，必然要求实在中的某些实体使其为真。那么，这些使真理为真的实体究竟是什么？罗素、阿姆斯特朗均需要在本体论上让事实成为实在中的基本实体，以此让真理符合实在，或为真理提供使真者。[①] 可以说，事实本体论与真理符合论（使真者理论）互为表里并融为一体，事实本体论为真理符合论建构了符合的对象——作为世界之基本成分的事实；真理符合论也为事实本体论提供了量身定制的真理观。

---

① 不同的哲学家对真理符合论有不同的理解和界定，从哲学史角度看，使真者理论是罗素版本的真理符合论的当代变种。

（一）回答真理是什么：罗素的逻辑原子主义动机

罗素在本体论上主张事实本体论，认为世界是由事实构成的，一个重要动机是为知识建立一个坚实的基础。[①] 他认为哲学与具体的科学是连续的，哲学同科学相比并没有特殊性，科学只是较为具体一些，而哲学更为关注一般性和普遍性问题，比如为所有真命题寻找本体论上的对应物。他说："当我说一个事实……我指的是使一个命题为真或为假的那种事物。"（PLA：6）历史事实使得我有关历史的陈述为真或者为假，物理事实也会使得我有关物理世界的陈述为真或者为假，比如我说"孔子生于公元前551年"，"在质量一定的情况下，作用力越大加速度越小"等，因为相关历史事实、物理事实的存在，我的这些断定才是真的。对于事实本体论者来说，正是客观世界中的事实，使得我们的命题、陈述句为真或者为假。

不同于阿姆斯特朗，在真理问题上，罗素认为只有事实才能使得句子、命题为真，而物则做不到这一点，不能承担使命题为真或为假的功能。罗素写道："任何特定物自身都不能使得任何命题为真或为假。"（PLA：7）比如"苏格拉底死了"和"苏格拉底还活着"都是有关苏格拉底的陈述，但苏格拉底本身并不能使得这些陈述为真或为假。在罗素看来，事实需要用句子才能得以在语言中表达，即便有些单词确实表达了一些事实，比如说"着火""下雪"等，这是因为在特定语境中省略了句子中的其他内容，而"一个事实的完全表达离不开句子"（PLA：7）。在一个句子中有主语和谓语，而一个事实中，一个事物可以有某个属性或两个事实之间有某种关系，这样句子与事实有着相同的逻辑形式，因此，句子描画事实，事实使得句子为真或者为假。

---

① 在其自传式著作《我的哲学发展》中，罗素在开篇就提到其在叛离康德、黑格尔哲学后，主张事实不是由知识所生发的，"事实是独立于知识的"（Bertrand Russell, *My Philosophical Development*, London: George Allen & Unwin Ltd, 1959, p. 9）。正是由于事实独立于知识，事实才被他认为是：为知识奠基的本体论层面的基本实体。

如此，罗素在分析哲学史上较早地提出了基于事实本体论的真理符合论。面对真理问题，哲学家们都不得不面对“什么是真理”，“真如果是句子的一种属性的话，它到底包含着什么东西”，“真作为一个谓词又意味着什么”等问题。罗素试图用真理符合论来系统地回答真理是什么的问题，他写道：“真理存在于真理和事实之间的某种形式的符合。”[①] 罗素对于符合论如此推崇，而批判融贯论，是因为他对真理理论有如下三方面的要求：

（1）真理理论必须不排除错误信念的可能性；

（2）真理理论必须使得真成为信念的属性；

（3）真理理论必须意味着“一个信念的真或假永远取决于在信念自身之外的东西”[②]（融贯论显然不满足该要求）。

根据这三项要求，罗素需要在信念之外找到一个使得信念为真或假的东西，这个东西不是物而是本体论层面的事实。由此，从真理理论的角度来说，设定一个本体论层面的事实是有着深层的真理理论和元知识论动机的。

（二）为真理寻找本体论地基：阿姆斯特朗的事实本体论动机

阿姆斯特朗继承了罗素和早期维氏的逻辑同构论，也继承了罗素的真理符合论。因此他自然主张，命题与事实有着相同的逻辑结构，事实自然为命题真提供本体论地基。在阿氏的整个形而上学中，事实或事态成为真理的“本体论地基”（ontological ground）[③] 对于他的真理理论来说是至关重要的。但问题是，为什么如此巧合的是，命题与事实有相同的逻辑形式呢？（为什么我们的命题很多是主谓结

---

① Bertrand Russell, *The Problems of Philosophy*, New York: Oxford University, 1912, p. 121.

② Bertrand Russell, *The Problems of Philosophy*, New York: Oxford University, 1912, p. 121.

③ D. M. Armstrong, "Classes are States of Affairs", *Mind*, 1991, Vol. 100, No. 2, p. 190.

构，一个主词有一个谓词，这个谓词像阿姆斯特朗所说可以对应事实中的属性与关系）在早期维特根斯坦看来，这种命题与事态之间的对应关系是不可说的事项，人们必须沉默待之。在本体论上事实在先，而命题，以及命题、句子所表达的思想在后。因此，在《逻辑哲学论》中维特根斯坦写下一个著名断言："事实的逻辑图像是思想。"（TLP 3）这里，维特根斯坦将事实与命题的关系比喻为一种投影关系。他说，"命题是与世界有着投影关系的命题符号。"（TLP 3.12）由于这种投影关系，所以命题与实在中的事实才会有相同的逻辑形式。阿姆斯特朗很大程度上继承了早期维特根斯坦逻辑原子主义的主张，不过他与维特根斯坦的不同之处在于，他并不认为命题、思想与事态、事实有相同的逻辑形式是不可说的，而是因为事态、事实本身就是有结构的，在阿姆斯特朗看来，事态、事实的结构就是一个殊相有一个共相（属性与关系），因为事态有这样的结构，因此描画事态的命题也就有了相同的逻辑结构。通过事先设定好事态、事实的结构，然后再阐明命题、思想的模仿事态、事实的逻辑结构，通过一种模仿论，阿姆斯特朗避免了维特根斯坦的不可说论，将命题与事实为什么会有相同的逻辑形式这个不可说的问题可说化。

为何阿姆斯特朗会认为事态、事实的结构是如此这般，主要原因是，亚里士多德主义在当代形而上学中的复兴影响了他的理论建构。有证据表明，阿氏的确借鉴与吸收了亚氏形而上学的基本思想。亚里士多德承认共相与殊相的存在，但两者不是独立的，共相离不开殊相，用阿姆斯特朗和当代分析形而上学的术语来说，只存在实例化的共相（依附殊相、在现实世界中存在的共相），没有未实例化的共相。

但阿姆斯特朗这种做法的缺陷也非常明显。第一，直接设定事态、事实的结构，给予这种结构以本体论承认，因此就需要指明为什么事态、事实会有这样而不是那样的结构。第二，为了解释事态、事实会有这样的结构，又需要进一步解释殊相、共相以及两者之间的关系，竭力为他的温和实在论或亚里士多德式实在论辩护。因此，不得不建构宏大、庞杂的形而上学，并为这个庞杂的形而上学的每一个内容辩护，使其自洽于其形而上学体系。第三，即使阿姆斯特朗完成了以上所有艰难的、近乎不可能的工作，他先验地设定事态、事实有如此结构，大大缩小了事态、事实实际上的内容，带来了很多不必要的麻烦。比如，他的理论体系无法安顿否定事实，析取事实（disjunctive facts），并不能合理解释很多通常意义上的事实。

特别要指出的是，除了以上三点缺陷之外，阿氏还在事实与真命题究竟是一对一的关系还是一对多的关系左右摇摆中。在为真理寻找本体论地基上，阿姆斯特朗与罗素有一脉相承之处，他明确主张一种真理符合论，这种符合论认为，命题、信念状态类型与实在符合或者不符合。说 p 为真，就是说它与实在相符合，因此，关于 p 的信念也为真。但是阿氏认为这种对应关系不是罗素所谓的一种简单的一一对应关系，像真命题这样的真值载体（truth bearers）与实在、世界的关系可能是一一对应关系，也有可能是多对一、一对多的关系。最终，阿姆斯特朗得出了一个与他严格的形而上学体系有些格格不入的结论："符合（correspondence）在每一个例子中并非是同一种关系。"（BTK：133）按照阿姆斯特朗的事实形而上学，事实具有殊相加共相（属性或关系）的结构，命题也具有同样的结构，因为这种命题与事实相符合只可能是同一种关系。因此，阿姆斯特朗得出来的"符合在每一个例子中并非是同一种关系"这样的结论，与其事实形而上学体系所直接推论出来的结论"符合在每一个例子中其实只能是同一种符合关系"相矛盾。

这种矛盾的观点也鲜明地体现在前后期维特根斯坦的观点比较中，早期维特根斯坦主张命题与实在的关系是一种图画或投影关系，这种关系是一，而非多。而在后期维特根斯坦看来，如果我们谈符合，这与谈其他任何概念、词汇一样，用法都是多样的，都是在不同的语言游戏中对于符合这个概念的不同使用，这种使用会有相似性，但并非相同。比如你弹奏的乐曲符合肖邦夜曲钢琴谱、他今天的古怪行为完全符合我昨天的预言、梅西的身价完全符合他在场上的表现、你买的汽车符合国家环保排放标准……“符合”不仅具有用法上的多样性，而且在实际生活中也有程度上的不同。而无论是早期维特根斯坦讲命题对于事实的描画，还是阿姆斯特朗讲真命题与事实的符合关系，都是一种单一关系，而非多样的家族相似。因此，当阿姆斯特朗因为其理论遇到不可调和的矛盾、无法解释和统一这种不同的符合时，他竟出乎意料地主张“符合在每一个例子中并非是同一种关系”。要言之，阿姆斯特朗的事实形而上学体系原本是对早期维特根斯坦思想的深化与拓展，结果因为遇到了不可解决的困难，不得不转向后期维特根斯坦式的解决方案。

对于这种转向，斯蒂芬·芒福德指出这是“令人惊奇的结论”，因为按照其整体的理论建构，无法推出这样的结论。芒福德说：“如果真理与世界的关系可以是一对一、一对多、多对一，那么，我们必然得出这种一对多、多对一的关系又可以分解成很多不同的符合关系。”① 行文至此，我们看到，为了坚持事实形而上学和真理符合论，阿姆斯特朗创造出一个愈发庞大、臃肿的形而上学体系，其内部已产生了诸多矛盾。在笔者看来，这些矛盾都源自事实本体论，如果坚持事实本体论，这些矛盾就难以得到根治。因此对于事实本体论以及其生成的事实形而上学的批判，要求我们对传统的符合论和其理论变种——使真者理论——展开深入批判。这分别构成了本章第二、三节的内容。

第二节　符合论的真理观及其问题

一　事实形而上学视野下的符合论

符合论的真理观或曰真理符合论（Correspondence Theory of

① Stephen Mumford, *David Armstrong*, Stocksfield: Acumen Publishing Limited, 2007, p. 164.

Truth）一直是哲学史上充满争论的哲学论题。休谟就曾出过一种接近符合论的真理观，他在《人性论》中写道："真理有两种，一种是对于观念本身互相之间的比例的发现，一种是我们的对象观念与对象的实际存在的符合。"① 后一种真理观可被视为符合论的雏形，并在认识论上有指导意义，即我们的认识结果（对象观念）要与认识对象（实际存在、事实情况）尽可能地相符。但从罗素等人倡导一种以事实本体论为基础的真理符合论后，围绕真理符合论的争论便开始了，自20世纪50年代奥斯汀和斯特劳森之间发生的一场关于真理和事实的著名争辩②，到塞尔对于符合论的进一步辩护，"为社会事实研究的方法论工具——符合论——做辩护"③，有关符合论的讨论一直没有停歇。甚至有人从进化论的角度为真理符合论辩护，正如普特南指出的："当今流行着这样一种观点，认为进化过程本身以某种方式造成了我们的语词和心理表征同外部事物之间的一种符合。"④ 从进化的角度来说，符合论比融贯论更有优势，我们的语言、心灵如果能正确地表征外部世界，两者如能相符，当然会比错误地表征外部世界更容易生存。比如，在我面前的明明是一只东北虎，而我却将其表征为一只小猫，我的生存概率会大大降低。纵观整个分析哲学史，真理符合论引发了哲学家们持续不断的争论，而厘清和解决这些争论的重要途径是回到争议开始的地方，重新讨论以事实本体论为基础的符合论。

与休谟不同，罗素版本的符合论已蕴含事实本体论，更具形而上学色彩，简单来说，这种真理符合论基于如下理论模型：（甲）事

---

① ［英］休谟：《人性论》，关文运译，商务印书馆2015年版，第483页。

② 参见J. L. Austin, P. F. Strawson, and D. R. Cousin, "Symposium: Truth", *Proceedings of the Aristotelian Society*, 1950, Supplementary Vol. 24, pp. 111－172。

③ John Searle, *The Construction of Social Reality*, New York: The Free Press, 1995, p. 200.

④ Hilary Putnam, *Reason, Truth and History*, Cambridge: Cambridge University Press, 1981, p. 38.

实本体论：世界上存在着独立于人的心灵，不依赖人的思维和语言、客观实在的事实；（乙）命题图像论：语言中的命题作用就是描述这些事实，专名对应着物、命题的结构复制了事实的结构；（丙）真理符合论：一个命题之所以为真，是因为该命题与其所描述的事实相符合。在哲学史上，普特南称由甲、乙、丙三种不同层面的观点组成的形而上学实在论观点为“外在论”观点（externalist perspective）[①]，因为只有借助上帝视角，才会发现对于“世界的存在方式”的唯一的真实的、全面的描述，才会知道一个命题在多大程度上符合事实，才会对具体命题与相应事实的符合关系有准确的洞察。

事实本体论的代表人物罗素、早期维特根斯坦和阿姆斯特朗与真理符合论都有千丝万缕的联系，罗素一直被视为真理符合论的代表人物之一，主张“一个判断的真或假依赖于某种相符合的存在物（‘corresponding’ entity）之存在或缺乏”[②]，该存在物就是事实。维特根斯坦将陈述和命题视为事实之逻辑图像的思想被塞拉斯视为发展了一种“符合理论的成熟版本”[③]，阿姆斯特朗的使真者理论则是真理符合论的精致改造。要言之，事实本体论、命题图像论和真理符合论是作为一个逻辑整体，在三人的哲学体系中起作用的。一方面，其中任何一个部分运转失败，都会使整个事实形而上学体系崩溃；另一方面，如果我们对于三者都进行有效合理的批判，那么就会更有力度地批判事实形而上学。通过对事实本体论的批判，（甲）被我们否定。同时，我们也批判了命题图像论，一方面，命题不能完全描述实在；另一方面，不存在描述实在的唯一命题，因此（乙）也被我们批判和拒斥。在此基础之上，本书将重点集中于批判（丙）

---

① 参见 Hilary Putnam, *Reason, Truth and History*, Cambridge: Cambridge University Press, 1981, p. 49。

② Bertrand Russell, *Philosophical Essays*, London: Longmans Green and Co., 1910, p. 176.

③ Wilfrid Sellars, *Science, Perception and Reality*, Atascadero: Ridgeview Publishing Company, 1991, p. 207.

真理符合论：一个命题之所以为真，是因为该命题与其所描述的事实相符合。

值得注意的是，真理符合论与真理冗余论有一定的亲缘性，在事实本体论的前提下，有两种真理观较受到事实本体论者的青睐，一是真理符合论，二是真理冗余论（Redundancy Theory of Truth）。因为这两种真理观都直接与实在密切关联，而相比之下，真理融贯论因为更多地强调"真"在于诸命题在一个命题体系中的相互融贯，而不必非要与实在有所关联，所以必然遭到事实本体论者的抵制。例如，阿姆斯特朗就主张真理符合论和真理冗余论并不相互冲突，它们只是从不同的角度揭示真理。他给出的理由是："两种理论都揭示了真理的部分本性，冗余论给予了我们有关真理谓词的语义学的真的解释，但它还停留在真理的层面。在更深的本体论层面，符合论告诉我们，因为真理需要一个使真者，在世界当中有某些事情与真命题相符合，这种符合物与使真者是同一个东西。"（WSA：128）阿氏的观点得到了戴维森的认同，他认为，真可以被解释为求诸语言与世界的关系，符合论与冗余论并不必然地发生冲突。

二　问题与缺陷：真理符合论之批判

事实本体论在真理问题上的主张是真理符合论，罗素的真理观可以算作典型代表，即一个命题是真的或真理之所以为真理，是因为它们与事实、实在相符合。不仅仅事实本体论者持真理符合论，而且从一种常识的世界观看，在大多数场合某句话之所以为真，的确是因为它与事实、实在、外部世界相符合。符合论本身有其理论诉求和动机，即在语言、命题与外部世界之间建立某种联系，如不然，当命题、句子与外部世界脱钩，那么真理和知识就像空转的轮子一般，并不会对我们认识外部世界有任何帮助，人类将陷入"钵中之脑"的困境。罗素甚至用"我们关于外部世界的知识"（*Our Knowledge of the External World*）作为其重要著作的书名，由此可见真理符合论者的理论诉求和动机。这的确显示出真理符合论的合理性一面，如不然，符合论也不至于在哲学特别是知识论领域引起无数次的争辩，支持者和反对者都各自形成庞大阵营，且符合论也分化为不同类型、不同框架、不同层面的符合论。因此，符合论的真理观有其合理性，这是在论及符合论时必须首先予以肯定的，金岳霖也肯定了这种合理性："符合说最近常识，在日常生活中，我们的确以真为命题和事实或实在底符合。即主张别的说法的人，无形之中，也许仍持符合说。"（《知识论》，第655页）因此，符合论"不易取消"也"不应取消"（《知识论》，第656页）。金先生的论断也强调了符合论的合理性与不可回避，但这种合理性是休谟哲学的遗产，当罗素把事实本体论与符合论结合起来时，符合论的缺陷开始逐渐显现。

（一）符合论的贫乏性与空洞性

蒯因对符合论有过一个著名的判断，真理符合论是"模糊或空洞"[①] 的。蒯因没有清楚说明他批评的是哪一种符合论以及该批评的理由，在笔者看来，蒯因批判的核心对象应是罗素式的符合论[②]，这种符合论陷入贫乏性、模糊性和空洞性泥沼的根本原因仍然是对事实、实在、命题以及命题与事实的关系均作了过于简单的理解和解释。符合论的真理观主张，说某个句子是真的就等同于说这个句子符合事实。说某个命题与某个事实相符合，好像是说在它们之间存在一个符合关系，比如像命题图像论所说的描画关系，由此，该命题与事实相符合。但无论是符合关系，还是描画关系，我们没有办法对命题与实在的关系说出更多的内容，例如在早期维特根斯坦看来，命题与事实有着逻辑同构性，正是这种逻辑同构性才使得命题描画事实、命题符合事实成为可能，但逻辑同构性和描画关系本身在《逻辑哲学论》中是一种神秘事项，是不可说的内容。随着命

---

① W. V. Quine, *Quiddities: An Intermittently Philosophical Dictionary*, Cambridge: Harvard University Press, 1987, p. 213.

② 下文如不作特别说明，说到符合论与真理符合论时，都特指罗素式的符合论。

题图像论越来越成为困难重重的理论，清晰地阐明何谓命题与事实的符合或何谓符合关系便成了真理符合论的重要难题。

符合论的贫乏性与空洞性体现在无法对符合关系本身说出更多的内容，这也直接导致了一种真理紧缩论立场，用阿姆斯特朗的话来概括就是“将真理谓词附加给一个命题，并不能增加这个命题所断定的内容，因此结论就是，在真命题与外部世界之间并没有真正的真理关系”（WSA：128）。说“2019 年是五四运动 100 周年”，“地球围绕太阳公转”等命题是真的，并不能增加这些命题所断定的内容。真理紧缩论立场以及由之带来的对于真命题与外部世界存在任何真理关系的否定，无疑给事实本体论泼了一盆冷水，因为事实本体论者一直抱有这样的形而上学信条：“世界的存在独立于我们的思想与陈述，并使它们为真或者为假。”（WSA：128）因此，真理符合论与真理紧缩论看似两种不同的理论，但却有着密切的联系，符合关系本身的空洞性使得一些哲学家放弃谈论符合关系与作为谓词的“真”，逐渐接受真理紧缩论。在根本上，真理紧缩论与以事实本体论为内核的符合论[①]并没有本质上的差异与鸿沟。

后期维特根斯坦也对符合论的贫乏性和空洞性作了重要概括，他说道：“‘真/假’的用法带有某种误导性，因为人们所说的仿佛是‘与事实符合或不符合’。要问的却恰恰是‘符合’在这里是什么。”[②] 他在这里点明了符合论的症结，即我们不应该抽象地谈论命题与事实、实在的符合，而是要具体地谈论如何符合、怎样符合、什么层面、什么意义、什么程度的符合。要言之，符合在这里仍然

① 对于符合论的讨论一直以来都是知识论中的一个非常重要的话题，在符合论这个名号下，各个哲学家的观点也不尽相同，不能一概而论，本书所要批判的特指以事实本体论为内核的符合论，也即以罗素等为代表的早期分析哲学家设想的符合论，这种符合论才是事实形而上学的产物。如果将事实视为一种认识论概念而非本体论概念，这种符合论是笔者所接受的。休谟、奥斯汀、塞拉斯、金岳霖等人也为符合论辩护，但需要注意的是，他们对事实的看法已远不同于事实本体论者。

② ［奥］维特根斯坦：《最后的哲学笔记》，载《维特根斯坦文集》第 8 卷，韩林合主编，商务印书馆 2019 年版，第 144 页。

需要进一步的解释和分析。举例来说，在日常语言中，我们对于“符合”概念的一个重要用法是在一个具体的语言游戏中，有某种具体的证据为某个命题为真辩护，以此我们说该命题符合事实、实际。当说到某个命题与实际相符合时，常用来表示“在这一语言游戏中充当证据的东西都支持我们的这一命题”①。比如，“北极有企鹅”这一命题如果要与实际情况相符合，常常指的是有相关证据支持这一命题，无论是发现了企鹅活动的痕迹，还是我们亲眼看到过北极企鹅、拍摄过企鹅在北极生活的影像，等等。在这一种语言游戏中，我们才能有意义地说“北极有企鹅”符合实际情况。在绝大多数场合，当我们罔顾为命题辩护的证据、命题在什么条件和标准下被证实时，仅仅机械地重复“北极有企鹅”的命题与“北极有企鹅”的事实相符合，这种建基于事实本体论的真理符合论并没有对什么是符合说出新的东西，也没有为“如何抵达真”贡献什么。正如维特根斯坦所说：“它确实与‘事实的世界’相符合吗？——这样问的时候，你已经在原地打转了。”②

如此，我们获得了两种理论空转的方式。第一种空转是，放弃任何形式的符合论，主张当我们谈论真和真理时，真命题无须与实在和外部世界有任何联系，这是一种脱离现实的空转。所以金岳霖才会说放弃符合论的人往往在无形之中又采纳了符合论，这是真理符合论的积极意义，如不然，他们必将面临理论空转的困难。第二种空转是，以事实本体论为内核的符合论，这种符合论认为命题与事实有着先验的逻辑同构关系，命题描画事实，因此真命题就是与事实相符合。这种符合论的缺陷在于，它只是空洞地构想了一种抽象的逻辑同构关系、描画关系与符合关系，并不能对这种符合关系说出更多的内容，后期维特根斯坦和蒯因批判符合的空洞性、贫乏

---

① ［奥］维特根斯坦：《最后的哲学笔记》，载《维特根斯坦文集》第 8 卷，韩林合主编，商务印书馆 2019 年版，第 144—145 页。

② ［奥］维特根斯坦：《最后的哲学笔记》，载《维特根斯坦文集》第 8 卷，韩林合主编，商务印书馆 2019 年版，第 144—145 页。

性，核心要义即在此。在上文的解释中，维特根斯坦也提出了一条解决这种空洞性的出路，即不是抽象地对待符合，而是在不同的语言游戏、语境中分析符合概念，因此一方面避免了不涉及外部世界的第一种空转，另一方面避免了抽象谈论符合关系，对于符合不能说出更多内容的第二种空转。这一内容将在下文如何解决符合论的问题时再继续论述。

让我们将讨论的重心回到符合论的问题上来。在维特根斯坦之后，当代分析哲学家刘易斯、塞拉斯等人都陆续指出这种符合的空洞性。比如刘易斯指出，在大多数时候，“说某某是真的（It is true that……）”与“称某某是真理（Calling it a truth that……）”同义，进一步说也与“称某某是一个事实（calling it a fact that……）”同义。简言之：“一个事实在这种用法上不过就是真命题而已。”① 刘易斯还设想了一个反向案例，就像“猪会飞是错（false）的”一样，我们也可以说“猪会飞是谬误（falsehood）的”，“猪会飞不是一个事实（not a fact）”，等等，无论是错的、谬误、非事实，还是对的、真理、事实，它们在语言表达中几乎是同义的，大部分时候可以相互替换。刘易斯的观点正印证了本书的核心观点，进入语言、被人们言说的事实已不是所谓“纯粹事实”“理想事实”“实在本身”，而是一种作为认识结果的事实、在语言中构建的事实；相反，作为实在的事实情况不能被语言完全描画和表征。在这一层面说，当我们说某个真命题、真陈述、真理符合于某个事实时，正因为这里的事实是语言中提炼、总结、概括的事实，而不是作为实在世界一部分的事实，所以刘易斯也认为真理与事实是等同的，因此在事实概念的这一种用法上，“符合论是完全空洞无意义的”②。

塞拉斯则通过强调实用主义、融贯论和符合论的差异来指出了符

---

① David Lewis, “Forget about the ‘Correspondence Theory of Truth’”, *Analysis*, 2001, Vol. 61, No. 4, pp. 276 – 277.

② David Lewis, “Forget about the ‘Correspondence Theory of Truth’”, *Analysis*, 2001, Vol. 61, No. 4, p. 277.

合论的空洞性，在他看来，至少“实用主义者和融贯论者还分别在‘真理与行动’‘真理与融贯’提出了重要论点”，比如在实践活动中某个理论达到了预期效果，实用主义者会称该理论为真理；某个命题和理论能够最大程度地融贯于已知的理论体系，融贯论者也会称该理论为真理，但如果符合论仅仅是指语言中的命题与实在中的事实相符合，那么，“关于‘真理与符合’，我们不能说出更多其他东西”。[①]

要言之，真理符合论因为过于强调命题与事实的符合，导致它愈发成为一种空转的理论，没能提出有实质内容的理论，更与人的科学实践、认识过程、理解活动、“置于语言游戏之根基处的行动”[②] 并无关联，而逐渐沦为一种形而上学的教条。第一，这种空转的理论使得命题与事实的符合成为难题。第二，我们也很难描述命题所符合的事实到底是什么，除非我们使用这个句子来言说事实。正如戴维森所言：“我们很难描述证实了句子的事实，除非使用这个句子本身。”[③] 在笔者看来，罗素、早期维特根斯坦之所以认为命题与事实有着逻辑同构性，是因为他们颠倒了命题与事实的关系，不是因为先有事实的逻辑结构，所以命题描画事实，进而复制了事实逻辑结构，两者因此才有逻辑同构性。实际上，实在中的东西本没有清晰的逻辑结构，而是真命题、句子先有了自己的逻辑结构，人们再按照这个相同的逻辑结构构造出了那个被言说的“事实”。

（二）符合论的模糊性

符合的模糊性与符合的贫乏性密切相关，真理符合论仅仅是抽象地说出命题、陈述句之所以为真，是因为它们符合事实，与事实有符合之关系，但没有说出这种符合是什么样的符合、何种程度的

---

① Wilfrid Sellars, *Science, Perception and Reality*, Atascadero: Ridgeview Publishing Company, 1991, p. 197.

② ［奥］维特根斯坦：《最后的哲学笔记》，载《维特根斯坦文集》第 8 卷，韩林合主编，商务印书馆 2019 年版，第 145 页。

③ Donald Davidson, *Inquiries into Truth and Interpretation*, Oxford: Clarendon Press, 1984, p. 49.

符合、符合关系到底是一种什么样的关系。比如说，如果普通人与天文学家对于宇宙的描述都可以说是符合外部世界，很显然，这里的符合肯定有所不同，普通人的描述更为粗略，天文学家的描述更为精细，既然粗略的描述与精细的描述都可以称得上符合事实或与事实有着符合的关系，那么，符合或符合关系除了说出命题与实在之间存在某种关系、关联之外，并没有给这种关系和关联说出更多的东西。因此，符合的模糊性也是符合的贫乏性的必然结果。

一方面，符合论的模糊性体现在，在不同的语言游戏和生活实践中，我们对于符合在程度上的要求也是不同的。比如一个爷爷跟孙子讲他年轻时参加抗日战争的故事，爷爷深情且努力地回忆当年的事情，孙儿听得津津有味，这时即便爷爷的回忆不那么精确、与当时真实发生的情况有些许出入，我们并不会说爷爷的回忆不符合事实，在这个语言游戏中我们给予了符合以更大的弹性、更大的适用范围。在另外一个语言游戏中，一个历史学家正在撰写抗日战争的历史，这时候即便他写错了一个事件的日期，我们都会倾向于说他的记录和描述不符合事实，在这一语言游戏和实践活动中，我们对于符合提出了更高的要求。

另一方面，符合论的模糊性体现在，符合本身的语境依赖。在不同的语境中，从语用学的角度，即使是同一个命题，它的真之条件是不同的。[①]（1）时间、场合相关。比如明天要下雨、中国女子足球队明天将赢得比赛，这些命题如果为真，在不同的说话时刻，它所要符合的事态是不同的。（2）说话者以及观点相关。在人类社

---

① 普特南也曾主张："任何陈述句如果是真的，也是于一定的地点、语境和概念图式（conceptual scheme）中为真。粗略地说，如果一个句子的认知条件足够充分，它就能得到辩护。"（Hilary Putnam，*Realism with a Human Face*，Cambridge：Harvard University Press，1992，p. vii）奥斯汀（J. L. Austin）也认为，说一个特定的陈述是真的，并非关于某些条件的描述被满足，而是做某些其他的事情，为这个所谓的真陈述背书（endorsing the statement said to "be true"）。这里，普特南和奥斯汀并没有像形而上学家一样将真绝对化，而是将其与辩护条件、担保活动紧密相连。

会，对于一些命题与什么样的事态相符合，没有一定的标准。比如“我想成为百万富翁”这个命题如何为真呢？按照身心二元论的观点，肯定是我有“想成为百万富翁”这一心灵状态与该命题相符。按照阿姆斯特朗的心灵的唯物主义理论，是相应的大脑物理化学状态与该命题相符，因为心灵状态一方面是黑匣子，他人无法观测，另一方面它随附于大脑的物理化学状态。按照后期维特根斯坦式的观点，当一个人想要成为一名百万富翁这个愿望为真时，这个时候会发生的最简单并且最直白的事情就是，她说她想成为一名百万富翁。① 相比于心物二元论与功能主义，笔者更为赞同维特根斯坦的观点，愿望这个词的一个重要用法之一就是在社会交往过程中告诉他人，你有某个想法，渴望得到什么。当我们脱离语言的日常使用，去形而上学地追问什么是愿望、什么是意图、什么是喜欢、什么是愿景、什么是渴望，仿佛它们只是存在于心灵中的某个东西、某种特定的大脑状况的时候，这些概念与词汇已经逐渐远离它们的日常用法了。要言之，因为在不同的人、不同的角度、不同的观点看，并不能对什么可以算作对于一个具体命题的符合，因此，真理符合论强调，存在唯一的事态与命题相符合是非常有问题的。（3）符合不仅仅是命题与事态之间的关系。在分析哲学、知识论中，当我们谈论符合时，更多是谈论命题与事态、实在的符合，而在中国文化及其他语言环境中，也强调物与物的符合等其他符合，比如在古代军事中用的虎符，就是要求虎符的两个部分合在一起能相符。符合论所强调的命题与事实的符合仅仅是所有符合用法中的一种而已。

（三）符合论对于解释和规范的排斥

如在解释的贫乏性和模糊性中所述的，相当一部分符合论者，特别是逻辑原子主义者主张，真命题与实在中的实体（如事实、事态）之间存在一种抽象的符合关系，但他们没有意识到，如何去界

---

① 参见［英］恰尔德《维特根斯坦》，陈常燊译，华夏出版社2012年版，第141页。

定这种符合，是以相关的解释、标准与规范为前提的。符合论者常常举出一些在直观上不言自明的简单例子，说"雪是白的"这个陈述是真的是因为他符合"雪是白的"这个事实，但当他们遇到稍微一些复杂的例子，他们所主张的真理符合论就陷入了困境。比如，在一场战争中我方损失了 1000 人，占领了敌方要塞，敌方损失了 500 人，丢掉了战略高地，这时我方指挥官向上级汇报时，基于我方占领要塞的理由，说我方赢得了这场战役的胜利，同时，敌方也完全可以说他们因为损失人员少，赢得了这场战役的胜利。这两种说法都可以说是符合事实的。由此可见，符合事实在大多数环境下并非那么直观，而是需要一定的标准和规范作为背景，需要进一步解释的。自维特根斯坦以来，分析哲学对标准和规范问题的重新发现有着较为详细的讨论。① 如果没有作为确定符合的前结构——何谓符合的标准和规范——那么，我们便无从谈起如何才能使得命题与实际相符合；如果没有断定符合的标准、规则和规范，我们又如何使得语言中的命题与实在中的事实这两个不同范畴的东西相符合？在日常语言中，"该命题符合事实"（correspond to the fact）、"这个陈述句符合实际"（conform to reality）、"你的描述符合实际情况"（consistent with the actual situation）等短语常被混合着用，在笔者看来，我们常常是在"某个陈述句符合实际情况"的意义上说"命题

---

① 从 20 世纪哲学史特别是分析哲学史的角度来看，偏重规范性立场的哲学进路发端于维特根斯坦和受其影响的一系列哲学家，如塞拉斯、布兰顿、麦克道威尔、哈贝马斯、普特南、麦金太尔、哈克等。格洛克（Hans-Johann Glock）试图概括这种规范性立场的基本观点："人类之所以特别，不是因为他们与空间、时间、物质的物理世界之外的实在相联系，而是只有从与自然科学不相容的规范层面，他们才可能被充分地理解。正是基于这个理由，在自然科学之外仍然有其他知识，比如说语言和意义的知识，即便它们不处理超自然实体。"（Hans-Johann Glock，"Meaning，Rules，and Conventions"，*Wittgenstein's Enduring Arguments*，Edoardo Zamuner and D. K. Levy，ed.，London & New York：Routledge，2009，p. 157）正如事实的语言认知建构论并非意图在事实本体论之外又去建构一个形而上学理论，而是对于事实本体论的消解；同样，规范性立场的深层意图也是对于事实与规范、自然主义与规范主义二分的消解。

符合事实”，“某个命题符合事实”不过是在表达“某个陈述句符合实际发生的情况”这样类似的意思。

但可惜的是，事实本体论者受到语言的诱惑，倾向于认为事实是拥有某种固定结构的实在，外部世界自动分裂成一个个事实，这些事实对应某个殊相有一个属性，或者某几个殊相之间存在着某种关系。这种事实本体论视野下的真理符合论会拒斥任何解释和规范，因为在他们看来，命题是直接描述实在中的事实，因此与事实有着相同的逻辑结构，因此命题符合事实是不言自明的，无须进一步解释。这样一来，符合论对于解释和规范排斥的结果是，说命题与事实、实在相符合，仍然是停留在一种抽象的符合关系上，它没有告诉我们有关命题如何符合事实的任何内容。相较于以事实本体论为内核的符合论，实用主义和融贯论能说出更多的东西，正如塞拉斯所言：“实用主义可以在‘真理与行动’上、融贯论可以在‘真理与融贯’上说出重要的观点，但相比之下，符合论关于‘真理与符合’就没有什么东西可以说的了。”①

（四）符合论无法跨越语言与实在之鸿沟

自罗素等人将真理符合论建立在事实本体论之上后，真理符合论所谓的符合关系遭到了强烈质疑。这种诘难主张，一边是语言中的命题，另一边是实在中的事实，两者如何跨越语言与实在之间的鸿沟而建立一种符合关系？正如索萨概括的，“自然主义者不能接受，像关于性（aboutness）、意向性（intentionality）或指称（reference）是一种基本关系，它们能与时空关系这样的基本关系相提并论”②。物理世界中的符合容易被理解，比如两个青铜或者黄金做的虎符放置在一起正好对上，我们可以说两个虎符相符合，持符的人

① Wilfrid Sellars, “Truth and ‘Correspondence’”, *The Journal of Philosophy*, 1962, Vol. 59, No. 2, p. 29.

② Ernest Sosa, “The Truth of Modest Realism”, *Philosophical Issues*, 1993, Vol. 3, Science and Knowledge, p. 179.

就可以调兵遣将了。又如在调查刑事案件中，我们也可以说某个犯罪嫌疑人的脚与犯罪现场留下来的脚印相符合，以此确证犯罪嫌疑人当时的确在案发现场。但如何才能说明命题与事实的符合、思想与实在的符合是一种基本符合关系呢？

在笔者看来，以事实本体论为内核的符合论希望在命题和事实之间找到一种直接的符合，也使得这种符合论在根本上无法跨越语言与实在之鸿沟，这成了该版本符合论之重要弱点，也成了符合论的反对者常常攻击它的靶子。命题与事实之符合需要跨越语言与实在的鸿沟，这也导致了有学者对于符合关系的否认，即符合并不是一种真正的关系或基础性的关系，因为关系常常被视为存在于两种同范畴的关系项之间，而符合不是。比如，有学者就主张："符合并非是一个真正的关系（realrelation），它与'爱'、'在某某左边'这样的关系是不一样的。"① 质疑符合论无法跨越语言与实在之鸿沟与质疑符合不是一种真正的关系成了一个问题的两个侧面。归根结底，以事实本体论为内核的符合论无法回答命题与事实如何相符，如何具有符合关系。

命题、句子属于语言范畴，事实对于事实本体论者来说是实在范畴，两种跨范畴、跨领域的东西如何跨越范畴之间的鸿沟，最终相互符合本身就是个重要疑难。从哲学史上看，《逻辑哲学论》用逻辑同构性来试图解决该疑难，但命题与事实的逻辑同构性又仅仅是个不可被言说的形而上学预设，后期维特根斯坦对之作了深入批判，又瓦解了逻辑同构性。至此，似乎没有办法解释命题为何能与事实相符合，这种跨范畴的符合关系已走上了绝路。金岳霖形象地刻画了这种以事实本体论为内核的符合论所面临的鸿沟，他写道："命题在我，事实在客，命题在内，事实在外。……真要坚持事实在外，则命题与事实之间有鸿沟一道，命题过不去，事实过不来，而我们

---

① Jay F. Rosenberg, "Russell on Negative Facts", *Noûs*, 1972, Vol. 6, No. 1, p. 35.

老在命题这一岸。这样的符合根本就没有实际上的意义。”（《知识论》，第669页）因此，以事实本体论为内核的符合论难以跨越语言与实在之鸿沟，符合关系是不是一种真正的关系也充满争议，如果要彻底解决这个疑难，需要对事实本体论进行革命。

（五）符合论在解释否定命题符合否定事实时遇到困难

罗素为了阐明和解释否定事实如何为真，强行在本体论上设定了否定事实的存在，在罗素看来，否定事实、高阶事实也是存在于实在中的事实，否则没有办法使整个理论融贯。即便阿姆斯特朗希望能够减少本体论上的过多设定，不承认否定事实是否定真理的使真者，转而通过其他肯定事实与高阶事实来代替否定事实，去作为否定真理的使真者，他也没能圆满地解决这些问题，因为事实本体论已在根本方向上误入歧路，本书前四章的论述以及后期维特根斯坦、金岳霖、杜威、普特南等哲学家的事实观更加让我们确定事实本体论之问题所在。

真理符合论面临的一个重要疑难是否定真理如何为真、如何与实在中的事实相符合的问题。罗素提供的解决方案较为简单：如“房间里没有熊猫”这一陈述句如果为真，按照罗素的看法，即实在中存在——“房间里没有熊猫”这一否定事实与其相符合，所以该陈述句为真。罗素的方案问题在于，一方面，他在本体论上又增加了一种多余的实体——否定事实，至于是否有否定事实的问题，已经在分析哲学中展开过激烈的争辩，第三章第三节已对之作了论述，但无论如何，对于否定事实的设定在本体论上是不值得倡导的，因为一方面，这种方案又增添了对一种不必要实体的预设，不符合奥卡姆剃刀“如无必要，勿增实体”的原则；另一方面，罗素与早期维特根斯坦一样，不能圆满地解释为何命题与事实竟有着相同的逻辑结构，甚至在语言中，命题“房间里没有熊猫”与事实“房间里没有熊猫”的表述几乎都是一样的。而后期维特根斯坦对于命题与实在有着相同的逻辑结构这样的神秘事项的批判，让我们明白，在特定的生活形式和语言游戏中，所谓的否定事实同样也是为了符合的目的、为了解释否定命题为何为真，而在人类的语言、理解和实践中被建构出来的虚假实体。这也更印证了事实的语言认知建构论之观点。

总的来说，上文论及传统符合论的五个代表性疑难已表明，在事实本体论地基上建立的真理符合论已陷入困境之中，对其的考察越深入和详细，其显示的问题就越多，上文所论的五种困境仅仅是符合论所面临的代表性问题而非全部问题。究其根本，一方面，真理符合论者们在理解符合上出了问题，他们将“符合”概念的日常语言用法转换为一种形而上学用法，对符合进行了形而上学和本质主义的理解，好像必须找到某种固有的模式，这种模式就是“符合”；另一方面，他们从事实本体论的角度理解事实，将事实视为一种组成世界之基本实体，这使得我们对事实的理解误入歧途，也使得事实概念在生活世界和科学话语中的正常、有序的使用，转变为一种形而上学层面的抽象、本质性的使用。因此，只有在这两个方面对传统的符合论展开批判和反思，传统符合论的问题才能被真正解答。

三　重新理解符合：如何解决符合论的缺陷

在本节的第二部分，我们大致上归纳、概括了以事实本体论为内核的符合论具有的理论缺陷，知其然，也要知其所以然，所以在概括符合论的缺陷之后，一项必须做的工作就是反思为何符合论具有这些缺陷。

本书第三章第一节详细阐述了事实本体论与命题图像论为何互为表里。而命题图像论使得符合论中命题描画事实，进而命题与事实相符成为可能。所以，命题图像论也与事实符合论深度绑定在一起，这在罗素和阿姆斯特朗的哲学中有着鲜明的体现。既然真命题与事实之间有着描画关系以及符合关系，那么，命题对事实、实在正确的描画就是符合。正是因为事实本体论以及符合论所预设的描画关系，使得符合论过于空洞和贫乏。只能抽象地谈论符合、描画，而从未涉及“符合到底是什么”“事实到底是什么”这两个重要问题。

从整体上看，符合论之所以具有这些缺陷的根源仍然在于事实本体论或事实本体论以及由之带来的对符合的不恰当理解。因此，本书所反对的符合论是预设事实本体论和命题（语言）图像论的符合论，正是这种预设带来了上述符合论的五大缺陷。那么，在批判这种空洞的符合论之后，我们如何深入具体地谈论符合呢？在笔者看来，我们要做两方面的工作：一是对图像式的符合论作深入批判，将其他方式的符合论也引入进来[①]，进而重新理解什么是符合，反对将符合概念本质化；二是用事实的建构论取代事实本体论，主张命题与我们在实践中建构的事实相符合，而非与作为本体的事实相符合。这两方面的合力才使我们能够提出一种全新的真理符合论。本部分集中于重新理解和澄清符合，本节第四部分集中于重新理解和澄清事实，以此解决传统符合论的问题。

（一）在语言游戏和语境中理解符合，解决了符合论过于空洞、模糊的问题

就如何重新理解“符合”来说，维特根斯坦重回哲学后的思想转型给我们提供了一种反思符合论的范例。他在1929年重回哲学后曾提出一种现象学语言是否可能的疑问，该问题依然延续了《逻辑哲学论》中语言描画现实的思维模式，并将这种语言描画世界的思想推向极致，即是否存在纯粹的现象学语言可以直接描画感觉材料。但他很快否定了这种现象学语言的可能性，这也就否定了语言完全

---

① 一直以来，分析哲学界也意识到传统符合论的困难和缺陷，很多学者在不断地构想诸种不以事实本体论为内核的符合论。比如2019年，陈波教授提出了一种“没有事实概念的新符合论”，他主张，“使用‘事实’概念的传统符合论遇到了很多严重的困难，主要是难以说清楚‘事实’概念以及命题如何与事实‘符合’”，而主张完全有可能诉诸“一种不使用‘概念’又坚持传统符合论核心洞见的新符合论”（陈波：《没有“事实”概念的新符合论（上）》，《江淮论坛》2019年第5期）。笔者认为还有一种温和的方案，只抛弃事实概念的一种用法——本体论的事实观，而不抛弃事实概念（事实概念已扎根于语言之中，将它抛弃的代价过大）。该方案主张可以在事实建构论的基础上提出新符合论，本节第四部分就将阐明这种新符合论在何种程度上克服了传统符合论的缺陷。

描画实在、符合实在的可能性。命题跟图像仍然有着重要不同，命题从来不是图像、照片，它不像照片一样复刻了实在，在一张照片中可以有与现实（更准确地说是我们眼中的现实世界）几乎相同的色彩、线条、光线、细节、阴影等，但命题并不同于照片，照片的终极目的可能是对于实在的完全复刻和描画，因此各种数码相机和智能手机都力图将自己的相机像素、清晰度、色彩等做得越来越真实，终极目的是复刻自然、还原人的视觉经验。

而命题不同于图像与照片①，即便它在描述世界，这种描述也仍然带有不同程度的概括，比如说，“你面前的笔记本电脑边上有一个鼠标”这个陈述句虽然在陈述事实，但它仍然不同于一张照片，或者真实的视觉经验，在一张照片中，可能有电脑的各种细节、光影，鼠标的形状、色泽、款式等，甚至在这两个东西之外，还有别的东西和更为丰富的细节。命题和陈述句则不同，它虽然在作描述，但这种描述是带有人类视角（包括文化视角）、有省略、有概括、有选择的描述，而非一种像照片一样复制性的描述。因此，我们可以说照片符合现实，也可以说命题符合现实，在这两句话中，“符合”虽然是同一个词，但仍然是不同的符合，甚至在日常语言中，我们会说照片、图像色彩逼真、真实度很好、最大程度上还原了现实，而不用符合这个词了。

---

① 金岳霖同后期维特根斯坦一样，也同样主张命题不是图像、照片，在他看来，想象可以是照片，我可以有关于某个场景的意象（image），“但是命题不是，命题本身既不是照片，符合怎能是照像式的符合呢？”（金岳霖《知识论》，中国人民大学出版社2010年版，第655页）在反对一种图像式的真理符合论上，后期维特根斯坦和金岳霖走了同一条路。维特根斯坦通过对一种现象学语言的批判与反思，认识到现象学语言的不可能，进而语言与实在之间彻底的图像式符合是不可能的；而金岳霖也主张“照像式”的命题不可能，因此“照像式”的符合也不可能，他写道：“如果符合是照像式的符合，总得要命题是照像式的命题方行。”（金岳霖：《知识论》，中国人民大学出版社2010年版，第655页）本书认为，批判事实本体论，同样要批判这种图像式、“照像式”的符合，在这一点上，后期维特根斯坦和金岳霖对图像式命题、图像式符合的批判将会给予我们很多有益的启发。

因此，命题符合事实、现实很明显已不同于照片、图像式的符合，命题图像论和图像语义学主张命题像图像一样与事实、现实相符合，非常容易引起人们的误解。命题符合事实、现实就像命题描述它们一样，同样掺杂了概括与提炼的成分。

在厘清命题与图像两类不同的描述功能之后，符合问题也可以较为清楚地被解释。命题不是像图像一样去符合现实，而是另外一种概括式、提炼式的符合。这样一来，以事实本体论为内核的符合论在符合之空洞性、贫乏性以及模糊性上遇到的困难逐渐得以消解。正因为命题不是像照片一样去符合现实，所以人要通过各种实践活动（包括认识活动、语言活动）等去概括、提炼不同的命题与现实相符合。这时的符合已经不是照片式的符合，而是融入了人的认识活动、语言活动的符合。在生活世界和日常语言中的符合本就是多义和模糊的，真理符合论之所以困难重重，因为它常常给予一个意义太多的限制，将有着家族相似的符合都统一为一种符合，因此也就不可能解决符合之模糊、多义的问题。符合本身也是一种建构活动，我们说真人与画像相符合、“蝙蝠侠拯救哥谭市”这个命题与“蝙蝠侠拯救哥谭市”这个事实相符合，等等，这些符合是不同的。罗素、阿姆斯特朗试图用一个统一的“符合关系”（The Correspondence Relation）去统合、概括这些众多的符合。而后期维特根斯坦则是要指出这种符合是存在于多种多样的语言游戏当中，根本不存在什么统一、固定不变的所谓的符合关系。维氏的如下论述着实令人印象深刻，他写道：“正如一切形而上的事项一样，思想和实际之间的和谐要到语言的语法之中去寻找。”① 维氏启示我们，有关“符合”的语言游戏和语法是“多”，而非“一”，语法连同它的地基——生活形式——都是多种多样的，而非单一和固定的。

金岳霖也曾说：“符合不必是照像式的符合”，也有“目录式的

① ［奥］维特根斯坦：《哲学语法》，载《维特根斯坦文集》第3卷，韩林合主编，商务印书馆2019年版，第151页。

符合”（《知识论》，第 671 页）在命题与事实、实在的符合上更是如此，命题不必照像式地符合实在，而是在语言游戏和认识活动中符合实在，比如我在一张纸上点了 12 个点，跟另一个人说，这 12 个点代表了某个教室的 12 张桌子，此时我继续说，这 12 个点的位置大致上符合资料室桌子真实的摆放位置。这时我正在按照“符合”这个概念的中文用法，正确使用这个词。又如图书馆给图书编目，我们通过索引、目录查找图书，这时索引和目录与真实的图书位置之间也存在符合关系，我通过某个索引号正确地找到了图书，进而完全可以说这个索引号与它标注的书相符合。

既然在不同的语言游戏和实践活动中，我们用符合意指不同的东西，符合也已成为一种家族相似概念，而非具有固定的本质，如纯粹图像式的符合。只有我们深入具体的有关符合的语言游戏和实践活动本身，我们才能知道在什么层面、什么意义上谈符合。此时，符合的贫乏、空洞、模糊等问题也就不存在了，因为具体的语言游戏和实践活动是丰富、有内容和各有特色的。维特根斯坦问“‘符合’在这里是什么”，所要求的正是我们要在不同的语言游戏中关注“符合”概念不同的用法。当我们深入具体的语言游戏和实践活动中，我们就不会质疑符合的贫乏、空洞和模糊了，比如当人们说“你的描述符合实际情况”，“他作的调查符合事实”，“该名运动员的表现符合预期”……人们不会认为这些例子中的“符合”没有说出任何东西，相反，它与包含它的句子一起说出了实质性内容。所以，在笔者看来，像蒯因指责符合论的空洞和模糊主要特指以事实本体论为内核的符合论，因为在这里，符合就好像一个等号，符合的两边一边是命题另一边是事实，像“2019 年是中华人民共和国成立 70 周年”这个命题符合“2019 年是中华人民共和国成立 70 周年”这个事实，这时符合论的确有上述问题。但当我们抛弃一种以事实本体论为内核的符合论，深入到具体实践活动和语言游戏中去理解符合、去谈论命题描述现实、实际时，并不会出现这样的问题。

此外，按照事实本体论和逻辑原子主义，世界中存在简单对象，简单对象之间存在着特定的关系，因此简单对象 a 与 b 有某种关系就是一个简单事实。但以事实本体论为内核的符合论之问题在于：第一，我们找不到逻辑上预设的简单对象，也不存在真正的、绝对的简单对象，因而建立在简单对象基础之上的事实本体论，以及以事实本体论为内核的符合论的理论地基和起点都消失了。第二，事实本体论者所经常谈论的事实仅仅是某个对象（物体）有某种属性，某两个对象有某种关系等简单事实，对于这样结构简单的事实，的确容易构想出一种逻辑同构论和符合论，命题中的名称对应着实在中的对象，命题中的谓词对应着实在中的关系和属性，因此命题跟事实有着逻辑同构关系，简单命题符合简单事实成了一种顺理成章的事情。罗素、阿姆斯特朗也常常用这些简单案例来解释、说明他们的理论。但为什么他们不列举一些复杂的例子呢，因为复杂的例子在他们的理论框架中行不通。在他们理论框架内，复杂事实由简单事实组成，中国赢得抗日战争的胜利在本体论上就一定要还原成一个个战场上的事件，再还原成士兵在战场的每一个动作，再还原到每个动作涉及的肌肉中的每一个细胞的运行状态的事实吗？一方面，按照后期维特根斯坦的洞见，简单事实和复杂事实不是绝对的，而只能在具体语境中才能做出区分；另一方面，这种将复杂事实粗暴地还原成原子运动状态等所谓简单事实并无助于解释“中国赢得抗日战争的胜利”这句话为何符合实际、为何为真，即便在日常语言中，知道某一些看似简单的事实并不能导致我们知道一个更为复杂的事实为真。

在说明这样一种概括式的命题为何符合实际、为真时，戴维森提供了一种以满足（satisfaction）为核心概念的方案：“基于满足概念的真理理论具有指导意义，这部分是因为它对句子所符合的实体究竟塞入了什么东西没有多大的期望……通过满足解释真理，语言与其本体论之关系的所有概念资源都会浮出水面。”① “中国赢得抗

① Donald Davidson, *Inquiries into Truth and Interpretation*, Oxford: Clarendon Press, 1984, p. 49.

日战争的胜利”这句话并不是因为事实本体论者所谓的一个个简单事实（某个细胞、原子特定的运行状态）为真而为真，而是现实情况满足了这句话为真的条件，人们通过语言的概括能力知道何谓中国、抗日战争、胜利等一些较抽象的概念，并知道现实要满足哪些条件，“中国赢得抗日战争的胜利”① 这句话才为真。这种以满足为核心概念的真理观同样可以用“符合”这个词，当现实情况满足一个复杂、抽象的句子为真的条件时，我们同样可以说该句子符合事实。但这种真理观已明显不同于事实本体论的符合论真理观，并较好地避免了后者的荒谬结论。在笔者看来，满足的标准也不是永恒的，而是奠基于生活世界和实践活动中的，在不同的生活世界、实践活动和语言游戏中，人们对于满足的标准和要求也不一样，自然语言中的句子的真值同样依赖于说出它们的时间、说话者、听话者乃至整个生活形式。值得注意的是，笔者在此并不暗示自然科学中的真理也是变化着的，进而主张在自然科学中无永恒的真理。自然科学的真理是一个很复杂的问题，它至少需要理性的理论建构和经验的观察两方面的合力去揭示自然的奥秘。但至少在日常语言中，说每句话、每个命题为真，需要满足的现实条件大多数时候都不是绝对的，而是与生活世界和人们的实践活动密切关联着。

（二）在语言游戏和语境中理解符合，解决了符合论过于忽略规范和解释的问题

这种强调语境的符合概念已不同于事实本体论之符合概念，这时的符合仅仅是一个普通的词而已，我们完全可以用满足（现实）、匹配（现实）、与（现实）一致等其他词汇、概念替换它。重要的不是用什么词，而是将日常语言的真理置于一种语境之中。我们常常在形而上学的思考中发现符合论有种种问题，但是当我们用一种常识观点看符合时、在日常语言中说符合时却很少遇到理论上的难题，这是为什么？这是因为常识的观点已经自觉或不自觉地融入了

① 比如这些条件可以是，日本签署投降书、战场中全面溃败等。

语境的要素，在一个日常语言中我们说某个描述、句子、命题符合事实、现实很少会产生哲学上的问题。黄敏教授有一句话也印证了笔者的看法："常识观点极其重视语境，并且从语言游戏的角度来理解语境。对于语言来说，语境的基础地位既体现在语义上，也体现在知识上。"①

巴-希勒曾提出一个有名的例子："他们是乘很慢的火车和飞机来的。"② 判断这句话是否为真，显然需要在具体语境中才能真正断定，只有在具体对话的语境中我才能觉察到"很慢"形容的是火车，还是火车和飞机。日常语言中的很多句子都需要语境才能断定其真假，这种语境包括但不仅仅是上述的时间、说话者、听话者等因素。一方面，语境帮助我们确定和理解句子说的内容，知道这个句子如果为真，需要什么样的现实条件才能满足；另一方面，语境帮助我们确定了我们在谈论什么样的符合，因为符合不再是图像式、"照像式"的绝对的符合，符合不再具有唯一的确定性，因此语境也让我们进一步理解我们在什么意义、什么程度上谈论符合。只有将语境考虑进来，符合论为何具有模糊性才能在根本上得到解释，何种意义、何种程度上的符合才能得以被确认。

按照后期维特根斯坦的看法，正如我们在生活实践和语言游戏中使用语言时也并不总是非常准确地使用语言一样，我们对于绝大多数的概念之使用都是一种家族相似。符合这一概念也是如此，在不同的案例和实践中，符合本身的确也是一种家族相似。约翰·塞尔在维特根斯坦之后又提出了一种"空白式"的解释方案，去解释符合论为何必然具有模糊性。在他看来，在语法上我们需要有一个动词，这个动词可以描述当陈述为真时，陈述与事实到底有什么样的关系。即"陈述是真的，当且仅当这些陈述这些事实"（Statements are true if and on-

① 黄敏：《知识之锚——从语境原则到语境主义知识论》，华东师范大学出版社 2014 年版，第 430 页。

② Yehoshua Bar-Hillel, *Language and Information: Selected Essays on Their Theory and Application*, Jerusalem: The Jerusalem Academic Press, 1964, p. 182.

ly if they blank the facts)[1]，在我们的语言交流和实践中，需要一个动词去填写这个空白处，表示当陈述为真时，陈述句与事实的关系，如果要完成这一任务，这个动词必然会既宽泛又笼统，因为，当命题与事实的同构关系在事实本体论那里破产之后，就需要这个动词能够在无限多的案例中，当陈述为真时，表达陈述句与相应事实的关系。塞尔认为，这样的动词，英语中有不少，比如“适合”（fit）、“匹配”（match）、“描述”（describe）和“符合”（correspond to）[2]。用“符合”这样一种一般的词项去涵盖所有陈述与世界特征的关系必然使得“符合”一词异常地模糊。比如，地球距太阳 9300 万英里符合事实，今天温度 37 摄氏度符合事实，等等，在通常情况下，这些陈述只是近似地符合事实或实际情况。

在维特根斯坦之后，斯特劳森和塞尔针对真理符合论的问题走了两条不同的批判道路。在斯特劳森那里，符合论反映的是一幅命题与事实关系的错误图像，事实既不是对象的组合，也不同命题有着同构关系或曰相同的逻辑结构，因此，事实本体论、命题图像论和真理符合论应当被整体丢弃掉。而塞尔走了一条更为温和的道路，我们经常在日常语言中说某个陈述、命题符合事实，因此，我们不必将这种符合论抛弃掉，如不然，我们在日常语言中也不能使用这些词汇了。但在一些形而上学思考中，我们往往不理解语词的用法而产生迷惑，进而主张事实本体论、命题图像论，这在塞尔看来，“是一个由于不理解词的使用而产生迷惑的典型例子，它需要进行维特根斯坦式的哲学治疗”[3]。如果一个陈述句的确说出了有关世界上的一些东西和特征，那么我们当然可以在日常语言中说这个陈述句

---

① John Searle, *The Construction of Social Reality*, New York: The Free Press, 1995, p. 213.

② John Searle, *The Construction of Social Reality*, New York: The Free Press, 1995, p. 213.

③ John Searle, *The Construction of Social Reality*, New York: The Free Press, 1995, p. 214.

符合事实。在大多数场合，符合是一个有着多种用法的动词，而不是某种单一的符合关系，好像这种符合关系存在于一切真命题与事实之间。实际上它仅仅表明陈述句的确说出一些有关世界的东西，“北京在上海的北边”这句话当然大致上符合事实，因为它道出了有关世界的一些信息，而不是说“北京在上海的北边”这句话符合“北京在上海的北边”这个事实。要言之，符合作为一个动词意味着它可以在不同的语言游戏中被使用，只有深入具体的语言游戏中，对符合的解释和规范才得以可能。

正是由于语境是符合论的重要前提，所以符合论也同样依赖于解释和规范，一句话会在某种语境下的解释、规范中为真，被认为符合事实、实际，而在另一种语境下的解释、规范中为假，被认为不符合事实、实际。当我们深入批判以事实本体论为核心的符合论后，一种与语境紧密相关的符合论将成为前者的替代选项，这种新式符合论允许我们在谈论符合时引入解释和规范，笔者认为，这种新式的符合论才是我们说某命题符合事实、符合实际时所真正想表达的东西。

（三）在语言游戏和语境中理解符合，解决了符合论无法跨越语言和实在之鸿沟的问题

语言和实在的鸿沟成了以事实本体论为内核的旧式符合论难以解决的困难，但新式符合论能解决上述问题吗？答案是肯定的。这种新式符合论不再将命题和作为实体的事实相比较，进而产生鸿沟的问题，而是首先理解该陈述句、命题，确立在特定的语境下该句子为真或假的条件，进而将我们经验中的现实与这种真之条件、假之条件相比照，而确定句子的真假。举例来说，当我们说“现在正在下雨”，旧式符合论会认为，这句话如果为真，它要符合“现在正在下雨”这个事实，进而引入了语言与实在鸿沟的问题。而新式符合论主张，在特定的说话情境、语境下，我们知道这句话为真、为假的条件，这种条件是可以通过直接经验或者其他认知方式知道的，当我们知道了这种条件被满足了，就说这句话为真，反之则为假。

比如我实际看到雨哗啦啦下着，打湿了地面，或感受到雨滴落在我身上，便认为其为真的条件得到了满足。

要言之，这种新式符合论强调了句子产生的语境以及人和社会共同体的整个认知过程，他不再面临语言与实在之鸿沟问题，因为语境、人的认知活动等早已将这个鸿沟“填平”，所以我们在日常生活中和实际的科学研究中，说某句话、某个科学描述符合事实、符合实际不会遇到语言和实在的鸿沟，当我们突然提到这种鸿沟，反而会令人觉得奇怪。以事实本体论为核心的旧式符合论之所以会面对这种奇怪的问题，是因为它将句子被言说的语境、人和社会共同体的认知过程全部抽离掉，只剩下光秃秃的命题和事实，可以说这种旧式符合论也是事实本体论所建构的事实形而上学的一部分，本书不遗余力地批判事实本体论和事实形而上学，也必须批判这种抽象的、形而上学化的符合论。

在语境中理解符合，也意味着我们要深入具体的社会实践、科学研究中理解符合，在语境中理解符合，与在认知实践、科学研究中理解符合是相兼容的。当我们深入具体的科学史中去看符合，就更能发现符合依赖于语境和实践的特征。库恩曾举了这样一个例子，当我们将牛顿理论应用于天体问题时，会遇到在理论中确定的行星运动的事实与实际观测结果呈现不一致的情况，无数行星相互之间有引力，有限的算力不可能计算无数行星之间复杂的引力，而“牛顿被迫只考虑个别行星与太阳之间的相互引力，而忽略所有其他的引力作用……所以，所应用的理论与望远镜观测之间，人们也只期待一种近似的相符”，“所达到的这种相符程度已经使得做这一工作的科学家们非常满意了”。① 即便在严格的科学研究中，科学命题、理论与现实观测符合也不是绝对的一致，而是可以有误差、有近似的符合。而反观事实本体论，命题与事实之间不可能是一种近似的、

① ［美］库恩：《科学革命的结构》，金吾伦、胡新和译，北京大学出版社 2003 年版，第 29 页。

有误差的符合。

总之，一种与语境紧密相连的新式符合论成功地避免了本节第二部分对符合论的所有五项指责（空洞性、模糊性、对解释和规范的排斥、无法跨越语言与实在之鸿沟、解释否定命题符合否定事实遇到的困难）。这种符合论才是与我们的生活世界和实践活动、认知活动密切关联的，才能与一种纯粹抽象和形而上的符合论划清界限。重新理解符合与符合论使得摆在符合论真理观前的问题逐渐明朗起来。另外，需要指出的是，新式符合论的前提条件也仍然要求我们重新理解事实，只有当事实不是一个本体论概念，而是一个认识论和语言哲学概念时，新式符合论才得以可能。否则，我们又要重复旧式符合论的老路。因此，重新理解事实对于解决传统符合论真理观的疑难，建立一种新式符合论都是必须做的工作。笔者试图以重新理解事实的方式再次回应旧式符合论的上述疑难，最终希望将一种新的事实观与一种新式符合论统一起来，以进一步展开对于事实形而上学在知识论和真理观上的彻底批判。

四　重新理解事实：事实建构论对真理符合论的纠偏

按照事实本体论的观点，符合无需规范、标准和解释。因为事实是实在的一部分，事实就在那里，命题也在那里，即便人不存在，命题仍然可以符合事实。这就带来了本节第二部分对符合论的五个主要指责。本书自始至终倡导一种事实的语言认知建构论，将事实视作一种认识论、语言哲学概念，而非本体论概念，并且在第三章批判事实本体论，第四章提出事实建构论之后，一直致力于指出事实建构论在各个主要哲学领域对于事实本体论的重大优势。在真理问题和符合论问题上，事实建构论的直接好处是规避了以事实本体论为内核的符合论的困难。

（一）坚持事实建构论的第一个好处是，它也一定程度上避免了对于真理符合论在贫乏性、空洞性和模糊性方面的指责

在符合论的贫乏性和空洞性方面，旧式符合论主张命题“雪是

白的”符合事实雪是白的，正如本节第二部分对于符合论之缺陷的讨论所言，这样的符合是一种无聊、空洞的符合，并没有指明我们在讨论什么样的符合、什么程度的符合，等等。而且旧式符合论很容易使人构想出 T－语句，如“‘雪是白的’是真的当且仅当雪是白的”，像这类 T－语句带来的后果是，它使得“哲学家们认为真理概念是无足轻重的”①，因此，这种以事实本体论为内核的符合论进而会导致真理紧缩论②，真作为一个谓词对于这种真理符合论和紧缩论来说是可以被消解掉的。在笔者看来，旧式符合论以追求命题与实在的符合而求真，最后却导致真理概念成为一个可有可无、无足轻重的概念，这显得非常吊诡，也侧面说明了旧式符合论的问题，抱着求真、讨论真理之目的，结果却把真和真理弄丢了。

事实建构论认为，事实在大部分语言情境中是一个实践概念和认识论概念，所以事实与事实之间组成了一个巨大的事实之网，“任何一件事实都在一事实网中，而它本身也是许多事实结合起来的结构”（《知识论》，第 672 页），人们在认知活动中建构的不同事实都在这个事实之网中，被建构的事实与事实之间一般不太可能相互冲突，如果某个事实真与另外一个事实相冲突了，这个事实之网则需要进行进一步的更新与调整。设想当一个人听到这样一些命题，比如“人是从石头中生出来的”“地球只存在了一百年”，他的第一反应是这些命题不符合事实，因为这些命题在他的事实之网中找不到自己的位置，或者说这些命题与他的知识体系相冲突、不一致、不融贯，这些反常识的命题已与构成我们生活形式地基的常识性事实发生了冲突。从事实建构论的视角来看，我们说命题、句子符合与不符合实在、现实都表达了一定的东西和意义，而不是空洞、无聊地在命题与事实之间“画等号”。事实建构论使得谈论符合成为一种

① Donald Davidson, *Inquiries into Truth and Interpretation*, Oxford: Clarendon Press, 1984, p. 65.

② 阿姆斯特朗本人就认为符合论与紧缩论是真理的一体两面，这也侧面反映了在事实本体论那里，主张符合论也一定程度上会导致紧缩论。

实践活动、判断活动，判断某个命题符不符合事实，会要求将该命题放在整个事实之网中接受审判，判断该命题符不符合整个事实之网。只有将事实视作一个认识论概念，我们才能通过整个人类的认知实践编织这一事实之网，最终判断诸命题、句子符不符合事实。因此，以事实建构论为内核的新式符合论不会陷入贫乏性和空洞性的陷阱中。

在符合论的模糊性方面，符合（correspondence）这个词在日常语言层面上并不像真理符合论者设想的那样完全具有客观性，而带有一定的主观色彩。正是在有关符合的不同实践活动和语言游戏中，参与者对符合有着不同的标准，所以符合的模糊性和歧义性由此显现。举例来说，一些符合论者会认为，"苹果是红色的"这个命题符合于"苹果是红色的"这个事实，但这种符合并不是通常意义或日常语言意义上的符合，而是一种形而上学式的符合，这种形而上学式的符合希望构想一个命题与事实完美对接、契合的模型。而从事实的语言认知建构论来看，事实是人通过语言（概念、命题与句子等）从纯粹的客观世界与实在中建构出来的，正如蒯因所指出的："我们为了一个空洞的教条去伪造实体，世界充满着多方面相互关联着的物，但是这些物之外的东西是事实吗？事实是为了符合的目的从真句子中投射（设计、凸显）出来的（projected from true sentences for the sake of correspondence）。"① 信念、命题可以在不同程度上符合被构造的事实，因此，事实的语言认知建构论承认符合论的模糊性，只要我们弄清楚在什么语境、标准下谈论符合，这种模糊性就不会成为问题。

（二）坚持事实建构论的第二个好处是，它破解了在知识论和真理观上，真理符合论与真理融贯论非此即彼的对立

符合论与融贯论往往被视为是不同的，甚至是对立冲突的真理

---

① W. V. Quine, *Quiddities: An Intermittently Philosophical Dictionary*, Cambridge: Harvard University Press, 1987, p. 213.

理论，融贯论主张任何真命题之所以为真，是因为它与特定集合的命题相融贯，与其他信念越融贯、越一致的信念在程度上越真。可以看出，融贯论强调信念内部、命题内部之间的关系，而符合论强调信念与实在之间的关系，两者有不同的侧重。从事实建构论出发，我们能更合理地解释符合论与融贯论为何并非相互对立、非此即彼。（1）在认识对象的意义上，事实等同于未知的实在，这时说命题符合事实，是指命题要通过认识活动尽可能准确地描述这个未知的实在，我们才说这个命题是真的。（2）在认识结果的意义上，事实是对于未知实在、外部世界、感觉材料进行认知加工后形成的事实陈述、事实断言，这时说命题符合事实，是指某人说的话、作的判断要尽可能贴近这个事实陈述。比如，经过测绘人员的精心测量，利用卫星遥感测试等技术，中国的陆地面积被认定约为 960 万平方千米，此时有人说现在中国陆地面积为 1100 万平方千米，我们认为这句话就不符合事实。融贯的问题往往出现在这一层面，比如当一个事实陈述被初步确立时，我们还要考虑该事实陈述能否与人类的事实之网相融贯。所以，符合论与融贯论都在不同层面上指明了真理的要求，事实的语言认知建构论将传统哲学中对立的符合论与融贯论又重新结合、统一起来。

事实建构论可以较好地统一符合论与融贯论，而事实本体论无论如何也无法统一、结合符合论与融贯论。因为按照事实本体论，事实是世界之基本实体，诸事实都客观地存在着，事实与事实之间不可能有冲突、矛盾，描述这些事实的命题只需最大程度地描述这些事实，命题与命题之间也无须融贯。在哲学史上，不少哲学家也支持符合论与融贯论的这种统一，比如，蒯因对于融贯论与符合论的相互补充而非严格对立的论断也有力地支持了笔者的上述观点，他认为："如果正确地加以考量，融贯论与符合论并非是相互竞争真理理论，而是真理理论的不同层面，融贯层面涉及如何尽我们最大的才能抵达真理，而符合层面涉及真理与该真理所关涉的实在之间的关系。"[①] 考虑到蒯因也倾向于事实建构论，我们就更易理解他为何主张符合论与融贯论是真理的不同层面。有学者对笛卡尔的真理观作了细致考察，主张笛卡尔的真理"是一个间接要求融贯性的符合论"[②]，笛卡尔虽然没有表明自己是事实建构论者，但他"间接要求融贯性的符合论"的主张也倾向于支持事实建构论而非事实本体论。金岳霖虽然主张符合论，认为符合论不易取消也不应取消，但他主张融洽、有效、一致是符合的三个标准，这三个标准的每一个都不是符合的充分条件，而是必要条件。其中，符合的一个必要条件"一致"指的就是融贯，金岳霖指出："宽义的一致是命题（多数）底无矛盾，狭义的一致是相干的命题底无矛盾。"（《知识论》，第680页）也就是说，融贯是符合的必要条件，符合论需要信念、命题相融贯，金先生这一主张与他的事实的认知建构论也相融贯。总之，事实建构论统一了符合论与融贯论，支持符合论与融贯论相统一的真理观也反过来倾向于接受事实建构论，两者相辅相成。如果一个人采纳的是事实本体论，却主张符合论与融贯论相统一，这种做法反而有着内在的矛盾，令人生疑，在实际的哲学史中，也很少有哲学家自我否定般地这样做过。

（三）坚持事实建构论的第三个好处是，它拒绝了传统符合论对于规范和解释的排斥，反而主张符合论需要规范、说明、解释

在笔者看来，说命题符合事实跟命题符合实在、现实、实际情况基本上是一个意思，但说命题符合事实往往容易引起误解，好像语言中的命题与实在中的事实是先天的一一对应关系，无须人类生活世界中的规范、标准、解释，两者就无条件地符合。这恰恰是使

---

① W. V. Quine, *Quiddities: An Intermittently Philosophical Dictionary*, Cambridge: Harvard University Press, 1987, p. 214.

② 张伟特：《笛卡尔的真理理论：一种间接要求融贯性的符合论》，《哲学研究》2018年第5期。

得符合论产生问题、备受批判的地方。符合论不应该也不可能排斥规范、标准和解释。

而事实的建构论则能很好地将规范、标准和解释容纳进来，如果我们换一种理解事实的思路，符合论这种缺陷可以得到克服。在第五章中，我们论述了事实的规范性特征，事实也包含了我们对于外部世界的理解，我们怎样在生活实践中理解外部世界，外部世界也即向我们呈现何种事实，我们正是在认知和语言实践中构造具有规范性特征的事实。通过认知活动等人类实践，我们构造的事实越来越膨胀，我们的知识领域也不断地扩大，这时才能断定更多的命题是否符合事实。比如，当人类的知识领域深入微观世界，主张夸克、电子、质子存在是一种事实时，这时候一位学生说夸克等存在符合事实才是有意义的；反之，当人类的知识领域、科学理论、建构的事实系统还没有扩张到微观世界，某人说这句话是没有意义的，因为我们无从知道他所谓夸克是什么意思，也无从知道夸克存在到底符不符合事实。要言之，将事实从一个实践概念和认识论概念转换为一个本体论概念，事实将无法与人的认识活动、认知规范、理论解释等有效互动。如果我们坚持一种建构主义事实观——事实的语言认知建构论，那么上述问题就会较好地得到克服与解决。

既然作为一个建构主义的事实观要在理论上优于作为一个本体论概念的事实，那么事实更应当是人类在认识世界、改造世界的活动中以语言为载体建构出来的东西。对于世界的尽可能客观的描述同样属于我们认识世界的一部分，因此，我们对于世界的描述、描画活动的结果在日常语言中也常常被认为是事实，比如我看到远处有一匹马，我描述我所看到的东西时，这种描述结果“远处有一匹马”对于我来说的确是一个事实。但问题是，在认知活动中有认知规范，在描述活动中同样也需要规范，即便一些命题和陈述句的确是在描述外部世界，但描述本身并非无条件、无背景、无规范的。按照后期维特根斯坦的思想，使用语言就意味着遵守语法和语言之使用规则，因此在一定程度上，任何描述都负载规范。

在笔者看来，规范有很多种。第一，规范可以是语言用法的规范。举例来说，“花瓶是易碎物”“秦始皇是一位残暴的君王”，在这些句子中，我们语言共同体对于什么是花瓶、什么是易碎物、什么是残暴、什么是君王都有一个大致、共同的标准。在一个语言体系中，实指定义对于语词的学习来说是重要的，比如一位老师拿着钢笔对小孩子们说这是钢笔，自此小孩子们便知道什么是钢笔。但脱离共同体语言实践的私人实指定义并不决定一个语词在语言共同体中的用法，如果我指着一个石头对一个小孩子说这是黄金，难道这就改变了石头和黄金在一个语言共同体中的用法了吗？显然没有，我的私人语言、私人实指定义对于语词、命题的使用规范都几乎没有任何价值。第二，规范可以是社会建制的规范。塞尔所谓的制度事实便依赖于这种规范。人身处在社会共同体之中，这个社会共同体中已经存在了诸多的制度，比如我生在社会主义国家，用的是人民币，今日十点去邮局寄包裹，等等，这些事实的前提之一就是国家制度、货币制度、物流运输系统等社会建制的规范。第三，规范也可以是具体学科、专业的规范。在自然科学中，何谓原子、电子、分子、1 伏特、1 安培、1 克、1 微米、哈勃半径等都需要特定学科、专业内部的规范。以上三种分类可能会有所交叉，比如一个日常语言中的语词用法的规范也很可能是社会建制的规范或专业内部的规范，但无论如何，正因为规范伴随着人在认识、言说、描述世界活动的方方面面，当我们言说一个事实时很难不涉及规范，被言说的事实很难想象是一个无规范的事实。

以罗素、阿姆斯特朗为代表的事实本体论者和真理符合论者脱离生活世界中的规范以及语言的规范性使用，去谈论命题与实在、事实的符合，这种简化问题的方式，使哲学和形而上学变得越来越简单，失去了对于现实的概括力。在笔者来看，正如事实性与规范性不可能完全被分割一样，在知识论上，脱离语言规范、认知规范等规范与价值去空洞地谈论符合也是不可能的。规范是生活形式和人类实践的一个有机组成部分，所以符合论应当关注在人类生活形式和实践活动当中的符合。在这一层面上说，知识论和真理观不应当是一种静态地提出有关知识和真理的形而上学观点，一劳永逸地解决知识问题和真理问题的学问，而是一种规范哲学、实践哲学。而当我们脱离具体的规范、实践和语言游戏去谈论符合，最终都会陷入蒯因所谓的形而上学的空洞谈论。让我们再仔细审视阿姆斯特朗对于事态与真命题之间的关系所作的论断，他以玻璃易碎为例，认为玻璃易碎这个真命题的使真者是玻璃中特定的分子状态和结构加上相应的自然律（WSA：129）（什么样的分子状态和分子结构容易断裂）。在这里，阿姆斯特朗又犯下致命错误，他将玻璃易碎在科学层面和微观层面上的原因当作了一个使真者；而在日常语言中，当我们说玻璃易碎这个命题是真的时，是因为在实际生活中我们观察到很多玻璃确实容易破碎。即便我不知道玻璃本身有什么样的分子结构，我也仍然知道玻璃易碎这句话是真的。

由于哲学上的自然主义立场以及对于后期维特根斯坦思想的排斥，导致阿姆斯特朗在讨论使真者问题时往往诉诸自然科学的解答，而忽略了日常生活中语言使用的规范，进而在解释一个显然为真的命题时需要科学上的复杂解释来证明该命题为真。从后期维特根斯坦哲学来看，像玻璃易碎这样的命题已经在日常语言的使用和生活实践中逐渐成了一种语法性的命题，玻璃易碎逐渐从一种经验性的命题上升到一种语法规范，易碎成了玻璃这个词常用的修饰语，无论玻璃内部的分子结构如何，都不影响将易碎这个词去形容玻璃的特性上。阿氏的自然主义立场试图复制以物理学、化学为代表的自然科学对于世界的解释框架，来为一种日常语言中的命题提供使真者，如“某物比较热”这个命题的使真者是该物体内部的激烈分子运动。阿姆斯特朗这种与自然主义联姻的使真者理论有着强烈的还原论倾向，一切日常语言的真命题都可以通过自然科学找到一种使真者，这种自然主义的解释似乎没有错，但阿氏对于日常语言运行的整体图景产生了错误的理解，在一个正常的语言使用情景中，当我说某个物体是热的，主要是我通过我的感官直接感受到这种热度，所以说该物体是热的，至于热与分子运动的关联性则是在另外一种语言游戏（如有关微观世界或物理学的语言游戏）中讨论的内容。从后期维特根斯坦的视角看，语言游戏本身以及蕴藏在语言游戏中的规范对于命题之真假是至关重要的，他写道："一个命题最终能否被证明是假的，取决于我认为什么是这个命题的决定因素（determinants）。"① 这个决定因素在笔者看来，就是在具体语言游戏中的标准和规范，这个标准和规范就是命题为真或为假的前结构。

语言学习是一种对语言使用规范的学习，认知过程也离不开相应的认知规范，符合也是有着一定规范、标准前提的符合。在我们的生活形式和日常语言中，已经有了作出某种陈述和断定的标准，只要达到这个标准我们便说符合事实，比如当我手触摸到一个热水杯时，我说水是热的，正是我对水热的感受，使得我认为水是热的这个命题、信念符合事实。而不太会说因为激烈的分子运动，所以我知道水是热的，因为这不是"热"在日常语言中的用法。当然，很多事实的问题也不能完全从日常语言分析的角度去解决，在科学话语中，科学家们也会有对某个特定概念的定义和标准。比如物理学就会与日常语言有着不同的有关热的规范性定义，在日常语言和前物理学阶段，人们说"热"更多地依赖于一种感觉经验，而物理学中的热现象被认为是物质中大量分子无规则运动的集体表现，比如在物理学的语境和标准下，一个手失去冷热感知的人即便没有相关的感觉，但如果他在显微镜下看到水分子的激烈运动，他也可以有意义地说"水是热的"符合事实。但无论是语言中的规范，还是具体专业内部的规范，被言说的事实都必定不是脱离规范的事实，说某个命题符合事实也必定有相关的规范和标准前提。正如福柯所言："在某种意义上，规范化力量是强求一律的。但由于它能够度量差距，决定水准，确定特点，通过将各种差异相互对应而使之变得

---

① Wittgenstein, *On Certainty*, ed., G. E. M. Anscombe and G. H. von Wright, Oxford: Blackwell, 1969, p. 7.

有用，它也有分殊的作用。”[①] 规范和标准构成了符合的前结构，而规范和标准又需要进一步说明和解释。事实本体论无法直面这一论断，它排斥规范和解释，只有事实建构论才能解释为什么符合论需要规范、标准、说明和解释。

（四）坚持事实建构论的第四个好处是，它克服了语言与实在之鸿沟，或者说不需要设定语言与实在的鸿沟

上文在讨论符合论的主要问题时所言，以事实本体论为内核的符合论无法跨越语言与实在的鸿沟。真的命题和句子都属于语言范畴，而事实属于本体论范畴，两种不同范畴的东西如何相互符合？这一问题很难解释清楚。该问题关系到哲学史上一个绕不开的问题——语言与实在的关系问题。事实本体论者试图给予了回答，但这些回答在笔者看来，都并能令人信服。一个作为实体的事实如何使得一个在语言中的命题为真呢？阿姆斯特朗的解释是，实在中的事实跨范畴使得语言中的命题为真，事实与命题中的真是一种跨范畴的迫使（cross-categorical necessitation）[②] 关系。事实使得其对应命题的真成为必然，而非使得该命题本身成为必然。（T&T：275）要求命题为真，就必须预设作为一种实体的事实。

为什么事实的语言认知建构论克服了符合论之语言与实在之鸿沟？笔者认为，首先，以证实活动为代表的实践活动填补了这一鸿沟。比如我们眼前有一棵树，我说“眼前这棵树有十米高”，这个命题虽然是语言中的命题，但确认该命题符合实际情况则需要证实活动，比如我实际测量了这棵树的高度或者别人告诉我这棵树的高度等，通过直接或间接的证实活动，我知道该命题符合实际情况。其次，事实是一个实践概念而非本体论概念，事实在语言活动和认知活

---

① ［法］米歇尔·福柯：《规训与惩罚》，刘北成、杨远婴译，生活·读书·新知三联书店1999年版，第208页。

② 参见 Stephen Mumford, *David Armstrong*, Stocksfield: Acumen Publishing Limited, 2007, p. 171。

动等实践活动中产生，事实被言说时同样具有语言的形式。当我们在语言活动和认识活动中确认了事实时，说某个命题是否符合事实也是简单容易的事情。比如我们确认了光在真空中的传播速度是299792458米/秒这个事实时，某人说光在真空中以 4×10^8 米/秒的速度传播就明显不符合事实。语言与实在之间当然有鸿沟，但符合论借助于人类的实践活动（证实活动、认知活动等）跨越了这一鸿沟。正如金岳霖所总结的："就命题说，无论所谈论的对象是事实，或自然，或本然的实在，都没有渡不过的鸿沟。"（《知识论》，第670页）

（五）坚持事实建构论的第五个好处是，它平衡了个别语句与语言整体之间的张力

从直觉上来说，一个不甚了解哲学特别是语言哲学的人常常会较为认同真理符合论，但这种符合论会带来这样的麻烦，让我们在实在中预设与信念、命题相符合的事实，主张单个的命题往往是与单个的事实相符合的。用罗蒂的话来说，当我们把注意力局限在个别语句上时，"我们确实容易把'世界包含使我们有理由持一信念的原因'这事实，去和'有某种非语言的世界状态，其本身是真理的一个例子'或'有一个这样的状态，使一个信念和它符合而成为真'混为一谈"①。罗蒂认可，世界可以给予我们持有一个信念的原因，比如我因为看到乌云密布，所以相信很快就要下雨了；但他不认可，世界中有某些非语言的状态（非语言的事实）与我们持有的命题、信念相符合。一定程度上可以说，我们希望在世界中寻找这种与命题相符合的非语言的状态是一种语言上的诱惑和冲动。

如何克服这种语言上的诱惑与冲动呢？罗蒂所提出的方案是，跳出一种个别语句的视角，从个别语句转向语言整体。他说："当我们考虑不同的语言游戏——譬如比较古代雅典政治的语汇和美国开国元勋杰弗逊的语汇，比较圣保罗的道德语汇和弗洛伊德的道德语

---

① ［美］理查德·罗蒂：《偶然、反讽与团结》，徐文瑞译，商务印书馆2003年版，第14页。

汇，比较牛顿的术语和亚里士多德的术语，比较诗人布莱克和惯用语和诗人德莱登的惯用语，我们就比较不会认为世界使它们之间的一个优于另一个，或认为世界在它们之间作了一个选择。"[1] 从语言整体的视角看，虽然只存在同一个世界，但不同的人对于世界的整体描述是不一样的，他们所用的语汇、描述的重点、论述的角度、倾注的情感都有所不同。再品味中华文化，李白与杜甫的诗所描述、构建的世界也是有所不同的；世界本身也不会使韩愈的诗优于白居易的诗，因此，从语言整体的角度，我们发现，世界基本是同一个世界，但不同的人所描述、展示出世界的整体事实都不尽相同。

罗蒂作了一个精妙的总结，"尽管（例如）牛顿的语汇比亚里士多德的语汇更容易让我人预测这个世界，这事实也不表示世界说的是牛顿的语言。世界不说话，只有我们说话"[2]。古希腊亚里士多德的门徒会认为，亚氏关于灵魂的学说、关于自然界和实体的四因说都是世界中的事实；近代牛顿的继承者们会认为，牛顿力学对于世界的描述是世界中的事实；现代物理学家们会认为，爱因斯坦的相对论描述了世界中的事实。虽然随着人类理论水平的提高、科学技术的发展、观测能力的提升，人类对于世界的描述越来越准确、越来越逼近世界的本来面貌；但是，实在世界是沉默的，唯有我们知道自己要说什么语言、说什么命题、描述什么样的事实，世界本身不会自动分裂、裂变为与我们的语言、命题、描述所对应的事实。事实是人基于对世界的理解，在语言中建构出来的，因此很多时候单个事实不是单独地接受经验法庭的审判，而往往是一部分事实作为一个整体去接受经验的证实和审判。

总的来说，真理符合论之所以在20世纪的哲学中争议不断，原因有很多，笔者认为，第一个根本原因是，我们没有恰当地理解事

---

① ［美］理查德·罗蒂：《偶然、反讽与团结》，徐文瑞译，商务印书馆2003年版，第14页。

② ［美］理查德·罗蒂：《偶然、反讽与团结》，徐文瑞译，商务印书馆2003年版，第15页。

实，反而将事实视为本体论上的基本实体，以此陷入形而上学的困境之中。第二个原因是，我们以形而上学的方式理解了符合，认为符合只是一种固定的、永恒不变的、将命题与事实连接在一起的符合关系。第三个原因是，由于对命题、事实、符合等概念的僵化和形而上学理解，导致了我们也将真理视为命题与事实、实在的一种镜式的符合关系。① 只有从事实建构论的角度理解命题与事实的符合，将符合论与人的科学实践、认识过程、理解活动联系起来，将它与"置于语言游戏之根基处的行动"② 联系起来，以事实本体论为内核的符合论的弊病才有可能得以根治，围绕传统的符合论所引发的数不清的哲学争论才能得以平息。

第三节　使真者理论的兴起及其批判③

上一节批判以事实本体论为本体论根基的符合论，但符合论本身也并没有停止不前，它在当代分析哲学中借用了新的术语和理论，以查理·马丁（Charlie · B. Martin）、阿姆斯特朗、约翰·海尔为代表的哲学家提出和发展了一种新的使真者理论（truthmaker theory），使之一跃成为当代分析形而上学和知识论中的流行理论。虽然使真者理论是一种新的理论称谓，也有不同于传统真理符合论的理论特

① 这里，笔者较为认同普特南对形而上学真理观的批判，他说："正如我们所看到的，真理不是一个简单的观念。将真理视为对真实（一种独立于心灵、独立于话语）存在东西的被动消极的拷贝，这样的观念即便在我们的思维中有深刻的烙印，但它已在康德、维特根斯坦和其他哲学家的批评下瓦解了。""真理从我们合理的可接受的标准（criteria of rational acceptability）中获得其生命力。"（Hilary Putnam，*Reason*，*Truth and History*，Cambridge：Cambridge University Press，1981，p. 128、130）

② ［奥］维特根斯坦：《最后的哲学笔记》，载《维特根斯坦文集》第 8 卷，韩林合主编，商务印书馆 2019 年版，第 145 页。

③ 本节部分内容以《使真者理论的兴起与当代批判——兼论盖梯尔问题的事实建构论方案》为题，发表在《自然辩证法研究》2020 年第 9 期。

质，但在内核上，它还是一种真理符合论①，仍然要求实在中的实在、事实与真命题、真理有某种对应关系。因此，对于符合论的真理观的彻底批判也要求，对于它在当代分析哲学的变形也要有深入的批判。这一节讨论使真者理论之兴起，并对之进行具体批判，一个更宏大的目的，仍然是希望表明，我们需要对以事实本体论为中心的形而上学真理观加以深入反思和批判，而事实建构论则为我们批判这种形而上学真理观提供了有力的思想武器。通过这种批判，笔者希望进一步展现在元知识论（Meta-epistemology）领域，事实建构论比事实本体论有更多的理论优势、更少的理论问题。

从当代分析哲学的晚近发展来看，当代分析哲学在近几十年分别出现了两大影响深远的哲学热潮，一是分析形而上学兴起，澳洲唯物论（Australian materialism）便是其典型代表，它引发了分析哲学利用当代资源讨论传统形而上学的潮流，特别是将形而上学自然主义化的潮流，使得分析形而上学成了当代分析哲学的重要领域。二是盖梯尔问题引发了哲学界对于何谓知识的讨论热潮，自柏拉图以来的知识之JBT定义受到质疑，以知识为载体的人类文明面临无法定义知识的困境，我们应如何回应盖梯尔问题或如何重新定义知识成了当代哲学家热议的话题。

但一个吊诡的现象是，鲜有人从分析形而上学或元知识论出发回应盖梯尔问题：一方面，澳洲唯物论中的一个原创性观点——使真者理论——是关于命题为何为真的形而上学思考，因此与命题的真与辩护都有千丝万缕的联系；另一方面，盖梯尔问题同样是关于真与辩护问题，盖梯尔问题的关键是我们无法圆满地解释真与辩护的本质。因此，一种新颖的理论方案浮出水面，使真者理论是否可以回应盖梯尔问题，对这一问题的思考一方面将有助于我们全面反

---

①　使真者理论主张实在特别是实在中的事实使得命题为真，这与真理符合论没有本质的区别，使真者理论的代表人物阿姆斯特朗也承认使真者理论与符合论在核心内容上没有区别。但使真者理论的一个精巧之处在于，它不用“符合”一词，试图避免上节所提到的符合论在如何界定符合，符合如何可能等问题上遇到的困难。

思使真者理论甚至分析形而上学的问题，另一方面，也为盖梯尔问题之解决提供新思路。

一　什么是使真者理论

使真者理论是当代形而上学和知识论中讨论的一个热点问题，分析哲学中对其的研究文献越来越多，越来越多的当代哲学家和哲学研究者参与到相关的讨论中来。它的核心观点是：一个特定真理的使真者可以最初被定义为实在中的特定实体，通过它该真理得以为真。（SSM：61）简单来说：一个命题是真的或真理之所以为真理[①]，一定有实在中某个东西使其为真。该定义鲜明地反映了使真者理论的主要特征：从本体论的角度力图为真理问题奠基，而非通过融贯、效用等非本体论途径解释真理。从哲学史上看，有关使真者的观念可以上溯到古希腊哲学家亚里士多德，在《范畴篇》中，亚氏就指出，一个真的陈述绝非某个实际事物存在的原因，反过来，某个实际事物才是相关陈述为真的原因。这一使真者的原初观念在中世纪被经院哲学家继承和发扬。莱布尼茨也曾表达过类似观点，在他看来“所有真的断定都建立在事物的本性的基础之上”[②]。阿姆斯特朗追溯使真者理论的起源，认为罗素是使真者理论的先驱之一，在《心的分析》等著作中提出真理符合论和被证实（verified）的概念，使得真理与事实紧密关联。在《人类的知识》（*Human Knowledge*）一书中，罗素主张“如果事实和诸事实存在，且使一个信念

①　在这里，阿姆斯特朗对于真理 truth 作了一种狭义的界定，他主张真理即真命题，而且作为一个自然主义者，他拒斥将命题理解为一种超越时空的抽象实体，他主张在心灵层面命题是信念和特定思想的意向对象，在语言层面命题是陈述的意向对象。（参见 D. M. Armstrong，*Truth and Truthmakers*，Cambridge：Cambridge University Press，2004，pp. 5，12 - 13）此外，该真理不是一种必然真理，而是偶然真理，像早期分析哲学家一样，他也接受了分析与综合的二分，像数学、逻辑等分析性真理是一种必然真理，这些必然真理并不需要偶然的事实作为其使真者。

②　Leibniz，*Discourse on Metaphysics*，trans. Jonathan Bennett，2004，p. 5.

为真，这样的事实和诸事实我称之为信念的证实者（verifier）"①。要言之，在哲学史上，实在中的事实和事物使得命题为真这样的思想一直没有间断过。

在当代分析形而上学中，使真者作为一个明确成形的概念由澳大利亚哲学家查理·马丁在20世纪50年代首先提出，使真者理论一经提出，就成了实在论的中心信条之一。阿姆斯特朗和马丁在墨尔本和悉尼曾短暂共事过，从马丁那里，阿氏继承了使真者理论，并将使真者理论同自己整个事实形而上学紧密结合起来，成了使真者理论的集大成者，他在《真理与使真者》《事态的世界》等论著中全面深入地阐述和发展了使真者理论。作为一个事实本体论者，他认为实在中的使真者应当是事实，正是事实使得命题为真，因此一个真命题的使真者就是充当该真命题本体论地基（ontological ground）（WSA：115）的事实。阿姆斯特朗将使真者理论看作"晚近形而上学讨论中最富前景的发展"（SSM：61），他主张使真者（truthmaker）应该作如下定义："一个特定真理的使真者可以被初步定义为：使真理为真的那个实在中的实体。"（SSM：61）

很明显，使真者理论与真理符合论在思想内核上几乎一致，仅仅是换了一种表述方式而已，符合论强调真命题符合事实，而阿姆斯特朗的使真者理论强调事实使得命题为真。因此，阿姆斯特朗也承认两者几乎表达同一个意思，他主张"任何被真理符合论所吸引的人也同样会被使真者理论所吸引，符合论要求一个符合物，而一个真理的符合物就是它的使真者"（WSA：14），他本人既是真理符合论也是使真者理论的捍卫者。正如同真理符合论是一种命题与事实的跨范畴符合，使真者理论也主张事实和命题之间存在一种跨范畴的使真关系（cross-categorial truthmaking relation）。这种使真关系究竟是什么样的关系，这在主张使真者理论的哲学家那里还没有定

① Bertrand Russell, *Human Knowledge: Its Scope and Limits*, New York: Oxford University Press, 1948, p. 62.

论，但可以肯定的是，它绝非一种因果关系（T&T：5），因为很难想象，一种因果关系会贯穿两个不同的范畴，实在的事实是因，而命题为真是果。有学者打了这样一个比方，手工制品的制造者和制造过程一定制度上可以称为手工制品存在的原因①，它们的确在人类的生产生活中属于因果关系，但事实与某个命题为真之间因为分属不同的范畴，所以绝不会存在某种因果关系。虽然使真者关系不是因果关系，但阿姆斯特朗和其他哲学家仍然对使真者理论作了如下刻画。

第一，真理随附于实在，事实蕴含真命题。如果作为使真者的事实与某个命题之间不是因果关系的话，那它们是什么关系？阿氏主张它们是一种随附关系，他写道："真理应该被存在所决定，这是一种完全的必然性。"（T&T：8）这样的表述可以看作亚里士多德在《范畴篇》中处理真理与存在关系问题的翻版。约翰·毕格罗（John Bigelow）也提出了更响亮的口号"真理随附于存在"②，如果事实 a 使得命题 p 为真，那么，如果事实 a 存在，p 就不可能不为真，简言之，p 为真随附于事实 a。真理随附于实在，反过来就是实在中的某种事实、某种事物蕴含命题的真。正如毕格罗所言，"当某个命题是真的，就必须有某种东西，它的存在蕴涵了该命题为真"③。

第二，使真者必然主义和使真者最大主义。除了这种随附关系外，阿姆斯特朗还大胆提出了使真者理论的两条基本原则，使真者必然主义（Truthmaker Necessitarianism，缩写为 TN）和使真者最大主义（Truthmaker Maximalism，缩写为 TM）（T&T：5）。

使真者必然主义（TN）可以被理解为一种跨范畴的蕴含关系，一般来说蕴含关系是一种同范畴蕴含，是两个命题之间的蕴含，而

---

① 参见 John Bigelow, *The Reality of Numbers*, Oxford: Clarendon Press, 1988, p. 125。

② John Bigelow, *The Reality of Numbers*, Oxford: Clarendon Press, 1988, p. 19.

③ John Bigelow, *The Reality of Numbers*, Oxford: Clarendon Press, 1988, p. 125.

使真者和真命题之间的跨范畴的蕴含关系意指，一方面，事实与命题的确为不同的范畴，另一方面，事实本身必然蕴含了相应命题为真。细细考察下来，阿氏所提出的使真者必然主义其实就是上述“真理随附于实在，事实蕴含真命题”的翻版，只不过，他更加强调使真者是一种事实，而非实在中其他别的东西。

使真者理论并非阿姆斯特朗的独创理论，在阿姆斯特朗之前的不少澳洲哲学家都对使真者理论有过讨论，而阿姆斯特朗对于使真者理论的一个重要贡献是，他提出了使真者最大主义（TM），相当于对使真者原则提出了更高的要求。按照阿姆斯特朗的表述，使真者最大主义主张每一个真理都有一个使真者。很明显，这一原则与符合论的内容甚为相似。无论是罗素，还是阿姆斯特朗所坚持的真理符合论，一个最大的问题是要为所有的真理寻找相符合的事实，如果找不到相符合的事实就不能被称为真理。因此，使真者最大主义也源于真理符合论，既然真理符合论要求每一个真理都要与实在中的事实相符合，那么使真者最大主义要求每个真理都应当有使真者也理所应当。阿姆斯特朗本人也直接承认这一相似性与模仿性，他说：“我想这种最大化主义起因于符合的观念，并且我不愿意放弃这样一种观念，即与实在相符合对于任何真理来说都是必要的。”（T&T：63）

用一种形式的方式表述使真者最大主义（TM）是：如果一个命题 p 为真，那么必然地存在至少一个实体 a，这个实体 a 使得命题 p 为真成为必然。简单来说，使真者最大主义也即要求，对于任何非分析的真命题，都要至少有一个实体 a 使得该真命题为真，任何真命题都有使真者，就连否定性真理也不例外。使真者最大主义也导致了使真者的蕴含原则（The Entailment Principle），即如果真命题 p 蕴含了真命题 q，因为使真者最大主义，p 必定有一个使真者，蕴含原则所要指出的是，此时 p 的使真者一定是 q 的使真者。

对于使真者最大主义的一个直接挑战是，我们可以接受使真者理论，但我们为什么要接受使真者最大主义。阿姆斯特朗的反驳是，当一个直理缺乏使真者时我们需要什么样的理论呢？他设想，如果不接受使真者最大主义，一个很可能倒向的方案是由拉姆塞（F. P. Ramsey）在事实与命题（*Facts and Propositions*，1927）中发展出的真理最小化理论或曰真理冗余论，按照拉姆塞的理论，“荆轲刺秦王是真的”与“荆轲刺秦王”本质上并没有什么区别。在笔者看来，阿姆斯特朗并没有细致、深入地反驳真理冗余论，也没有给出为什么要接受使真者最大主义的原因。他对于使真者最大主义的青睐，更多的是他本人的实在论立场，以及坚持真理符合论的理论延续。

第三，使真者理论超越了符合论的一一对应关系。一般的符合论都主张，命题描画实在，与实在是一种投影与被投影的关系。因此，真命题与事实是一一对应关系。而阿姆斯特朗这里又作出了妥协，认为这种符合关系并非一一对应关系。他说：“我们的心灵地图（和语言地图）与实在的关系是一种更为宽松符合关系。”（BTK：132）在阿姆斯特朗看来，使真者理论是真理符合论这一经典真理理论的当代发展。那么发展之处在哪里？符合论与使真者理论一个为数不多的区分是：在传统符合论那里，真命题与事实的对应关系是一一对应和对称关系，真命题之所以为真，是因为它与那唯一的事实相符合，罗素和早期维特根斯坦倡导事实与命题的逻辑同构性解释了为何事实与命题一一对应，我们可以说一个命题符合某个事实，也可以说一个事实符合某个命题。阿姆斯特朗对于符合论作了微调，从真理与事实的一一对应和对称关系调整为真理与事实的多对多和非对称关系。

既然使真者关系涉及的实在与命题并非一一对应关系，使真者理论的另外一个理论特征是最小使真者（minimal truthmaker）问题。如果一个命题可以有很多使真者使其为真，那么阿姆斯特朗要解决的问题是，一个命题是否有一个最小使真者使其为真，且这个使真者“没有多余的部分”（SSM：64）。阿姆斯特朗提出最小使真者有其内在学理动机，如果不提最小使真者的话，我们可以把使真者作得无限大，比如说任何真命题和真理都可以将整个世界作为自己的使真者，这就成了毫无意义的使真者了，并不能为我们探究一个真命题为什么为真提供有益帮助。

二 使真者理论是否能解决盖梯尔问题

（一）使真者理论与盖梯尔问题（Gettier problem）

既然使真者理论是当代有关何谓真理的热点理解，那么在解决相关哲学问题上，其也一定程度上参与了诸多重要元知识论问题的解决。在实际的学术研究中，使真者理论在形而上学和当代知识论中的流行使得众多知识论专家对于用使真者理论解决知识论中的热点问题展开激烈讨论。最近，有几位哲学家主张，使真者理论是解决“盖梯尔问题”（the Gettier problem）的关键。

众所周知，盖梯尔问题对传统知识的定义提出了挑战。埃德蒙·盖梯尔（Edmund Gettier）通过构造了诸多盖梯尔案例，证明了传统知识论中将知识等同于得到辩护的真信念（justified，true belief，简称知识的 JTB 定义）这一教条并不令人满意。① 为解决盖梯尔问题，很多学者采取了给知识增加额外限定的策略。而使真者理论的解决方案是，除了得到辩护的真信念之外，不给知识定义增加额外第四个限定条件，它在我们理解“何为得到辩护”上做文章，给“得到辩护”下了一个更强、更严苛的定义。使真者理论主张，当我们说某命题为真的时候，实在或外部世界肯定有相应的事实使其为真，否则说命题为真就没有得到充分的辩护。该理论对辩护下了更强的定义：只有一个人辩护的来源等同于或者因果上关联于使

---

① 众所周知，传统知识论继承了柏拉图在《美诺篇》中对于知识的定义：有三个部分。张三为了知道 p，（甲）p 必须为真；（乙）张三必须相信 p；（丙）张三相信 p 必须有好的辩护。阿姆斯特朗观点的特别之处是，他认为对于知识来说，（甲）和（丙）的要求是多余的。（参见 Stephen Mumford，*David Armstrong*，Stocksfield：Acumen Publishing Limited，2007，p. 155）这一与众不同的观点也显示其对传统知识定义的不满。

命题为真的事实[1]，我们才称其为合法的辩护，其他的辩护都不是真正意义上的辩护。

我们可以以传统的盖梯尔案例来说明使真者方案的优点，以飞机场的双胞胎（Twins at the Airport）[2] 为例，这个盖梯尔案例用中文转述后大致意思是，你的朋友叫张小三，是一个可靠的人。他已同意中午去机场接你。当你中午抵达机场时，你看到了一个看起来像张小三的人，他正朝你挥手，抱着一个欢迎 XX 的牌子（XX 是你的名字）。你因此形成了信念 p，“张小三现在正在机场”。但真正向你挥手的是张小三的孪生弟弟张小四，张小三也从没告诉过你他有个双胞胎弟弟。张小三是个机灵鬼，他觉得让张小四来迎接你是一个非常有趣的事情，所以他联合弟弟跟你做了一个恶作剧，而他本人正在机场，离你们不远处看到你上了他的当而哈哈大笑。这个盖梯尔案例告诉我们，虽然我们有得到辩护（长得与张小三很像、牌子上写着你的名字）的真（张小三的确也在机场）信念，但这仍然不是知识。盖梯尔案例所展示的是，得到辩护的真信念，虽然对于知识来说是必要的，但却是非充分的。

使真者理论对于这个盖梯尔问题的回应是，在盖梯尔案例中的辩护还不够强，因为“盖梯尔案例依赖于在真与辩护之间的某种分离”[3]，得到良好辩护的东西不一定是真的，偶然为真的命题也不一定得到良好辩护。正如陈真教授所言：“盖梯尔式的反例似乎都有这样一个特点：使 S 相信 P 为真的原因并非是使 P 为真的原因。”[4] 所以，我们总能构造出诸多盖梯尔案例，在这些案例中，使得某个命

---

① 参见 Chad Vance，“Truthmaker Theory Does Not Solve the Gettier Problem”，*Ratio*，2014，Vol. 27，No. 3，pp. 291 – 305。

② 参见 Edmund L. Gettier，“Is Justified True Belief Knowledge?”，*Analysis*，1963，Vol. 23，No. 66，pp. 121 – 123。

③ Chad Vance，“Truthmaker Theory Does Not Solve the Gettier Problem”，*Ratio*，2014，Vol. 27，No. 3，pp. 292 – 293.

④ 陈真：《盖梯尔问题的来龙去脉》，《哲学研究》2005 年第 11 期。

题为真的事实与为其辩护的事实是两个不同的事实。两种事实的分离在日常生活和科学研究中是一个偶然事件，如普兰丁格认为，在盖梯尔案例中得到辩护的真信念之所以为真，仅仅是一种偶然和运气。[①] 在飞机场的双胞胎案例中，使“张小三在机场”这一命题为真的事实与使我有充分理由相信张小三在机场的事实是分离的，我们可以通过这种分离去构造无限多的盖梯尔案例。而使真者理论对于盖梯尔问题的解决方案是，将真与辩护的这种分离又重新合起来，使真者理论本身就是这种合二为一的范本，某个命题之所以为真，它的辩护条件直接是实在中的事实等实体使其为真。因此，使真者理论所要求的辩护应当是：辩护的理由与使该命题为真的事实有着直接的同一性或因果关系，也就是说能够称得上合理辩护的只能是事实本身或与事实有因果关系的其他事实。

可以说，使真者理论要解决盖梯尔问题，就要给予辩护一种非常强的定义，强到这种辩护本身就等同于使所言说的命题为真的事实，而其他辩护都不足以称为真正的辩护。使真者理论的方案固然能够解决盖梯尔问题，避免了使命题为真的事实与作为辩护之根据之事实的分离，进而避免让认知运气渗透进来，但新的问题又被引入，即它对于辩护的设定太强，以至于只有真正使得某命题为真的事实才可能成为辩护的根据。

（二）如何改良使真者理论的方案——盖梯尔问题的“事实建构论方案”

盖梯尔问题之所以找不到一劳永逸的方案，“究其原因是因为盖梯尔问题的解决涉及认识论的根本性的问题，如辩护问题，真理问题。这些问题不解决，我们就无法找到一个令人满意的答案”[②]。而使真者理论虽然直接涉及辩护和真理问题，但是它对于辩护和真理

① 参见 Alvin Plantinga, *Warrant and Proper Function*, Oxford: Oxford University Press, 1993, p. 33。

② 陈真：《盖梯尔问题的来龙去脉》，《哲学研究》2005 年第 11 期。

都作了过于严格的理解和解释，只有实在中与命题相对应的事实才是该命题的真正辩护者和使真者。

正因为使真者理论所要求的辩护过于严格，使得传统对知识定义的 JTB 中的 J（Justified）过窄，很多日常中所谓的辩护都不能算作真正的辩护，在上述案例中，你看到与张小三长得像的张小四、看到欢迎牌上有你的名字都不会被使真者理论视为真正的辩护。因此，辩护由日常语言层面跳跃到形而上学层面上来。从使真者理论这样的形而上学视角看，绝大多数知识都不能被称为真正的知识，因为没有人知道他的辩护理由对应的事实是否等同于他所相信的真命题对应的事实，知识的地基面临再一次崩塌的危险。在“飞机场的双胞胎案例”中，你大概率不会知道，那个长得像张小三的人其实不是张小三；在“谷仓县案例”（Barn County Case）中，你也大概率不会知道道路边上除了你看到的真谷仓外，其他都是假谷仓。而几乎所有盖梯尔案例都蕴含了一个全知全能的上帝视角，虽然当事人不知道到底其所相信的命题得到辩护的理由，与命题为真的理由是否等同，但这个全知全能的神却已全然知晓，我们借助这个全知全能的视角断定了该案例是一个盖梯尔案例。

问题出在两个方面。第一，回顾人类的社会实践和认识活动的历史，这种全知全能的视角是缺乏或不存在的。当科学家提出一个理论的时候，他们并不知道该理论得以辩护的理由（单个事实或一系列事实 A）与使这个理论为真的理由（单个事实或一系列事实 B）到底是不是同一的，科学的发展与进步从未预设这种全知全能的上帝视角。

第二，使真者理论预设的是一种事实本体论，事实作为实在中的基本实体并不依赖于作为社会共同体的认知实践和语言活动，因此，辩护本身就等同于使命题为真的事实，通过事实这一实体概念，辩护与真合二为一。这种事实本体论的解决方案显然是难以接受的，它为辩护设置了异常严格的标准，将使得人类的认知实践寸步难行。

而事实的语言认知建构论正是与事实本体论相对的事实观。如陈波概括金岳霖的事实观是一种认知建构论，即“事实是认知主体在感觉材料基础上所做的一种认知建构，兼具客观性和主观性”[1]。金岳霖提出：“化所与为事实。”（《知识论》，第541页）其深意是自然界的感觉材料并非事实而只是所与，自然界也不可能自动分裂为一个个事实，事实是在人类社会实践、认识判断和语言活动中被建构出来的，因此事实“牵扯到判断”（《知识论》，第541页）等人类活动。除金岳霖系统地论述了事实建构论以外，已有不少先哲持不同层面的事实建构论主张，如罗蒂指出：“尽管牛顿的语汇比亚里士多德的语汇更容易让我人预测这个世界，这事实也不表示世界说的是牛顿的语言。世界不说话，只有我们说话。”[2] 自然不会主动告诉我们世界有哪些事实，而是人通过认知活动、语言实践等建构了事实的世界。我们完全可以通过第四章提出的事实的语言认知建构论，来重新审视盖梯尔问题。

由事实建构论重思盖梯尔问题，我们可以提出“盖梯尔问题的事实建构论方案”——即人们在生活实践、认识活动等过程中建构的事实，既使得相关信念得到辩护，也使得相关信念为真，从而用建构的事实完成辩护与真的合二为一。在科学尚未昌盛的时代，人们普遍认为“神灵真实存在”是一个不争的事实（古人在生存实践中建构的事实），因为这个事实古人会持有一系列信念：“风调雨顺是因为神灵福佑”“天灾人祸是因为神灵惩罚”等，在他们看来，“神灵真实存在”这个建构的事实既能为这些信念辩护，也使得这些信念为真。而在今人看来，风调雨顺有着具体的气候、气象原因，当我们以今视古，古人的诸多认知实践也可以被归结为盖梯尔案例，因为在今人看来，他们为信念辩护的理由与该信念之所以为真的理由是分离的。站在今人的视角，我们的确可以这样指责古人，好像

---

① 陈波：《客观事实抑或认知建构：罗素和金岳霖论事实》，《学术月刊》2018年第8期。

② ［美］理查德·罗蒂：《偶然、反讽与团结》，徐文瑞译，商务印书馆2003年版，第15页。

他们为信念辩护的原因（神灵真实存在）与信念为真的原因（气候、气象原因）的确分离了，所以这个信念并非真正意义上的知识；但站在古人的视角，他们依据建构的事实，使得某个信念既为真也得到充分辩护，并获得了作为知识的合法性。这种知识还会一代接着一代传递下去，直到有一天我们发现该信念所依据的事实存在问题，二者将一同被抛弃。新的信念又随着新建构的事实一同被接纳，而新建构的事实更为简单可靠、更具融贯性、解释力更强。库恩所论的科学革命的范式转换，与这种建构的事实之转换有着紧密联系。

因此，从事实建构论出发，尽管盖梯尔问题批判了传统的知识的 JTB 定义，但一方面，盖梯尔案例并不表明知识的 JTB 定义毫无意义，只是揭示了 JTB 定义不是知识的充分条件；另一方面，盖梯尔案例也并不真正影响人类的社会实践、科学研究和认识活动，等等。在笔者看来，盖梯尔问题将一直伴随着人类的社会实践和认识活动，因为人们并非生而全知全能，无法保证对某个信念、命题、思想、理论辩护的原因、事实就等同于它们之所以为真的原因、事实。使真者理论解决盖梯尔问题的尝试给予我们有益的启示，它试图将某信念得到辩护的原因和为真的原因合二为一，来一劳永逸地解决盖梯尔问题，但这种策略的代价是，它对辩护作了过强的定义，以致诸多在认识实践中的合理辩护都达不到使真者理论对“辩护”的高要求，人类的认知实践将裹足不前。

盖梯尔问题的“事实的语言认知建构论方案”，是一种用历史唯物主义的事实观去解决盖梯尔问题的尝试。该方案主张，作为认识结果的事实是人类在社会实践中以客观世界为对象的语言和认知建构，被建构的事实既可以为某个信念、命题作辩护，也是人们认为该信念、命题为真的原因。在人类历史的长河中，我们不断建构出更有解释力的事实来替换受到质疑的事实，人类知识的更新过程也是在实践中不断建构新事实、不断替换旧事实的过程。化学史上对于燃烧现象的解释就是一个代表性案例，一开始化学家们构想出万物都包含燃素这样一种事实去解释燃烧现象，这时燃素存在这一事实既被当成了关于燃烧命题的辩护者，也被当成了有关燃烧命题使真者，而随着化学研究的进步，人们开始用氧气和可燃物的化合过程去替代燃素的分解过程。从人类社会实践和科学发展的角度来说，盖梯尔问题对于传统知识定义的挑战并不会对人类的知识体系产生多么重大的影响，因为人们在实践中建构事实时，事实必定一方面为信念辩护，另一方面也使其为真。吊诡的是，那些设计盖梯尔案例的哲学研究者完全可以从人类知识的发展史中概括抽离出无限多的盖梯尔案例，即当时认为某个事实能够为相关信念辩护并使其为真，但在后来发现该事实并不能使其为真，而是其他事实使其为真。这样，信念得以辩护的原因确实与信念为真的原因分离了，盖梯尔案例也得以构造出来。他们之所以没有这样做是因为，他们也考虑到至少在某一时段，在当时的社会共同体看来，为命题辩护的事实与使命题为真的事实是同一的，这样盖梯尔案例就会陷入在某一时刻有效，而在另一时刻失效的窘境中。总的来说，盖梯尔问题的“事实的语言认知建构论方案”使得我们消解或解决盖梯尔问题前进了一大步。

三 使真者理论的理论疑难

虽然使真者理论为盖梯尔问题的解决提供了有益启示，但它终究无法解决盖梯尔问题，而“事实建构论方案”则提出了盖梯尔问题的完备解决路径。这进一步启发我们，可以通过中西哲学中以金岳霖、维特根斯坦、蒯因、麦金太尔等哲学家为代表的事实建构论，去全面反思、批判和改造使真者理论，这种理论尝试的意义在于，它利用本土哲学资源反思和批判外来哲学理论，将使我们的哲学社会科学研究者，对于在分析哲学中流行的显学——使真者理论乃至分析形而上学——持谨慎批判的态度，而非全盘接受。在这之前，让我们考察当代分析哲学内部对于使真者理论的批评，这些可以概括为如下几点。

（一）使真者不能只是事实

大卫·刘易斯（David Lewis）就以一种归谬法论证其问题。这里，笔者将简要概括刘易斯是如何通过归谬法反驳阿姆斯特朗的。

（甲）阿姆斯特朗认为，实在中的事实是使得命题为真的使真者，除事实以外的其他东西都不能是命题的使真者，比如事实的部分（对象、物、属性、关系）、事实的抽象（通过心灵、理智、认知在语言中对于具体事实的概括、抽象，如塞尔的制度性事实、普特南的语义事实）。

（乙）这些事实的部分、事实的抽象是一个非事实，那么它们就是“至少存在一个非事实的东西”这一命题的使真者。

（丙）既然这些事实的部分、事实的抽象也能成为使真者，那么，事实并不是唯一的使真者，阿姆斯特朗将事实视为命题、句子的使真者的努力和尝试宣告破产。①

刘易斯这一论证对于将事实作为唯一使真者的教条来说是致命的，这也间接导致阿姆斯特朗作了理论妥协，他放弃了将事实作为唯一的使真者，而是事实及其组成部分都可以成为使真者。他写道：“这些偶然的事态，一阶事态和高阶事态以及他们的组成部分，构成了所有偶然真理的唯一使真者。”（WSA：2）

（二）使真关系的歧义性和模糊性

同上节中真理符合论之“符合”具有歧义性一样，使真者理论所要求的使真关系也同样具有歧义性，按照阿姆斯特朗的观点，一个命题为真是因为实在中某个事实使其为真，因此事实是使真者（truthmaker），而命题是真值载体（truthbearer），好像这种理论暂时还说得过去，但是深究起来，会有这样的问题：究竟是（a）事实使得命题为真，还是（b）存在于事实与命题之间的使真关系使得命题为真。这就如同问与使真者理论密切相关的真理符合论，究竟是

---

① 参见 David Lewis，“Forget about the ‘Correspondence Theory of Truth’”，*Analysis*，2001，Vol. 61，No. 4，pp. 275－280。

（a_1）事实使得命题为真，还是（b_1）事实与命题之间的符合关系使得命题为真。也许坚持使真者理论的学者会反驳，这种区分不重要，因为根据命题的图像理论，事实与命题有着逻辑同构性，因此，无论是（a）还是（b）都正确。但随着后期维特根斯坦对于命题图像论的深入批判已被学界广为接受，区分（a）与（b）仍然是有必要的，但显然使真者理论无法回应这一质疑。

除此之外，使真关系的歧义性、模糊性还体现在，如果使真关系是一种跨范畴蕴含关系的话，实在中的事实、事物是如何蕴含命题为真是一件匪夷所思的事情，从根本上说，不可能有一种跨范畴蕴含，两种不同范畴的东西之间怎么会存在蕴含关系呢？阿姆斯特朗等人坚持这种跨范畴蕴含的教条，却又没有办法从根本上解释跨范畴蕴含何以可能的问题。

（三）谁来确认使真者关系

事实本体论基础上的使真者理论同真理符合论一样，都是事实形而上学的产物，这种形而上学是不关涉人的、不关心人的认知条件、认知实践，而是采取了一种上帝或者无限理性的视角，好像所有事实也已确定好了，事实只等着人去发现和收集，进而事实与命题之间的使真关系已被宇宙先天确定好了。但问题是：（1）谁来确认事实与命题的使真关系？（2）正如确认命题与事实相符合需要一定的标准，同样，事实与命题之间确立某种使真关系是否有相应的标准？在笔者看来，按照使真者理论自身的理路，它无须人来确定使真关系，因为事实是实在中的实体，事实与命题有着逻辑同构性，无须人的参与，事实自然使得相应命题为真。比如，罗素在其早期的一篇论文中就为一种无人的真理观提供了案例和说明："如果我判断查尔斯一世死在其卧榻，我判断错了，这并非因为任何与我有关的东西，而是因为事实上他并没有死在其卧榻。"①

---

① Bertrand Russell, *Philosophical Essays*, London: Longmans Green and Co., 1910, p. 173.

（四）最小使真者（minimal truthmaker）问题

正如本节第一部分介绍使真者理论时所述，阿姆斯特朗提供了每个真命题都有一个最小使真者。阿氏主张，一个命题的最小使真者是世界中使得该命题为真的最小事实。在这个最小事实中任何部分都不能被减去，否则就不能使命题为真。[①] 最小使真者看似有道理，但也面临不少理论上的问题。第一个问题就是，为什么命题一定有最小使真者，一定程度上，最小使真者的提出仍然预设了事实与命题的一一对应关系，与命题所对应的事实才是最小使真者。比如什么是“那个苹果是红色”的最小使真者呢，肯定不是那个苹果本身，因为那个苹果还有其他属性，最小使真者一定是与该命题一一对应的事实，即“那个苹果是红色”的事实。因此，阿氏在表面上主张事实与命题并非一一对应关系，但他所提出的最小使真者仍然暗含了作为最小使真者的事实与命题乃一一对应关系。这在一定程度上仍然是命题图像论和语言的表征理论的遗产，命题图像论已被证明是成问题的，那么，为何最小使真者理论能独善其身呢？

（五）使真者最大主义的困难

分析哲学界有关使真者问题争论最大的，并非上文提出的四大理论疑难，而是对使真者最大主义的质疑，因此笔者也计划重点对之论述。随着阿姆斯特朗提出一种使真者最大主义的原则，以这一原则为中心的争论一直持续不断，因为该原则一方面是一个要求非常高的原则，要求每一个关乎实在的真理或真命题之所以为真，都需要有使真者；另一方面，如果一个坚持使真者理论的人不采纳使真者最大主义，这种使真者理论多少会有一些瑕疵，因为使真者最大主义使得解释所有真命题之所以为真得以可能，是使真者理论成为一以贯之的理论的重要保证。因此，在使真者理论内部，对于使真者最大主义也是争议不断，对该原则的一个核心质疑是，否定事

---

① 参见 Stephen Mumford, *David Armstrong*, Stocksfield: Acumen Publishing Limited, 2007, p. 168。

实有使真者吗？针对这一质疑，有如下几种代表性观点试图为之辩护。

第一，以否定事实（negative facts）作为否定命题的使真者。这一方案以罗素为代表，他在《逻辑原子主义》一书中就直接主张否定事实使否定命题为真，在罗素之后的当代分析哲学中，马克·亚戈（Mark Jago）和斯蒂芬·贝克（Stephen Barker）继承了罗素的观点。[①] 罗素虽然没有直接提出使真者最大主义，但他的确可以被认为是使真者最大主义的坚定支持者。作为一个真理符合论者，他一直强调："真理存在于真理和事实之间的某种形式的符合。"[②] 因此，否定命题之所以为真，是实在中的否定事实与之相符合，否定命题的使真者必定是与否定命题有着逻辑同构性的否定事实，比如雪不是白的这个事实使得雪不是白的这一否定命题为真。

但像罗素这样承认否定事实的方案遇到的困难会非常多，一方面，否定事实并不是一个殊相有否定属性或诸殊相之间有否定关系，因为这些设定出来的否定属性和否定关系不具有因果效力，人自然不会对这些否定属性、关系有任何知识和合理的信念；另一方面，否定事实带来了本体论的无限膨胀，不满足本体论上的思维经济原则。事实是人通过实践活动和认知活动对外部世界的一种语言和认知构造，因为我们可以在心灵中构想出无数个否定事实，这种构造如被当作一种与人的认知实践和言语活动无关的纯粹实在，会引起本体论的无限膨胀。从奥卡姆剃刀"如无必要，勿增实体"的原则来看，认为否定事实是一种实体无疑有着重大的理论缺陷。

第二，以缺乏（absence）作为否定命题的使真者。这一方案甚

---

① 相关观点，可参见 Mark Jago, "Setting the Facts Straight", *Journal of Philosophical Logic*, 2011, Vol. 40, No. 1, pp. 33 – 54; Stephen Barker & Mark Jago, "Being Positive About Negative Facts", *Philosophy and Phenomenological Research*, 2012, Vol. 85, No. 1, pp. 117 – 138。

② Bertrand Russell, *The Problems of Philosophy*, New York: Oxford University, 1912, p. 121.

至可以上溯到亚里士多德，他认为："正因为实际事物的存在或不存在使得陈述为真或为假。"[①] 换言之，实际上金山之不存在使得有关金山存在的陈述为假，但同样使得它的否定命题，金山之不存在为真。在当代哲学中，这一方案以瑞士学者凯文·马利根（Kevin Mulligan）等为代表。比如，北极圈没有企鹅，不存在飞马、金山，对于解释这些否定命题为什么为真的一个很自然的方式是：说这些否定命题为真，并不是存在某个实体或实体的一部分（事实、事物、属性、特普[②]）使其为真，而是因为某种实体、属性的不存在或缺乏，才使得该否定命题为真。比如"这个瓶子中的液体没有味道"之所以为真，并不是因为某个东西充当其本体论地基，而是该液体缺乏某种有关气味的属性。[③] 这种以缺乏作为否定命题的使真者的方案，虽然看起来无懈可击，但实际上还是困难重重。该方案的重要缺陷是，"缺乏"与"否定属性""否定关系""否定事实"一样，并不具有因果效力；另外，使真者理论要求使真者是实在的一部分，以此建立实在与命题之间的联系，而缺乏是不是实在中的一部分则争议颇大。

第三，以一阶事实和总体事实/事态（totality states of affairs）作为否定命题的使真者。这一方案以阿姆斯特朗为代表（WSA：134—135、T&T：53—82）。在阿氏看来，一个基本事实/事态必定是某个殊相拥有一个属性，或者一个关系存在于几个殊相之间，否定事实和缺乏都不可能在本体论中占据一席之地。阿氏的观点代表了这样

---

① Aristotle, *Categories and De Interpretatione*, Translated with Notes by J. L. Ackrill, Oxford: Clarendon Press, 1975, 14b, 14 - 22, p. 40.

② 特普论（trope theory）是分析形而上学晚近流行的理论，该理论主张，不存在共相，像颜色、形状等都是一种非常貌似共相的殊相，徐英瑾翻译为蕴相殊，取"蕴共相于特殊"之意，参见徐英瑾《如何奠定历史唯物主义的"理论哲学基础"——一种基于"蕴相殊"理论的重构方案》，《学术月刊》2017 年第 9 期。因为该翻译还未成为主流翻译，为了方便理解和交流，本书仍暂用通行的"特普"翻译。

③ 参见 Kevin Mulligan et al.，"Truth-makers"，*Philosophy and Phenomenological Research*，1984，Vol. 44，No. 3，p. 314。

一种哲学直觉，世界中所有存在的东西都应当是肯定的[①]，而非否定的，存在本身蕴含着肯定。因此，一种较上述两种方案更为合理的方案是，放弃否定事实和缺乏，而采取总体事实方案，即一阶事实与总体事实（二阶事实）为否定事实提供使真者。一阶事实说明了具体存在哪些事实，如房间里有桌子、椅子，而总体事实说明了这些事实是全部之事实，除此之外没有其他事实。这样一来，通过一阶事实加上总体事实，我们就可以有理有据地说房间里没有老虎这个否定命题为真。北极没有企鹅也是同理，我们可以通过罗列北极有哪些动物存在的一阶事实以及确定这些事实是全部事实的总体事实来表明，北极没有一种叫作企鹅的动物。

相较于否定事实和缺乏两种方案，阿姆斯特朗的方案稍微复杂一点，他虽然认为在实在中不存在否定事实，但依然可以通过其他肯定事实与高阶事实使该否定命题为真，如否定命题“房间里没有熊猫”可以由“房间里有桌子”“房间里有椅子”“房间里有学生”……这样的一阶肯定事实，与“上述一阶事实是关于这个房间的全部事实（除此之外没有别的事实）”这样的二阶事实（关于事实之事实）一起，为否定命题“房间里没有熊猫”提供使真者，使其为真。简单来说，阿姆斯特朗的思路是先确定有什么（一阶肯定事实），总共有什么（二阶事实），那么再说除此之外所有东西则都是无。

阿氏方案看似合理避开了“否定事实”和“缺乏”两种方案的弊端，但也有着重要的缺陷和问题。

第一个问题是，它预设了一种上帝和无限理性的视角。因为除了一些人为简化的案例以外，总体事实常常超出个人和社会群体的认识能力，比如要证明世界上所有乌鸦有一只不是黑的，就要站在一个上帝视角或拉普拉斯之无限理性视角对于有关所有乌鸦颜色的事实作一一审视，并得出这样一个总体事实——“天下乌鸦一般

① 参见 George Molnar，“Truthmakers for Negative Truths”，*Australasian Journal of Philosophy*”，2000，Vol. 78，No. 1，pp. 72 - 86。

黑”。因此阿氏方案的问题在于，它预设了一种上帝和无限理性的视角。

第二个问题是，他在本体论中设定和承认高阶事实。从事实建构论看，不仅一阶肯定事实是一种人在语言和理解中的建构，关于事实的事实（高阶事实）更是如此，我们很难设想关于二阶事实以及无穷高阶事实像物一样是一种具体的存在，而非在人的语言和理解中的理论建构，实在中无论如何也不会有高阶事实。

第三个问题是，从事实建构论的角度来看，事实总是无限可分的，我们有多少种看待实在的方式，实在也会显示多少种事实。比如如果我们要统计某个房间里具体有多少事实，虽然房间里的物体是有限的，有桌子、椅子、扫帚等，但有关它们的事实则是无限的，扫帚头是什么样的是一个事实，甚至扫帚的某个分子是如何也可以被视为一个事实。因此，如果事实是无限可分的，那么事实数量也会无限多，确定总体事实成了不可能完成的任务。

第四个问题是，阿氏用总体事实、高阶事实来避免对于否定事实的预设，但在深层次上，总体事实仍然是一种伪装的否定事实。总体事实如果要确认全部事实是哪些一阶事实，那么它必然也要否认其他一阶事实之存在。阿氏没有意识到总体事实在一定意义上也是一种否定事实，从而陷入循环论证。因此，阿姆斯特朗希望通过肯定事实与总体事实来为真命题提供使真者的尝试也注定失败了。说某些事实是全部事实，相当于做了一种限定和划界工作，意指除了这些事实，其他东西全都不是事实。说凡人皆有一死，同样意指没有人是不朽的。[①] 这恰恰又回到了《逻辑哲学论》的观点，即事态的存在（肯定事实）的总和决定了事态的不存在（否定事实）。这种方式没有办法避免上述指责，因为说某些事实是全部事实的确隐含着其他事实不存在，或者说排除了其他事实。问题愈发陷入困

---

① 阿姆斯特朗本人也承认总体事实、一般事实也有否定的成分，参见 D. M. Armstrong, *Truth and Truthmakers*, Cambridge: Cambridge University Press, 2004, p. 53。

境，似乎在直觉上我很容易认识到北极没有企鹅、某液体无色无味，但为什么在逻辑上论证它们为何为真，是如此困难之事呢？

总的来说，根据使真者最大主义，每一个真理都应有至少一个使真者，但是这一传统的使真者理论（Orthodox Truthmaking Theory）会遇到不少困难，一个重要的疑难就是“使真者缺失问题”，即找不到真命题对应的使真者或者我们以为的使真者其实不是真正的使真者。很明显的是，如果我们只要找到一个真理没有使真者，那么，使真者最大主义就是错的，进而传统的使真者理论也是错的。虽然肯定命题比较好找使真者，但是如上所述，否定命题在寻找使真者时遇到了很大的困难，以否定命题为突破口，一般命题、模态命题、必然命题、反事实条件句都不是很好找出使真者。因此，使真者缺失的问题使得另外一个问题出现了：使真者理论家所提供的公认的解决方案，设定新的、不熟悉的实体会引起更多的怀疑，他们在本体论上相继提出否定事实（negative facts）、缺乏（absences）、总体事态（totality states of affairs）、不可还原的反事实（counterfactuals）等试图为否定真理、一般命题、反事实真理提供使真者。比如像罗素那样，认为否定事实为否定命题提供使真者，但对于这种理论建构出来的实体，很多哲学家就相继表示质疑。

在本体论上创造出多余的实体去为顽固的真理充当使真者，这一道路被越来越多的哲学家发现出问题。自此，有观点认为，我们应当放弃纲领性非常强的使真者理论，特别是使真者最大主义，而采取一种纲领性较弱的主张——“真理随附于存在”（truth supervenes on being）[①] 原则。毕格罗首先提出了这种主张：如果 p 是真的，那么至少有一个可能不存在的实体存在，如果 p 是错的，那么至少有一个可能存在的实体不存在。刘易斯认可了这种理论，但是他用可能世界的术语又重构了该理论。这种随附进路之所以纲领性

① Aaron M. Griffith, “Towards a Pluralist Theory of Truthmaking”, *Erkenntnis*, 2015, Vol. 80, No. 6, p. 1159.

较弱，是因为它只在命题与存在（实在）之间确定了一个松散的连接，确定命题的真与实在和外部世界有一定程度上的依赖关系，但并未对这种依赖关系作更精细的刻画。

要言之，为什么哲学家对于否定事实、一般事实等是实体的主张感到惊异，是因为在他们看来，“这些在本体论上的附加物仅仅是为了给这些顽固的真理提供使真者之目的，而被创造出来的”[①]。虽然这种创造满足了传统的使真者理论和使真者最大主义，但它带来的后果仍然是本体论的膨胀，我们在本体论上预设了过多的实体。事实是在人类生活世界为了特定的目的被建构出来的，因此，笔者对于使真者的态度是，一切使真者都是被创造和建构出来的，因此，我们需要用事实建构论取代事实本体论，以此，使真者的理论疑难才能得以解决，下文将具体展开这方面的论述。

四　使真者理论的批判性反思

问题仍然出在事实本体论上。事实本体论导致了使真者理论的大部分理论弊病，而当我们换一种思路，采取事实建构论的立场，就可以完成思维方式的转变。当我们在社会实践和认识活动中，在北极找不到这种企鹅时，我们才会说，北极没有企鹅。当我们用雷达在天空中发现/没有发现飞机时，我们才会说，天空中发现/没有发现飞机是一个事实。……要言之，只有事实建构论才跟真切的认识活动、实践活动紧密联系。这正印证了事实建构论一以贯之的主张：在典范意义上，事实是一个认识论和实践概念，而非本体论概念。

因此，从一种认识论和语言哲学的角度再去审视前述问题，问题就会变得简单很多。针对使真者理论的理论疑难（一）使真者不能只是事实，事实建构论的回应是，使真者当然不是实在中的事实、

---

① Aaron M. Griffith, “Towards a Pluralist Theory of Truthmaking”, *Erkenntnis*, 2015, Vol. 80, No. 6, p. 1159.

事物，而是一种认知和语言建构的事实。事实建构论则将人类的生活形式、社会实践、科学活动等一一囊括进来，当我们在科学研究和认知实践中对杂多的自然经验进行梳理，最终确认了某某事实，并用语言范畴表达出该事实，这种在语言中建构的事实才可以被称为使真者，使我们言说的命题为真。正因为建构的事实本身不需要对其组成部分——对象、殊相和共相——作出承诺，那么，刘易斯提出的使真者不能只是事实的质疑就失效了，换言之，这个问题被消解掉了，阿姆斯特朗的使真者理论所预设的是事实本体论，刘易斯在此基础之上对其进行批评，如果事实本体论本身就成问题，那么，刘易斯的批评也无从谈起了。

从整体上看，正因为事实本体论的巨大缺陷，使真者理论本身都可以被取消，这样上述理论疑难（二）中的使真关系的模糊性，使真关系到底如何具有跨范畴的蕴含关系和随附关系等问题都被消解掉了。这里仅以随附关系为例，要承认命题的真随附于实在，背后一个根本的思路仍然是事实本体论和命题图像论，命题描画事实，与事实有着逻辑同构性，因此事实使得命题为真，命题的真随附于事实。约翰·海尔也曾指出，使真者理论是“图像理论的一个遗产”①。但随着事实本体论和命题图像论的破产，命题为真随附于事实和实在本身也是疑点重重。阿姆斯特朗等人之所以主张使真关系是一种跨范畴的蕴含关系和随附关系，其内在理论背景仍然是对于事实本体论和命题图像论的坚持。

理论疑难（三）谁来确认使真者关系的问题也得到了合理解答，并没有全知全能、具有无限理性的上帝来确认某个事实作为某个命题的使真者，而是作为共同体的人在社会实践和认识活动中，建构了某个事实，因为这个事实具有较好的解释力和融贯性，并且得到较好的辩护，所以在实际生活中，我们基本上将与该事实相关的命题也视为

---

① John Heil, *From an Ontological Point of View*, Oxford: Oxford University Press, 2003, p. 65.

真的。要言之，事实建构论中的“真”已经褪去了符合论、使真者理论等形而上学色彩，而大致与实用主义所主张的合理地断定有共通之处。一种事实形而上学所构造的“真”看似具有巨大的吸引力，但它所遇到的困难却难以解决，笔者借用维特根斯坦的隐喻，如果我们采纳了使真者理论的真理论，我们就好像踏入了一个极度光滑的地面，在这里，我们无法前行。使真者理论所主张的真理观与我们在社会实践和认识活动中所实际确立的真理观分道扬镳。

理论疑难（四）最小使真者的问题也得到了消解，从事实建构论的视角看，最小使真者也是阿姆斯特朗事实本体论的形而上学预设，最小使真者绝非脱离任何语境和语言游戏的东西。在绝大多数场合，讨论最小使真者是无意义的问题，比如什么是使得地球围绕太阳转的最小使真者呢，如果答案是“地球围绕太阳转”这一事实，这其实就跟命题与事实有着逻辑同构性一样，陷入了理论空转的境地，如果遵循最小使真者理论，我们几乎是在同语反复地说话。对于事实建构论来说，重要的不是找到一个本体论层面的最小使真者，而是要在一个具体的生活实践和语言游戏中考虑，如果一个具体的命题为真，它为真的条件是什么或者它为真的标准是什么。要言之，我们可以在一个具体的语言游戏中问某个命题、句子成真的最小条件或最小标准，但我们绝不能说命题有最小使真者。

最后，从事实建构论的角度也可以为理论疑难（五）使真者最大主义是否成立，否定命题如何才为真，它的使真者是什么，等等这些问题给予更好的回答。我们大可不必像罗素等人那样形而上学地构想出否定事实、缺乏、总体事实，来千方百计地为真的否定命题寻找使真者，如果我们这样做了，我们无疑在形而上学地构造一个个概念和体系，去解释否定事实的真。但问题是，一方面，这些构造的形而上学概念和体系无法保证没有疏漏，正如否定事实、缺乏和总体事实各有各的疏漏，如果我们坚持这种形而上学的做法，问题永远没完没了；另一方面，这种形而上学的构造本身并没有太大的意义，即使我们将否定事实和缺乏视为否定命题的使真者，它对于我们实际的认知活动又有什么帮助呢？笔者认为，无论是使真者理论，还是使真者最大主义，都把问题复杂化和形而上学化。从后期维特根斯坦的视角和事实建构论出发，我们完全可以较为轻松地解决这类否定命题为真的问题。以某种液体无色无味为例，当我们说该液体“无颜色”“无味道”仅仅表明，它们不同于其他规范性的颜色、味道，说水是无色无味的，是因为我们直接看到它的无色、尝到它的无味；说房间里没有老虎，是因为我们环视一周，没有发现老虎；医生说你没有感冒，是因为你的身体状况不符合感冒的标准。因此，说某个否定命题是真的，是因为我们的认知过程中的观察和规范告诉了我们这个否定命题为真。

像阿姆斯特朗这样的形而上学家为了给否定命题寻找使真者的动机可以理解，他一直在追问一个问题，如果没有实在中的使真者，那么我们如何称某个命题为真呢？他对于“真”作了实在论的理解，某个命题之所以为真，是因为它与实在之间存在某种关联。而事实建构论则引入了命题和实在之外的第三者——人和人的社会实践、认知活动，它当然不反对某个命题之所以为真的确要与实在有一定程度上的关联，但在这种关联中，人不是置身事外的，而是以自己的实践活动参与其中。在笔者看来，只有我们将人的实践活动考虑进来，才能更加合理地解释说明否定事实为何为真。马克思在《关于费尔巴哈的提纲》中的论断仍然可以来评价以使真者理论为中心的形而上学体系，他写道：“哲学家们只是用不同的方式解释世界，问题在于改变世界。”[①] 抽象地设定实在中的事实，以作为命题的使真者的做法仍然停留在解释世界的层面，而事实建构论则强调人在实践活动中建构了事实，以此回应和解决了使真者理论所面临的理论疑难。

总的来说，使真者理论是当代分析形而上学中的一个重要分支，它之所以兴起，一定程度上仍然是源自几千来年哲学家对于何为真

① 《马克思恩格斯文集》第1卷，人民出版社2009年版，第502页。

理、思想与实在之间是何种关系等问题的不断追问，使真者问题可以上溯到亚里士多德，但直到当代分析哲学中才获得了体系化的发展。阿姆斯特朗对于使真者理论的系统化、理论化作出了突出的理论贡献。但将使真者理论体系化也是一把双刃剑，它使其成为一个庞杂的形而上学系统，以解释所有真理为何为真。因为使真者理论与知识的辩护和真值问题紧密相关，所以它的确有效地解释了盖梯尔问题何以产生的根源，即命题得到辩护的原因和命题为真的原因之分离，从使真者理论出发来定义辩护和真似乎表面上的确可以完全避免盖梯尔问题，但它却给予了辩护一种过于严格的要求，只有找到某个命题的使真者——与命题相对应并使命题为真的事实，命题才算在真正意义上被辩护。一方面，使真者理论将“为信念辩护的原因”和“使信念为真的原因”合二为一；另一方面，在人们对于知识的实际探索中，很多合理辩护都不被使真者理论认可。

如果我们从事实本体论转换为一种事实建构论，用“事实的语言认知建构论方案”应对盖梯尔问题，问题便明朗很多。真正的辩护是嵌入认知实践、科学探究过程中的，比如，2016—2017 年引力波探测器陆续探测到了引力波信号可以算作引力波存在的合理辩护，在这一科学实践中，我们是将探测器探测到的引力波信号作为引力波存在的辩护，而非将引力波存在这一事实本身作为“引力波存在”这一命题的辩护。使真者理论将辩护的原因和为真的原因合一的根源还是事实本体论和事实形而上学。而事实建构论将事实作为一个认识论和语言学概念，在人类的实践活动——认知活动、语言交往活动和科学研究活动——中，一个个事实得以被确立，这些事实得以确立的过程，使我们有充分理由说某信念为真①，事实建构论使得命题为真的理由和命题得以辩护的理由真正意义上合二为一，避免

① 比如我在 2019 年可以说引力波存在为真，并且该信念得到充分辩护；而在 19 世纪即使有天才偶然间说了一句“引力波存在”，即便这句话为真，他却仍然没有充分的辩护理由。

了盖梯尔问题对于知识合法性的攻击，传统的知识的 JTB 定义也无须增加额外的限定条件。

通过对于使真者理论的批判，更加表明事实建构论是我们应当采取的理论立场，它帮助我们解决了使真者理论面临的诸多理论疑难，使得以事实本体论为内核的使真者理论失去了根基，虽然在当代分析哲学中使真者理论成了有关真理问题和元知识论问题的“显学”，但对于中国研究者来说，我们没有必要亦步亦趋，反而应当对此持一种批判、审慎和理性的研究态度。

第四节　本章小结

无论是真理符合论，还是使真者理论不仅试图解释真理与实在关系的元知识论的重要问题，同时也是事实本体论所生成的事实形而上学的重要议题。罗素是分析哲学中倡导真理符合论的先行者；早期维特根斯坦为真理符合论的拥护者们提供了精致的理论框架；阿姆斯特朗则是这两种理论的重要代表之一，他一方面坚持真理符合论，认为“诸命题与实在相符合或不相符”（T&T：16），另一方面，他将使真者理论系统化、精致化，是当代使真者理论的集大成者。传统符合论和使真者理论表面上是元知识论和真理观，实质上却都是一种追求一劳永逸地解释语言与实在关系，以及真理本质的形而上学理论，这种形而上学理论“关注的并不是我们如何知道某些特定陈述和言说是真或假这样的认识论问题，而是关注真自身和假自身实际上包含了什么”①。从对真理符合论和使真者理论的批判我们看到，这样抽象地追求“真”自身与“假”自身到底包含着什么，本身陷入了一种形而上学误区，最后不得不在实在中抽象出一

① Stephen Mumford, *David Armstrong*, Stocksfield: Acumen Publishing Limited, 2007, p. 165.

些作为实体的事实，使之与真命题相符，或者成为真命题的使真者。而放弃这种抽象地讨论真或假的形而上学追求的同时，也自然避免对于否定事实、高阶事实的本体论预设。在笔者看来，我们应该放弃传统符合论和使真者理论，通过一种后期维特根斯坦哲学治疗的方式，我们认识到传统符合论和使真者理论所组成的形而上学本身的问题重重和虚假性，一些难以解开的哲学疑难自然得到了解答。

从寻求真理的角度来看，像罗素、阿姆斯特朗等人之所以要设定事实/事态是一个本体论概念，与一种形而上学的真理观紧密相连。他们希望通过一个统一的模式，去解释和寻求所有真理，即要么命题与实在中事实相符，命题为真；要么实在中的事实使得命题为真。在当代哲学中，已有越来越多的哲学家反思这种经典的形而上学实在论者（metaphysical realist）的真理主张，比如普特南就旗帜鲜明地反对将"'与独立于心灵的对象'之符合"[①] 视作真理，布兰顿也认为像真理、正确这样的词完全可以用一种社会的、推理的术语（social，inferential terms）来理解。本章对于传统形而上学实在论的真理观的反思与批判，与普特南等哲学家有着相似的反形而上学的理论旨趣；但与他们不同的是，本章将批判形而上学实在论的真理观和元知识论，与批判事实本体论联系起来，尝试更彻底地瓦解事实形而上学。

随着本章第二、三节对符合论真理观和使真者理论进行深入批判，本体论层面的事实已愈发显示其无用性和无意义。在形而上学和本体论上使用事实概念，会导致人们不断纠缠于是否有实体性的否定事实，是否有被人类认识到的事实，等等无意义且奇怪的形而上学问题。如果我们回到生活世界和日常语言中谈论事实，比如从一种认识论层面上谈论事实，相关的哲学问题则会简单、清晰得多。谈论某个否定事实是有意义的，因为我们通过某种认识过程和实践

---

① Hilary Putnam, *Realism with a Human Face*, Cambridge: Harvard University Press, 1992, p. vii.

活动认识到否定事实。正如有学者所总结的：每一种真理观都很难保持纯净，一方面，如果不增加认识的元素，我们很难为符合论辩护；另一方面，如果不依赖一些符合概念，认识的和融贯的真理又难以为继。① 这也是为什么当代很多学者试图融合不同的真理观的积极洞见，金岳霖以事实认知建构论为基础的符合论是一个范例，陈波提出无事实的符合论是另一个范例，本章从重新理解符合与事实两个维度，也同样尝试弥补传统符合论的不足，批判和改良传统符合论。而使真者理论作为传统符合论在当代形而上学的另一种变形，形而上学的色彩已更加浓重，该理论虽然有其积极洞见，但它只能停留在当代形而上学的话语系统和理论框架中自说自话。对于当代分析形而上学中的"显学"，我们更应持一种批判的研究态度。

在笔者看来，追求真理本是一个动态的实践活动，而非在本体论上设定一个事实，再去说某个命题符合事实，或者事实使命题为真就结束了。通过对传统符合论与使真者理论的批判，我们反过来也进一步批判了事实本体论，认识到建基在事实本体论之上的真理观就如同建基在一堆沙子之上一样，随时会有倒塌的危险。只有回归人类的生活世界和实践活动，将事实视为一种认识论和实践概念，视为在认识客观世界的实践活动中所建构的、可在语言中表达的东西，才能为我们的真理观打下坚实的地基。

① 参见 Pascal Engel, *Truth*, Montreal and Kingston: McGill-Queen's University Press, 2002, p. 40。

第七章

事实与模态

可能性（possibility）与可能世界（possible world）的问题一直是西方哲学史上的重要问题，也在分析哲学内部引发了激烈争论，成为当代分析形而上学的中心议题之一。在哲学史上，像亚里士多德、莱布尼茨、康德、维特根斯坦、蒯因等诸多重要哲学家都对可能性的本质作过深入讨论。发端于维特根斯坦，并由阿姆斯特朗进行系统化的组合主义理论给予了可能性与可能世界一个崭新和较为融贯的解释。在笔者看来，维特根斯坦的组合主义和阿姆斯特朗的组合主义都与他们的事实本体论有机联系在一起，特别是阿氏的组合主义仍然是其整个事实形而上学的一个重要组成部分。

本章的理论意义和必要性在于：一方面，正因为组合主义是与事实本体论紧密相连，也是阿姆斯特朗事实形而上学的有机组成部分，对于事实本体论和事实形而上学的全面批判，也必然要求梳理、考察和批判建基于事实本体论的组合主义理论，对于组合主义的批判也成了全文对事实形而上学批判的重要组成部分；另一方面，由阿姆斯特朗完善和发展的组合主义已成为当代分析哲学中解释可能性和可能世界问题的重要理论，这种组合主义的理论特色是将现实世界的本体论地位置于可能世界之上，完全扭转了自莱布尼茨到刘易斯对可能世界和现实世界的态度，成为分析形而上学讨论可能世界、可能性之本质等问题时，与刘易斯的极端模态论相比照的重要理论，也成为解释可能性和可能世界之本质的代表性理论之一。随着组合主义理论的提出，金在权、布拉德雷等人也对之作出了深入批评。对分析哲学中组合主义之争论的考察，既有助于我们进一步掌握当代西方哲学的理论动态，同时也有助于我们深入思考可能世界问题。

以事实本体论为理论地基，提出组合主义理论去解释可能性问题是早期维特根斯坦、阿姆斯特朗重要的理论贡献，他们在事实本体论的框架内完成了对可能性的解释并取得了较好的成效，但这种努力和尝试并不能完全解释可能性的本质，不能完全解决我们遇到有关“可能性”之问题。所以一方面，我们要肯定事实本体论对于解释可能性的贡献，另一方面，从事实建构论出发，试图更加充分地解释可能性问题。如果事实建构论能在解释可能性上避免事实本体论所遇到的问题，并且更具有解释力、说服力，那么，这将进一步使得事实建构论在解释其他重要哲学问题方面，比事实本体论更具有理论优势。

第一节　组合主义之兴起与批判[①]

一　可能世界与组合主义进路

从古希腊哲学开始，哲学始终致力于研究世界存在之基本结构，不仅要研究事物实际上是什么，而且要考虑事物本质上是什么、可能或不可能是什么，这不得不涉及模态问题——什么是必然性与偶然性，因此，关于模态观念的争论既可以上溯到古希腊哲学，同时这些争论仍然占据了当代哲学讨论的中心位置。[②] 大部分体系哲学家

---

① 本节部分内容以《认识可能世界的新视角：可能性的组合理论》为题，发表在《科学技术哲学研究》2021 年第 2 期。

② 参见 Max Cresswell，Edwin Mares，Adriane Rini，*Logical Modalities from Aristotle to Carnap：The Story of Necessity*，Cambridge University Press，2016，p. 1。

如亚里士多德、洛克、莱布尼茨、康德、黑格尔、皮尔士、维特根斯坦都对模态问题有深入讨论。如莱布尼茨认为要讨论必然性的本质，就需要引入可能世界的观念，一个必然的事件不仅会在当下世界发生，而且在所有可能世界都会发生。马克思也在他的博士学位论文中从本体论和实践哲学的高度阐发了伊壁鸠鲁的可能性思想。要言之，人类在本性上就关注可能性问题，原因一是，人不仅仅被动地接受世界，而且不断地在世界中自由行动和主动选择，而自由意志和主动选择的前提是有不同的可能性可供选择，没有可能性就不会有自由意志。原因二是，人类是在时间中积极筹划未来的存在者，不仅关注事物现在是什么样，而且也会关注事物未来可能的变化发展。

当代分析哲学对模态问题有重大推进，如克里普克的模态逻辑语义学就是显著代表。同时，模态研究也更多地转向了对于可能性与可能世界的研究，使得可能世界问题一跃成为当代哲学中的热点领域，即使很多人不承认可能世界真实存在，但在解决哲学问题时又免不了谈论可能世界。可能世界之合法性问题、跨可能世界的同一性问题、在何种意义上理解可能世界，这些研究议题成了当代分析形而上学必须解答的问题。与此同时，如何理解可能性还关涉心灵哲学的诸多关键问题，例如，按照笛卡尔对于身心关系的解释，离开肉体的心灵是可能的，如何理解这种可能呢？再比如，按照心脑同一理论，心理状态与大脑的物理状态是同一的，但心灵与大脑的同一究竟是偶然的同一还是必然的同一，又使心脑同一论分化为功能主义（心灵状态可以通过多种物理方式实现）和强心脑同一立场（心灵状态就等同于大脑的神经系统）。可以说，可能性问题也成了心灵哲学不能回避的问题。在众多对于可能性和可能世界之本质的解释中，可能性的组合理论（Combinatorial theory of possibility）① 是一个非常有效并能融合不同哲

① 阿姆斯特朗在其著作中也常用组合主义（Combinatorialism）替代可能性的组合理论（Combinatorial theory of possibility），为方便表述，下文统一用组合主义。

学立场的理论解释。刘易斯认为，组合主义（Combinatorialism）的思想灵感可以上溯到休谟[①]，休谟主张，在两个不同的存在者之间并没有必然的联系，因此，任何不同的存在者被联系在一起都是可能的，这种任意的组合与休谟反对因果性是密切关联的，由此休谟被认为是可能性的组合理论的理论先驱。

在休谟之后的维特根斯坦前期哲学中，他首次提出了一种系统化的组合主义理论，这种组合主义理论正是著名的逻辑原子主义。在《逻辑哲学论》中维特根斯坦强调："世界是事实而非物的总和"（TLP 1.1），"基本事态是诸对象（物）的组合（combination）"（TLP 2.01），"在基本事态中诸对象有如一条链子的诸环节一样彼此嵌套在一起"（TLP 2.03）。要言之，可能性源自简单对象之间的组合，且这种组合不是任意的，而是取决于对象本身的特征。深受维特根斯坦哲学影响的阿姆斯特朗在当代分析哲学中进一步对组合主义理论进行了发展与深化，使其成为解释可能世界的重要思想资源。他将休谟的原则延伸开来，即不同的共相之间没有必然联系，因此任何对于共相的重组都是可能的。阿姆斯特朗的组合主义为可能性和可能世界提供了一种模态还原论的方案，避免了以刘易斯为代表的模态实在论的诸种困境，并且为反事实条件句的应用提供了理论支撑。

当代从事模态研究的一些学者早已认识到阿姆斯特朗对组合主义的重要贡献，如他们认为，"组合主义常常与阿姆斯特朗的名字联系在一起"[②]。但在中国哲学界，对于阿姆斯特朗的组合主义基本上并没有引介与讨论，因此，本节希望通过以下核心问题的探讨完成阿姆斯特朗组合主义的批判性研究：阿姆斯特朗的组合主义理论的具体意蕴是什么；对于解释模态与可能世界问题时有哪些优势与不

---

① 参见 David Lewis, *Papers in Metaphysics and Epistemology*, Cambridge: Cambridge University Press, 1999, p. 197。

② Andrea Borghini, *A Critical Introduction to the Metaphysics of Modality*, London: Bloomsbury Publishing, 2016, p. 122.

足；这种组合主义所面临的批评及其可能的反驳；组合主义的其他可能样态；最终完成对于阿姆斯特朗组合主义的整体性与批判性评价。

从整体上看，阿姆斯特朗的组合主义具有三个方面的基本特征。第一，通过组合为可能性奠基，确立了一种代表性的模态还原理论。组合主义这个概念本身就清楚地表明了该理论的思想主张，即通过组合来解释可能性，为可能性奠基。这一理论思路是不同于以大卫·刘易斯为代表的模态实在论的。作为模态逻辑的奠基性人物，刘易斯主张可能性与可能世界是实在的，而不能被还原；存在着与现实世界地位等同的可能世界，这些可能世界本身就对应着各种可能性；可能世界中的某物可能在另外的可能世界有其对应物，但对应物关系并不是一种等同关系。[①] 作为一个现实主义者的阿姆斯特朗，则断然不能接受这样的主张——“所有的可能世界真实存在”（SSM：x），因为在他看来，现实世界与可能世界的本体论地位是不同的，只存在一个真实的世界，即我们生存于其中的现实世界，可能性与可能世界概念依然可以在这个现实主义（Actualism）框架内得以安顿，从一个现实主义的立场出发，我们仍然可以给予可能性与可能以清晰、融贯、有力的说明。他通过组合来解释可能性，进而提出了一种模态还原论方案。

从哲学史的角度来看，组合主义并非阿姆斯特朗的原创性思想，早期维特根斯坦已经较早地提出了一种组合主义方案。维氏与阿氏方案的一个重要不同在于，维特根斯坦在《逻辑哲学论》中避免了对于属性、关系等共相的预设与承诺，对象本身就决定了所有可能的配置与组合，即“对象包含了所有事态的可能性”（TLP 2.014），知道了有关对象的所有信息，我们就不会遗漏任何一种可能性；而阿姆斯特朗的组合主义则以预设共相为前提，他认为在现实世界中

---

① 参见 David Lewis，“Counterpart Theory and Quantified Modal Logic”，*Journal of Philosophy*，1968，Vol. 65，No. 5，p. 115。

所有已经实例化[①]的属性和关系都可以称为共相，不同共相之间的组合与重组就产生了一种虚构的可能性。

第二，用虚构的组合主义改良模态实在论。阿姆斯特朗的模态组合主义的第二个理论特点和贡献之一是，他基于现实主义和自然主义的立场，通过一种“虚构主义者版本的组合主义”（Fictionalist version of Combinatorialism）（CTP：13）和信念的可能世界理论（theory of doxastically possible worlds）（WSA：162）对刘易斯的极端模态实在论[②]进行了改良。刘易斯关于可能世界的实在论观点可以概括为两点。一方面，其他可能世界与我们生存于其中的现实世界在本体论上的地位是一样的，且其他可能世界也都是现实存在而非虚构的，这也是模态实在论最为激进的地方。另一方面，其他的可能世界与我们的现实世界“有没有任何时空或因果上的关联”（CTP：15）。因此模态问题被进一步解释为量词化问题，一是可能性陈述可以转换为存在量词（existential quantification）陈述，比如，蓝色天鹅可能存在就转化为：有一些世界 W，在这些世界 W 中，存在着蓝色天鹅；二是必然性陈述可以转换为全称量词（universal quantification）陈述，比如，所有天鹅必然都是鸟儿转化为：对于任何世界 W，所有的天鹅都是鸟儿。[③]

阿姆斯特朗并不认可刘易斯将模态问题转化为量词化问题的方案，虽然该尝试有其合理之处，解释了模态命题如何成真，但其问

---

① 实例化英文为 be instantiated，中文较少有实例化这种表达，我们可以大致理解为在现实世界中找到具体的例子或具体的承载者，比如像红这样的共相之所以被阿姆斯特朗视为一个普遍被承认的共相，是因为在现实世界中我们可以找到大量的红的承载者或例子，比如红的苹果，等等。

② 虽然学术界普遍认为大卫·刘易斯持极端模态实在论（extreme modal realist）的立场，但也有例外，如普兰丁格认为刘易斯“接受现实主义……并不是一个模态实在论者”，他只是用一些具体的对象和集合去建构了可能世界。（Alvin Plantinga，“Two Concepts of Modality：Modal Realism and Modal Reductionism”，*Philosophical perspectives*，1987，Vol. 1，Metaphysics，p. 231）

③ 参见 David Lewis，*On the Plurality of Worlds*，Oxford：Blackwell，1986，pp. 5 – 7。

题是：这种做法预设了无限、独立、真实的可能世界，在本体论上代价太大，完全可以通过较少的本体论承诺来完成该任务。阿氏尝试将模态实在论预设的真实存在的可能世界，降格为一种“纯粹的可能性”。一方面，他承认刘易斯的多元宇宙在哲学上是一个有用的概念，因为我们现实世界的每一种可能性都可以被仿制为一个“岛宇宙”(island universe)；另一方面，他主张我们没有必要赋予这些岛宇宙以本体论地位，因为他们仅仅是有用的虚构而已。(CTP：17)

他用一种反证法具体地驳斥了刘易斯的模态实在论：(1) 假设刘易斯式的可能世界确实存在；(2) 既然它们确实存在，那么它们将是现实性的一部分；(3) 既然它们是现实性的一部分，它们与可能性和必然性没有任何关系；(4) 因此结论就是，既然它们与可能性和必然性有关系，那么它们就是虚构的，可能世界与现实世界有着重要的区分。

要言之，阿姆斯特朗对刘易斯的模态实在论的改良方案是，将与现实世界地位等同的可能世界改造为一种可能的虚构世界，可能世界与现实世界之地位是不同的，它们仅仅是一种“有用的虚构”。由此，阿姆斯特朗通过奥卡姆剃刀剃掉了模态实在论所预设的多余的实体，将刘易斯的可能世界退回到可能的虚构，最终对模态实在论作了温和的处理。作为一个自然主义者和现实主义者，阿姆斯特朗并不打算在现实的时空宇宙之外建构其理论。[①] 这种可能性理论在整体上更符合科学实践与日常直觉。

第三，通过反事实条件句等应用说明纯粹可能世界之有用性。这种温和模态理论的价值在哪里？阿姆斯特朗认为，即便我们认为可能的事物并不像现实世界一样真实，甚至像决定论那样持一种极端主张，没有可能性，一切存在都是必然性，但“纯粹可能”这一概念依然需要保留，因为反事实条件句在人类的行为决策和哲学论

---

① 参见 Tim Maudlin，“Reviewed Work(s)：A Combinatorial Theory of Possibility by D. M. Armstrong”，*Philosophy of Science*，1992，Vol. 59，No. 4，p. 716。

证中扮演着重要的角色：比如说事态 A、事态 B、事态 C 等相互排斥（一场足球比赛可以是 11 人制，也可以是 10 人制、12 人制；一个国家可以是议会君主制，也可以是议会共和制、总统共和制），这些事态只有一个可以真实发生，在实际情况发生之前，我们可以通过想象、思虑可能出现的情形，进而通过比较、排除等方式找出最适合的方式，作出更好的决策；在实际情况发生之后，我们同样可以通过反事实条件句获得教益，比如做某事后取得了一个较差的结果，我们自然会设想如果当初没有做这件事，或者做了其他事，也许又是另外一种稍好的结局了，因此当我们以后再面临相似的处境时，实际上所做的事情将会给我们有益的指导。譬如说假设那些在 2016 年美国大选中投票给特朗普的人们发现自己的生活并没有过得更好，反而过得更糟糕，那么他们在 2020 年美国大选时，还会将选票投给特朗普或者持相似政治立场的人吗？中国传统文化中也有很多从类似情境中吸取经验教训，避免犯重复错误的表达，如《战国策·赵策一》云："前世之不忘，后事之师。"俗语有云："一朝被蛇咬，十年怕井绳。"都强调了之前的经验教训对于后面遇到类似情况重新作出判断有重要的影响。

二　组合主义面临的理论疑难及其回应

（一）组合主义对于循环论证批判的回应

阿姆斯特朗以虚构化的方式处理可能性问题的诸多理论优点已经显现，但与此同时，很多学者对组合主义仍然抱有怀疑态度，对组合主义提出的诸多关键批评，其中一个重要的批评是，2019 年去世的金在权（Jaegwon Kim）所提出的循环定义问题。这种批评认为，在阿姆斯特朗的模态组合主义理论中，他用组合和重组去解释可能性这样的模态概念，但如何去界定组合与重组？什么样的组合是可能的组合？当他需要回答这些问题时，他又不得不回过头来再借用可能性这样的模态概念去界定组合的范围与界限，犯了循环论证的错误。正如金在权所指出的，"个体与属性的组合与重组得以完成的最重要之点是，不诉诸任何模态观念”[①]，以此才能避免模态组合主义分析的循环论证。一些学者如布拉德雷（Raymond Bradley）在金在权的基础之上，对阿氏提出的“所有的组合”这个方案作了进一步的批评。（1）如果他用“所有的组合”意味着“所有实际的组合”，即现实世界中已经存在的组合，如我们的世界已经存在的各种颜色与花的组合，产生红色的花、蓝色的花等诸种颜色的花，那么他所主张的可能性的领域并不比现实性的领域更多。（2）他允许“所有的组合”意味着“对给予的现实的元素所有可能的组合”，那么，他的解释又陷入循环论证，因为他又诉诸经验科学去确定哪些组合是可能的，哪些是不可能的（如颜色不相容问题）。“无论如何，他的还原论都失败了。”[②]

虽然阿姆斯特朗没有直接明确回应金在权和布拉德雷对其循环论证的批评，但他敏锐地意识到学界可能会质疑他的组合主义是一种循环论证，他说道：“这种分析好像是一种隐秘的循环。”（CTP：139）言外之意是，他相信自己并没有陷入一种解释上的循环。深入解读阿氏的组合主义，将有助于我们回应这种指责。笔者试图站在阿氏的哲学立场上来给出一个具体的回应，表明金在权、布拉雷德的批评并不构成对组合主义理论的致命打击。

组合主义对于金在权循环论证诘难的回应有两个方面。组合与重组没有界限，所有组合和重组都被认定为是可能的，进而不需要再纠结于哪一种组合是可能的这样的问题了，不需要再用模态观念去解释组合与重组。组合主义对于布拉德雷批评的回应有两个方面。第一，阿氏用“所有的组合”并非指“所有实际的组合”，而指的是利用现实世界中已有的属性、共相所作的种种虚构的组合，所以这种虚构的组合当然可以说出比现实世界更多的东

---

① Jaegwon Kim, “Possible Worlds and Armstrong's Combinatorialism”, *Canadian Journal of Philosophy*, 1986, Vol. 16, No. 4, p. 608.

② Raymond Bradley, “Possibility and Combinatorialism: Wittgenstein versus Armstrong”, *Canadian Journal of Philosophy*, 1989, Vol. 19, No. 1, p. 41.

西，并且有其特定的用处。如“理想气体”（idea gas）、“点质量”（point-masses）、“力的平行四边形”、“经济人”等虽然在现实世界中不存在，但这些假设的可能性仍然显示了极其重要的理论用途。哲学家与科学家在这一方面达成共识，即要更彻底、更深刻地处理理论问题，往往预设的是一种理想的情况，用哈贝马斯的概括就是：“每一种理想化，都驱使着概念去超越对一种有待说明之既定现实的模仿性适应。”[①] 在哲学研究中，如约翰·罗尔斯在《正义论》中主张社会和经济的不平等应该调整到使最少受益者得到最大利益。这种最多、最少、最大等理想色彩浓厚的概念在诸种道德哲学中常常处于关键位置；在科学研究中，也常常要设定理想情况，考察极值情况，研究自变量与因变量关系时往往预设其他变量不变，蒯因也认为物理学中关于理想对象的理论是“象征性的”[②]。因此，阿姆斯特朗自始至终都强调组合主义的理想性和非现实性，他在《可能性的组合理论》（*A Combinatorial Theory of Possibility*，*CTP*）前言中开宗明义地写道：“在这部著作中所提出的组合主义理论是一个组合主义理论的虚构版本。”（CTP：13）第二，阿氏的组合理论正如上文回应金在权时所言，并没有陷入循环论证，只不过将组合与重组的范围无限扩大化，即对于在现实世界中实例的共相来说，任何组合和重组在一个虚构的可能世界中都是可以的，因此不需要再用可能这样的模态概念去定义组合和重组。这里有两点需要强调。第一，虽然组合和重组是任意的，但唯一的限定条件是用于组合的部件或元素是在现实世界中已经实例的共相，因此在这一层面来说，阿氏的组合主义仍然有一定的限制，正如刘易斯所概括的，对于阿姆斯特朗来说，可能性的范围就是“诸现实地实例化的共

---

① ［德］哈贝马斯：《在事实与规范之间——关于法律和民主法治国的商谈理论》，童世骏译，生活·读书·新知三联书店2003年版，第12页。

② W. V. O. Quine, *Word and Object*, Cambridge, Massachusetts: The MIT Press, 2013, p. 230.

相之所有重组的范围”[1]。第二，阿氏的组合主义立场与其知识论中坚持的使真者原则密切相关，他的使真者原则认为，对于任何一个真的陈述而言，在实在中都有一个使真者使其为真。那么，什么使得一个有关可能性的陈述为真？阿氏将会回答，这种共相之间的组合与重组使其为真。

（二）组合主义对于过度自由化倾向批评的回应

模态组合主义的重要理论价值就是要通过组合讨论可能性，用组合为可能性观念奠基，是一种模态还原主义的方案。给予组合以较大的自由度是保证这种彻底的还原主义方案并回应循环论证批判的有效途径，虽然循环论证的问题解决了，但这又带来了另外一个与之密切相关的指责与批评，阿姆斯特朗本人也意识到他的组合主义所面临的另一种困境——质疑组合主义是否过于自由主义（latitudinarian）。人们对组合主义的一个很自然的怀疑是，除了一种逻辑矛盾的组合是不可能的，其他任何组合几乎都被允许，“这种可能性的组合主义解释太过于自由主义，因为它允许任何事物几乎可以拥有任何本性”（CTP：51）。比如，这种组合主义的虚构版本允许伯特兰·罗素是一个水煮鸡蛋（CTP：51）、关羽是一只猛虎。这似乎违反我们的常识与直觉，我们不禁要问，这是一个真正的可能性吗？毫无疑问，在阿姆斯特朗的组合主义那里，这的确是可能的。

阿姆斯特朗需要回应的问题是，如果我们认为所有组合都是可能的，那么这从根本上只是一种回避问题的态度。无论在我们的日常语言中还是在科学语言中，我们讨论可能性大多是在讨论哪些事态、情形是可能的，哪些是不可能的，可能性与不可能性是作为一对概念而存在的。阿氏的处理方案就是用可能性的概念去合并与吞噬不可能性的概念，可能性成了一个无限扩大的概念，不可能性的地盘基本被蚕食殆尽，除了逻辑上的不可能性之外，在虚构的可能

---

① David Lewis, *Papers in Metaphysics and Epistemology*, Cambridge: Cambridge University Press, 1999, p. 196.

世界中，任何事态、任何组合都是可能的。这让“可能性”失去了其应有的内涵。这种从语言的使用和日常语言层面的批评是一种后期维特根斯坦式的批评。

笔者认为，这种批评意见植根于对日常语言与形而上学两个不同层面的可能性之混淆。按照日常语言哲学的观点，在大部分语言情境中每一个概念的使用都有其具体的语境，因此可能性和不可能性都有其具体的用法和价值，因此在日常语言中我们完全可以有意义地说，根据两个足球队势均力敌的实力，当巴塞罗那与皇家马德里两个足球队比赛时，比分不可能是100：1。但像早期维特根斯坦、卡尔纳普、阿姆斯特朗、刘易斯、金在权等哲学家在形而上学的层面讨论可能性的目的是，要探索可能性的极限与界限，为可能性与可能世界提供一个深层的理论解释，因此在形而上学的层面上，组合主义过于自由化并没有什么不妥之处。

这种过度自由化的组合主义还涉及一个深层的形而上学问题：基质论（Haecceitism）① 与反基质论（anti-Haecceitism）之争。从根本上说，阿氏的组合主义之所以允许这种自由的组合，内在的学理原因是他的反基质论哲学立场以及对于本质主义的拒斥（rejection of essentialism）。如何理解基质论与反基质论？根据哲学家罗伯特·亚当斯（Robert Merrihew Adams）② 和大卫·卡普兰（David Kaplan）③ 的观点，基质论主张一个对象的所有本质属性并非都是不可重复的

---

① Haecceitism 在词源上来源于 haecceity（对应的拉丁词是 haecceitas），haecceitas 是中世纪经院哲学的术语，意指存在的个体性，中文一般翻译为基质，故本书将 Haecceitism 翻译为基质论。由此可以看出当代分析形而上学与西方传统哲学有紧密关联。基质论认为，如果存在一个与你完全相同的完美复制品，这个复制品与你有着相同的心理属性和物理属性，它仍然不是你，你与它的差别就在于你所拥有的独一无二的基质，这个基质在根本上决定了你的特殊性。

② 参见 Robert Merrihew Adams，“Primitive Thisness and Primitive Identity”，*Journal of Philosophy*，1979，Vol. 76，No. 1，pp. 5 – 26。

③ 参见 David Kaplan，“How to Russell a Frege-Church”，*Journal of Philosophy*，1975，Vol. 72，No. 19，pp. 716 – 729。

属性，其他对象依然可以实例化这些可被重复的属性；但至少有一个本质属性是不可重复的，比如与对象自身相同一的属性就是不可重复的。阿姆斯特朗也对基质论作了精要的概括：基质论主张对象 a 与对象 b 各有其独特的内在本质，即使将 a 与 b 的各种可被重复的属性抽离出去，他们在本性上依然是不同的。（CTP：59）反基质论则否认对象（个体）有这样一种独一无二的本质，比如将我和正在读这本书的你的所有人格特点、自然属性、社会属性都抽离掉，我们还会有本质上的不同吗？我们很难说出有什么样的不同，因此从对象的属性对描述其本质不可缺少这一层面看，反基质论更符合人们的日常直觉。刘易斯和阿姆斯特朗都是反基质论者，略微不同的是，刘易斯是一个强的反基质论者，而阿姆斯特朗则是一个弱的反基质论者（CTP：60），前者主张个体仅仅是它们的诸属性之束，可以通过属性、关系这样的共相去还原、分析个体性；后者反对这种将个体还原为共相之束的观点，认为个体并不能通过共相分解和还原，虽然个体没有独一无二的本质，在抽掉它们的全部属性和关系后，个体之间仍然在数值上是不同的（numerically different）。（CTP：60）因此，这种弱的反基质论和反本质主义的形而上学立场是阿姆斯特朗的组合主义较为自由化的一个深层原因。

三　进一步的争论：组合主义的其他可能方案

行文至此，似乎阿姆斯特朗的组合主义如上所述，有力地回击了种种理论质疑，显示出了对于模态问题较强的解释力，在当代分析哲学中首先建构了一个完整的模态还原论体系，凸显了组合主义在形而上学、模态问题和当代知识论方面的理论价值。阿姆斯特朗的组合主义是以自然主义、反基质论和接受共相为理论前提的，因此一个进一步的争论在于，是否在阿姆斯特朗之外，还有其他组合主义理论生发的可能性。按照传统哲学对于共相的态度来分类，可以分为唯名论（nominalism）、概念论（conceptualism）或温和实在论（moderate realism）①、极端实在论（exaggerated realism）三种组合主义。

表 7 - 1　　**形而上学方案与各种可能世界理论**

形而上学方案	具体主张	代表人物
唯名论（谓词唯名论、类唯名论、相似唯名论）	都主张没有一般的共相 1 谓词唯名论主张，性质是谓词的影子 2 类唯名论主张，拥有某样性质就是成为该性质的物体构成的类的成员 3 相似唯名论主张，像白色物体的类是由这个类的成员的相似性组成的	以早期维特根斯坦为代表的可能世界理论，在《逻辑哲学论》中，只有不同的对象，诸对象构成了世界的实体，诸对象的配置构成了基本事态，而避免了对共相的承诺
概念论或温和实在论（亚里士多德式实在论）	1 共相一方面是客观的、独立于谓词的属性 2 共相不能脱离具体事物而独立存在 3 共相概念的产生得益于人的抽象和概括能力	以阿姆斯特朗为代表的可能世界理论
极端实在论（柏拉图式实在论）	共相能脱离具体事物而独立存在	以刘易斯、金在权为代表的可能世界理论

显然，阿姆斯特朗版本的组合主义方案也只是其中一种可能性的形而上学方案，笔者称其为温和实在论或亚里士多德式实在论（Aristotelian realism）的组合主义，因其像亚里士多德一样，主张共相一方面是客观的、独立于谓词的属性，另一方面，共相又不像柏拉图式的实在论主张的是可以脱离具体事物而独立存在的，它们必须实例化，共相必须依赖于例示它们的殊相。他本人也非常欢迎其他学者提出一种新的基于自然主义的可能性理论——如拒斥共相存在的唯名论方案。（CTP：37）因此，对唯名论方案与实在论方案的组合主义进行比较研究，对于更深入理解可能性的组合理论有重要

① 概念论与温和实在论都否认抽象对象的存在，但两者的细微不同在于，概念论否认独立于心灵的共相，而温和实在论则不否认独立于心灵的共相。（参见 Neil A. Manson，Robert W. Barnard，ed.，*The Bloomsbury Companion to Metaphysics*，London：Bloomsbury Publishing，2014，p. 95）

意义。

(一) 唯名论的组合主义：维特根斯坦式的逻辑原子主义

尽管维特根斯坦在《逻辑哲学论》中所表现出的哲学立场并不完全是唯名论的，甚至可以说是晦暗不明的，我们不能轻易断定早期维特根斯坦是一个唯名论者[①]；但就具体的组合主义思想而言，他基本上持一种与共相论方案相对立的唯名论方案，《逻辑哲学论》所构建的逻辑原子主义正是这种唯名论方案的典型代表。在维特根斯坦的逻辑原子主义中，对象与对象之间就可以完成一定数量的组合，而无须借助于如属性、关系这样的共相完成组合，对象就像链子的诸环节一样彼此嵌套组合在一起。因此，他的组合主义是构成世界之要素的简单对象之间的组合，对象自带模态，模态性质由此产生，进而规避了对于共相的本体论承诺，因此，它不同于柏拉图式的实在论与亚里士多德式的实在论，是一种较为彻底的唯名论的组合主义。

一个深层问题是，我们并不满足于仅仅知道这种对象与对象之间直接组合的唯名论方案，而希望知道对象与对象之间如何完成相应的组合。对于这一问题的问题，将帮助我们理解概念论组合主义与唯名论组合主义的根本差异。阿姆斯特朗从具体的事态与物中抽象出共相作为组合的基本元素，在这一点上，他是一个概念论者；而维特根斯坦则用内在性质完成了这样的工作，他说："为了知道一个对象，我虽然不必知道其外在性质——但是我必须知道其所有的内在性质。"（TLP 2.01231）对象的内在性质确定了所有可能的组合，因此，维特根斯坦的结论是，如果对象是给定的，那么所有可能的基本事态也是确定的。

---

① 布莱恩·斯克姆斯认为，维特根斯坦虽然在《逻辑哲学论》中的形而上学立场虽然并非奥卡姆、蒯因或古德曼式的唯名论，但却展现了一种对于唯名论的同情态度。（参见 Brian Skyrms，"Tractarian Nominalism"，*Philosophical Studies*，1981，Vol. 40，pp. 199 – 205）

唯名论的组合主义与概念论的组合主义之不同的根源在于对待实体、殊相的立场。如上文所言，阿姆斯特朗是一个反基质论者，认为殊相没有什么本质属性；而维特根斯坦则是一个基质论者，认为一个对象必然有不同于其他对象的内在性质。阿姆斯特朗认为殊相与共相都是从具体的基本事态中抽象出来的，两者都是抽象物，事态才是组成世界之最基本单位；而维特根斯坦的逻辑原子主义显然不会认为对象、个体或者殊相是一种抽象物，世界虽然是事实而非物的总和，但基本事态仍然是诸对象（物件、物）的结合，对象或者物仍然是有实体性意义的，而非人脑、心灵的抽象。因此，有关组合主义的形而上学之争并不仅仅是有关共相是否存在的唯名论与概念论之争①，更涉及我们对于对象、殊相、个体之理解，对象究竟是独立存在，还是其诸属性之束；对象究竟有其独特的本质，还是对象可以有任意的本质。在一定程度上，这种最底层的形而上学预设都代表了哲学家们在一定的理论框架之内对于世界的形而上学理解与解释，可以比较研究，但不能直接用是非对错来衡量。早期维特根斯坦代表了一种逻辑原子主义观点，世界虽然是事实的总和，但作为这个基本事实和基本事态之组成部分的对象仍然是实体性的，而非从事态中抽象与构造出来；阿姆斯特朗是维特根斯坦哲学在当代分析哲学的继承者与发展者，他视维特根斯坦为“20 世纪最伟大的形而上学家”（SSM：6）。虽然他同样认为组成世界的基本单位是事态或事实，但他取消了薄殊相与共相的实体性地位，认为它们是从事态中抽象而来的，这也印证了阿氏为何说他在《可能性的组合理论》中所提出的观点是“逻辑原子主义形而上学的一个新的版本”（CTP：ix）。

（二）何种组合主义：亚里士多德主义的复兴

通过比较维特根斯坦与阿姆斯特朗的组合主义，我们发现，组

① 组合主义的第三种方案——柏拉图式实在论方案——以刘易斯与金在权为代表，上文已完成了对于这种柏拉图方案的批判，故不再详述。

合主义作为理解模态的本质，还原模态概念的方法，可以在多种形而上学理论框架与不同的本体论承诺下得以安顿。虽然两人都认为世界是事实而非物的总和，但他们对于殊相与共相的理解存在重要的差异。维特根斯坦的逻辑原子主义更接近于一种避免对共相作本体论承诺的唯名论的组合主义，但简单对象本身也是一个形而上学预设，维特根斯坦在写作《逻辑哲学论》时认为，确定简单对象是否存在，不是哲学家而是经验科学家之任务。但后期维特根斯坦发现，简单对象只是一种逻辑预设，在现实中我们根本无法找到这样的简单对象，逻辑原子主义的理论根基由此受到重大冲击。

阿姆斯特朗的组合主义的理论价值在于，他避免了逻辑原子主义的死胡同，更偏向于近现代哲学中概念论的一般趋向。自近代哲学以来，对共相与殊相之理解的一个整体趋向是，共相不是一种绝对的存在，不能脱离人的历史的、现实的认识能力，同时共相与殊相也是不可分割的有机整体。这在一定程度上反映了亚里士多德式的实在论在当代形而上学中的复兴。比如，在现象学中，"'本质直观'说可以受到各种质疑，但本质、同一、类概念与人的具体意识不可分离，这一观点却是黑格尔'具体概念'说的现代性发展"[①]。因此，阿姆斯特朗将共相理解为人对于事态的抽象，认为共相与殊相都一起存在于现实世界和时空系统中，两者密不可分，"不存在未实例化的共相，也不存在空的殊相"（WSA：154），这种观点一方面继承和复兴了亚里士多德的思想资源，表明当代分析形而上学并非在分析哲学内部自说自话，而是接续了整个西方形而上学传统；另一方面又体现了当代形而上学的一些主要特征，比如该观点明显是一种自然主义框架内的组合主义。此外，维特根斯坦的基质论与阿姆斯特朗的反基质论之不同立场更让我们意识到，组合主义作为一种分析模态的方法，可以在不同的形而上学框架和本体论承诺中

---

① 张世英：《相同·相似·相通——关于"共相"的本体论地位问题新论》，《北京大学学报》（哲学社会科学版）2004年第3期。

得以安顿。可以预见的是，基质论与反基质论之争仍然会在当代分析哲学中得以深入讨论。

四　评价与反思：组合主义的理论价值

从亚里士多德到休谟、罗素、维特根斯坦，整个西方哲学史都为组合主义埋下了明暗相间的思想线索，通过对阿姆斯特朗组合主义的具体特征的刻画、对相关理论疑难的反驳以及与维特根斯坦唯名论版本的组合主义之比较，让我们对组合主义在当代分析哲学中的最新发展有了深入的认识与评价，了解了其如下的理论价值。

第一，阿姆斯特朗的组合主义规避了一种循环论证的指责，通过组合为可能性奠基，是一种彻底的模态还原论（reductive theory of modality）。阿姆斯特朗视组合原则（combinatorial principles）为实际表现了可能性的本质。（WSA：268）他将可能视为一种纯粹的可能性，以这种方式去理解模态，不会带来蒯因所担忧的对象在现实世界的增殖问题，因为组合带来的对象全部都只是一种有用的虚构而已。在这一点上，阿姆斯特朗一直坚持着奥卡姆剃刀原则——“如无必要，勿增实体”。简洁性是一个理论的优良品质，如果组合主义与模态实在论都能合理地解释可能性问题，但前者的本体论承诺更少，那么组合主义的确是一个明智的选择。

第二，阿姆斯特朗的组合主义完成了自然主义框架内的组合主义理论建构。在当代分析哲学中，自然主义已成为一种被广泛接受的哲学立场，这种立场认为全部的实体不是别的，只是时空系统，因此正是自然科学给予我们绝大多数有关世界的具体知识。（WSA：5）阿姆斯特朗的组合主义是一种有关可能性的自然主义理论，该理论将可能性归结为在时空系统内部诸现实元素的自由组合，其形而上学基础仍然是自然主义。因此，阿姆斯特朗开辟了一条鲜明的自然主义框架下的组合主义道路。当下，各个学科都在对人工智能进行广泛和深入的研究，如何让智能机器理解可能性，这关乎智能机器的“智能”能否提升到新的层面，一种自然主义框架内的组合主义理论显然是较为适合智能机器学习和理解可能性与可能世界的。

第三，阿姆斯特朗的组合主义完成了对可能性与现实性、可能世界与现实世界的形而上学翻转。西方哲学史上一个广为流行的观点是，现实是被可能限制的，现实世界是所有可能世界中的一个额外特例，这以莱布尼茨主张的“现实世界是众多可能世界最完美的”为代表。阿姆斯特朗的论敌兼好友刘易斯则更进一步，过于重视可能性概念的本体论地位，认为现实世界也不过是众多可能世界中的一个，并不比其他可能世界有本体论上的优先性。这种模态实在论的观点虽然有诸多理论优点（如避免解释可能性时陷入循环论证），但其理论缺陷也非常明显。一方面，它违反人类直觉，人类不会与这种可能世界有任何因果上的联系；另一方面，它无法回应如下问题——“是什么保证了对于每一种可能性都有一个对应的世界呢”，刘易斯也承认没有东西可保证这一点。因此，模态实在论仍然很难自圆其说，难以成为一个完美无缺的理论。

而阿姆斯特朗的理论贡献在于，他完成了现实世界与可能世界的形而上学翻转，可能性被现实性决定，可能世界被现实世界决定。先有现实世界的真实存在，我们再从现实世界中构想和创造出可能世界。组合主义者应当是“现实世界的沙文主义者”（actual-world chauvinist），除了现实世界之外，其他无数可能世界并不真实存在，而是“纯粹可能”的；是从现实世界创造和构想出来的，而非独立于现实世界的存在。正是因为这种强烈的现实感和注重讨论我们身处的现实世界的形而上学问题，阿姆斯特朗被当代形而上学家史蒂芬·芒福德誉为20世纪当代形而上学家中的第一人。在芒福德看来，虽然在形而上学领域，大卫·刘易斯的很多工作是先于阿氏的，但“阿姆斯特朗第一个投身于严肃的当下世界本体论（this-worldly ontology）的工作中，试图对我们所处的世界做出根本性的说明，而不是通过谈论其他世界转移本体论问题。当前形而上学的繁荣部分也是缘于其他形而上学研究者追随了阿姆斯特朗的步伐”①。

但争论并未由此结束，反而愈发显示一种开放的态势，随着吉迪恩·罗森（Gideon Rosen）指出了可能世界之虚构主义的致命问题②，有关虚构主义的争论仍将在分析哲学中被继续讨论。无论未来争论的结果如何，阿姆斯特朗对于现实世界与可能世界的形而上学翻转的意义已经超越了纯粹形而上学领域，这种组合主义不仅是形而上学层面上的返本开新，而且对于伦理学、政治哲学都有积极意义，在本体论上确立现实世界的唯一真实性，更促使人们在这个真实世界刚健有为、积极进取，而非浑浑噩噩于现实世界，将希望寄托在空虚缥缈的可能世界中。

第二节　事实建构论如何安顿可能性：语境主义的可能观

一　从形而上学的组合主义到语境论的组合主义

以上我们主要考察阿姆斯特朗和早期维特根斯坦的组合主义，虽然这些不同形式的组合主义有其理论优点，都试图在事实本体论的理论框架中根本性、一劳永逸地解释可能性问题，为可能性作本体论上的奠基，在本体论上解释可能性问题。

但是，聪明的读者可能会发现一个非常明显的问题，同是组合主义，维特根斯坦的组合主义与阿姆斯特朗的组合主义都能在本体论上解释可能性，但两者又不互相通约，是不同的理论体系；同时，我们可能在另外一种本体论体系下再去创造一种组合主义，也即在不同的本体论设定下，我们都可以用组合主义去解释可能性。因此，

① Stephen Mumford, *David Armstrong*, Stocksfield: Acumen Publishing Limited, 2007, p. 16.

② 参见 Gideon Rosen, "A Problem for Fictionalism about Possible Worlds", *Analysis*, 1993, Vol. 53, No. 2, pp. 71 – 81。

紧接上第一节的结论，我们可以提出对可能主义作出更深层的评价。

第四，组合主义不能脱离具体的形而上学体系与概念图式。通过对阿姆斯特朗组合主义的考察及其与维特根斯坦思想的比较研究，我们发现组合主义自身并非一个独立的理论，它是阿姆斯特朗整个形而上学体系中的一颗明珠。组合主义离不开那些奠基性的形而上学基础，它只有在作为整体的形而上学框架中才能得以深入的理解，而且，不同的形而上学理论体系与本体论承诺所构建的组合主义也有明显区别，比如维特根斯坦式的唯名论组合主义和阿姆斯特朗式的概念论组合主义。正如蒯因在《语词与对象》中所说，“没有某种概念图式（conceptual scheme），进行任何研究都是不可能的”[①]，这也是为什么海德格尔在论传统的逻辑学概念时首句话就提到“‘逻辑学’这个词是希腊词 λογική（言语）的缩写”[②]，海德格尔要展现的是传统的逻辑学有其形而上学始基，而笔者希望阐明的是现代模态逻辑依然有其形而上学始基。现代模态逻辑的代表人物刘易斯有其鲜明的模态实在论立场，而主张逃离内涵的蒯因则一直对模态持批评态度，对刘易斯进行纠偏的阿姆斯特朗在现实主义、反基质论与概念论的形而上学基础之上提出组合主义，进而构成了其事实形而上学的一个重要组成部分。阿姆斯特朗的组合主义虽然在思想上受惠于维特根斯坦与罗素，但一些基本的概念图式和形而上学框架都有了很大的不同，显示了当代分析哲学家对于分析哲学传统的承袭、发展和转向，展现了事实形而上学其他可能的理论样态。

第五，要区分模态问题的从物（*de re*）与从言（*de dicto*）层面。虽然讨论模态等哲学问题需要一定的概念图式，但这并不意味着谈论可能性等同于在玩一种语言游戏，无须与现实世界中事物的可能与不可能有任何关联，因此我们仍要区分从言模态与从物模态。

---

① W. V. O. Quine, *Word and Object*, Cambridge, Massachusetts: The MIT Press, 2013, p. 4.

② ［德］海德格尔：《从莱布尼茨出发的逻辑学的形而上学始基》，赵卫国译，西北大学出版社 2015 年版，第 3 页。

普兰丁格在他的名篇《从物与从言》（*De Re et De Dicto*）[①] 中就捍卫了从物模态的立场。他反对蒯因将从物模态还原为从言模态的主张，而认为从言模态可以还原为从物模态。蒯因的观点可以总结为：像可能性、必然性这样的模态概念取决于我们谈论事物的方式，而不取决于事物本身。[②] 例如，数学家必然是理性的人、方的圆必然不存在，这些命题之所以是必然的，因为在语言中我们已对相关概念作了先验的规定，在定义上，运用理性是一个数学家的必备素质，方与圆的概念互斥。但普兰丁格则认为，从言模态还须最终还原为从物模态。从一个中道的观点看，模态问题不仅仅与概念框架相关，同时更与事物本身的实际存在、属性特征、变化发展相关。如火星一百年后可能会撞击地球、特朗普 2024 年可能会参加美国总统选举。这种可能性不仅取决于我们在语言上如何理解与描述火星、地球、特朗普等，更取决于现实世界中事物和事态的存在与发展。模态问题有从物与从言两个层面，这启示我们研究可能性问题不可极端化，既要关注模态命题中各个概念的定义与内涵，同时也要深入现实世界去了解事物的实际情况和发展规律，为言说可能性和必然性寻找经验性、实证性证据。

以上我们看到，组合主义都基于一定的事实本体论、事实形而上学体系和概念框架，但事实本体论已被前四章重点批判，如果要彻底抛弃事实本体论，我们有什么理由接受一种基本事实本体论的组合主义呢？组合主义对解释可能性、可能世界的价值已在第一节作了充分讨论，那么，以事实本体论的本体论前提的组合主义有哪些问题？既然组合主义都有其本体论前提，当前重要的两种组合主义（《逻辑哲学论》中的组合主义和阿姆斯特朗的组合主义）都有其事实本体论前提，那么，如果事实本体论有着很大的不足和问题，

---

① 参见 Alvin Plantinga, *Essays in the Metaphysics of Modality*, Oxford: Oxford University Press, 2003, p. 25。

② 参见 Alvin Plantinga, *Essays in the Metaphysics of Modality*, Oxford: Oxford University Press, 2003, p. 3。

那么这两种具体的组合主义也自然有着不足和问题。实际上，无论是维特根斯坦以对象为核心组合元素的组合主义，还是阿姆斯特朗以共相为核心组合元素的组合主义都遇到了不同程度上的困难。

(一)《逻辑哲学论》的组合主义的困难及其改良

《逻辑哲学论》的组合主义与《逻辑哲学论》的事实本体论遇到的困难是一致的，它们首先遇到的问题是：简单对象何以可能。在《逻辑哲学论》中，维特根斯坦基本上不涉及有关组合的基本元素——对象——是否存在、如何可能的问题，因为他认为简单对象是逻辑推演的结果，自己作为逻辑学家没有必要去关注简单对象是否真实存在、如何可能等问题。但在他 1929 年重回哲学后，他逐渐意识到简单对象的预设是成问题的，一方面，在现实世界中的确找不到纯粹的简单对象；另一方面，简单与复杂本身也是相对的、依赖语境的，一个对象可以从一个视角和语境看是简单的，从另一个视角和语境看是复杂的。绝对的、纯粹的简单对象是一个很成问题的形而上学预设。

虽然一种彻底的、预设纯粹简单对象的组合主义方案遇到了困难，并被证明行不通。但借助于后期维特根斯坦思想，用一种语境方案对于以简单对象为核心的组合主义的改良，可以很大程度上弥补《逻辑哲学论》的组合主义之不足。我们可以不再诉诸纯粹的简单对象来完成组合主义的事业，而是具体到不同的语境和语言游戏中去确定该语境中的简单对象。这样，我们就可以用后期维氏的思想资源去改良其早期组合主义，既利用了组合主义的优点，用组合去解释可能性，同时也避免了预设纯粹简单对象的事实本体论。具体而言，数学中的排列组合问题可以被视为这种既依赖于语境去确定简单对象又依赖组合去求解可能性的范例。

因此，在《逻辑哲学论》中，维特根斯坦很大程度上将自己视作一位逻辑学家，从一种逻辑的视角讨论问题的好处是，整个理论系统较为抽象，它的伸缩性、可塑性和可改良性比较强，即便《逻辑哲学论》在理论预设中遇到了困难，但我们仍然可以通过一些具体的改良，使得《逻辑哲学论》的思想呈现勃勃生机，《逻辑哲学论》中的组合主义就是这样一个可被改良的范例。

（二）阿姆斯特朗的组合主义的困难及其改良

阿姆斯特朗的组合主义与维特根斯坦的组合主义相比，所遇到的困难看似大同小异，其则有着重要不同。虽然两人在确定组合的基本元素上有不同，但确立一个底层的固定元素，再对这些元素进行组合则是组合主义的一贯模式。在用于组合的基本元素上，阿氏用共相和薄殊相取代了对象，这使他的组合主义问题有两大问题。

第一个问题是，仍然在共相的抽象性和实在性之间左右摇摆。一方面主张共相是心灵的抽象（以此才能确保事态/事实是基本实体），另一方面又主张共相具有实在性，使得用于组合的共相到底是什么成了一个大问题。在可能性问题上，阿氏便倾向于共相是一种实在而非概念、类或人心灵的抽象，只有共相是一种实在，实在中的共相才能相互组合，在实在中产生可能性；如果共相是一种非实在概念，而是心灵的抽象，无论共相如何组合，这种可能性仍然停留于人的心灵中，是人心灵和精神中设想、建构的可能性，这是阿姆斯特朗所不愿看到的情况。

第二个问题是，共相和殊相的结合存在问题。比如：（1）作为实在的共相如何能够与作为心灵抽象的薄殊相结合，两者本不属于同一类东西，这种结合如何可能？（2）即使共相能与薄殊相或基体结合组成厚殊相、物和事态，但阿氏的组合主义没有对组合作任何限定，也即任何属性、关系等共相都可以安插在薄殊相或基体上，作这种没有限定的任意结合会带来一种类似于“颜色不相容”式的困境，即属于同一个二阶共相、二阶性质下的两个共相、性质与薄殊相结合。举例来说，红色和蓝色都属于共相，它们同样属于颜色这个二阶共相，某个无任何性质的瞬间点可以被抽象为一种薄殊相，如果允许组合主义是一种任意的结合，那么这个瞬间点同时具有红色和蓝色便是可能的，这与现实世界颜色不相容是相抵触的。换言之，阿氏的组合主义也无法解决“颜色不相容”[①] 问题，阿氏也承认，该问题对他的组合主义来说是一个棘手的难题[②]，如果组合主义不对共相与薄殊相的组合作出限制，那么就不仅会有颜色不相容，同样也有质量不相容、音高不相容、速度不相容、外延不相容、密度不相容、硬度不相容、比热不相容，等等。如果阿姆斯特朗的组合主义允许颜色相容等一系列相容，比如红色与蓝色可以同时出现在一个瞬间点上，那我们就可以反推出阿氏的组合主义肯定存在问题。

我们是否可以像尝试改造《逻辑哲学论》的组合主义一样，用语境方案改良阿姆斯特朗的组合主义，以克服其组合主义之缺陷？比如，一种强调语境的改良的方式主张，用于组合的共相同样也是一种依赖语境的元素。但这又带来新的问题，在阿氏的实在论看来，共相是独立于语境的；如果共相依赖于语境，那么我们便持一种共相的非实在论立场，如果是这样，我们为什么偏偏要设定共相是组合的基本元素呢，一种非实在论立场不太可能将共相视作组合的基本元素，因此，试图通过引入语境来解决阿姆斯特朗组合主义的疑难行不通，在根本上，阿氏的组合主义是实在论式的组合主义，这

---

① 不同于阿姆斯特朗，维特根斯坦通过设定“逻辑空间”的方式巧妙地避免了“颜色不相容”这类问题。红色、蓝色等诸种颜色都处于颜色的逻辑空间之中，一个物体必须有颜色这样的二阶性质，但该物体只能具有颜色的逻辑空间的某一种颜色。对“颜色不相容”问题的讨论，可参见徐英瑾《〈逻辑哲学论〉处理“颜色不相容问题”的两条道路》，《哲学门》2013 年第 1 期。

② 阿氏承认，他不能以一种确定的方式去解决好颜色不相容问题，组合主义在面对颜色不相容问题的诘难和挑战时，往往处于一种防御状况。他又不得不吸纳《逻辑哲学论》中的观点，提出了与维特根斯坦“逻辑空间”“颜色的逻辑结构”相类似的概念——结构属性（structural property）。（参见 D. M. Armstrong，“The Nature of Possibility”，*Canadian Journal of Philosophy*，1986，Vol. 16，No. 4，pp. 575 – 594）该方案本质上与《逻辑哲学论》中解决颜色不相容问题的方案基本一致。但如果阿氏向《逻辑哲学论》倒戈，那么他就不得不放弃组合主义的核心观点“组合主义不对共相与薄殊相的组合作出限制”。因此在笔者看来，阿氏追求统一的形而上学体系的愿景固然很美好，但其形而上学理论建构中的诸多细节却有很多瑕疵，导致他的整个体系有东拼西凑的嫌疑。

种组合主义拒绝语义上行、拒绝概念分析、拒绝引入语境，将共相实在论的组合主义坚持到底！很难与语境主义路线兼容。

虽然阿氏自称其组合主义得到了科学研究的背书，但其组合主义的理论缺陷也非常明显。由于这种组合主义排斥了一种语境主义路线，它也很难解释日常语言和日常生活中所遇到的可能性问题，因为这些可能性都是强烈地依赖于语境的。鉴于该种组合主义的缺陷以及对于语境的排斥，阿氏这种以事实本体论、共相实在论为基础衍生的组合主义并不具有全面的解释力，相比之下，对于维特根斯坦的组合主义进行语境化改良成了一个较为可行的路线。

二　语境主义的可能观面临的问题及其解决

对于维特根斯坦的组合主义进行语境化改良也并非易事，虽然这种改良使得我们在解释可能性问题上又前进一步：一方面可以在具体的语境中谈论可能性，使得对可能性的讨论更加灵活、更符合生活世界和语言游戏中的真实情境；另一方面，在语境中确立简单对象不至于使得我们陷入找不到“绝对”的简单对象的艰难处境。但是它是否就是一种完美的有关可能性的理论？对此，我们应当持一种谨慎态度，首先应考察“语境组合主义”① 的可能观所面临的问题和诘难。

可以预见，对于语境组合主义的最为根本性的质疑和诘难是，它不能在根本上解释实在和外部世界中可能性的本质。有人会认为，语境组合主义可能的确部分地解释了我们语言中所说的可能性究竟为何意，确实有助于在有关可能性的语言游戏中对具体的可能性作出澄清，让我们回到具体的生活世界中去讨论不同的可能性，但是它没有在根本上解释实在中可能性的本质是什么，因此我们又必须重新回到本体论和形而上学中再去讨论可能性的本质。

---

① 为了论述方便、简洁，笔者将上文中用一种语境的进路改造组合主义简称为“语境组合主义”。

笔者的回应有三个方面。第一，对事实本体论和事实形而上学的批判已表明，目前已知的事实本体论地基的组合主义是行不通的方案。通过本体论讨论可能性与可能世界本身并没有问题，这有些类似于古希腊哲学家在本体论上讨论原子与现代科学中的原子理论的关系一样，前者的哲学思考有可能会给后者以启发，但两者在根本上仍然不是一种东西，也不是一种前后相继、密切联系的理论。同样，当代分析形而上学抽象地讨论可能性为何会产生，或许会对思考微观世界中的可能性问题提供理论启迪，这些的确是在形而上学中讨论可能性的积极意义。但是，我们不能想当然地认为，当代分析形而上学对于可能性和可能世界的这些思考真正地揭示了外部世界可能性的本质。此外，在事实形而上学中讨论可能性也有不同的进路和方案，阿氏的组合主义是一个问题较多的方案，而《逻辑哲学论》中的组合主义则是一个问题较少的方案，即便在形而上学中抽象地讨论可能性问题，我们也应当提供一种融贯、简洁、有理论说服力的形而上学方案。

第二，纯粹在形而上学中讨论可能性问题，这种形而上学的可能性跟我们生活世界和科学研究中所讨论的可能性有着重要不同。无论是阿姆斯特朗主张原子事实自带模态，它的可能性缘自薄殊相与共相之组合，还是《逻辑哲学论》中对象与对象之不同组合产生不同的原子事实，进而对象之不同组合也带来了可能性，这些形而上学层面的讨论也只能停留于形而上学层面，而很难解释现实世界中的可能性问题。很难设想，一个薄殊相与诸共相之组合是如何逐步地解释了明天会有大暴雨的可能性。因此，我们要认识到形而上学层面的可能性讨论与现实生活中的可能性之区分，不能受到形而上学的诱惑，认为这些形而上学层面的组合主义揭示了可能之本质，如此，我们就易患上一种哲学上的疾病。对于这种哲学上的疾病，任何一个理智清醒的哲学研究者、形而上学研究者，都应该有所警惕，这也是后期维特根斯坦哲学之教益。此外，对组合主义等问题的反思让我们管窥到，当代分析形而上学之所以缩在象牙塔中，越来越小众，不食人间烟火，一定程度上这些抽象的形而上学思考与现实的生活世界之间有着巨大的鸿沟。

第三，即便强调语境的组合主义也只能解释部分可能性问题，为我们解释可能性提供重要启发，而不能实际地解释现实中所有的可能性问题，因为无论什么样的组合主义，哪怕是经过语境改良的“语境组合主义”，仍然是希望用组合的方式来解释可能性，这仍然会陷入用某种本质性的东西去说明可能性，虽然用组合去解释可能性在很多时候是一个有效方案，但并非一个万能方案。在现实世界中的某个语言游戏中，可能性这个概念与其他概念一样，也没有某种本质性的含义，不同的句子中、语境中可能性概念也只是有着家族相似性。传统的形而上学希望能够把握一整套属性、内核或本质来确认一张椅子、一片树叶或一场游戏是什么，但在后期维特根斯坦看来，这些概念并没有显示出某种本质性的东西，诸多对“椅子”的用法之间、一场游戏与另一场游戏之间等都没有共同的本质，而只有家族相似。正如我们没有在诸多游戏中看到共同之处和本质性的东西，而只看到了“相似之处、亲缘关系，看到一整系列这样的东西”（PI §66）；同样，我们在对可能性概念的用法上，也不会看到共同之处和本质性的东西，而看到的是相似之处、亲缘关系。所以在笔者看来，我们不仅不能妄图用形而上学层面的组合主义解释现实世界中的可能性之本质，也不能用经语境改良后的组合主义去解释全部的可能性问题。因为根本上，在我们的现实世界和实践活动中，没有绝对统一的可能性问题，有的只是具体的、典范性的可能性问题，具体的可能性问题又要回到具体的语境和实践活动中去解决。比如买一张 2 元彩票中最高奖金的可能性与小行星撞击地球的可能性，这两种可能性之所以有不同之处，在于它们都要回到具体的现实世界和生活情境中去具体地讨论可能性。

总的来说，经过如上考察和讨论，在形而上学层面讨论可能性有其理论价值，但它并不能解释和说明现实世界中的可能性问题，即便通过语境改造组合主义，提出一种语境组合主义，仍然无法解释现实世界中纷繁复杂的可能性问题。因为在根本上，现实世界中的可能性问题只是诸多家族相似的可能性问题的集合，我们不能用一种方式去抽象地解释所有可能性的产生及其本质，而必须回到具体的可能性问题当中、回到具体的实践活动和语言游戏当中，去具体地讨论现实世界中的可能性。比如，要计算买一张 2 元彩票中最高奖金的可能性，我们就得清楚地知道在一次开奖循环中，2 元彩票总共卖出了多少张，最高奖金总共有几个名额，如果卖出 100 万张，最高奖金总共有 2 个名额，那么一般会认为，某人买一张彩票得最高奖金的可能性是五十万分之一。

在笔者看来，事实形而上学对可能性的讨论与在实际的语境和实践活动中讨论可能性所体现的是抽象感和现实感的张力。在一般的理论抽象和理论建构中，都是从某些具体情境、具体社会现实中逐渐抽象为理论，以此，这种理论会对现实有一定的概括力和对未来有一定的预见性，比如人们在对气象的观测中逐渐抽象出一种气象概念、理论和规律，以此对未来的气象作出预测。但事实形而上学及其他分析形而上学则不从现实出发，而从诸种形而上学预设出发，纯粹抽象地谈论理论（比如谈论可能性的组合主义理论），由一种抽象的理论到另一种抽象的理论，这种形而上学理论是脱离现实的，也不会对现实有有效、重要的解释力和预见力。一种好的哲学是兼具抽象感和现实感的，我们不能像事实形而上学等一些当代形而上学一样，由抽象到抽象、由理论到理论，而应该平衡好抽象感和现实感，由具体现实上升为抽象理论，再用抽象理论解释和预见现实世界。正因为事实建构论较好地平衡了理论的抽象感和现实感，所以在该框架中讨论可能性会有如下理论优点。

第一，全面理解可能性，不完全以形而上学的方式解释可能性。在人类的社会历史实践中，我们以不同的方式去理解模态，而形而上学的方式只是所有理解中的一种，如果把形而上学的方式当作唯一的方式，就势必走入解释上的困境，陷入对可能性等模态概念的片面理解中来。按照事实建构论的观点，事实不再必须拥有某种本质结构和本体论成分，因此无须再设想所谓原子事实的基本成分（对象、薄殊相、共相等）是如何组合产生本体论层面的可能性，由此，在本体论层面讨论可能性所遇到的棘手问题被克服，以形而上学的方式彻底解释可能性所陷入的哲学混乱得以治疗。

第二，讨论可能性需要有事实基础，作为认知结果的事实仍然发挥地基作用。（1）在人类社会实践中，讨论可能性往往以对应的事实性认知为前提，人类对现实有一个事实性认知后才会进一步设想现实中未出现其他可能性或反事实情况。例如，当我们知道“李世民成功发动玄武门政变”时，我们才会继续设想李世民失败的可能性；当我们知道“月球是地球的卫星”时，我们才会继续设想月球由于某种原因没有成为地球卫星的可能性。没有相关事实性认知为前提，讨论可能性就缺乏地基和方向。（2）讨论可能性离不开思考这些可能性的理由和条件，这些理由往前追溯，最后仍然是一个事实性的理由和条件。例如“新冠肺炎疫情有可能在今天的世界中不曾出现”，这句话表明了一种可能的现实情况，该可能性陈述的理由包括很多事实性认知，如事实上早期新冠病毒出现或传播的条件可以被人为或自然地破坏，等等。与此类似，说“李世民在玄武门政变中可能会失败”，也需要用一些事实性的理由去支持这一可能性论断。没有任何事实性理由支持的可能性论断，只是一个空洞的玄思而已。

第三，既甩掉事实本体论的包袱，又吸收形而上学家对于可能世界的合理解释。比如在人类实践中，我们适当使用组合来解释可能性，但不把组合的元素理解为共相，用以组合的基本元素可以根据实践需要来确定。用组合来解释可能性的行为普遍存在于人类社会生活中，中学数学中常常以排列组合的方式去解有关概率、可能性的数学题。比如在经典的囚徒困境中，每一个囚徒都只需要考虑四种可能性，对方沉默或背叛以及我沉默或背叛，最后计算这四种可能性的收益。这时，组合的基本元素是每个人的选择（沉默或背叛），这并非某种阿姆斯特朗式的共相。

第四，事实建构论与日常语言和科学话语中的“可能性”兼容性更强。这种兼容体现在两个方面。一方面，它们都较好地平衡了概念、理论的抽象性与现实性，都分别强调“事实”与“可能”没有永恒、抽象、不变的本质，而要回到具体的现实情境和语言游戏中讨论事实与可能。另一方面，在现实生活和科学研究中，很多可能性的讨论和确立，是以一定数量的认识论层面的事实为前提的。比如，要确立某个小行星撞击地球的可能性，则要通过人的认知活动、抽象能力、理论建构等知道地球的运动状态和小行星的运动状态、轨迹、速度等，而事实形而上学很难由一种事实的基本成分之组合来解释小行星撞击地球的可能性。

因此，在笔者看来，从一种事实本体论和形而上学讨论可能性和可能世界，这种研究进路只能在抽象的形而上学理论中空转，而与现实世界中的可能性问题几乎没有关联，也不能解决真实的可能性问题。即便通过语境论改造《逻辑哲学论》中的组合主义，也只能部分解释现实世界中的可能性问题。在日常语言和科学话语中，在不同语言游戏和具体实践活动中的可能性概念之间也只有家族相似性，而没有共同体的本质，我们不能妄图通过形而上学的思考来一劳永逸地认识可能性的本质，解释具体实践活动中所遇到的可能性问题。事实建构论的理论框架，可以与一种具体的、实践的可能观相兼容，事实建构论所提供的语言和认知层面的事实可以帮助我们在现实生活和科学研究中更好地解释可能性。

第三节　本章小结

本章对于组合主义的讨论与批判一方面独立成章，关注了当代分析形而上学界对模态、可能性、可能世界等话题的讨论；另一方面仍然是对整个事实形而上学的批判的有机组成部分。组合主义为当代形而上学家们解释可能性的本质提供了丰富的理论资源，它甚至成为当代分析形而上学领域处理可能性和可能世界问题的主流理论之一。由早期维特根斯坦开创，并由阿姆斯特朗集大成的组合主义在哲学方法论上的意义在于，我们可以通过组合来解释可能性，而且这种组合主义的思维方法一定程度上是超越具体的形而上学观点本身的，组合主义作为一种分析模态的方法，可以在不同的形而上学框架和本体论承诺中得以安顿。阿姆斯特朗的组合主义在世界观和思维方式上带来的有益启示是，他主张可能性在逻辑上依赖或随附于现实[①]，这对于我们重新认识可能世界和现实世界的关系有一定的启发意义。

本章第一节试图进入分析形而上学的具体语境和理论中，来讨论《逻辑哲学论》和阿姆斯特朗的组合主义的主要内容、具体特征和理论价值，为读者展现的是，分析形而上学内部有关组合主义的重要争论和结论，为中国哲学界引介分析形而上学讨论可能性、可能世界、模态的重要研究范式、思路和方法。其中，阿姆斯特朗从事实本体论先驱者那里继承和发展的组合主义完成了对可能性与现实性、可能世界与现实世界的形而上学翻转，展现了西方形而上学家如何从现实世界中建构出可能世界的一种理论范例。

在此基础之上，第二节开始全面地批判这种事实形而上学框架下的组合主义的问题，组合主义不能脱离具体的形而上学体系与概念图式，既然诸种事实本体论都有自己的问题，那么以事实本体论为理论地基和前提的组合主义也困难重重。即便通过对于语境的强调，将组合主义思维方式与事实本体论松绑，也很难使组合主义成为解释现实世界中所有可能性问题的重要理论和思维方法，究其根本，一方面，在现实世界中的可能性问题本就没有统一的本质和特征，日常语言和科学话语中的可能性概念也是一种家族相似概念，所以不可能用某种形而上学理论一劳永逸地解决现实中的可能性问

---

① 参见 D. M. Armstrong，“Metaphysics and Supervenience”，*Crítica*：*Revista Hispanoamericana de Filosofía*，1982，Vol. 14，No. 42，p. 9。

题；另一方面，一种脱离具体的现实世界、纯粹是形而上层面构造的可能性理论，这样的理论无法解决现实世界中纷繁复杂的可能性问题。理论应当植根于现实世界，从现实中来，才能应用到现实中去。而事实建构论正是植根于现实世界又应用到现实世界的理论，它可以与一种具体的、实践的可能观相兼容，事实建构论所提供的语言和认知层面的事实可以帮助我们在现实生活和科学研究中更好地解释可能性。

结　论

批判事实形而上学：让事实回归人类实践

系统性地研究罗素、维特根斯坦和阿姆斯特朗的事实本体论和事实形而上学是一个较为宏大的学术工作，因此，文章的一些重要结论和观点并非早已预设好，而是在写作过程中生成和论证而来。在总结本书结论之前，笔者希望首先阐明在写作过程中，文章逐步呈现的三种不同形态和思想发展阶段，由这三个思想发展和写作阶段，我们可以更明晰地看出本书的整体架构、问题意识、主要结论和理论意义。

（一）思想引介阶段

阿姆斯特朗是当代分析形而上学中一位很重要的哲学家，本书认为，对其事实本体论和事实形而上学的探讨有两点重要意义。第一，当代分析形而上学的最新发展和阿姆斯特朗的事实形而上学思想均较少地被汉语哲学界熟悉，因此对阿姆斯特朗的事实形而上学进行全面的解读、分析和批判，并在当代分析形而上学的大背景中审视阿氏的形而上学思想，对相关人物、思想的全面研究会为汉语哲学界了解、审视和反思分析形而上学和事实形而上学作出一定贡献，也有利于汉语哲学界全面了解西方分析形而上学的研究动态，吸收其理论贡献，反思和批判其理论弊病。第二，罗素和维特根斯坦的逻辑原子论最早提出了事实本体论思想，阿氏也直言自己承袭了两人的本体论思想，因此，对于三人事实本体论的比较研究，一方面可以以一种新颖的方式回过头来再次研究和审视早期分析哲学中的事实本体论思想，另一方面可以从一种思想史发展的角度，更为全面地考察阿姆斯特朗事实本体论和事实形而上学，探索其对事实本体论的真正贡献和发展。

具体来说，笔者在本书中陆续介绍了三方面内容，（甲）阿姆斯特朗事实本体论的具体内容、主要特色、贡献与不足。探索他对于罗素、早期维特根斯坦逻辑原子主义思想的承袭、发展和改造。（乙）阿姆斯特朗的使真者理论。在知识论以及真理和实在的关系问题上，阿氏对当代分析形而上学的显学——使真者理论——进行了全面的整合和发展，他自己也成了使真者理论的集大成者和代表人物。笔者认为，全面讨论使真者问题的来龙去脉；对阿氏使真者理论的介绍和批评；将使真者理论与知识论的经典问题之一——盖梯尔问题——进行交叉性讨论，讨论使真者理论是否能解决盖梯尔问题，这些对于使真者理论的批判性研究将有助于汉语哲学界全面认识、了解使真者理论，同时在批判和超越该理论方面也有积极意义。（丙）阿姆斯特朗的模态组合主义理论是当代分析哲学中讨论可能性、可能世界的代表性理论，可能性的组合主义是事实形而上学的重要组成部分，只有在其事实本体论的基础之上，才能更深入地理解其组合主义的思想渊源、主要特征和理论缺陷。综合来说，虽然阿姆斯特朗在心灵哲学、知觉理论上也造诣颇深，但笔者认为，以事实本体论为主干，以使真者理论和可能性的组合主义为两翼，兼顾其哲学体系的其他方面，可以完成对阿姆斯特朗事实形而上学的批判性考察。

（二）思想批判阶段

哲学向来都是批判的事业，随着研究的深入，笔者发现阿氏的事实本体论有着致命的问题，并在第二章“阿姆斯特朗的事实本体论的理论贡献与缺陷”中作了尽可能深入的讨论，主要指出了阿氏的事实本体论在“解释事实之组成部分”以及“提出自然主义版本的事实本体论”这两个方面都遇到了困难和矛盾。通过对整个事实本体论传统的批判性考察，使得笔者进一步发现事实本体论本身有着重要的问题，罗素、早期维特根斯坦和阿姆斯特朗三种不同版本的事实本体论，都有着这样或者那样的问题，在事实本体论地基上建立起来的事实形而上学自然有不可调和的理论矛盾。这进一步激发笔者在介绍罗素、早期维特根斯坦和阿姆斯特朗事实本体论时，试图结合分析哲学史上已有的争论与研究，对三人的事实本体论分别展开批判，并在第三章，从整体上对事实本体论展开批判，分析事实本体论在"解释自身的成分和结构""解释命题与事实之间的描画关系"以及"解释否定命题何以为真"这三个方面所遇到的困难。

在思想批判阶段，对事实本体论及其基础之上建立的整个形而上学大厦的批判的意义是有三个方面。第一，我们又一次地认识到，试图用一种统一的形而上学框架解释世界之本质和所有哲学问题的哲学冲动一直在哲学史中反复，我们应对这种哲学冲动保持清醒，不要因为某些理论可能是哲学中的热点理论而趋之若鹜、全盘接受。这种反形而上学的立场已在后期维特根斯坦哲学、日常语言哲学、实用主义哲学等诸多哲学思想和流派中找到共识。

第二，我们看到，从罗素、早期维特根斯坦，到阿姆斯特朗的事实本体论已贯穿了整个20世纪，是20世纪西方哲学中最具代表性的本体论之一。虽然在事实本体论的地基上，事实形而上学体系似乎在阿姆斯特朗哲学体系中已经初步被建构完成，但对它的批判已表明，建基于事实本体论的形而上学应该就此画上终点，再不能继续作理论上的推进，它前进得越多，在哲学的歧途上会走得越远。① 虽然在当

① 不仅后期维特根斯坦对其早期思想展开了全面的反思和批判，作为事实本体论者，阿姆斯特朗也不认为事实本体论和逻辑原子主义是一个一定正确的"必然真理"（necessary truth），而更多是一个"简化的假设"（simplifying assumption）。（参见D. M. Armstrong, "Difficult Cases in the Theory of Truthmaking", *The Monist*, 2000, Vol. 83, No. 1, pp. 150-160）正因为其为假设，所以也有很大可能是错误的、成问题的，而本书正反过来指出该假设以及后续的形而上学建构问题重重，已经使当代形而上学误入歧途，必须予以纠偏。

代分析形而上学界特别是澳洲唯物论中，事实本体论和事实形而上学已成为中心议题，使真者理论成了有关真理问题和元知识论问题的“显学”，组合主义成了解释可能性和可能世界本质的代表性理论之一。但对于中国研究者来说，我们没有必要亦步亦趋，反而应当对此持一种批判、审慎和理性的研究态度。

第三，对事实形而上学的深入批判使我们破除了一些根深蒂固的哲学成见，在根本上解释了我们为什么不应再将事实性与规范性、事实与价值严格对立起来，为什么不应再固执地为真理、可能性等寻求某种永恒的本体论地基。只有旧有的哲学成见之地基被彻底清除后，我们才能开启新的事实观、价值观、真理观和可能世界观。

（三）新思想的建构阶段

对事实本体论和事实形而上学的思想批判已迫切要求我们去寻求一种新的事实观，一方面以最终完成对事实本体论及建立其上的事实形而上学的全面批判和超越，另一方面也应找到一种新的事实观去替代旧有的事实本体论。后期维特根斯坦、金岳霖、杜威、普特南、麦金太尔、塞尔、罗蒂、布兰顿等哲学家的观点和洞见为笔者提供了很多思想启发。本书以后期维特根斯坦和金岳霖的思想为理论基础，有两方面原因。（1）后期维特根斯坦已对《逻辑哲学论》作深入批判，以后期维特根斯坦对其早期事实本体论的反思为切入口，一方面会更凸显事实本体论的问题所在，另一方面也自然能在后期维氏的整体哲学旨趣和思想洞见中概括出一种新的事实观。这种事实观笔者概括为事实的语言建构论。（2）金岳霖在认识论层面对事实有深入独到的研究，同时他也对西方哲学思想有全面的把握。研究金岳霖的事实观，既有助于从认知这个大的维度切入事实研究，同时也有助于中西思想的交流和碰撞，挖掘中国本土哲学家的原创性思想。

事实的语言建构论阐明了三个方面的内容。第一，我们不完全是事实的被动观察者，我们对于实在之理解和认识离不开我们的概念框架和表达形式，在绝大多数场合，事实这个概念并不扮演一个物自体的角色。因此，我们无须作出本体论层面的事实与其他层面的事实之区分。如果我们设定事实是某种不能言说、不能认识的物自体，那么，事实只能是某种抽象、形而上学的设定物，我们不能认识它，也不能言说它。在大数语言游戏中，事实更多的是一种事实陈述和事实断言，而非逻辑原子主义所谓的组成世界的基本实体，因此，在语言中被表达的事实确实包含一种广义的语言建构。① 第二，我们应回到具体的生活形式、语言游戏中去理解事实，将语言实践、生活实践与事实的建构紧密联系起来。事实没有脱离语言游戏之外的抽象、永恒的本质，事实本体论者要么认为事实是简单对象的结合，要么认为是薄殊相与共相的结合，这些主张仍然是一种语言游戏和理论框架中的形而上学构造。事实的语言建构论并非提出了有关事实的新理论，而是通过在日常语言和科学话语中对于事实概念的澄清，去消解一种形而上学的疾病。第三，事实并非任意的语言建构，有关事实的语言游戏对人类来说是一个特殊、有着奠基性作用的语言游戏。受到维氏在《论确定性》中相关论述的启发，笔者认为，有关事实的语言游戏与其他语言游戏的区分是，它是相对稳定的，事实就像河床一样，在人类的生活形式中缓慢地变动，并且诸事实的集合构成了一个特定历史阶段共同体的生活形式的重要组成部分。人们不会认为事实一会是这样，一会是那样。事实在人类生活形式中被确定，它对于我们理解整个世界都有奠基性作用。当一些科学革命和范式转换导致我们的事实世界发生改变时，我们的生活形式也将发生变动。正如维特根斯坦主张："想象一种语言就是想象一种生活形式"，笔者认为，想象一种事实世界就是想象一种生活形式。

金岳霖的对事实的论述深刻而完整，他从一种知识论的角度去

---

①　笔者认为，这种广义的语言建构不同于狭义的语言建构的地方在于，语言本身也是人类社会实践的一个重要组成部分，因此，事实以语言建构为中介，进而与整个人类的生活世界和生活形式密切联结起来。

理解事实，将事实视为一种认知建构，一定程度上补充和印证了事实的语言建构论。这种补充和印证体现在：一方面，金先生将事实视作概念范畴所与的结果，这本身又带有语言建构论的色彩；另一方面，金先生将事实视作一种认识论概念，主张事实是在认识实践和认知活动中建构的可被句子表达的东西，这种观点本身也是事实概念的一种通常用法。人们在认识客观世界的实践活动中扩展了知识体系，使他们所知的事实世界得以扩张，这种被共同体承认的事实也是人们生活形式的重要组成部分。

在后期维特根斯坦和金岳霖的思想框架中，本书试图综合地提出事实的语言认知建构论，一方面以澄清事实的用法为己任，另一方面也具体地凸显事实在日常语言中的常规用法、典范用法，在人类实践中，事实有三种典范用法：作为认识结果的事实、作为认识对象的事实、作为事实陈述反向规定的实在，作为认识结果的事实凸显了事实的实践性、属人性与建构性等特征，它是社会共同体一致相信和确认的东西。因此，在前三章梳理、分析和批判事实本体论之后，本书第四章提出事实的语言认知建构论，凸显事实建构论较事实本体论的理论优势，并就事实相对主义等问题，为事实建构论辩护。

通过对事实本体论的批判，以及对事实用法的澄清，使得事实概念由形而上学层面，重新回到人类社会生活、日常交往的坚实地基上。以此，我们对于有关事实的重大哲学问题有了更深层的认识。(1) 不仅明白事实与规范、事实与价值没有严格二分，而且更加明白事实与规范、事实与价值为何互相交织在一起。(2) 不仅明白传统的真理符合论是成问题的，而且更加明白我们应该坚持什么样的真理观，如何认识语言和实在的关系，以及如何通过被建构的事实改造传统的符合论，从一个更全面和实践的视角理解真理。(3) 不仅明白为何以共相为中心的组合主义不能完全解释可能性，也不能为可能性作本体论奠基，而且更加明白任何形式的组合主义都不能完全地解释可能性，一种日常生活的可能性也很难被还原为某种基本元素的组合。

在简要回顾了全书的写作阶段和主要内容后，本书的结论有六个方面。

1. 事实概念是当代哲学特别是分析哲学的核心概念，事实本体论是20世纪兴起于分析哲学早期的本体论思想。一方面，罗素、早期维特根斯坦和阿姆斯特朗三人的思想既有内在的关联、承袭与发展，也有鲜明的不同；另一方面，事实本体论和形而上学的兴起也有着外在的理论背景（如现代数理逻辑的发展、在本体论上试图解释句子为何为真、自然主义的兴起等）。三种事实本体论各有特色、优势和缺陷，有相同处也有相异处，但整体上早期维特根斯坦的事实本体论问题要少一些，其他两人的事实本体论问题相对多一些。阿姆斯特朗对于事实本体论的重要理论贡献是，他将科学自然主义与形而上学的实在论进行了有机的结合，建立了自然主义和唯物主义版本的事实形而上学。

2. 通过比较三种事实本体论所面临的疑难，我们看到，事实本体论及其生发的事实形而上学思想问题重重。命题图像论是主张事实本体论后导致的语言哲学结论，而事实本体论又是主张命题图像论后导致的本体论结论。主张事实本体论的哲学家——罗素、早期维特根斯坦、阿姆斯特朗——无不接受命题图像论，这两种理论的确互为表里、不可分割。命题图像论的破产已在理论体系内部让事实本体论独木难支，处于崩溃与分离的边缘。对于否定事实的批判和反思则进一步加剧了这种崩溃与分离。与受到命题图像论的诱惑相似，我们常常会主张存在语言本身和语言表达对象之间的严格二分，既然专名对应着对象，那么，真命题就一定对应着一种实体性的事实。通过对于事实本体论的批判，我们看到，这种实体性的事实是很成问题的，是一种亟须破除的形而上学幻象。

3. 在后期维特根斯坦对其早期哲学的反思与批判中，我们归纳和提出了一种事实的语言建构论，不仅拒绝一种本质主义的事实观，而且将事实与人的生活形式和实践活动紧密相连，主张事实的语言游戏是一系列奠基性的语言游戏，它们构成了人类的生活形式的重要组成部分。当一个社会共同体的事实世界基本被确立之后，人们对于世界的理解、人与人之间的沟通交流，甚至对于某个特定事实的怀疑才得以可能。由对金岳霖的事实观的考察，我们可以提炼出一种事实的认知建构论，凸显了事实的形成离不开人具体的认识活动。在两位哲学家的基础上，我们提出事实的语言认知建构论，并尝试在事实的范式转换、事实对理论和概念框架的依赖等问题的解释上凸显该主张的优点。

4. 由事实本体论所推向极致的事实和价值的二分法已成为人类日常生活的一个基本预设，对当代人的社会文化生活产生重要和持续的影响。但随着事实本体论、分析与综合二分法的崩溃，事实与价值的二分法也愈发招致诘难和质疑。事实的语言认知建构论能更好地解释事实与价值的关系问题，在根本上解释了为何被人类言说的事实很难与价值有绝对界限。

5. 事实形而上学视域下的符合论和使真者理论是一种形而上学教条，当它需要真正具体地解决、解释现实世界中命题与实在的关系时，遇到了诸多难以解决的困难。而事实的语言认知建构论则更好地解释了符合问题、真理问题、语言与实在的关系等问题。本书从重新理解符合与事实两个维度，尝试弥补传统符合论的不足，批判和改良传统符合论。而使真者理论作为传统符合论在当代形而上学的另一种变形，形而上学的色彩已更加浓重，该理论虽然有其积极洞见，但一定程度上，它只能停留在当代形而上学的话语系统和理论框架中自说自话。对于当代分析形而上学中的“显学”，我们更应持一种批判的研究态度。

6. 组合主义是一种借用事实本体论解释可能性之本质的温和模态理论，也是分析形而上学界中除刘易斯的模态（可能世界）实在论之外的另一种代表性理论，该理论有其方法论和世界观上的重要意义，也受到不少当代学者的追捧。但这种组合主义仍然是一种脱离具体的现实世界、纯粹是在形而上层面构造的可能性理论，这样的理论很难完全解决现实世界中纷繁复杂的可能性问题。理论应当植根于现实世界，从现实中来，才能应用到现实中去。而事实的语言认知建构论正是植根于现实世界又应用到现实世界的主张，它可以与一种具体的、实践的可能观相兼容。在哲学研究中，现实感和抽象感缺一不可，不以现实为对象的纯粹抽象只会陷入形而上学的泥淖，事实形而上学的溃败就是鲜明案例。

自轴心时代以来，人类的形而上学之思就从来没有间断过，即使在分析哲学对形而上学不那么友好的大背景下，事实形而上学仍然是一种形而上学之思。正如俞吾金先生在考察西方哲学的三次重要翻转[①]时所言："人既无法摆脱形而上学，也无法终止形而上学之思，而我们对形而上学发展史的研究正是为了更深入地理解形而上学的本质及其今后的发展趋向，从而使我们对人类命运的思考，尤其是对现代性问题的探索始终保持在哲学应有的高度上。"[②] 本书所要论述的结论是，虽然人类无法摆脱形而上学之思，事实形而上学之思也不可避免（即便事实本体论和事实形而上学不以这种面貌出现，也会以另外一种理论样态出现），虽然20世纪分析哲学中的事实本体论和事实形而上学充满了哲学的想象力、逻辑的严密性和本体论的新颖性，但它终究是一个很成问题的形而上学理论。通过全书对事实本体论和事实形而上学的梳理和批判，笔者主张我们应放弃事实本体论和事实形而上学立场，倡导一种建构主义事实观——事实的语言认知建构论。事实问题连接着很多重要的哲学问题，是当代分析哲学中的核心概念之一，因此更应在当代哲学中被重点研究。我们并非完全拒斥在形而上学层面研究事实，从逻辑原子主义

---

① 根据俞吾金教授的论述，这三次形而上学翻转是"是以笛卡尔、康德、黑格尔为代表的'主体性形而上学'对柏拉图主义的'在场形而上学'的翻转；以叔本华、尼采为代表的'意志形而上学'对以笛卡尔、康德、黑格尔为代表的'理性形而上学'的翻转；以及后期海德格尔的'世界之四重整体的形而上学'对其前期的'此在形而上学'的翻转"。（参见俞吾金《形而上学发展史上的三次翻转——海德格尔形而上学之思的启迪》，《中国社会科学》2009年第6期）

② 俞吾金：《形而上学发展史上的三次翻转——海德格尔形而上学之思的启迪》，《中国社会科学》2009年第6期。

到当代分析形而上学中的事实本体论有其合理的成分，但如果主张这种事实形而上学是解释所有事实问题的基础，就将患上一种“形而上学的疾病”。而事实的建构主义则更凸显被言说的事实（事实陈述、事实断言）在形成、建构过程中人的实践因素，在语言中被言说的事实是无法离开以语言活动、认知活动为代表的人类共同体的社会实践。

本书第五章到第七章对于事实形而上学的批判性考察，反过来让我们认识到，在事实本体论这棵哲学果树的“树根”上，开出的“花朵”、结出的“果实”都是虚假的形而上学构造，事实与价值的严格二分、传统的符合论和新发展的使真者理论、可能性的组合理论等都是这种形而上学构造的代表。本书的批判性考察阐明了事实形而上学一系列分支理论的问题和缺陷，这些问题和缺陷让我们对于生发出这种形而上学理论的事实本体论更加抱有怀疑态度，一定程度上完成了对事实本体论的第二次批判。这使得本书从事实本体论批判开始，途经事实形而上学的分支问题之批判，最终又复归到对事实本体论的批判上来。以此，本书对事实本体论及其生成的事实形而上学的批判才得以画上圆满的句号，这种批判使得接受一种建构主义的事实观——事实的语言认知建构论成为一种合理的选择。

参考文献

一　外文研究文献

（一）罗素、维特根斯坦、阿姆斯特朗著作及论文

Bertrand Russell

Russell, Bertrand, *Philosophical Essays*, London: Longmans Green and Co., 1910.

Russell, Bertrand, *The Problems of Philosophy*, New York: Oxford University, 1912.

Russell, Bertrand, *Our Knowledge of the External World as a Field for Scientific Method in Philosophy*, London: George Allen & Unwin, 1926.

Russell, Bertrand, *A History of Western Philosophy*, New York, Simon and Schuster, 1945.

Russell, Bertrand, *Human Knowledge: Its Scope and Limits*, New York: Oxford University Press, 1948.

Russell, Bertrand, *My Philosophical Development*, London: George Allen & Unwin Ltd, 1959.

Russell, Bertrand, & Whitehead, Alfred North, *Principia Mathematica*, vol. 1, 2nd edn. Cambridge: Cambridge University Press, 1968.

Russell, Bertrand, *The Philosophy of Logical Atomism*, London: Routledge, 2010.

Russell, Bertrand, *An Inquiry into Meaning and Truth*, London: George Allen and Unwin LTD, 1940.

Russell, Bertrand, *Logic and Knowledge: Essays* 1901 - 1950, Edited by R. G. Marsh, London: George Allen & Unwin, 1956.

Russell, Bertrand, "On the Relations of Universals and Particulars", *Proceedings of the Aristotelian Society*, 1911 - 1912, 12 (1).

Ludwig Wittgenstein

Wittgenstein, Ludwig, *Philosophical Investigations*, translated by G. E. M. Anscombe, Oxford: Basil Blackwell, 1958.

Wittgenstein, Ludwig, *The Blue and Brown Books*, R. Rhees, ed., Oxford: Blackwell, 1958.

Wittgenstein, Ludwig, *On Certainty*, G. E. M. Anscombe and G. H. von Wright, ed., Oxford: Blackwell, 1969.

Wittgenstein, Ludwig, *Philosophical Grammar*, R. Rhees, ed., Oxford: Blackwell, 1974.

Wittgenstein, Ludwig, *Philosophical Remarks*, R. Rhees, ed., Oxford: Blackwell, 1975.

Wittgenstein, Ludwig, *The Big Typescript: TS 213*, C. Grant Luckhardt and M. Aue, ed., Oxford: Blackwell, 2005.

Wittgenstein, Ludwig, *Culture and Value*, G. H. von Wright, ed., Oxford: Blackwell Publishers, 1998.

Wittgenstein, Ludwig, *Wittgenstein in Cambridge: Letters and Documents* 1911 - 1951, Oxford: Blackwell Publishing, 2008.

Wittgenstein, Ludwig & Waismann, Friedrich et al., *The Voices of Wittgenstein: The Vienna Circle*, London: Routledge Press, 2003.

Wittgenstein, Ludwig & Schlick, Moritz, *Wittgenstein and Vienna Circle*, Oxford: Basil Blackwell, 1979.

David Malet Armstrong

Armstrong, D. M., *Berkeley's Theory of Vision: A Critical Examination of Bishop Berkeley's Essay Towards a New Theory of Vision*, Melbourne: Melbourne UniversityPress, 1960.

Armstrong, D. M. , *Perception and the Physical World*, London: Routledge & Kegan Paul, 1961.

Armstrong, D. M. , *Bodily Sensations*, London: Routledge & Kegan Paul, 1962.

Armstrong, D. M. , *Belief, Truth and Knowledge*, Cambridge: Cambridge University Press, 1974.

Armstrong, D. M. , *Nominalism and Realism* (*Universals and Scientific Realism*, *Volume* 1), Cambridge: Cambridge University Press, 1978.

Armstrong, D. M. , *A Theory of Universals* (*Universals and Scientific Realism*, Volume 2), Cambridge: Cambridge University Press, 1978.

Armstrong, D. M. , *The Nature of Mind and Other Essays*, Brighton: Harvester Press, 1981.

Armstrong, D. M. , *What is a Law of Nature?*, Cambridge: Cambridge University Press, 1983.

Armstrong, D. M. & Malcolm, N. , *Consciousness and Causality*, Oxford: Blackwell, 1984.

Armstrong, D. M. , *D. M. Armstrong*, Edited by Radu J. Bogdan, Boston: D. Reidel Publishing Company, 1984.

Armstrong, D. M. , *Universals: An Opinionated Introduction*, Boulder, CO: Westview Press, 1989.

Armstrong, D. M. , *A Combinatorial Theory of Possibility*, Cambridge: Cambridge University Press, 1989.

Armstrong, D. M. , *A Materialist Theory of The Mind*, London: Routledge, 1968, Revised edition 1993.

Armstrong, D. M. & Martin, C. B. & Place U. T. , *Dispositions: A Debate*, London: Routledge, 1996.

Armstrong, D. M. , *A World of States of Affairs*, Cambridge: Cambridge

University Press, 1997.

Armstrong, D. M., *The Mind-Body Problem: An Opinionated Introduction*, Boulder, CO: Westview Press, 1999.

Armstrong, D. M., *Truth and Truthmakers*, Cambridge: Cambridge University Press, 2004.

Armstrong, D. M., *Sketch for a Systematic Metaphysics*, Oxford: Oxford University Press, 2010.

Armstrong, D. M., "Epistemological Foundations for a Materialist Theory of the Mind", *Philosophy of Science*, 1973, Vol. 40, No. 2.

Armstrong, D. M., "Metaphysics and Supervenience", *Crítica: Revista Hispanoamericana de Filosofía*, 1982, Vol. 14, No. 42.

Armstrong, D. M., "The Nature of Possibility", *Canadian Journal of Philosophy*, 1986, Vol. 16, No. 4.

Armstrong, D. M., "Classes are States of Affairs", *Mind*, 1991, Vol. 100, No. 2.

Armstrong, D. M., "A World of States of Affairs", *Philosophical Perspectives*, 1993, Vol. 7.

Armstrong, D. M., "A Naturalist Program: Epistemology and Ontology", *Proceedings and Addresses of the American Philosophical Association*, 1999, Vol. 73, No. 2.

Armstrong, D. M., "Difficult Cases in the Theory of Truthmaking", *The Monist*, 2000, Vol. 83, No. 1.

（二）其他英文研究文献

Adams, Robert Merrihew, "Primitive Thisness and Primitive Identity", *Journal of Philosophy*, 1979, Vol. 76, No. 1.

Aristotle, *Categories and De Interpretatione*, Translated with Notes by J. L. Ackrill, Oxford: Clarendon Press, 1975.

Austin, J. L., Strawson, P. F. and Cousin, D. R., "Symposium: Truth", *Proceedings of the Aristotelian Society*, 1950, Supplementary,

Vol. 24.

Austin, J. L., "Unfair to Facts", *Philosophical Papers*, Oxford: Oxford University Press, 1970.

Austin, J. L., "Truth", *Truth*, G. Pitcher, ed., Englewood Cliffs, NJ: Prentice-Hall, 1964.

Ayer, Alfred J., *Language, Truth and Logic*, Suffolk: Penguin Books, 1971.

Baker, Gordon, *Wittgenstein, Frege and the Vienna Circle*, Oxford: Basil Blackwell, 1988.

Bar-Hillel, Yehoshua, *Language and Information: Selected Essays on Their Theory and Application*, Jerusalem: The Jerusalem Academic Press, 1964.

Beebee, Helen & Dodd, Julian, ed. *Truthmaker: The Contemporary Debate*, Oxford: Oxford University Press, 2005.

Bigelow, John, *The Reality of Numbers*, Oxford: Clarendon Press, 1988.

Blank, Andreas, "Wittgenstein on Colours and Logical Multiplicities, 1930 - 1932", *Dialogue*, 2008, Vol. 47, No. 2.

Borghini, Andrea, *A Critical Introduction to the Metaphysics of Modality*, London: Bloomsbury Publishing, 2016.

Bradley, Raymond, "Possibility and Combinatorialism: Wittgenstein versus Armstrong", *Canadian Journal of Philosophy*, 1989, Vol. 19, No. 1.

Brandom, Robert, *Making it Explicit: Reasoning, Representing, and Discursive Commitment*, Cambridge: Harvard University Press, 1998.

Brandom, Robert, "Facts, Norms, and Normative Facts: A Reply to Habermas", *European Journal of Philosophy*, 2000, Vol. 8, No. 3.

Barker, Stephen & Jago, Mark, "Being Positive About Negative Facts", *Philosophy and Phenomenological Research*, 2012, Vol. 85, No. 1.

Cohen, G. A, *Rescuing Justice and Equality*, Cambridge: Harvard University Press, 2008.

Chalmers, David, *The Conscious Mind: In Search of a Fundamental Theory*, New York: Oxford University Press, 1996.

Cresswell, Max & Mares, Edwin & Rini, Adriane, *Logical Modalities from Aristotle to Carnap: The Story of Necessity*, Cambridge: Cambridge University Press, 2016.

Davidson, Donald, *Inquiries into Truth and Interpretation*, Oxford: Clarendon Press, 1984.

Dewey, John, *Logic: The Theory of Inquiry*, New York: Henry Holt and Company, 1938.

Dodd, Julian, *An Identity Theory of Truth*, London: Macmillan Press LTD, 2000.

Engel, Pascal, *Truth*, Montreal and Kingston: McGill-Queen's University Press, 2002.

Gettier, Edmund L., "Is Justified True Belief Knowledge?", *Analysis*, 1963, Vol. 23, No. 66.

Glock, Hans-Johann, "Meaning, Rules, and Conventions", *Wittgenstein's Enduring Arguments*, Edoardo Zamuner and D. K. Levy, ed., London & New York: Routledge, 2009.

Glock, Hans-Johann, *Quine and Davidson on Language, Thought and Reality*, Cambridge: Cambridge University Press, 2003.

Glock, Hans-Johann, "Relativism, Commensurability and Translatability", *Ratio*, 2007, Vol. 20, No. 4.

Glock, Hans-Johann, *A Wittgenstein Dictionary*, New Jersey: Wiley Blackwell, 1996.

Goodman, Nelson, *Ways of Worldmaking*, Indianapolis: Hackett Publishing, 1978.

Griffith, Aaron M., "Towards a Pluralist Theory of Truthmaking", *Erkenntnis*, 2015, Vol. 80, No. 6.

Hacker, P. M. S., *Wittgenstein's Place in Twentieth-Century Analytic Philosophy*, *Oxford*: *Blackwell Publishers*, 1996.

Heil, John, *From an Ontological Point of View*, Oxford: Oxford University Press, 2003.

Hume, David, *An Enquiry Concerning Human Understanding and Other Writings*, Stephen Buckle, ed., Cambridge: Cambridge University Press, 2007.

Jago, Mark, "Setting the Facts Straight", *Journal of Philosophical Logic*, 2011, Vol. 40, No. 1.

Kaplan, David, "How to Russell a Frege-Church", *Journal of Philosophy*, 1975, Vol. 72, No. 19.

Kim, Jaegwon, "Possible Worlds and Armstrong's Combinatorialism", *Canadian Journal of Philosophy*, 1986, Vol. 16, No. 4.

Kim, Jaegwon et al, ed., *A Companion to Metaphysics*, Oxford: Blackwell Publishing, 2009.

Kripke, Saul, *Naming and Necessity*, Cambridge: Harvard University Press, 1972.

Leibniz, *Discourse on Metaphysics*, trans. Jonathan Bennett, 2004.

Lewis, David, *On the Plurality of Worlds*, Oxford: Blackwell, 1986.

Lewis, David, *Papers in Metaphysics and Epistemology*, Cambridge: Cambridge University Press, 1999.

Lewis, David, "Counterpart Theory and Quantified Modal Logic", *Journal of Philosophy*, 1968, Vol. 65, No. 5.

Lewis, David, "Forget about the 'Correspondence Theory of Truth'", *Analysis*, 2001, Vol. 61, No. 4.

MacIntyre, Alasdair, "Hume on 'Is' and 'Ought'", *The Philosophical Review*, 1959, Vol. 68, No. 4.

Manson, Neil A. & Barnard, Robert W., ed., *The Bloomsbury Companion to Metaphysics*, London: Bloomsbury Publishing, 2014.

Maudlin, Tim, "Reviewed Work(s): A Combinatorial Theory of Possibility by D. M. Armstrong", *Philosophy of Science*, 1992, Vol. 59, No. 4.

Molnar, George, "Truthmakers for Negative Truths", *Australasian Journal of Philosophy*, 2000, Vol. 78, No. 1.

Mulligan, Kevin et al., "Truth-makers", *Philosophy and Phenomenological Research*, 1984, Vol. 44, No. 3.

Mumford, Stephen, *David Armstrong*, Stocksfield: Acumen Publishing Limited, 2007.

Olson, Kenneth R., *An Essay on Facts*, Stanford: CSLI, 1987.

Peterson, Philip L., "Reviewed Work(s): An Essay on Facts by Kenneth Russell Olson", *Philosophy and Phenomenological Research*, 1990, Vol. 50, No. 3.

Plantinga, Alvin, *Warrant and Proper Function*, Oxford: Oxford University Press, 1993.

Plantinga, Alvin, *Essays in the Metaphysics of Modality*, Oxford: Oxford University Press, 2003.

Plantinga, Alvin, "Two Concepts of Modality: Modal Realism and Modal Reductionism", *Philosophical perspectives*, 1987, Vol. 1, Metaphysics.

Popper, Karl R., *Objective Knowledge: An Evolutionary Approach*, Oxford: Clarendon Press, 1979.

Popper, Karl R., *The Open Society and its Enemies*, Princeton: Princeton University Press, 2013.

Putnam, Hilary, *Reason, Truth and History*, Cambridge: Cambridge University Press, 1981.

Putnam, Hilary, *The Collapse of the Fact/Value Dichotomy and Other Essay*, Cambridge: Harvard University Press, 2002.

Putnam, Hilary, "Beyond the Fact-Value Dichotomy", *Revista Hispanoamericana de Filosofía*, 1982, Vol. 14, No. 41.

Putnam, Hilary, "Why Reason Can't Be Naturalized", *Synthese*, 1982, Vol. 52, No. 1.

Putnam, Hilary, "12 Philosophers: And Their Influence on Me", *Proceedings and Addresses of the American Philosophical Association*, 2008, Vol. 82, No. 2.

Quine, W. V., *Quiddities: An Intermittently Philosophical Dictionary*, Cambridge: Harvard University Press, 1987.

Quine, W. V., *Word and Object*, Cambridge, Massachusetts: The MIT Press, 2013.

Rorty, Richard, *Philosophy and the Mirror of Nature*, Princeton: Princeton University Press, 1979.

Rosenberg, Jay F., "Russell on Negative Facts", *Noûs*, 1972, Vol. 6, No. 1.

Rosen, Gideon, "A Problem for Fictionalism about Possible Worlds", *Analysis*, 1993, Vol. 53, No. 2.

Searle, John, *The Construction of Social Reality*, New York: The Free Press, 1995.

Searle, John, "How to Derive 'Ought' From 'Is'", *The Philosophical Review*, 1964, Vol. 73, No. 1.

Sellars, Wilfrid, *Science, Perception and Reality*, Atascadero: Ridgeview Publishing Company, 1991.

Sellars, Wilfrid, "Truth and 'Correspondence'", *The Journal of Philosophy*, 1962, Vol. 59, No. 2.

Skyrms, Brian, "Tractarian Nominalism", *Philosophical Studies*, 1981, Vol. 40.

Soames, Scott, *Philosophical Analysis in the Twentieth Century (Volume 1)*, Princeton: Princeton University Press, 2003.

Sosa, Ernest, "The Truth of Modest Realism", *Philosophical Issues*, 1993, Vol. 3, Science and Knowledge.

Staab, Steffen & Rudi, Studer, ed., *Handbook on Ontologies*, Berlin, Heidelberg: Springer, 2009.

Vance, Chad, "Truthmaker Theory Does Not Solve the Gettier Problem", *Ratio*, 2014, Vol. 27, No. 3.

Wang, Xinli, "Where Are Facts? ——A Case for Internal Factual Realism", *Diálogos*, 2003, Vol. 38, No. 82.

White, Roger M., *Wittgenstein's Tractatus Logico-Philosophicus: A Reader's Guide*, London: Continuum, 2006.

Wootton, David, *The Invention of Science: A New History of the Scientific Revolution*, Penguin UK, 2015.

二 中文文献

（一）马恩经典文献

《马克思恩格斯文集》第1卷，人民出版社2009年版。

《马克思恩格斯文集》第9卷，人民出版社2009年版。

（二）译著

［奥］马赫：《感觉的分析》，洪谦等译，商务印书馆2016年版。

［奥］维特根斯坦：《蓝皮书与褐皮书》，涂纪亮译，河北教育出版社2003年版。

［奥］维特根斯坦：《逻辑哲学论》，韩林合译，商务印书馆2013年版。

［奥］维特根斯坦：《维特根斯坦剑桥讲演录》，周晓亮译，浙江大学出版社2010年版。

［奥］维特根斯坦：《心理学哲学研究》，载《维特根斯坦文集》第6卷，韩林合主编，商务印书馆2019年版。

［奥］维特根斯坦：《哲学研究》，陈嘉映译，上海人民出版社2005年版。

［奥］维特根斯坦：《哲学语法》，载《维特根斯坦文集》第3卷，韩林合主编，商务印书馆2019年版。

［奥］维特根斯坦：《最后的哲学笔记》，载《维特根斯坦文集》第8卷，韩林合主编，商务印书馆2019年版。

［德］弗雷格：《弗雷格哲学论著选辑》，王路译，商务印书馆2006年版。

［德］哈贝马斯：《合法化危机》，刘北成、曹卫东译，上海世纪出版集团2009年版。

［德］哈贝马斯：《我仍对世界上正发生的一些事情感到愤怒》，缪济译，《文汇报》2018年7月6日。

［德］哈贝马斯：《在事实与规范之间——关于法律和民主法治国的商谈理论》，童世骏译，生活·读书·新知三联书店2003年版。

［德］海德格尔：《从莱布尼茨出发的逻辑学的形而上学始基》，赵卫国译，西北大学出版社2015年版。

［德］康德：《纯粹理性批判》，李秋零译，中国人民大学出版社2004年版。

［法］米歇尔·福柯：《规训与惩罚》，刘北成、杨远婴译，生活·读书·新知三联书店1999年版。

［加］麦金太尔：《伦理学简史》，龚群译，商务印书馆2004年版。

［加］麦金太尔：《追寻美德：道德理论研究》，宋继杰译，译林出版社2011年版。

［美］戴维森：《对真理与解释的探究》，牟博、江怡译，中国人民大学出版社2007年版。

［美］杜威：《经验与自然》，傅统先译，江苏教育出版社2005年版。

［美］库恩：《科学革命的结构》，金吾伦、胡新和译，北京大学出版社2003年版。

［美］蒯因：《蒯因著作集》第2卷，涂纪亮、陈波主编，中国人民大学出版社2007年版。

［美］罗蒂：《偶然、反讽与团结》，徐文瑞译，商务印书馆2003年版。

［美］内格尔：《科学的结构》，徐向东译，上海译文出版社 2005 年版。

［美］普特南：《实在论的多副面孔》，冯艳译，中国人民大学出版社 2005 年版。

［美］普特南：《事实与价值二分法的崩溃》，应奇译，东方出版社 2006 年版。

［美］塞尔：《社会实在的建构》，李步楼译，上海世纪出版集团 2008 年版。

［美］王浩：《超越分析哲学——尽显我们所知领域的本相》，徐英瑾译，浙江大学出版社 2010 年版。

［日］西田几多郎：《善的研究》，何倩译，商务印书馆 2009 年版。

［英］柏林：《现实感：观念及其历史研究》，潘荣荣等译，译林出版社 2011 年版。

［英］贝克莱：《人类知识原理》，关文运译，商务印书馆 2010 年版。

［英］边沁：《道德与立法原理导论》，时殷弘译，商务印书馆 2000 年版。

［英］达米特：《分析哲学的起源》，王路译，上海译文出版社 2005 年版。

［英］哈克：《理性地捍卫科学——在科学主义与犬儒主义之间》，曾国屏、袁航等译，中国人民大学出版社 2008 年版。

［英］怀特：《导读维特根斯坦〈逻辑哲学论〉》，张晓川译，重庆出版社 2018 年版。

［英］卡尔·皮尔逊：《科学的规范》，李醒民译，商务印书馆 2012 年版。

［英］罗素：《物的分析》，贾可春译，商务印书馆 2016 年版。

［英］罗素：《哲学大纲》，黄翔译，商务印书馆 2017 年版。

［英］蒙克：《维特根斯坦传：天才之为责任》，王宇光译，浙江大学出版社 2011 年版。

［英］尼古拉斯·布宁、余纪元：《西方哲学英汉对照辞典》，人民

出版社 2001 年版。
［英］恰尔德：《维特根斯坦》，陈常燊译，华夏出版社 2012 年版。
［英］休谟：《人类理解研究》，关文运译，商务印书馆 1957 年版。
［英］休谟：《人性论》，关文运译，商务印书馆 2015 年版。
［英］亚当·斯密：《亚当·斯密哲学文集》，石小竹、孙明丽译，商务印书馆 2012 年版。

（三）中文研究著作与论文：

陈波：《“逻辑的可修正性”再思考》，《哲学研究》2008 年第 8 期。
陈波：《“以事实为依据”还是“以证据为依据”——科学研究和司法审判中的哲学考量》，《南国学术》2017 年第 1 期。
陈波：《分析哲学内部的八次大论战》，《北京大学学报》（哲学社会科学版）2018 年第 2 期。
陈波：《客观事实抑或认知建构：罗素和金岳霖论事实》，《学术月刊》2018 年第 8 期。
陈波：《没有“事实”概念的新符合论》（上）（下），《江淮论坛》2019 年第 5、6 期。
陈亚军等：《普特南学术思想笔谈》，《哲学分析》2016 年第 5 期。
陈真：《盖梯尔问题的来龙去脉》，《哲学研究》2005 年第 11 期。
冯契：《认识世界和认识自己》，华东师范大学出版社 1996 年版。
韩林合：《〈逻辑哲学论〉研究》，商务印书馆 2007 年版。
韩林合：《分析的形而上学》，商务印书馆 2013 年版。
韩林合：《维特根斯坦〈哲学研究〉解读》，商务印书馆 2010 年版。
韩林合：《维特根斯坦的“哥白尼式革命”》，《云南大学学报》（社会科学版）2010 年第 2 期。
黄敏：《语言学转向为什么是必然的》，《社会科学》2019 年第 5 期。
黄敏：《知识之锚——从语境原则到语境主义知识论》，华东师范大学出版社 2014 年版。
江怡：《40 年来的中国分析哲学研究：问题与挑战》，《北京师范大学学报》（社会科学版）2018 年第 5 期。

江怡:《〈逻辑哲学论〉中的实在论与本体论》,《哲学研究》1998年第6期。

江怡:《论分析哲学运动中的三大转变》,《中国社会科学》2016年第12期。

金岳霖:《论道》,中国人民大学出版社2010年版。

金岳霖:《知识论》,中国人民大学出版社2010年版。

徐英瑾:《〈逻辑哲学论〉处理"颜色不相容问题"的两条道路》,《哲学门》2013年第1期。

徐英瑾:《如何奠定历史唯物主义的"理论哲学基础"——一种基于"蕴相殊"理论的重构方案》,《学术月刊》2017年第9期。

徐英瑾:《唯物论者何以言规范——一项从分析形而上学到信息技术哲学的多视角考察》,上海人民出版社2017年版。

徐竹:《规范性、唯物论与历史唯物论——评徐英瑾的新著〈唯物论者何以言规范〉》,《哲学分析》2019年第4期。

杨国荣:《人与世界:以事观之》,生活·读书·新知三联书店2021年版。

叶峰:《一种物理主义的数学哲学》,《科学文化评论》2008年第4期。

俞吾金:《历史事实和客观规律》,《历史研究》2008年第1期。

俞吾金:《形而上学发展史上的三次翻转——海德格尔形而上学之思的启迪》,《中国社会科学》2009年第6期。

张庆熊:《现代西方哲学》,商务印书馆2017年版。

张世英:《相同·相似·相通——关于"共相"的本体论地位问题新论》,《北京大学学报》(哲学社会科学版)2004年第3期。

张伟特:《笛卡尔的真理理论:一种间接要求融贯性的符合论》,《哲学研究》2018年第5期。

张文杰等编译:《现代西方历史哲学译文集》,上海译文出版社1984年版。

索　引

G

J

K

L

W

X

Y

Z

后　记

感谢国家社会科学基金的资助，让我的博士学位论文可以在修改后得以出版。本书初稿完成于 2020 年 5 月，修改稿完成于 2022 年 8 月，根据论文评审专家的建议并结合自己的思考对论文作了进一步修改，特别是重写了第四章第三节的内容，目的仍是希望说理更明白、论证更清楚。无论是毕业明审盲审还是申请项目时的匿名评审，我都收到了很多专家学者尖锐又富有启发的批评和建议，它们对论文的修改起了关键作用，让我明白，学问要有所长进，不仅需要勤于思考、写作，也非常需要找到专业的批评者，有效地吸纳和回应他们的批评和建议。在此向诸位专业负责的审稿专家表示衷心的感谢。

罗素在其《西方的智慧》中曾经引述了这样一句话：一本大书就是一个灾难！这一判断虽然过于绝对，但也表达了一个观点，即一本著作应该将其最精华的部分展现给读者。学术经典之所以厚重，不是因为字多，而是因为几乎每一句话都是真知灼见，先哲对后学的启示之一是，要常常自省文字是否精简明晰、论述是否繁复冗长。考虑到本书的写作侧重史论结合，文献综述部分在正文中都有提及和引用，因此在出版时有必要进行删减，如读者有兴趣可以在复旦大学图书馆网站查阅该部分。虽然我在修改时力图精简文字、凸显要点、避免行文枯燥乏味，但因事实问题所涉及的重要哲学问题较多，加上修改跨度长、作者学术能力和视野的限制，这部学术处女作不仅出版时仍有较长的篇幅，而且内容上仍有很大的提升空间，所幸的是，本书虽然各章都紧密围绕事实问题，但基本能独立成章，每一章也能够在稍微参照他章的情况下独立阅读，厚书由此变“薄”。我希望在以后的学术生活中，继续推进相关的思考和写作。

四年的博士学习时光转瞬而逝，随着博士学位论文的完成，我的博士学习阶段基本画上了句号，新的人生阶段也随之开启。这四年的学习时光对我个人的意义是无比重要的，我不仅在学识上有所收获，同时在心境上也成熟许多。前两年时间边工作边读书，有时候白天上完班，晚上上完课，回到宿舍倒床就睡，学习和论文进展也较为缓慢；后来我决心辞掉工作、安心读书，这使我有了更多的时间从事阅读和论文写作，本部书稿的大部分便是在这一时期完成的，我想借此机会向对我论文写作、个人成长有帮助的师长、朋友们表达深深的感谢。

特别要感谢我的硕士研究生导师俞吾金教授，先生虽已离开我们七年有余，但在治学和为人方面永远是我的楷模和灯塔。在我心中，俞老师不仅是一位真正的哲学家，同时是一位宽厚的谦谦君子。记得刚来复旦正为选导师一筹莫展之际，我在电梯里遇到俞老师和几位刚入学的本科生，她们问眼前这位长者，白彤东老师的办公室在哪里，先生竟然提议自己为学生们引路，先生亲切和蔼、没有架子的形象便在我心中扎了根。俞老师真诚的内心、深邃的思想、博大的胸怀、刚健有为的精神让我一直受益匪浅，让我逐渐明白，将哲学和学术作为一生的事业，是非常值得过的一生。

个人的学术成长总是离不开师长们的关心和呵护。感谢我的父母的养育之恩，他们的支持让我能勇敢地辞职去读书。感谢我的导师徐英瑾教授，他在我的博士学位论文撰写过程中给予我很多有益的指导，本书最终的书名也源于徐老师的宝贵建议。徐老师是一位学识渊博、勤于思考、魅力非凡的老师，他不仅鼓励我将研究精力转到当代分析形而上学的研究中来，同时他在西方哲学、科技哲学等方面的研究也对我的学术成长影响很大。在论文撰写过程中，我也得到了本院的张庆熊、汪行福、孙向晨、黄翔、林晖等老师的帮助，山西大学的江怡教授和华东师范大学的郁振华教授对本书提出了很多宝贵的建议，我想向诸位老师表示衷心的感谢。

生活和学术总是相互滋养的。感谢我的女友李毅琳博士在论文写作期间对我的鼓励和关爱，爱情的小共同体让我单线条的生活变得色彩斑斓、开心美好，我们在疫情肆虐时期一直互相扶持，陆续完成了各自的博士学位论文，学习之余一起打球、游泳、观影，这些生活上的乐事让写作也变得轻快和享受。在攻读博士学位期间，2016级哲学博士班的同学们和在复旦结识的好友们都对我有不同方面的帮助，和你们一起度过美好的四年时光令人愉快，每每回忆读书时光时，我都会想到和硕博七年室友裴延宇一起夜聊和看球、和哲学学院乒乓球小分队在资料室附近的乒乓球台一起尽情厮杀、和足球队小伙伴们一起在邯郸路菜地球场一起畅快奔跑……还有很多因篇幅没有提到名字的朋友们，特别是在资料室一起学习的小伙伴们，和你们的相处和交往，都让我的博士生活多了一份快乐、从容和感动。本书的写作基本都是在哲学学院资料室完成的，我将一直铭记在这里的美妙时光。感谢复旦大学哲学学院给我一个再次回到校园读书的机会，我深知自由地读书、思考和写作，本身不是一件易事，相比很多被命运的枷锁困住的人们、被灾难和疾病折磨的人们，我要幸运很多。

幸运女神一直对我有所眷顾，读博前后我的两份工作都与学术相关，硕士毕业后我去了上海市社会科学界联合会《探索与争鸣》编辑部工作，感谢秦维宪、叶祝弟、李梅、杜运泉、张蕾等老师对我的关心和帮助，让编辑生活成为我人生中美好的记忆。毕业后我进入上海社会科学院哲学研究所工作，这里有着温暖、自由、平等的科研环境，让我有充足的时间修改书稿，感谢方松华老师、成素梅老师和哲学所同仁们的帮助。最后，感谢中国社会科学出版社郝玉明女士为本书的编辑出版做出的辛苦而卓越的工作。

阮　凯
2022年8月31日